Kohlhammer

Ilona Nord

Fest des Glaubens oder Folklore?

Praktisch-theologische Erkundungen
zur kirchlichen Trauung

Verlag W. Kohlhammer

*Gewidmet meinen Eltern
Ortrun und Ewald Nord
in Dankbarkeit*

1. Auflage 2017

Alle Rechte vorbehalten
© W. Kohlhammer GmbH, Stuttgart
Gesamtherstellung: W. Kohlhammer GmbH, Stuttgart

Print:
ISBN 978-3-17-033361-1

E-Book-Format:
pdf: ISBN 978-3-17-033362-8

Für den Inhalt abgedruckter oder verlinkter Websites ist ausschließlich der jeweilige Betreiber verantwortlich. Die W. Kohlhammer GmbH hat keinen Einfluss auf die verknüpften Seiten und übernimmt hierfür keinerlei Haftung.

Inhaltsverzeichnis

Vorwort 7

Einführung... 9

1. Die kirchliche Trauung –
   das Sorgenkind der Kasualtheorie und -praxis................... 17

2. Spätmoderne Lebensformen 53
2.1 Von spätmodernen Geschlechterverhältnissen und der Familie 53
2.2 Von den Belastungen ungewollter Kinderlosigkeit 62
2.3 Der Umgang mit Trennungen, Scheidungen und mit dem Tod 65

3. Erkundungsgänge zur theologischen Deutung von Liebe 77
3.1 Ritualisierte Kommunikation als eine Dimension der Liebe 78
    3.1.1 Ganz alltägliche Ritualisierungen in der Kommunikation
        von Liebespaaren: das Smartphone 80
    3.1.2 Ein populäres Ritual von Liebespaaren: Liebesschlösser.......... 81
3.2 Die Vieldimensionalität der Liebe 86
3.3 Das Versprechen in der Liebe und sein Bezug zum Trausegen 93

4. Konzeptualisierungen:
   Studien zur Trauung als kulturellem Phänomen................... 101
4.1 Zur kulturellen Bedeutung der Trauung 101
    4.1.1 Die Heilige Hochzeit:
        Religions- und bibelwissenschaftliche Einsichten 106
    4.1.2 Theologiegeschichtliche Einsichten 112
4.2 Märchenhochzeiten und ihr Bezug zum Evangelium 115
4.3 Die Bedeutung von Medien für die Wahrnehmung der Hochzeit ... 119

5. Lokalisierungen:
   Studien zur Bedeutung des Ortes von Trauungen 127
   5.1 Die Bedeutung des Ortes und des Raumes für die Hochzeit 127
   5.2 Schwierigkeiten im Umgang mit dem Sinnbild von der Kirche als anderem Ort 134
   5.3 Die kirchliche Trauung als ein Element im Veranstaltungsensemble: Vom Spaziergang zum Honeymoon 139

6. Kasualtheoretische Konkretisierungen:
   Bibel und Musik 147
   6.1 Die Bibel 149
   6.2 Musik 158
   6.3 Fazit 167

7. Zur Vielfalt von Traugottesdiensten:
   ein Beitrag zu einer inklusiven Kasualtheorie 171
   7.1 Von der Traufe über die zweite oder xte Trauung bis zur Segnung oder Trauung unverheirateter Paare 177
       7.1.1 Traufe 178
       7.1.2 Die zweite oder dritte Trauung 180
       7.1.3 Segnungen unverheirateter Paare 184
   7.2 Die sogenannte interreligiöse, hier christlich-muslimische Trauung 187
   7.3 Trauungen bzw. Segnungen von homosexuellen Paaren 193
   7.4 Trauungen von Paaren, die mit Behinderungserfahrungen leben 204
   7.5 Die Bedeutung der Lebensformen von Pfarrerinnen und Pfarrern für eine Trauung 209

8. Die Trauung:
   ein Fest des Glaubens und der Folklore 217
   8.1 Die Trauung als interaktive religiöse Praxis: Zeigt sich hier der Beginn einer neuen Phase in der Kasualtheorie? 221
   8.2 Die Trauung von Grund auf heterogen verstehen: Arbeit an der symbolischen Darstellung 227

9. Literaturverzeichnis 232

Vorwort

Zwei Seminare und zwei Vorlesungen waren das Diskussionsfeld, in dem ich viele der Gedanken, die ich hier vorstelle, entwickeln konnte. Ich danke den Studierenden der Ev. Theologie an den Universitäten in Hamburg und Würzburg, die mit ihren Kommentaren und Nachfragen sowie dem Austausch über eigene und fremde Thesen zum Entstehen dieses Buches beigetragen haben. Es war mir eine Freude, dass Swantje Luthe und Sarah Stützinger das Manuskript miteinander gelesen und diskutiert haben, beiden danke ich sehr für Kritik und Zustimmung! Swantje Luthe ist zusätzlich auch für die hervorragende Unterstützung zu danken, die sie in der Fertigstellung des Manuskripts geleistet hat, genauso wie Dr. Sebastian Weigert und Daniel Wünsch, die den Prozess mit hohem Engagement begleitet haben.

Einführung

Es gibt Hochzeitspaare, die ihr großes Fest weit über ein Jahr im Voraus zu planen beginnen. Die Aufregung nimmt mit jeder Woche zu, mit der die Trauung näher rückt. Schließlich will man sich, den Familien, Freunden und Freundinnen das eigene Glück zeigen. Das Brautpaar will den Eltern, der Familie, Weggefährtinnen und -gefährten, nicht selten auch den Ex-Freunden sowie Arbeitskolleginnen und vielen weiteren Leuten ihre Liebe und Zusammengehörigkeit öffentlich mitteilen. Dabei versucht das Paar sich selbst so schön wie möglich ins Licht zu setzen oder beabsichtigt dies jedenfalls. Dies ist die eine Seite, die anhand heute gefeierter Hochzeiten sichtbar wird. Die andere Seite ist, dass die Trauung ein Fest ist, mit dem ein Paar seine Vernetzung in vielfältige Beziehungen feiert: Das Fest der Trauung macht ihr Netzwerk sichtbar.

In den vergangenen Jahren sind nur wenige praktisch-theologische Angebote zur Deutung der Trauung gemacht worden. Besondere Aufmerksamkeit haben in der Fachdiskussion zwei Ansätze erhalten, die die Bedeutung des Segens für die Trauung herausstellen (Wagner-Rau, Segensraum, 2013) oder sie als Fest der Liebe (Gräb, Deutung, 2006) verstehen. Innovativ wirkte außerdem die Herausarbeitung der Bedeutung des Versprechens für die Trauliturgie (Fopp, Brennpunkt, 2009). Hier wird nun an diese Ansätze angeschlossen, zugleich aber daran gearbeitet, dass die kulturellen und kommunikativen Seiten des Kasus Trauung noch intensiver als bislang in den Fokus kommen. Die Trauung ist ein Ereignis vielfältiger religiöser Kommunikationen, die miteinander vernetzt sind. Die Trauung ist ferner ein Ereignis, das in einer mediatisierten Lebenswelt gefeiert wird. Es gibt demnach viele verschiedene Sinnhorizonte, die sich in medialen Kommunikationen zeigen, die anlässlich von ihr geführt werden. Insofern scheint es eher kontraproduktiv zu sein, eine eindeutige Sinngebung wie etwa *Die Trauung ist ...* formulieren zu wollen. Und dies hat mit dem zuerst genannten Aspekt zu tun: Es wird deutlich werden, wie schwierig und zugleich wichtig es ist, von einem homogenen Bild *der Trauung* in praktisch-theologischen Erwägungen wie in religiöser Praxis Abschied zu nehmen. Ältere Reflexionen zum Fest der Trauung, die man bis in die achtziger Jahre des letzten Jahrhunderts datieren kann, und auch die zu ihr gehörige Praxis entstammen einer Tradition und Lebenswelt, die wesentlich homogener war oder zumindest erschien, als es heutzutage der Fall ist. Immer häufiger gehören Brautpaare nicht mehr einer Konfession oder einer Religion an. Wir leben in einer religionspluralen Gesellschaft. Insofern ist eine zeitgenössische theologische Reflexion der Trauung dazu herausgefordert, sich auf religiöse Diversität einzustellen. Auch der Bereich sexueller Orientierungen und der zunehmend innerhalb Kirche und Theologie diskutierte Bereich von

Inklusionsprozessen von Personen, die mit Behinderungen leben, werfen Fragen an theologische Orientierungen und religiöse Praxisvollzüge auf. Kasualtheoretischen Reflexionen ist durch gesellschaftliche Prozesse der Ausdifferenzierung von Lebensformen wie zusätzlich der Mediatisierung von Lebenswelten aufgegeben, ihre theologischen Grundmuster zu überdenken und zu klären.

Zu diesen Grundmustern theologischer Reflexionen der Trauung gehört das Verständnis von Liebe innerhalb der Paarliebe, zugleich aber auch das Verständnis der Liebe Gottes zur Welt, wie sie gemäß des christlichen Bekenntnisses in Jesus Christus offenbar geworden ist. So gilt die christliche Religion nicht umsonst als Religion der Liebe. Innerhalb der Trias Glaube, Liebe und Hoffnung wird sie als die Höchste gepriesen (1 Kor 13,13). Sie ist ein reich kommuniziertes Synonym für Gott: „Gott ist die Liebe und wer in der Liebe ist, der ist in Gott und Gott in ihm." (1 Joh 4). Das Soziologen-Ehepaar Elisabeth Beck-Gernsheim und Ulrich Beck hat, dieser Hochschätzung der Liebe in der christlichen Religion folgend, sie selbst als die moderne Nach-Religion bezeichnet (Beck/Beck-Gernsheim, Chaos, 1990). Die christlichen Theologien und auch weitere außerchristliche Theologien bieten demgegenüber zwar ein breiteres Spektrum zu ihrer Deutung an. Doch wenn es um die Trauung geht, ist dieser weite Horizont zumeist nicht sichtbar. Dann erscheint es so, als ob innerhalb christlicher Theologien und insbesondere innerhalb von religiösen Argumentationen das Paradigma der Liebe vor allem in der Beziehung zwischen Gott Vater und Sohn gefunden wird. In theologischen Argumentationen werden infolgedessen häufig christologische Grundmuster aufgegriffen. Davon aber bleiben christliche Deutungen moderner Lebensformen, insbesondere der Ehe, nicht unberührt. Die Ehe erhält erst in christologischer Perspektive sakramentale Würde, weil sie in Analogie zur Liebe Gottes zu Jesus Christus gesehen wird. Diese Analogie ist der Grund, auf dem die Rede von dem Bund der Ehe zu sehen ist. Zugleich ist klar, dass – obwohl die Rede vom Bund der Ehe vielfach weiterhin verbreitet ist – der sakramentale Deutungszusammenhang in evangelischer Tradition nicht ungebrochen anerkannt ist. Noch eindeutiger gesagt: Er ist unterbrochen und aufgebrochen worden. Der Lebensform Ehe wird seit der reformatorischen Zeit kein Sakramentsstatus mehr zuerkannt. Die Trauung ist seither ein Gottesdienst anlässlich einer Eheschließung; die Dimension des Sakramentalen kommt ihr nicht zu. Es liegt nahe, zu fragen, ob diese Entsakramentalisierung dazu beigetragen hat, dass die Trauung kein besonders reich reflektierter Gegenstand innerhalb evangelischer Theologien geworden ist. Aber selbst wenn hier ein Grund dafür läge, wäre dieser nicht hinreichend, um weiterhin ebenso zu verfahren. Denn gesellschaftlich und sozial wird die Paarliebe hochgeschätzt, die Debatte um Familie und Lebensformen ist für die Zukunft einer Gesellschaft von überaus hoher Bedeutung. Zu beidem können evangelische

Einführung

Theologie und Praxis einen gewichtigen Beitrag leisten. Die Trauung ist insofern als ein Fest des Glaubens zu deuten, als dass das Paar zwar gemeinsam, aber doch je einzeln vor dem Traualtar steht. Genau diese Sichtweise für eine Trautheologie zu stärken, ist eine notwendige Herausforderung, die es anzunehmen gilt, wenn man davon überzeugt ist, dass die Ehe kein Sakrament ist. Daneben stellt sich dann als weitere Aufgabe für eine theologische Deutung der Trauung, dass der Trausegen von religiösen Überhöhungen entlastet wird. Sie führen regelmäßig zu einer Überdehnung des Zuspruchs, der mit dem Segen verbunden ist. So kann das Segensritual angesichts dessen, was im Leben über ein Paar hereinbrechen kann, leicht unglaubwürdig werden.

Wie bereits gesagt, ist die Hochzeit zugleich ein Fest, das mit vielen Bräuchen, Sitten, eben mit Folklore verbunden ist. Für seine Gestaltung wird auf Vorlagen zurückgegriffen: auf Filme, Bücher, auf vielfältige kulturelle Produktionen; unter anderem sind die Sinnbilder, die Märchen von der Hochzeit liefern, hier präsent. Wenn man den Begriff der Folklore nicht nur abwertend als Verkitschung von religiösen Ritualen versteht, sondern mit ihm kulturelle Praxen verbindet, die immer auch etwas von konkreten Lebenswelten widerspiegeln, dann kann Folklore theologisch äußerst interessant werden. Denn die Bräuche und Sitten geben Auskunft über die Weltsichten derer, die sie ausführen. Sie liefern Impulse für ein vertieftes Verständnis von Lebensformen, Liebesbeziehungen, Trauliturgien und Trauansprachen. Erst wenn man sie zumindest einmal wahrgenommen und auf ihren Sinn hin befragt hat, kann es gelingen, dass Pfarrerinnen und Pfarrer in Kontakt mit den Deutungen für die Trauung kommen, die in der Theologie der Brautleute, oder anders ausgedrückt, in der reflektierten Religiosität der Brautleute und ihrer Hochzeitsgesellschaften liegen. Deshalb muss man längst nicht alles, was innerhalb von Trauzeremonien gefeiert wird, als Pfarrerin oder Pfarrer gutheißen. Man wird aber, so ist meine These, Ressourcen der eigenen Tradition nur dann neu zur Geltung bringen können, wenn man die folkloristische Seite der Trauung ernstnimmt. Mit der Vokabel *Folklore* ist hierbei mehr gemeint als bunte Röcke und Trachtenjacken; sie beschreibt ein weitverzweigtes kulturelles Feld inklusive unzähliger Phänomene populärer Kultur.

Die kirchliche Trauung ist beides zugleich: Fest des Glaubens *und* Folklore. Und noch mehr: Es ist die leitende These dieser kulturhermeneutisch orientierten Auslegung der Trauung, dass Glaube immer nur in kulturellen Praxen zugänglich wird. So gesehen sind die folkloristischen Sitten und Gebräuche und darüber hinaus auch ihre medialen Inszenierungen zentrale Gegenstände einer (Praktischen) Theologie, die sich für die gelebte Liebe in Paarbeziehungen interessiert.

Zwei dieser Phänomene sollen einleitend schon benannt werden, denn sie eröffnen auch theologisch einen interessanten Horizont zur Deutung der Trauung. Erstens ist das weltweit verbreitete Ritual der Liebesschlösser interessant: Seit Anfang der neunziger Jahre des letzten Jahrhunderts hängen zigtausende, insbesondere junge Leute Liebesschlösser an Brückengeländern auf. Liebesschlösser sind kleine Vorhängeschlösser, die zum Symbol der Einheit eines Paares geworden sind. Zugleich ist das Wort Liebesschloss im Deutschen doppeldeutig: Es ruft Assoziationen zu Traum- und Märchenschlössern auf. In Deutschland ist der bekannteste Ort die Hohenzollernbrücke in Köln. Seit ca. zwei Jahrzehnten haben sich dort mehr als 40.000 Schlösser angesammelt. Über Deutschland und Europa hinaus findet man dieses neue Ritual nahezu rund um den Erdball; in Russland, in Korea, China und anderswo sind die Schlösser beliebt. Die Liebespaare lassen auf die Schlösser ein Datum und ihre beiden Namen eingravieren. Im Internet gibt es viele Anbieter für diesen Service. Haben die Paare das Schloss an einem Brückengeländer festgemacht, geben sie sich ein Versprechen. Sie versprechen einander ihre Liebe und Treue und werfen dann den Schlüssel des Schlosses in den Fluss. In vielen Fällen wird das kleine Ritual von Freundinnen und Freunden fotografiert und innerhalb eines sozialen Netzwerks veröffentlicht. Liebesbrücken sind weltweit zur Touristenattraktion geworden.

Zweitens: Seit über zwanzig Jahren läuft im deutschen Fernsehen die beliebte Vorabendserie *Gute Zeiten, schlechte Zeiten* (Produktion Guido Reinhardt/Rainer Wemcken, Beginn 1994). Die Titelgebung lehnt sich an das Trauversprechen an, wie es im Gottesdienst anlässlich einer Eheschließung gegeben wird. Die Brautleute versprechen sich *in guten wie in schlechten Zeiten* beieinander zu bleiben; die Soap entfaltet nun genau zu diesem Thema Beziehungsgeschichten: Liebe, Treue und Untreue, Heiratswünsche und ihre Enttäuschungen, Trennungen und Wiederbegegnungen bilden den Stoff, aus dem die Serie in bislang 6000 Folgen konstruiert wird. Auch in der Praktischen Theologie wird seit einiger Zeit darüber nachgedacht, ob das Trauversprechen nicht theologisch höher zu schätzen ist, als es gemeinhin der Fall ist. Häufig wird zwar der Segen als der Höhepunkt der Trauliturgie bezeichnet. Wer sich in das Szenario einer Trauung hineinbegibt, kann allerdings leicht bemerken, dass der Augenblick des Trauversprechens von der Gemeinde zumindest auch als ein Höhepunkt wahrgenommen wird. Meistens hört man die Stimmen der Brautleute im Gottesdienst nur einmal; nämlich genau während dieses Sprechaktes. Da ist es in der Gemeinde sehr still, gespannte Aufmerksamkeit ist überall zu spüren. Es scheint so, als ob dieser Augenblick vielen Menschen heilig ist. Wahrscheinlich liegt dies auch daran, weil alle wissen, dass das, was jetzt vor dem Altar zwischen zwei Menschen geschieht, von diesen selbst nicht gänzlich verbürgt werden kann. Das Versprechen geht über sie hinaus. Wer einander verspricht, der hofft auf mehr, auf eine gemeinsame Zukunft, einen Ort, an dem es sich gemeinsam leben lässt. Diese Situation, die voller Hoffnungen ist, greift auch der Akt des Segnens auf. Was in ihm geschieht, kann als Bitte darum verstanden werden, dass das Versprechen des Paares sozusagen auf das Wohlwollen Gottes trifft: *Gott segne und behüte*

Einführung

Euch auf allen Euren Wegen. Auch hier geht alles menschliche Bitten und Segnen über das hinaus, was es selbst verbürgen kann. Doch im Unterschied zu dem, was Menschen einander zu versprechen vermögen, wird in der Bitte um den Segen Gottes noch deutlicher, wie sehr das gelingende Zusammenleben eines Paares durch Mächte und Gewalten beeinflusst ist, über die sie selbst nicht souverän sind.

Angesichts dieser theologischen Grundmuster zur Deutung der evangelischen Trauung überrascht es nicht, wenn Pfarrerinnen und Pfarrer die Trauung als ein Sorgenkind bezeichnen. Dabei ist der Eindruck leitend, dass die Art und Weise, wie Brautpaare (sich auf) ihr Hochzeitsfest vorbereiten, weitab davon führt, was mit der Trauung gemeint sein kann. Das Thema Kontingenz scheint, wenn überhaupt, anders angefasst zu werden als innerhalb kirchlicher Praxis üblich. Dies zeigt sich auch in der Organisation der Hochzeitsfeste, deren Dramaturgie z. B. mit Wedding-Planner entwickelt und exakt durchgeführt werden. Zudem wird immer klarer, dass Kirche und Theologie nicht mehr (allein) das Feld bestellen. Die kirchliche Trauung ist ein Mosaikstein, den jene zum Hochzeit-Event beitragen, nicht mehr. Bereits seit vielen Jahrzehnten trifft man bei Pfarrpersonen die Haltung an, man sei als Pfarrer ja nur derjenige, der Feierlichkeit und fromme Wünsche bringe, aber eigentlich keine substantielle geistliche Rolle habe. Außerdem dürfte zur mangelnden kirchlichen Freude am Kasus beitragen, dass unter Pfarrerinnen und Pfarrern nicht wenige eine Trennung oder Scheidung hinter sich und das Zerbrechen des Ideals einer lebenslangen Ehe erlitten haben. Liebe, Lebensformen und die Trauung sind für viele Pfarrpersonen keineswegs nur erfreuliche Themen. Sie rufen, wie auch bei anderen Menschen, fragile Lebensverhältnisse und schwierige Lebenserfahrungen in Erinnerung. Zugleich ist in vielen öffentlichen und privaten Gesprächen über Eheschließungen und Trauungen der Zweifel an dem Sinn einer Hochzeit bzw. einer kirchlichen Trauung präsent: Ist das nicht alles übertrieben, gerade heute, wo so viele Paare, die vor dem Altar gestanden haben, sich auch wieder trennen? Das Sprichwort *Versprochen ist versprochen und wird auch nicht gebrochen* kursiert noch häufig unter Kindern. Doch was gilt ein Versprechen unter Erwachsenen?

Der Blick auf einen Sonderfall einer Trauung kann im Gegenüber dazu durchaus Aufmerksamkeit erregen. Bereits vor einigen Jahren wurde so in der *Arche Noah* im Gemeindezentrum der Kirchengemeinde Halstenbek-Krupunder in der ehemaligen Nordelbischen Kirche ein Brautpaar während des Gemeindegottesdienstes eingesegnet. In Anbetracht der immer häufiger von Hochzeitsplanern durchgestylten Trauungen motiviert dieses zugegebenermaßen singuläre und dabei irgendwie unaufgeregt klingende Beispiel zu der Annahme, man hätte hier vielleicht einen Fall von *best practice* vor Augen. Allerdings ist wahrscheinlich vergeblich darauf zu warten, dass diese Variante der Trauung Schule macht. Auch wenn sie die Trauung vielmehr als ein Fest des Glaubens markiert, als dies in manchen Fällen einer groß ausgestatteten

Hochzeit und kirchlichen Trauung zu sein scheint, stellt die Trauung im Sonntagsgottesdienst diesen Kasus dann doch auf eine Zerreißprobe und verschenkt die produktive Spannung, in der Glaube und Folklore zueinander stehen. Beachtenswert ist außerdem, dass sich in all diesen Ambivalenzen feststellen lässt, dass Eheschließungen und Trauungen nicht mehr in dem Maße abnehmen, wie dies noch vor zwanzig Jahren der Fall war. Ihre Zahlen erreichen ein mehr oder weniger stabiles Niveau. Es gibt also weiterhin einen Bedarf, die Praxis und Theorie kirchlicher Trauung zu überdenken. Hierfür werden, dies ist das Ziel des Buches, Wahrnehmungen und Konzepte gebraucht, die sie aus dem kirchlichen Status des Sorgenkindes herausholen. Ferner wird es darum gehen, sich von den Aktivitäten beeindrucken zu lassen, die Brautleute sowie ihre Festgesellschaften anregen. Das Ziel dürfte sein, sich dazu motivieren zu lassen, ein Teil der Netzwerke zu werden, die ein Fest der Liebe feiern wollen. Dies heißt längst nicht, eigene Traditionen einfach aufzugeben oder *Verkündigung light* praktizieren zu müssen. Die vorliegenden Studien sollen in diesem Sinne vielmehr zeigen, welche Möglichkeiten sich in Zeiten kultureller Diversität und in Räumen mediatisierter Welten für gehaltvolle religiöse Kommunikationen bieten. Sie sind in der Absicht verfasst, dass Studierende der Ev. Theologie sowie Pfarrerinnen und Pfarrer Impulse zur Reflexion der kirchlichen Trauung in Theorie und Praxis erhalten. Ein Feedback ist erwünscht.

Würzburg im Februar 2017   Ilona Nord

1 Die kirchliche Trauung als Sorgenkind der Kasualtheorie und -praxis: Acht Thesen

Seit fast zwanzig Jahren gilt die Trauung als Sorgenkind oder noch deutlicher als „das größte Problemkind der Kasualtheorie" (Prößdorf, Trauung, 2002, 55). Aus der systemischen Seelsorge ist bekannt, dass Problem- oder auch Sorgenkinder von ihrem Stigma befreit werden können, wenn der Blick sich weitet, wenn neue Aspekte in der Wahrnehmung einer Person ins Spiel kommen. Oder anders gesagt: Wenn Sorgenkinder in ihren Familienbeziehungen gesehen werden, zeigt sich plötzlich, dass sie selbst höchstens *ein* Teil eines vielschichtigen Problems sind.

Nun ist es sicher schwierig, komplexe Zusammenhänge, wie die von Trauung und Lebensformen sowie ihren kulturellen und religiösen Symbolisierungen, zu personalisieren und auf diesem Weg zu Lösungsmustern für eine bessere Zukunft zu gelangen. Diese Analogie hat ihre Grenzen. Doch innerhalb dieser Grenzen liefert sie einen Impuls für eine veränderte Betrachtungsweise der Trauung und auch der Ehe. In diesem Sinne werde ich im Folgenden Kernthemen aus der kasualtheoretischen Diskussion um Lebensformen, Ehe und Trauung aufgreifen und sie daraufhin befragen, welches Defizit gesehen wird und ob es möglich ist, den Blick auf die Ehe und das Fest der Trauung weg von der Defizit- hin zu einer Ressourcenorientierung im Kontext der Lebensformendiskussion zu verändern.

1.1 Dass Eheschließungen und Trauungen kontinuierlich abnehmen, ist praktisch-theologisch nicht als Verfallsgeschichte moderner Sozialformen zu sehen, sondern als Kennzeichen für kommunikative Schwierigkeiten im Umgang mit dem Wandel von Lebensformen innerhalb einer hochmodernen Gesellschaft.

Es lässt sich statistisch nachweisen, dass in Deutschland seit Jahrzehnten die Zahl der Eheschließungen und noch mehr als diese die Zahl der kirchlichen Trauungen abgenommen hat. Eine Statistik der kirchenkritischen *Forschungsgruppe Weltanschauungen in Deutschland* belegt für den Zeitraum der Jahre von 1953 bis 2008, dass Paare, die ihre Eheschließung bis zum Jahr 1970 vornahmen, sich zu 80% auch kirchlich trauen ließen (vgl. *www.fowid.de*). Ab Mitte der 70er Jahre ist ein kontinuierlicher Rückgang von Eheschließungen sowie Trauungen dokumentiert worden. Im Jahre 2008 waren 27% der geschlossenen Ehen auch kirchlich getraut worden, 14% waren evangelisch und 13% katholisch. Dies bedeutet, dass sich nur noch ca. jedes vierte Ehepaar hat kirchlich trauen lassen. Gegenwärtig sieht es danach aus, als ob sich die Zahlen auf einem geringen Niveau einpendeln und nicht weiter abnehmen, sondern möglicherweise sogar ein geringer Zuwachs zu verzeichnen sein könnte.

Registriert werden außerdem nicht die Trauungen, die fern der großen Kirchen und anderen Religionsgemeinschaften außerhalb des Christentums gefeiert werden, wie etwa in freikirchlichen Gottesdiensten und in sogenannten Freien Trauungen, für die keine Eheschließung nötig ist. Doch festzuhalten ist auch, dass im Jahr 2013 für noch 23,8% aller geschlossenen Ehen gilt, dass auch eine kirchliche Trauung vollzogen wurde. Aus kirchlicher Perspektive wird diese Tendenz durchaus wahrgenommen. Bereits in der vierten Mitgliedschaftsstudie der Evangelischen Kirche in Deutschland aus dem Jahre 2006 wurde offensiv mit der Entwicklung umgegangen. Die Befragten sollten zu folgender These Stellung beziehen: „Die formelle Eheschließung ist, auch wenn Kinder da sind, nicht nötig." Es votierten mit Ja hierzu 24% der befragten Evangelischen in Westdeutschland; 21% der befragten Evangelischen in Ostdeutschland; 43% der befragten Konfessionslosen in Westdeutschland und 41% der befragten Konfessionslosen in Ostdeutschland (vgl. Huber, Vielfalt/KMU IV, 2006, 472). Es wird deutlich, dass auch Kirchenmitglieder die Eheschließung für nicht obligatorisch halten, wenn es um eine Familiengründung geht.

Blickt man nun in die fünfte Kirchenmitgliedschaftsuntersuchung der EKD (vgl. Bedford-Strohm/Jung, Vernetzte Vielfalt, 2014, 513f.), haben sich die Befragungsmodule leider so verändert, dass man keine direkt vergleichbaren Zahlen mehr auffindet. Dennoch ist überraschenderweise zur Kenntnis zu nehmen, dass 89,6% der Befragten evangelischen Kirchenmitglieder auf die Frage, ob sie sich haben trauen lassen oder ihre Partnerschaft haben segnen lassen, mit *Ja* antworten. Ebenso wird deutlich, dass es einen sehr starken Wunsch nach einer kirchlichen Trauung unter den befragten Kirchenmitgliedern gibt. Die Frage, „Angenommen, Sie würden (wieder) heiraten: Haben Sie vor, sich einmal (wieder) kirchlich trauen zu lassen?" (ebenda), bejahen 83,1%. Im Gegensatz zu dem Wunsch, sich trauen bzw. segnen zu lassen, stehen ganz offensichtlich die Zahlen derer, die sich tatsächlich haben trauen und segnen lassen. Dieser Befund stärkt die Hypothese, dass man nicht ganz so schnell mit einer Enttraditionalisierungsthese bei der Hand sein sollte, wenn es um die Zukunft der Trauung bzw. um die Prognose geht, dass sie aus der kirchlichen Praxis verschwinden wird. Es legen sich im Bereich der Kirchensoziologie hiermit vielmehr empirische Forschungen nahe. Leitfragen könnten sein: Welche Beweggründe bringen Kirchenmitglieder, die eine Ehe schließen, dazu, nicht getraut werden zu wollen? Warum entscheiden sich evangelische Kirchenmitglieder, die in einer festen Partnerschaft leben, dafür, keine Ehe zu führen? Wie nehmen sie den Gottesdienst anlässlich einer Eheschließung wahr? Ziehen sie eine Trauung für sich in Betracht oder kommt eine solche z. B. aus sozialen Gründen nicht in Frage? Gründe hierfür könnten im finanziellen Aufwand, in familiären Konflikten oder in unterschiedlichen Einstellungen zu Religiosität liegen. Auch ist zu überprüfen, ob die übliche Gestaltung des Rituals dem Lebensstil entspricht.

Schließlich könnte man daran anschließend fragen, ob es einen Bedarf für weitere, andere kirchliche Rituale zur Begleitung ihrer Partnerschaft gibt oder nicht. Darüber hinaus sollte es auch um die Erforschung der Motive für den oben genannten starken Wunsch, eine Trauung zu feiern, gehen.

Zahlen sprechen nicht für sich, sondern sind interpretationswürdige und interpretationsbedürftige Bedeutungsträger. Die Einbettung in ihren historischen, sozialen sowie kommunikativen Zusammenhang eröffnet Einblicke in die Lebensbedingungen, die hinter ihnen stehen. Hier kann nun nicht bereits mit empirischem Material auf die oben genannten Fragen geantwortet werden. Es können aber Hypothesen aufgebaut werden (vgl. Nord, Liebe, 2001).

Während meiner Zeit als Pfarrerin in einem Frankfurter Neubaugebiet, in das viele junge Paare zogen, konnte ich erfahren, dass es eine Ausnahme ist, dass sich ein Brautpaar zur Trauung anmeldet und sowohl die Braut als auch der Bräutigam evangelisch sind. In der überwiegenden Mehrheit der Fälle war eine bzw. einer der Brautleute vor Jahren aus der Kirche ausgetreten. In verschiedenen Fällen wurde davon erzählt, evangelisch konfirmiert und weiterhin religiös interessiert, aber gegenüber der Institution Kirche sei man doch höchst kritisch eingestellt zu sein. Einmal war die Braut in den neuen Bundesländern aufgewachsen und im bisherigen Lebensverlauf kaum mit Kirche in Kontakt gewesen. Hier gab es viele Fragen nach der religiösen Bedeutung der Trauung. Ich traf auf mehrere verheiratete Paare, die konfessionell getrennten Kirchen angehörten und die darüber verunsichert waren, was dies für eine Trauung bedeutet bzw. die es ablehnten, sich für eine Konfession entscheiden zu müssen, die die Trauung leitend durchführt. In einem Fall wünschte sich ein älteres Paar – er evangelisch und sie katholisch –, dass sie ohne standesamtliche Eheschließung getraut werden, was aus der Sicht des Staates durchaus möglich ist und von der römisch-katholischen Kirche auch als Möglichkeit in Betracht gezogen wird, während die evangelische Kirche diese Variante ablehnt. Mehrfach wurden Anfragen zur Taufe von Kindern gestellt, deren Eltern aus zwei verschiedenen religiösen Traditionen kamen. Sie selbst waren verheiratet, aber zogen gar nicht in Betracht, dass sie auch getraut werden könnten. So willigte ein Vater, selbst Buddhist, in die christliche Taufe seines Sohnes ein. Er folgte hier vor allem dem Wunsch seiner Frau, die in der evangelischen Jugendarbeit aktiv gewesen war und der die Taufe ihres gemeinsamen Sohnes viel bedeutete. In Gesprächen über die Möglichkeit zu einer Trauung traten außerdem Unsicherheiten zu Tage, die familiäre Konstellationen betrafen. Paare mit geschiedenen Eltern, die weiter im Streit lagen, fürchteten, dass dieser Tag für sie nicht harmonisch werden würde bzw. fragten sich, welche Energie es kosten würde, eine Variante zu finden, mit denen alle gut leben und feiern könnten.

Kurz gesagt, ist seit mehreren Jahrzehnten sowohl innerhalb als auch außerhalb von Kirche ein Prozess der Ausdifferenzierung von Lebensformen beobachtbar. Doch bislang haben diese noch kaum Auswirkungen auf die

Gestaltung der Trauung gehabt. Auch wenn die Segnung homosexueller Paare große Diskussionen ausgelöst hat, waren diese Diskussionen nicht auf die Ausdifferenzierung des Ritus selbst bezogen. Im Falle multireligiöser Paare oder auch eines Paares mit evangelischer Religionszugehörigkeit und mit der Zugehörigkeit zu einer humanistisch orientierten Weltanschauung entstehen jedoch genau in diesem Bereich der Gestaltung des Ritus noch einmal andere Fragen und Bedarfe. Grundsätzlich dürfte sich auch die persönliche Einstellung zum Akt der Trauung, die ein hohes Maß an Selbstdarstellung des Paares impliziert, auf die Bereitschaft auswirken, sich trauen lassen zu wollen. Man muss sich sozusagen schon sehr sicher sein, wenn man sich so exponiert zeigen will. Dabei lässt die in den vergangenen Jahrzehnten gestiegene Scheidungsrate kaum jemanden von sich sagen, selbst niemals in die Lage kommen zu können, von einer Scheidung betroffen zu sein. Dazu ist für viele noch immer die *Hochzeit in Weiß* das innere Bild für die Trauung. Wenn sie dieser Gestaltung persönlich, z. B. weil einer der beiden bereits schon einmal in weiß geheiratet hat und dies nicht zum zweiten Mal tun will, nicht zustimmen können, scheint der Weg zur Trauung erschwert oder sogar blockiert.

Defizitorientiert könnte man sagen, dass die Abnahme oder inzwischen die Stagnation von Eheschließungen und Trauungen Kennzeichen der Verfallsgeschichte einer gesellschaftlichen Institution ist, deren soziale Ordnungen sich im Zuge von Individualisierungs- und Enttraditionalisierungsprozessen auflösen (vgl. von Frank Schirrmacher bis Zygmunt Bauman). Wer so argumentiert, trägt allerdings allzu oft dazu bei, die Ehe zu idealisieren und die Schattenseiten der Ehe auszublenden. Wie viel Rechtssicherheit ist Frauen in den Ehen der letzten einhundertfünfzig Jahre tatsächlich zugekommen? Wie viel Glück und emotionale Erfüllung empfanden Männer und Frauen in einem System der Arbeitsteilung nach Geschlechtergrenzen und wie viel Bindungsfähigkeit konnten ihre Kinder im Vergleich zu heutigen Eheleuten und im Vergleich mit heutigen Kindern in Patchworkfamilien oder in Partnerschaften ohne Trauschein entwickeln? Internationale Frauenbewegungen haben ebenso wie historische Sozialforschungen darauf aufmerksam gemacht, dass die Ehe, die Rechtsgüter impliziert, mit vielen wirtschaftlichen und kulturellen Praktiken verbunden war, die insbesondere Frauen auf ein Leben aus zweiter Hand festlegte. Sie konnten nicht selbst entscheiden, ob sie erwerbstätig werden wollten, sie wurden mit der Perspektive zu heiraten von Berufsausbildungen und Studien ferngehalten, sie hatten kein Wahlrecht und anderes mehr. Das Thema Gewalt in der Familie wird zunehmend enttabuisiert. Die Ehe erscheint auch in dieser Hinsicht als eine ambivalente Lebensform. Zu der traditionsreichen Formulierung, dass die Ehe die Keimzelle der Gesellschaft sei und sie als gesellschaftliche Institution zu gelten habe, besteht heute weder ein gesellschaftlicher noch ein kirchlicher Konsens. Plädoyers, die dafür streiten, dass früher alles besser war oder dass heute von der Auflösung dieser Strukturen nur Vorteile zu erwarten sind, überzeugen kaum. Mit anderen Worten erscheint es sinnlos, in Alternativen zu denken, deren Realitäten vergangen sind, und sich dabei der Entwicklung zukunftsfähiger Konzepte zu verweigern.

Die erste Konsequenz ist, dass Kirche nicht zu empfehlen ist, öffentlich für die Trauung in Folge der Eheschließung zu werben, etwa so wie sie öffentlich für die Taufe werben kann. Eheschließung und Trauung stehen in evangelischer Tradition nicht im Status eines Sakraments. Sie gehören also nicht zu den heiligen Handlungen, die Christen und Christinnen für ein dem Evangelium gemäßes Leben aufgetragen sind. Dies zeigt sich gerade im Vergleich zur Taufe. Während man getauft sein muss, um Christin oder Christ zu werden, muss man dafür längst nicht verheiratet oder getraut sein. Auch wenn es in früheren Zeiten gemäß bürgerlicher Konventionen dazugehört hat, dass man als Christin oder Christ verheiratet war, so bestand keineswegs eine religiöse Verpflichtung dazu. Es gibt im evangelischen Kontext weder ein verbindliches Ehegebot noch eine zu diesem gehörende Theologie der Ehe.

Dies sieht auch die gerade in Bezug auf diesen Befund kontrovers diskutierte Orientierungshilfe der EKD zu Familienfragen *Zwischen Autonomie und Angewiesenheit* (EKD, Autonomie, 2013) so. Im Gefolge der Diskussion um dieses Papier zeigte sich allerdings zusätzlicher Klärungsbedarf hinsichtlich der biblischen Grundlagen zu den Lebensformen Ehe und Familie. Würden biblische Grundlagen in der Lebensformdebatte stärker berücksichtigt, so sollte nach der Meinung vieler Kritiker und Kritikerinnen des Papiers deutlich werden, dass die Ehe noch immer als der Kern der Familie zu gelten hat. Die Neutestamentlerin Christine Gerber präzisierte demgegenüber biblisch fundierte Formulierungen der Orientierungshilfe im Nachgang und stellte die grundsätzliche Richtigkeit der Aussagen in der Orientierungshilfe heraus. Demnach ist es biblisch gesehen nicht angemessen, das Modell der modernen bürgerlichen Ehe und ihren Institutionscharakter bereits in biblischen Texten begründet zu sehen und hieraus eine normative und nicht weiter bestreitbare Grundlage für ein heutiges Plädoyer für die Eheschließung und Trauung abzuleiten (Vgl. Linkliste EKD, Christine Gerber).

Klar ist weiterhin aber auch: Je weniger die Eheschließung gesamtkulturell und kirchlich praktiziert wird, desto deutlicher tritt für diejenigen, die diese Lebensform aus vielfältigen komplexen Gründen priorisieren, der Bedarf hervor, ihre Bedeutung für das christliche Leben zu würdigen. Dies geschieht in aller Regel, indem ihr Alleinstellungsmerkmal im Gegenüber zur Homosexualität und zu Gendermainstreaming ausgewiesen wird (vgl. z. B. *www.idea.de*; vgl. hierzu auch Kapitel 5).

Eine lebensweltlich orientierte Kasualtheorie plädiert in dieser Lage dafür, die Grabenkämpfe hinter sich zu lassen, die in der Diskussion um die richtige Wahrnehmung der gesellschaftlichen Lage entstehen. Hierzu gehören

Aussagen wie: *Wir leben in einer Ego-Gesellschaft, in der eine Ehe die Möglichkeiten der individuellen Entfaltung beschneidet und deshalb niemand mehr heiraten will.* In Opposition dazu wird formuliert: *Die hochmoderne Gesellschaft befreit sich endlich von ihren Altlasten patriarchaler Ehe- und Familienmodelle.* Gelingt es von solchen Polarisierungen Abstand zu nehmen, entsteht ein Freiraum, die Fragen und vor allem die Ambivalenzen und Unsicherheiten, die Männer und Frauen in ihren Paarbeziehungen gegenwärtig beschäftigen, wahrzunehmen und sich – z. B. im Falle einer Trauung – auf einen sorgfältig gestalteten gemeinsamen Weg zu diesem Ritual zu begeben. Denn die Paare selbst gehen mit hoher Vorsicht und Sorgfalt mit ihren Entscheidungen um. Das statistische Bundesamt informiert im Jahr 2014 darüber, dass die Bundesbürgerinnen und -bürger später heiraten und Scheidungen rückläufig seien (vgl. Linkliste unter *www.destatis.de*). Die Statistik selbst malt eigentlich kein schwarzes Bild.

Weitergedacht sind Kirche und Praktische Theologie also herausgefordert, den Perspektivwechsel, der sich bereits lange angekündigt hat und vielerorts bereits aufgenommen worden ist, in einem verstärkten Maße durchzuführen: Die Gestaltungsarbeit an der Trauung als Fest des Paares muss die Komplexität von hochmodernen Lebensformen und die Pluralität, in der Religiosität heute in Deutschland gelebt wird, konstruktiv aufnehmen.

Dabei ist es unerlässlich, dass sich die Gestaltungsarbeit an der Trauung nicht allein auf die Vorbereitung einer konkreten Trauung bezieht. Die Trauung steht, soweit man sieht, im Ruf ein hochkompliziertes Gebilde zu sein, das von theologischen Gedankengebäuden regiert wird und innerhalb dessen nicht viel von dem möglich ist, was Menschen als Artikulation ihrer Liebe gilt. Das reicht vom problematisierten Blumenstreuen auf Sandsteinböden in Kirchenräumen bis hin zur Auswahl eines ungewöhnlichen Trauortes wie eines Fahrstuhls, der an der Außenwand eines Hochhauses liegt und zwar dem Himmel so nah zu sein scheint, der kirchlichen Kultur aber so fern ist, dass dieses Event nicht zustande kam. Auch wenn es Pfarrerinnen und Pfarrern oftmals übertrieben vorkommt, was Brautpaare zuweilen sogar mit Lust am Eskapismus planen, sollte ihnen die Neugier für die Geschichten der Leute nicht verloren gehen, die Auskunft darüber geben, warum sie sich dies und jenes wünschen. Man wird ihnen dann auch kommunikativ angemessener von mancher Vorstellung abraten können als sich allein auf Hausregeln in Kirchen und liturgische Ordnungen zu berufen. Der Ritus der Trauung gehört weder der Kirche noch den Brautleuten jeweils allein. Erst aber wenn die Trauung zum Ritus der Brautleute geworden ist oder werden kann, wird sie wieder mehr in Gebrauch genommen werden als gegenwärtig.

Die kirchliche Trauung als Sorgenkind der Kasualtheorie und -praxis

1.2 Der Ritus bzw. Ablauf des Traugottesdienstes ist kaum mehr bekannt, während neu erfundene Rituale Hochkonjunktur haben.

Die Folgen davon, dass die Trauung wenig in Gebrauch genommen wird, zeigen sich innerkirchlich und hier insbesondere im Gottesdienst vor allem daran, ob und wie die Traugemeinde mit dem Ritus umgeht. Am häufig spärlichen Gesang hört man, dass die, die zur Trauung gekommen sind, die Lieder, die im Gesangbuch stehen, nicht kennen. Immer mehr wird auf die Aufführung von Popsongs oder klassischen Musikstücken durch Solistinnen und Solisten gesetzt. Dies steigert die Feierlichkeit und oft wird über diese Maßnahme ein Musikstück eingespielt, das eben dann doch alle kennen und miteinander teilen können. Das ist immer noch besser, als wenig oder keine Musik einzuspielen. Gemeinsames Singen und auch das gemeinsame Hören eines Musikstücks sind ein zentraler Ausdruck religiöser Kommunikation, denn hier vereinigen sich die Stimmen der Anwesenden und transzendieren darin ihre eigene Artikulation hinein in ein größeres gemeinsames Drittes bzw. hören gemeinsam auf ein Drittes (vgl. Kapitel 6). Beim Thema Musik ist freilich darauf zu achten, dass Menschen die von Schwerhörigkeit oder Gehörlosigkeit betroffen sind, andere Medien bevorzugen. Hier ist die Visualisierung von gemeinsamen Themen bedeutsam. Wo zu wenig Möglichkeiten geboten werden, sinnlich zu kommunizieren, entfallen auch Gelegenheiten, religiöse Erfahrungen zu machen. Ebenso verhält es sich mit der Teilnahme an der Liturgie insgesamt. Viele Traugemeinden sind nicht (mehr) mit dem Ablauf des Gottesdienstes vertraut, ihnen sind die Gebräuche wie z. B. das Aufstehen beim Beten des *Vater Unser* unbekannt.

Aber nicht nur die subjektive Aneignung des Rituals ist gestört, wenn das Ritual nicht mehr bekannt ist, ebenso problematisch wirkt sich dies auf die Gestaltung des Ritus selbst aus. Er wird dann leicht zu einer heiligen Handlung, die die Pfarrerin oder der Pfarrer *für* die Gemeinde anstatt *mit* ihr vollzieht. Nach evangelischem Verständnis ist ein Gottesdienst aber als Kommunikation des Evangeliums aller Anwesenden zu verstehen. Insofern ist der Gottesdienst auf eine Gruppe von Menschen angewiesen, die ihn zu feiern in der Lage ist. Je mehr der Ablauf und die Kommunikationsstruktur des Gottesdienstes bekannt und vertraut ist, desto stärker wahrnehmbar kann sich seine Wirkung entfalten. Das ist ein guter Grund dafür, möglichst viele Leute in einem Gottesdienst aktiv zu involvieren, sodass sie ihn zu ihrer eigenen Sache machen können.

Wie bereits oben erwähnt, zeigt sich am Liebesschlösser-Ritual, dass es keineswegs Zurückhaltung gegenüber gemeinsam ausgeführten Ritualen für Paarbeziehungen gibt. In kürzester Zeit haben sich diese massenhaft und weltweit ausgebreitet. Sie werden nicht nur von Paaren, die ineinander verliebt sind, genutzt, sondern in vielen Ländern wie z. B. in Estland und Lettland nach dem Besuch des Standesamtes, also sozusagen parallel zur Trauung als gemeinsames Ritual eingesetzt. In der Regel wirkt das Ritual auch über den Ort und die Zeit des Geschehens selbst hinaus. Es werden zeitgleich Fotos vom Aufhängen der Schlösser an viele verschiedene Orte via soziale Netzwerke kommuniziert. Kommunikativ ist ebenfalls wichtig, dass nicht nur die Paare selbst an den Schlössern Interesse haben, sondern auch viele Leute, die sie gar nicht kennen, touristisch über Brücken flanieren und sich die Liebesschlösser ihrer Zeitgenossen ansehen. Es gibt verschiedene Formen der Teilhabe an und der Anerkennung und Bestätigung von diesem Ritual.

Vergleicht man nun einmal beide Rituale, Trauung und das Liebesschlösser-Ritual, fällt auf, dass es selbstverständlich viele Unterschiede, aber eben doch Gemeinsamkeiten gibt. Im Vergleich zur Trauung sind Zeit und Ort beim Liebesschlösser-Ritual wesentlich freier für die Paare wählbar; es ist keine Mitgliedschaft in einer Gruppe nötig, es muss keine Anmeldung, überhaupt keine Formalität erledigt werden; es gibt keinen Liturgen bzw. keine Liturgin, die durch den Ritus führt, sondern das Paar selbst leitet ihn; es wird kein kirchlich signierter Raum betreten, sondern ein kulturell und symbolisch bedeutsamer Ort, wie es eine Brücke ist.

Betrachtet man aber diese Aspekte im Hinblick auf die Trauung, so zeigt sich, dass es auch hier prinzipiell möglich ist, Zeit und Ort frei zu wählen; häufig wird von den Paaren, die sie feiern, eine bestimmte und besondere Kirche ausgewählt. Andere örtliche Möglichkeiten werden allerdings kaum in Betracht gezogen und von Seiten der Kirchen meist auch nicht kommuniziert. Es ist aber durchaus möglich und wird auch von nicht wenigen Paaren gewünscht, dass Trauungen unter freiem Himmel an höchst verschiedenen Orten stattfinden. Doch diese Trauungen werden nicht in das heimische Trauregister eingetragen; Hochzeitsagenturen organisieren sie. Hierzu gehören unter anderem auch mit standesamtlichen Beurkundungen verbundene Trauungen auf Karibikinseln wie Barbados oder St. Maarten, aber auch Trauungen in Namibias Wüste.

Nicht nur beim Liebesschlösser-Ritual, sondern auch bei der Trauung gibt es verschiedene Möglichkeiten der Teilhabe, man kann sich vorne in die erste Bank einer Kirche setzen oder ganz hinten seinen Platz finden, man kann eine aktive gestalterische Rolle einnehmen und einen Text, ein Gebet oder eine Musik zu einem Gottesdienst beitragen, man kann sich für die Videoaufnahme verantwortlich zeigen oder Fotos machen etc. Nähe und Distanz werden auch hier längst individuell eingestellt. Darüber hinaus wird auch die Rolle des Liturgen oder der Liturgin unterschiedlich stark ausgefüllt. Es ist prinzipiell denkbar, eine sehr zurückhaltende Rollenbeschreibung für die Liturgin bzw. den Liturgen zu entwickeln, sodass man z. B. auch so einen zentralen Akt wie den Trausegen als eine gemeinschaftlich von Freundinnen, Freunden und Verwandten sowie der liturgischen Person getragene liturgische Handlung gestaltet. Die Gottesdienst-Kommunikation kann prinzipiell von der Gemeinde weitaus intensiver getragen werden. Dies alles sind Überlegungen zur Unterfütterung der These, dass *die Zukunft der Trauung nicht allein auf dem Feld der Eheschließungen entschieden wird, sondern auch auf dem Feld der öffentlichen Kommunikation in und von religiösen Ritualen.* Der Vergleich der Trauung mit dem Ritual der Liebesschlösser zeigt, dass die liturgische Gestaltung von Traugottesdiensten viele flexible Möglichkeiten enthält, um religiöse Kommunikationen unter denen, die den Gottesdienst feiern, anzuregen.

1.3 Die Bedeutung, die das Voraustrauungsgebot für die kirchliche Trauung hat, muss noch einmal intensiver diskutiert werden.

Seit 1875 war es in Deutschland nur erlaubt, eine kirchliche Trauung durchzuführen, wenn das Paar zuvor auf dem Standesamt eine Ehe geschlossen hatte. Diese gesetzliche Regelung hat der Deutsche Bundestag im Jahre 2009 aufgelöst. In der Presse wurde diese Veränderung positiv aufgenommen. Die neue Regelung passe durchaus in die Zeit, weil sie als Abschluss eines Säkularisierungsprozesses gedeutet werden könne (vgl. Patrick Bahners, Die Ehe ist kein staatliches Ding, in *www.faz.net* vom 4.7.2008, aufzufinden im Archiv). Es ist hier nun nicht der Ort, den Terminus der Säkularisierung weiter zu reflektieren. Vielmehr kommt es in diesem Zusammenhang zunächst nur darauf an zu sehen, dass die kirchliche Trauung mit dieser Regelung in der Öffentlichkeit mehr als zuvor als ein religiöses Ritual gesehen wird. So jedenfalls ist die Kommentierung aus der FAZ in Anlehnung an die bekannte Formulierung Martin Luthers, *die Ehe sei ein weltlich Ding,* zu verstehen. Denn es wird dort getitelt, die Ehe sei kein *staatliches Ding.*

Die Evangelische Kirche in Deutschland kommuniziert seither, dass die Möglichkeit, kirchliche Trauungen ohne vorherige Eheschließung vorzunehmen, abzulehnen sei. Sie möchte also bei der sogenannten Voraustrauungsregelung bleiben. In der römisch-katholischen Kirche gibt es bislang keine klare Entscheidung hierzu, allerdings ist bekannt, dass bereits Trauungen ohne vorherige Eheschließungen vollzogen worden sind. Es kann überraschen, dass es innerhalb der Praktischen Theologie zu diesem historischen Veränderungsprozess in der strukturellen Verankerung der kirchlichen Trauung noch keine breitere Diskussion gibt. Zur Eröffnung einer solchen soll hiermit beitragen werden.

Die Freisetzung der kirchlichen Trauung von der standesamtlichen Eheschließung und die Frage, wie Kirche und Praktische Theologie mit dieser neuen gesetzlichen Regelung umgehen sollen, muss im Kontext einer ebenfalls historisch gewachsenen Spannung im Verhältnis von standesamtlicher und kirchlicher Trauung gesehen werden. Seit nahezu einhundert Jahren wird in der Praktischen Theologie beklagt, dass die evangelische Trauliturgie von unaufgelösten Spannungen durchzogen sei. „Der Zopf aus dem Standesamt muss verschwinden" (Niebergall, Praktische Theologie, 1919, 240). Mit diesem Motto trat Friedrich Niebergall dafür ein, dass vor allem zwei rituelle Elemente im Traugottesdienst nicht enthalten sein sollten: Das sind die Traufragen sowie die sogenannte Kopulationsformel, also die sogenannte Zusammensprechung von Mann und Frau als Ehepaar. Diese beiden gehörten in den Ritus der Eheschließung auf dem Standesamt. In der Kirche wird aber nicht die Eheschließung vollzogen, sondern der Segen Gottes für die Eheleute erbeten. Was Friedrich Niebergall in seiner 1918/1919 erschienenen Praktischen Theologie fordert, ist – mit einigen Aktualisierungen verbunden – als Diagnose zum Kasus Trauung immer noch relevant. Die Verbindung von standesamtlicher und kirchlicher Trauung macht sowohl praktisch-theologischer Reflexion wie kirchlicher Praxis seit ihrer historischen Etablierung im Jahre 1875 Schwierigkeiten. So ist es gegenwärtig im politischen Diskussionsprozess im Sinne des Gebots der Gleichbehandlung nicht mehr plausibel, dass Kirche sich bei der Trauung auf die Lebensform Ehe sowie die gesellschaftliche Norm der Heterosexualität festlegt, wenn homosexuelle Paare auf dem Standesamt die registrierte Partnerschaft und in diesem Sinne einen eheanalogen rechtsverbindlichen Status eingehen können. Bereits vor Jahren haben Manfred Josuttis und Dietrich Stollberg die Frage gestellt, ob die Kirche mit der Ehe verheiratet sei. Die implizite Antwort lautete *Nein*. Die Trauung im Gefolge einer Eheschließung ist kein Absegnen einer Lebensform, die Christinnen und Christen und insbesondere Pfarrerinnen und Pfarrer ihres Glaubens wegen für sich zu wählen hätten (vgl. Josuttis, Lebenslust, 1994, 50–65). Eine zweite Problemanzeige, die ebenfalls das Verhältnis von Standesamt und Kirche traktiert, bezieht sich auf die liturgische Praxis der Trauung: Die evangelischen Trauagenden zeigen, so Christian Grethlein, dass weder gemäß der theologischen Konzeption noch rituell eine überzeugende Verhältnisbestimmung zur standesamtlichen Eheschließung gelingt (Grethlein, Kasualien, 2007, 242).

Doch wenn man sozusagen klare Linien zwischen standesamtlicher und kirchlicher Trauung zöge, Traufragen und Trauversprechen aus der Liturgie entfernte, würde man damit nicht gerade das Herzstück der Trauung und das, was für die Gemeinde ihre Faszination ausmacht, mit entfernen? Verfolgt man eine lupenreine funktionale Differenzierung zwischen Eheschließung und Trauung, so wie sie im Gefolge Luthers sich nahelegen könnte (vgl. 4.1), so nähme man der Trauung das Element der Kommunikation der subjektbezogenen und aktiven Entscheidung zum gemeinsamen Leben weg und inszenierte sozusagen nur die Antwort auf die aus der Entscheidung füreinander entstandene gemeinsame Frage nach dem Segen Gottes.

Auf diesem Wege hätte man, so könnte man mit der Geschichte der evangelischen Reflexion auf Ehe und Trauung sagen, sozusagen vorauseilenden Gehorsam gegenüber der Forderung nach einer strikten Trennung von Sozialität und Religion geleistet und damit zugleich auch ihren inneren Zusammenhang aufgegeben. Dies aber käme einer Aufgabe dessen gleich, worauf sich christliche Religion und Religiosität bezieht: Sie weiß sich von ihren Urdokumenten her auf jeden Fall mit sozialen Fragen, Normen und Moralität sowie Ethik verbunden. Doch in sich liberal verstehenden Gesellschaften hat diese Forderung nach einer Toleranz gerade in Lebensformfragen durchaus Plausibilität. Hier gilt, dass Lebensformen Privatsache sind; sie sind ihrer Form nach nicht zu bewerten, sondern werden vielmehr in rechtliche Strukturen eingepasst, die die Spannung zwischen persönlicher Freiheit und sozialer Verantwortung in konkreten Konflikten regulieren sollen. Für die Perspektive evangelischer Theologie und ihrer Tradition der Deutung der Ehe und der Trauung lässt eine solche vielfach liberal genannte Toleranz das Bemühen um eine Reflexion auf eine überindividuelle, soziale, rechtlich und letztlich ethisch reflektierte Perspektive vermissen. Die Trauung soll weiterhin ein Segensgottesdienst bleiben, indem es um den Segen für ein Paar gehen soll. Doch dieser Segen und der Kontext seines Verständnisses soll keineswegs auf ein Religionsverständnis festgelegt werden, das von Aspekten des Rechts und der Ethik abgelöst werden könnte. Wenngleich Religionen bzw. religiöse Institutionen Rechtsbelange in einem demokratischen Staat weder zu legitimieren noch zu exekutieren haben, ist ihr Beitrag zur Realisierung von Freiheit, Gleichheit und Geschwisterlichkeit in modernen Lebensformen nicht zu unterschätzen. Er liegt im Bereich des religiösen Fundaments moralischen Handelns, oder anders ausgedrückt, in der Einbettung der Subjekte in eine christliche Weltanschauung, die eben auch die Gestaltung konkreter Lebensformen bzw. gerechter Beziehungsverhältnisse betrifft. Insofern bleibt die Frage nach der Rechtsförmigkeit der Gestaltung von partnerschaftlichen und familiären Lebensformen für Kirchen und Theologien weiter interessant.

Es ist also nicht so sehr die Frage, ob, sondern vielmehr, wie sich Praktische Theologien und Kirchen an der Diskussion um den Wandel der Lebensformen beteiligen, der sich hier konkret in Bezug auf die staatliche Aufkündigung der historischen Verknüpfung von standesamtlicher und kirchlicher Hochzeit zeigt. Wollen beide sich gesellschaftlich relevant beteiligen, so müssen ihre Argumentationen auf vorliegende rechtliche Regelungen Bezug nehmen. Es gibt bereits ein reichhaltiges Repertoire von juristischen Diskussionen z. B. zur rechtlichen, biologischen und sozialen Elternschaft. Man denke z. B. daran, dass rechtlich zu klären ist, wie viele Eltern ein Kind haben darf. Im Hintergrund steht der Fakt, dass hetero- wie auch homosexuelle Paare Methoden künstlicher Befruchtung oder auch Adoptionsrechte in Anspruch nehmen, um eine Familie gründen zu können. Die Rechtsförmigkeit dieser Lebensformen ist bereits staatlicherseits ausgearbeitet worden. Lebensformen sind, so wird anhand von diesem Beispiel klar, keine unwandelbaren Institutionen, sondern soziale Praxen, die sich in permanenten Veränderungsprozessen befinden. Mit der Sozialphilosophin Rahel Jaeggi gesagt sind Lebensformen hierbei weiterhin als solche soziale Praktiken zu sehen, die funktional und normativ aufeinander bezogen sind (Jaeggi, Lebensformen, 2013). Ihre Funktionalität liegt insbesondere in ihrem Vermögen, bestimmte Problemkonstellationen bearbeiten zu helfen. Ihre Normativität liegt in den Deutungen, die ihnen sozusagen immer schon zukommen und ausweisen, was eine Lebensform gut sein lässt. Obwohl die evangelische Reflexion auf die Ehe durch verschiedene Phasen eingehender Kritik hindurchgegangen ist, gilt ihr die Ehe dennoch in vielen Hinsichten noch immer als die hervorragendste unter den Lebensformen. Nach evangelischem Verständnis müsse die zivilrechtliche Eheschließung auf dem Standesamt Voraussetzung für eine kirchliche Trauung bleiben (vgl. EKD-Text Nr. 101). Man erklärte, dass es auch künftig in den Gliedkirchen der EKD keine rein kirchlich geschlossenen Ehen geben soll. Diese Positionierung schließt an die deutsche Geschichte des Umgangs mit der Ehe in der europäischen Moderne an. Seit dem 16. Jahrhundert ist in Europa ein Prozess der Verstaatlichung des Eheschlusses zu beobachten. Es differenziert sich ein Gesellschaftssystem aus, in dem Staat und Religion immer deutlicher als zwei Instanzen herausgearbeitet werden. So ermöglicht z. B. König Ludwig XVI. 1787 den französischen Protestantinnen und Protestanten, dass sie ihre Ehe vor einem Standesbeamten schließen können. In der Konsequenz dieser Orientierung liegt es dann auch, dass in den Jahren 1875/76 im Deutschen Reich die obligatorische Zivilehe eingeführt wird. Mit ihr sind vor allem drei Bestimmungen verbunden:

> „Dem Eheschluss muss ein Aufgebot vor dem Standesamt vorausgehen; die Ehe selbst ist in Gegenwart von zwei Zeugen durch Erklärung vor dem Standesbeamten zu schließen; dies wird in das Heiratsregister eingetragen; erst danach dürfen religiöse Feierlichkeiten folgen." (vgl. Grethlein, Kasualien, 2007, 226f.)

Das Gutachten der EKD zum Voraustrauungsgebot kommentiert, dass die evangelische Kirche sich zunächst gegen die obligatorische Zivilehe gewendet hat, weil es eine Beschneidung ihrer Kompetenzen gebracht habe, nach 1875 habe man sich mit *dem Verbot der religiösen Voraustrauung* aber schnell arrangieren können, denn das staatliche Eherecht habe dem Verständnis der Ehe innerhalb der evangelischen Kirche entsprochen. Zu diesem Verständnis gehöre „die öffentlich dokumentierte, dauerhafte, ausschließliche und freiwillig eingegangene Verbindung von Mann und Frau, die für Kinder offen ist" (EKD-Text 101, 8). Doch so eindeutig das Gutachten die Deckungsgleichheit von staatlichem und kirchlichem Trauverständnis für die Vergangenheit konstatiert, führt dies nicht dazu, dass man auch in Zukunft die nun anstehenden rechtlichen Reformen mitgehen will.

> „Die beschriebenen Grundannahmen des evangelischen Eheverständnisses und Traurechts werden durch die Veränderung staatlicher Rahmenbedingungen im letzten Jahrzehnt tendenziell in Frage gestellt. Falls sich diese Entwicklung

Die kirchliche Trauung als Sorgenkind der Kasualtheorie und -praxis 29

fortsetzt, könnte es zu einer Abkoppelung des staatlichen Eherechts vom evangelischen Eheverständnis kommen." (EKD-Text 101, 8)

Daneben zeigt die nähere Begründung dieser Position, dass im Kern der Argumentation die Ehe als die zu priorisierende und staatlich zu fördernde Lebensform gesehen wird. Man nehme den gesellschaftlich eingetretenen Transformationsprozess im Bereich der Lebensformen wahr und schätze ihn auch realistisch ein. So komme in den Blick, dass die Ehe möglicherweise nicht mehr das Alleinstellungsmerkmal einer Lebensform erhalten kann, die aus evangelischer Perspektive kirchlich und staatlich zu fördern ist:

> „Veränderungen im staatlichen Eheverständnis bewirkt insbesondere ein Urteil des Bundesverfassungsgerichts vom 17. Juli 2002. Diese Entscheidung lässt sich so verstehen, dass das Gebot der Förderung der Ehe nach Art. 6 Abs. 1 GG keine zwingende Besserstellung der Ehe im Vergleich zu anderen Lebensformen umfasst. In der Linie einer solchen Deutung des Grundgesetzes liegt die zunehmende Verrechtlichung anderer Lebensformen durch die Schaffung besonderer Rechtsformen wie der Lebenspartnerschaft als Eheersatz für gleichgeschlechtliche Partner im Jahre 2001 oder auch der Einrichtung des gemeinsamen Sorgerechts für Eltern nichtehelicher Kinder. Für diese Entwicklungen gibt es gewichtige eigene Gründe. Freilich wird mit ihnen eine Dynamik in Gang gesetzt, deren Ausgang momentan noch nicht absehbar ist. Doch Tendenzen zeichnen sich ab. Lange Zeit hat das verfassungsrechtliche Förderungsgebot von Ehe und Familie – als Abstandsgebot verstanden – andere Lebensformen in einem weitgehend rechtsfreien Raum belassen. Die Betroffenen haben teils bewusst, teils mangels Alternativen die mit der Ehe verbundenen Rechte und Pflichten vermieden. Infolge der zunehmenden rechtlichen Aufwertung anderer Lebensformen entsteht nun ein graduelles Schutzsystem. Die Absage an einen festen Mindestabstand zwischen Ehe und anderen Lebensformen bewirkt zudem einen politischen Druck, die anderen Lebensformen dem hergebrachten Institut der Ehe rechtlich anzunähern. Insgesamt bricht mit der beschriebenen Entwicklung die Frage auf, ob der Abschluss der Zivilehe weiterhin als Teil des evangelischen Leitbildes der Ehe zu verstehen ist – und, wenn ja, aus welchen Gründen." (EKD-Text 101, 15)

Die Entscheidung der Kommission, eine kirchliche Trauung nur für die Ehe vorzusehen, beruht demnach auf der Basis der rechtlichen Ausgestaltung eines Abstandsgebots zwischen der Ehe und anderen Lebensformen. Doch der Staat nivelliert diesen Abstand deutlich und stellt z. B. registrierte Partnerschaften mit der Ehe immer mehr gleich. Dies müsste nun dazu führen, dass die evangelische Kirche die seit 1875 Bestand habende Koppelung von standesamtlicher und kirchlicher Eheschließung aufkündigt. Doch das Gutachten plädiert nicht dafür und nennt die Würdigung der rechtlichen Gestalt der Ehe als Grund. Sie schaffe und sichere den Schutz des Schwächeren in der Partnerschaft. In Lebensformen außerhalb der Ehe würden Recht und Liebe voneinander getrennt, dies sei gerade in Solidarität mit der schwächeren Position in Partnerschaftskonflikten ethisch inakzeptabel:

„Wenn das inzwischen aufgehobene Voraustrauungsgebot staatskirchenrechtlich nicht unproblematisch war, weil es in die Religionsausübungsfreiheit eingriff, bewahrte es doch inhaltlich das wichtige Kriterium der rechtlichen Bindung und Konsequenz von Eheschließungen. Diesem will sich evangelische Theologie nicht verweigern und hält damit – nicht aus Zwang, sondern aus innerer Einsicht – an der zivilrechtlichen Konsequenz von Eheschließungen fest. Nur so können derzeit die genannten Kriterien für die Ehe, aber auch ein verantwortlicher Umgang mit ihrem Scheitern geregelt werden." (ebenda)

Das Gutachten der EKD ist, insbesondere wenn man an registrierte Partnerschaften denkt, mit nicht immer nachvollziehbaren Argumenten formuliert worden. Hier wird ja gerade nicht intendiert, Recht und Liebe voneinander zu trennen. Aber auch darüber hinaus weist die Argumentation Ambivalenzen auf, die bedacht werden sollten. Dazu gehört etwa in der Entscheidungsfindung gegen eine kirchliche Trauung ohne vorausgehende standesamtliche Trauung, dass das Verhältnis von Eheschließung und Trauung prinzipiell revisionsoffen sei. Es wird nicht darauf verzichtet zu sagen, dass für die römisch-katholische Kirche ein wesentliches theologisches Bedürfnis erfüllt wird, wenn rein kirchliche Trauungen wieder erlaubt werden. Darüber hinaus bringt man die Tradition der Bekennenden Kirche im Rahmen ihres Notrechts in Anschlag, die ebenfalls Trauungen ohne standesamtliche Eheschließung zugelassen hat. Unter den Normalbedingungen einer freiheitlich-parlamentarischen Demokratie aber fehle es an einem hinreichenden Grund, von der bisherigen Praxis abzuweichen und eine innerkirchliche Eheschließung einzuführen.

Das Gutachten ringt mit der Wahrung theologischer Intentionen in Richtung auf eine öffentliche Theologie, die Glaube und Religion nicht allein als innere Gemütsbewegung und Liebe nicht allein als Gefühl füreinander verstehen will, sondern die Dimension von gegenseitigen Rechtsansprüchen innerhalb einer Liebesbeziehung stark macht. Es wird aus theologischer Perspektive entfaltet, dass das von der EKD gelieferte Plädoyer für die rechtsverbindliche Lebensform der Ehe in der Tradition des Grundgesetzes stehe. So wird in gewisser Weise die Haltung eines evangelischen Wächteramtes in Anschlag gebracht, das hinter der Erinnerung stehe, dass Ehe und Familie als besonders schützenswerte Lebensformen gelten (Art. 6 GG). Darüber hinaus galt und gilt die Ehe in kirchlichen Zielgruppen aufgrund der Trautradition als die Lebensform, die dazu beiträgt, dass eine Gesellschaft das Zusammenleben der Geschlechter und das Zusammenleben der Generationen sichere. Von dieser gesellschaftlichen und kulturellen Prägung wird die Diskussion um den Status der Ehe im Kontext Kirche auch gegenwärtig noch mitbestimmt. Doch das Gutachten nimmt auf die Ehe allein in einem normativen Charakter als gesellschaftlichem Institut zum Schutz der Schwachen, konkret von Frauen und Kindern, Bezug. Empirische Erkundungsgänge zur Lebensform Ehe sowie zu weiteren Lebensformen und ihren juristischen Ausformungen werden nicht angestellt. Ebenso wenig wird die Motivation zur Eheschließung thematisiert, die nachweislich nicht allein in der Wahl dieser Lebensform als Institution zum Schutz der Familie gewählt wird, sondern auch weil sie in der Regel finanzielle Vorteile bringt. In kirchlichen und theologischen Argumentationsreihen sollte klarer gesehen werden, dass eine Idealisierung der Lebensform Ehe nicht zu ihrer Stabilität beiträgt.

Das Fazit lautet, dass die Argumentation, die sich auf die staatliche Voraustrauung fixiert, auf tönernen Füßen steht. Kirche und Theologie dürfen es sich in der Frage nach der Bindung der Trauung an die Eheschließung keinesfalls so leichtmachen, dass sie die Ehe unter einem abstrakten Standard oder Ideal sehen. Sie müssen sich mit den verschiedenen ökonomischen und privatrechtlichen Aspekten der Eheschließung sowie der Rechtsförmigkeit von nichtehelichen Lebensformen auseinandersetzen und konkret über die Kriterien diskutieren, die sie als Voraussetzung für eine kirchliche Trauung erfüllt sehen möchten. Die Änderung im Personenstandsgesetz, die der Bundestag 2009 vorgenommen hat, wird in diesem Sinne für Kirche und Praktische Theologie zur Chance, ihr Verhältnis von Recht und Liebe im Kontext der Diskussion um gerechte Lebensformen erneut und präziser zu klären. Hierbei könnte auch ein Blick über die nationalen Grenzen hinaus hilfreich sein. Wie gehen z. B. lutherische Kirchen in Afrika oder Asien mit dieser Frage um und welche Erträge ließen sich aus einem Vergleich für den deutschen Kontext sichern?

1.4 Kirchliche Diskussionen thematisieren gegenwärtig den Schutz der Familie, insbesondere auch von Kindern; praktisch-theologische Diskussionen nehmen wahr, dass die Trauung oft als Familienfest gefeiert wird. Obwohl oder gerade weil in evangelischer Perspektive die theologische Deutung der Ehe weder in der Diskussion um Familie noch um die Trauung hervortritt, bleibt auch die Reflexion auf Paarbeziehungen aus. Eine Leerstelle, die es zu füllen gilt.

Im Rahmen evangelischer Theologie beziehen sich praktisch-theologische Auslegungen der Trauung gegenwärtig nicht auf den sogenannten generativen Aspekt, also die Zeugung von Nachkommenschaft. Dies hat seine Gründe, denn mit der Moderne ist die Ehe vor allem eine Liebesheirat und weniger eine Verbindung, in der es darum geht, gemeinsam Kinder zu zeugen und eine Familie zu gründen. Insofern ist die Trauung als ein Fest der Paarliebe zu verstehen (vgl. auch Gräb, Deutung, 2006). Historisch gesehen motivierte aber die Funktion der Absicherung der Generationenfolge den Schutz der Ehe und der Familie, wie er im Grundgesetz verankert ist (Art. 6 GG). Infolgedessen sind sozusagen bis zum gegenwärtigen Stand der Dinge beide Aspekte miteinander verschmolzen: Die Eheschließung ist eine Liebesheirat *und* wird zugleich von vielen Brautpaaren als Ausgangspunkt für eine Familiengründung gesehen.

In der kirchlichen und praktisch-theologischen Reflexion der Trauung zeigt sich allerdings, dass entlang der Entscheidung, ob man stärker die Ehe oder stärker die Familie in den Fokus der Betrachtung rückt, auch spannungsreiche Auseinandersetzungen über die Bedeutung biblischer und soziologischer Perspektiven auf das Thema geführt werden. Beispielhaft wird dies an der 2013 veröffentlichten Orientierungshilfe der EKD mit dem Titel *Zwischen Autonomie und Angewiesenheit. Familie als verlässliche Gemeinschaft stärken* klar. (vgl. *https://www.ekd.de/download/20130617_familie_als_verlaessliche_Gemeinschaft.pdf*) Hier wird nicht die Ehe, sondern die Familie als zentrale Lebensform herausgearbeitet. Darin zeigt sich im Vergleich zu vorangegangenen Stellungnahmen ein klarer Kurswechsel. So heißt es z. B. in dem 1985 veröffentlichten Papier der Familienrechtskommission des Kirchenamts der EKD, dass nichteheliche Lebensgemeinschaften nicht gutgeheißen werden können und dass Menschen in diesen Lebensformen Gottes Angebot und Gabe sowie deren Sinn verfehlen.

Selbstverständlich ist zu bedenken, dass das zuletzt genannte Papier fast dreißig Jahre alt ist und damals die Normativität der Ehe innerhalb von Kirche und Theologie sowie in der Gesellschaft insgesamt weniger umstritten war als heute. Doch schon 1987 fragte man an, wie es überhaupt um die Legitimität des immer selbstverständlich genannten Zusammenhangs von Ehe und Trauung bestellt sei. Manfred Josuttis baute seine Argumentation vor allem darauf auf, dass das Christentum die Ehe als Sozialform nicht erfunden, sondern vielmehr eben bereits *vorgefunden* habe. Man habe sie mit einigen Schwierigkeiten akzeptiert und teilweise modifiziert (zuletzt ausgeführt in Josuttis, Lebenslust, 1994). Dietrich Stollberg stellte dieselbe Frage aus dem Kontext kirchenleitenden Handelns und plädierte engagiert dafür, dass es Kirchenleitungen dem Privatleben ihrer Mitarbeiterinnen und Mitarbeiter zu überlassen hätten, ob sie eine Ehe schließen wollten oder nicht (Stollberg, Kirche, 2012).

Es könnten noch viele weitere Anfragen aus Kirche und Theologie zitiert werden, die die sehr enge Bindung von Kirche und Ehe als der primär von ihr geschätzten Lebensform hinterfragen. Die Veröffentlichung der Orientierungshilfe *Zwischen Autonomie und Angewiesenheit* kann ebenfalls als eine Kurskorrektur an genau dieser Traditionslinie verstanden werden: Es wird hier für die Stärkung und Förderung von Familien plädiert, und man geht dabei nicht von der heterosexuellen Ehe als der ihr zugrundeliegenden Lebensform aus, sondern beschreibt und würdigt eine hohe Vielfalt von Familienformen, unabhängig davon, ob sie als heterosexuelle oder als homosexuelle Paarbeziehungen gelebt werden.

An dieser Stelle geht es nun nicht um eine Analyse und Kommentierung der Orientierungshilfe insgesamt, sondern nur um den Umgang mit der Lebensform Ehe bzw. der Kritik, die sie hierfür erhalten hat. In dieser Kritik wird im Kern um die christlich und häufig mit biblischen Versen eingeführte

Position gestritten, dass die Ehe das Primat unter den Lebensformen darstellt und dass diese Vorrangstellung nicht relativiert werden dürfe. Aus der Perspektive der öffentlichen Vertreter der römisch-katholischen Kirche wird z. B. von Alois Glück, dem ehemaligen Präsidenten des Zentralkomitees der deutschen Katholiken (ZdK), davor gewarnt, Ehe und Familie mit anderen Lebensformen gleichzustellen. Auch die katholischen Bischöfe kritisierten, dass in einem offiziellen Text des Rates der Evangelischen Kirche eine Relativierung der lebenslang in Treue gelebten Ehe erfolge (vgl. Frankfurter Rundschau vom 21.6.2013, 4).

Anerkennung zollte diesem Papier hingegen z. B. Christel Riemann-Hanewinckel, Parlamentarische Staatssekretärin a.D. aus Halle/Saale und Präsidentin der Evangelischen Aktionsgemeinschaft für Familienfragen. Sie stellte heraus, dass die Orientierungshilfe die Fähigkeit zur Veränderung in der evangelischen Kirche dokumentiert:

> „Sie beschreibt aufschlussreich die ‚Ehegeschichte' in der Bibel und in der Gesellschaft und räumt damit auch Ideologien beiseite. Es wird deutlich, dass Familienleben und die Gestalt der Familie immer auch abhängig ist von historischen, sozialen und politischen Gegebenheiten." (Zeitzeichen 7/2013, 12–14, hier 13)

Riemann-Hanewinckel zufolge verhindert die Orientierungshilfe der EKD eine Spaltung in bessere und schlechtere Familien oder Paare. Die besseren, so soll dies wohl heißen, wären dann diejenigen, die Ehen eingingen und sich trauen ließen, die schlechteren diejenigen, die geschieden wären oder erst gar nicht auf eine heterosexuelle Lebensform wie die Ehe zugingen. Diese Einteilung sieht sie nun darin überwunden, dass man die Vielfalt der Familienformen als gleichwertig in Bezug auf ihre Verantwortung für ein Familienleben anerkennt.

Mit dem Familienpapier zeigt sich, dass das Verständnis der Ehe und mit ihm der Trauung zunächst von der Verantwortung der Eheleute für ihre Kinder her konzipiert ist. Nun wird diese Verantwortung nicht mehr aus der Perspektive des Paares formuliert, sondern es werden alle derzeit gelebten Familienkonzepte mit in die Betrachtung hineinzogen. Die Bedeutung der Ehe und des Zusammenlebens eines Paares tritt damit folgerichtig zurück. Dass in neueren Entwürfen zur Trauung das Thema *Traufe* (Fechtner, Kirche, 2011) reflektiert wird und in Abhandlungen zu Kasualien diese als Familienfeste verstanden werden (Grethlein, Kasualien, 2007), entspricht ebenfalls der dargestellten Debattenlage. Doch es entsteht mit dieser im Sinne des Allgemeinen Gleichbehandlungsgesetzes/Antidiskriminierungsgesetzes durchaus sinnvollen Abkehr von einer Hierarchie der Lebensformen und einem Primat der Ehe zugleich eine Leerstelle, die für die evangelische Diskussion unbedingt zu füllen ist. Es geht darum, dass aus evangelischer Perspektive neben der Familie auch das Zusammenleben eines Paares, das ohne Kinder lebt, (praktisch-)theologisch wahrgenommen, reflektiert und in verschiedenen

Weisen mit Ritualen zu Festzeiten und in der Alltagsfrömmigkeit gefördert wird.

Ehe und Trauung sind nicht allein deswegen ein Sorgenkind von Kirche und Theologie, weil sie kaum mehr eingegangen und praktiziert werden. Vielmehr sind sie Sorgenkinder, weil ihre Deutung historisch und kulturell problematische Wirkungen für andere Lebensformen gezeitigt hat. Ihre Vorrangstellung wurde symbolisch überhöht und dies hat dazu geführt, dass die Ambivalenzen im Geschlechterverhältnis der Lebensform Ehe lange nicht reflektiert wurden, die mit einer Arbeitsteilung entlang der Geschlechter und auf sie folgende finanzielle Ungleichbehandlung einhergingen.

Dennoch sind die Kritikpunkte und die Reflexionshorizonte, die letztlich die politische Frauenbewegung und an ihr partizipierend auch die feministische Theologie aufgebaut hat, heute zum allgemeinen Standard und damit unhintergehbar geworden. Bei genauerer Betrachtung dürften sie in großen Teilen auch die Begründungsfiguren abbilden, warum viele Paare nicht mehr heiraten. Es hängt vor allem mit der veränderten Erwerbsarbeitssituation von Frauen zusammen, dass ökonomische Abhängigkeit für eine Eheschließung weniger relevant ist als vor fünfzig Jahren. Greift man also einerseits die statistischen Realitäten zu Eheschließungen auf und nimmt andererseits wahr, dass es auch außerhalb der Lebensform Ehe ein verantwortliches Zusammenleben vieler Paare gibt, die für Kinder oder auch für hilfsbedürftige Eltern sorgen, so wird man den Schluss ziehen müssen, dass evangelische Kirche und Theologie auch in der Frage der Trauung eine Pluralität von Lebensformen wahrzunehmen und ihrem Ritus zugrunde zu legen hat.

Die Erweiterung der Perspektive auf Familie sollte nun aber nicht dazu führen, dass man Paar-Liebe und Intimität zugleich sang- und klanglos aufgibt. Möchte man allerdings für die Trauung als ein Ritual zur Begleitung von Paarbeziehungen und Familien werben, so ist zugleich zu kommunizieren, dass evangelische Kirche und Theologie eine für sie nahezu neue Diskussion zu führen hat: Es geht um die religiöse Dimension in Paarbeziehungen, um ein religiöses Verständnis von Liebe in Paarbeziehungen sowie um praxisnahe Möglichkeiten zur religiösen Kommunikation ihrer Beziehung in der Öffentlichkeit. Von dieser Basis aus ist es dann auch vorstellbar, dass Kirche und Theologie verschiedene Traurituale für verschiedene Paare entwickeln.

1.5 *Die praktisch-theologische Diskussion um die Trauung als Ritual bedarf spezifischer Weiterentwicklungen.*

Das Urbild des modernen Traugottesdienstes ist die *Hochzeit in Weiß*, die traditionell einerseits für die Braut das Image der Jungfräulichkeit mit sich führt und andererseits als ein höfisches Zeremoniell gefeiert wird (Traum- oder Märchenhochzeit, vgl. 4.2). Auch wenn die sexuelle Keuschheit vor der Ehe nicht mehr zu dem gehört, was die allgemeine Praxis ist, und Paare vor ihrer

Trauung auch schon sehr oft länger zusammenleben, ist das Thema sexuelle Treue präsent, wenn sie dann ihre Trauung vorbereiten. So wirkt *die Hochzeit in Weiß* wie ein Initiationsritus in eine Beziehung mit besonderem Bedarf an Schutz für die gemeinsame Intimität. Die Intimität gleicht dabei einer heiligen Sphäre im Leben. Sie ist der Ort des Geheimnisses des Lebens, von ihr geht das Geschenk des Lebens und der Liebe aus. Weil und insofern das Paar an dieser Sphäre und an ihrem Geheimnis partizipiert, wird es zum Königspaar, was so viel bedeutet wie zum Paar der Paare zu werden. In der griechisch-orthodoxen Traukultur kommt diese Deutung des Hochzeitspaares als gekröntes Liebespaar auch symbolisch explizit zum Ausdruck: Das Paar trägt Kronen; der Traugottesdienst ist bis heute ein Inthronisationsgottesdienst des Paares (vgl. 4.2).

Die *Hochzeit in Weiß* ist für junge Paare, die noch wenig Erfahrungen miteinander oder auch in anderen Beziehungen gesammelt haben, sicherlich attraktiver als für ältere Paare. Letztere sind sich in aller Regel ihrer Lebensform sicherer und das Bedürfnis nach Schutz ihrer Intimität und Darstellung der eigenen Liebe ist möglicherweise weniger ausgeprägt. Statistisch gesehen wird die Ehe auch immer später eingegangen; das Durchschnittsalter der Paare liegt bei den Männern bei 33,7 Jahren, bei den Frauen bei 31,0 Jahren (vgl. *www.destatis.de* für 2014). Die Trauung ist nun weniger Initiations- als vielmehr Bestätigungsritus einer Beziehung, die sich bereits als tragfähig erwiesen hat. Der *rite de confirmation* (vgl. Navé-Herz, Hochzeit, 1997) würdigt die bisherige Geschichte eines Paares und in dieser Würdigung liegt zugleich die Hoffnung, die Beziehung hierdurch weiter zu festigen. Deshalb sind auch nicht nur *Hochzeiten in Weiß* zugelassen. Die kirchliche Trauung sieht keinesfalls Kleidervorschriften, sondern allenfalls Kleidersitten vor. So gibt es viele Brautpaare, die nicht weiß und schwarz, sondern viele weitere Farben wählen. An diesen Farben zeigt sich bereits äußerlich, wie unterschiedlich man das gemeinsame Fest begeht. Unter den Feiernden finden sich außerdem weitere Brautpaare, die nicht nur älter als der Durchschnitt der Brautleute sind und die sich zum Teil bereits von einem Kinderwunsch verabschiedet haben (vgl. 2.2), sondern auch solche, die bereits zum zweiten Mal oder noch öfter getraut werden. Eine Hochzeitsgesellschaft besteht zudem aus einem dispersen Kreis von Personen verschiedener familiärer Herkunft und verschiedener Beziehungskonstellationen. Eine Braut kann demnach schon Mutter von Kindern, ein Bräutigam schon Vater von Kindern sein, die allesamt im Gottesdienst anwesend sind. Die Ehe ist nicht mehr die alleinige gesellschaftliche Institution, die – wie bereits gesagt – Kindern juristische Sicherheit gibt, so sind z. B. die Rechte nichtehelicher Kinder in den vergangenen Jahren sehr gestärkt worden. Die Eheschließung zweier Personen, die bereits vor ihrer Ehe Eltern geworden sind, wird in diesem Fall von einigen Beteiligten nicht als ein Zuwachs von Sicherheit und Geborgenheit wahrgenommen, sondern sie setzt eher Fragen und Ängste bezüglich der neu eingegangenen Ehe frei, die gerade in der Gottesdienstsituation aufbrechen können. Diese unübersichtliche und spannungsreiche emotionale Situation führt dazu, dass manche Trauungen, und auch manche Taufen gar nicht erst gefeiert werden, weil sie traditionell als Familienfeste begangen werden und weil man in diesen familiären Beziehungskonstellationen für ein solches Fest eher Komplikationen erwartet.

Neben den komplizierten Familienverhältnissen ist in einer religionspluralen Gesellschaft außerdem auch damit zu rechnen, dass ein Brautpaar nicht nur nicht derselben Konfession, sondern auch nicht derselben Religion angehört, was wiederum gerade für den Gottesdienstablauf besondere Erfordernisse mit sich bringt (vgl. 5.1). Aber über die Aspekte der Pluralisierung religiöser Weltanschauungen hinaus wird deutlich, dass die beiden Deutungsangebote, *Initiation* und *Bestätigung*, die bislang in der praktisch-theologischen Diskussion zur Deutung der Trauung kursieren, nicht mehr ausreichen. Im Kontext von zweiten Ehen bzw. Wiederverheiratungen nach weiteren Scheidungen erscheint es sinnvoll, für die Deutungsfunktion der Trauung zusätzlich von einem *Transformationsritus* auszugehen, einem Ritus, *der eine Veränderung in bereits bestehenden Familienkonstellationen öffentlich begehbar macht* und dieser damit kommunikativ Gestalt verleiht. Der Ritus des Gottesdienstes gibt Gelegenheit, die dramatischen Szenerien zu erinnern, zu wiederholen, und wenn es gut geht, auch Teile davon rituell durchzuarbeiten. Familien, die durch den Tod eines Elternteils oder durch die Scheidung eines Paares zerbrochen sind, die getrauert haben oder ihre Trauer gar nicht entfalten konnten, stehen nun im Traugottesdienst an der Schwelle zu einer neuen Zeit und zu neuen (Lebens-)Räumen, auf der sie einander begegnen werden und zu etwas Drittem, einer Patchworkfamilie, zusammenwachsen sollen.

Der Traugottesdienst ist aber nicht nur deshalb ein Ritual, weil er Initiations-, Bestätigungs- oder familiäre Transformationsprozesse erfahrbar macht, sondern er kann auch grundsätzlich als Ritual bezeichnet werden. Im Gottesdienst werden generell formalisierte liturgische Kommunikationsmuster angeboten, die ihn zu einer Zeit und einem Ort werden lassen, an dem rituell gehandelt wird. In Gottesdiensten sprechen, hören, beten, und singen Menschen (Josuttis, Weg, 2000); sie erinnern, wiederholen und arbeiten Erlebnisse für sich durch (Spiegel, Sozialpsychologie, 1972); im Kontext dieser komplexen und rituell strukturierten Kommunikationen inszeniert man im Gottesdienst das Evangelium (Merzyn, Rezeption, 2010; auch Meyer-Blanck, Inszenierung, 1997).

Darüber hinaus ist zu sehen, dass Riten im Sinne von biografischen Übergangsritualen verstanden werden können. So hat jeder Ritus eine Funktion in der Bewältigung von *Status*veränderungen (rites de passage): Auf die Geburt bezieht sich die Taufe, auf das Erwachsenwerden die Konfirmation, auf die Eheschließung die Trauung, auf den Tod die Bestattung. Van Gennep beispielsweise hob drei dieser Funktionsbeschreibungen hervor: Trennungsriten, Schwellen- und Umwandlungs- bzw. Angliederungsriten. Wendet man diese

Differenzierung auf den Kasus der Trauung an, zeigt sich, dass es Trennungsriten wie etwa die Junggesellen- und Junggesellinnenabschiede gibt; auf diese folgen Schwellen- und Umwandlungsriten wie die kirchliche Trauung; auch ein Angliederungsritus lässt sich ausmachen: Er findet sich z. B. in der Hochzeitsreise. Die kirchliche Trauung ist ein Ritus, der in Kombination mit weiteren Riten zur Hochzeit steht.

Nimmt man die (standesamtliche und in ihrem Gefolge auch die kirchliche) Trauung als ein solches Schwellenritual wahr, scheint sie in hohem Maße ambivalent und paradox, dazu aber auch kreativ und dramatisch zu wirken. In ihr wird ein Zwischenzustand inszeniert, in dem man sich – zumindest bis zur Unterschrift im Standesamt bzw. bis zum Trauversprechen im Gottesdienst – in einem Zustand des Weder-Noch befindet (Turner nannte dies *betwixt and between*, Ritual, 2000).

Mit van Gennep betont man, dass Riten gefeiert werden, um lebens- oder familiengeschichtliche Krisen zu überwinden, die insbesondere von Statusveränderungen ausgelöst werden. Mit Turner betont man, dass Rituale soziale Dramen sind, die helfen, gesellschaftliche Widersprüche auszudrücken, und dazu beitragen, sie aufzulösen. Aufbauend auf diese Theoriebildungen, haben Interviews mit Brautpaaren dann zu dem Ergebnis geführt, dass man für die kirchlichen Trauungen damit rechnen kann, dass sie immer mehr als Bestätigungs- denn als Initiationsriten gefeiert werden (Nave-Herz, Hochzeit, 1997).

Doch angesichts der fortschreitenden Pluralisierung von Lebensgeschichten stellen sich Fragen an die Leistungsfähigkeit der Ritualtheorie im Bereich der Kasualtheorie. Wie oben beschrieben, lässt sich gerade bei der Trauung zeigen, dass das Ritual der Hochzeit erst gefeiert wird, nachdem man Krisen überstanden hat. So wird man hinsichtlich der Plausibilität der Ritualtheorie im Bereich der Kasualien zurückhaltender werden müssen. Stattdessen kommen die ästhetischen und kommunikativen Wirkungen liturgischer Handlungen in den Fokus der Betrachtung. So ist in den vergangenen Jahren zwar herausgearbeitet worden, dass Kirche von Fall zu Fall in Anspruch genommen wird, nämlich für Kasualien, also für lebensgeschichtliche Ereignisse, die festlich begangen werden sollen (Fechtner, Kirche, 2011). Doch aufgrund der zunehmenden Komplexität von familiären und freundschaftlichen Beziehungen wird auch unklarer, um welchen Fall es sich bei einer Kasualie, konkret der Trauung, eigentlich handelt. In dieser Lage wird Kasualtheologie und -praxis geradezu zu detektivischer Ermittlungsarbeit (Kunz, Der Fall, 2008). Überdies stellt sich die Frage, ob es empirisch tatsächlich (weiter) nachweisbar ist, dass diejenigen Personen, die eine Trauung wünschen, einen Statuswechsel vollziehen (vom Junggesellen zum Ehemann, vom Sohn zum Vater etc.). So sprechen auch diejenigen, die für die Kasualtheorie an der Ritualtheorie festhalten wollen, davon, dass die Kasualien heute eher als *rites sans passage* zu sehen seien. Doch Kasualien seien weiterhin auf ihre Art als Rituale anzusehen, weil sie Übergänge symbolisch gestalteten (Fechtner, Kirche,

2011). Allerdings können, so muss festgehalten werden, die Statuswechsel weitgehend archaisch geprägter Gesellschaften, die in der Ethnologie die Forschung an Ritualen bestimmt haben, nicht ohne weiteres mit denjenigen hochmoderner Gesellschaften verglichen werden.

So haben Ritualtheorien für das Verständnis von Kasualgottesdiensten wie dem der Trauung immer noch Erschließungskraft. Dies wird sich darüber hinaus auch in Bezug auf Analogien zu dem narrativen Konzept von Märchen zeigen (vgl. 4.2). Aber die Anwendung von Ritualtheorien, insbesondere in ihren Aspekten als *rite de confirmation* oder auch als *rite sans passage* beachtet z. B. nicht ausreichend die Eigentheorien, die Brautpaare für ihr Verständnis der Trauung mitbringen (Merzyn, Rezeption, 2010). In der retrospektiven Wahrnehmung von Brautpaaren wird sichtbar, dass diese die kirchliche Trauung nicht allein als ein Ritual verstehen, das ihre Verbindung öffentlich bestätigt, sondern der Gottesdienst selbst erhält performative Bedeutung. Er wird zur Gelegenheit, die wechselseitige Selbstfestlegung, die das Brautpaar im Trauversprechen vornimmt, sichtbar und hörbar zu gestalten.

Diese empirisch orientierte Korrektur an dem Verständnis der kirchlichen Trauung als Ritual lenkt die Aufmerksamkeit einerseits auf das Brautpaar als sozusagen Paar-Subjekt des rituellen Vollzugs und andererseits auf den Gottesdienst als Raum des Geschehens.

Aus der Perspektive medienwissenschaftlicher Untersuchungen entspricht dies exakt neueren Entwicklungen im Verständnis von Kommunikation. Während Ritualtheorien insbesondere Zeitstrukturen thematisieren, wird innerhalb von computergestützten Kommunikationen davon ausgegangen, dass Kommunikations*räumen* zunehmend strukturierende Bedeutung zukommen (Nord/Luthe, Räume, 2015). So könnte man in Anschluss insbesondere an Turner sagen, dass kirchliche Trauungen einen Kommunikations*raum* zur Inszenierung der Geschichte einer Paarwerdung liefern. Das Ritual läuft *nicht einfach im zeitlichen Sinne* ab, damit die Protagonistinnen und Protagonisten im Anschluss daran im sozialen Leben einen anderen Status einnehmen, sondern es wird im Kirchenraum zur hörbaren, sichtbaren und fühlbaren Darstellung gebracht: Es wird zu einem Ereignis, das mit anderen geteilt und also zur gemeinsamen Realität wird. Zu diesem gehören dann aber auch die vielen verschiedenen Lebensräume, die in den Kirchenraum als Festraum hineingetragen werden. So finden sich in diesem nicht zuletzt durch Prozesse der Globalisierung immer schon verschiedene kulturelle und religiöse Prägungen auf.

1.6   Häufig ist nur ein Part der Brautleute evangelischer Konfession. Evangelische Christinnen und Christen leben ihre Religion kaum mehr konfessionell orientiert, sondern sind offen für plurale Religionsformen.

Die religiösen Orientierungen der Brautleute sind immer weniger eindeutig evangelisch. In den meisten Fällen von Trauanfragen wird man es mit einem evangelischen Kirchenmitglied und einer römisch-katholischen, einer griechisch-orthodoxen, einer agnostisch, atheistisch oder auch anders religiös orientierten Person zu tun haben. Darüber hinaus ist die Lage jedoch noch komplexer. So wurde auf die Homepage der Evangelischen Kirche in Österreich unter der Rubrik Trauungen auch folgender kurzer ‚Dialog' aufgenommen: „Wir sind beide nicht in der Kirche. Können wir uns kirchlich trauen lassen?" Antwort: „Nein, das ist nicht möglich." (*http://www.evang.at/glaube-leben/fragen-antworten/trauung/*). Neben der Frage der Konfessionsverschiedenheit, der unterschiedlichen Religionen, denen Brautleute angehören können, stellt sich mit zunehmender Dringlichkeit die Frage, wie man mit Traubegehren umgeht, denen offensichtlich ein religiöses Selbstverständnis zugrunde liegt, wo dieses aber nicht dazu führt, dass die Personen, die sich trauen lassen wollen, Mitglied in einer Kirche sein wollten. Es stellt sich die Frage, wie Kirche und Theologie mit dem – zumindest für Menschen außerhalb von Kirche entstehenden – Widerspruch umgehen, dass, wie es heißt, der Segen Gottes an die Mitgliedschaft in einer Organisation gebunden wird. Zöge man sich zur Ablehnung dieses Traubegehrens auf das Argument des ‚Auseinanderbröckelns' nicht nur einer Organisation, sondern der gesellschaftlichen Institution Kirche, die das Evangelium bewahrt und tradiert, zurück, müsste man sich zugleich mit einem weiteren Einspruch auseinandersetzen: Es ist unsinnig zu befürchten, dass dann sozusagen alle kommen, um eine Einmalzahlung für ihre Kasualie zu leisten und wieder zu gehen. Man hätte eher mit einer kleinen Gruppe zu rechnen, deren Institutionenkritik so stark ist, dass sie sich nicht zu einer Mitgliedschaft in einer gesellschaftlichen Institution überwinden kann. Denn wer sich bei diesem Befund (die Brautleute wollen getraut werden, ohne dass auch nur eine Person der Kirche angehört) an die nun bereits schon ältere These von *Believing without Belonging* erinnert fühlt (Glaube und Religion findet sich immer mehr außerhalb der Bindung an eine kirchliche Gemeinschaft; vgl. z. B. Davie, Believing, 1994), wird im Kontext der im Jahr 2014 veröffentlichten Ergebnisse der letzten Kirchenmitgliedschaftsuntersuchung eines anderen belehrt. Es sind weniger die Konfessionslosen als vielmehr die Kirchenmitglieder, die sich religionsoffen zeigen. Sie greifen Elemente von Riten oder auch Werte und Gedankengänge in der Begegnung mit anderen Konfessionen und Religionen auf und integrieren diese in ihr eigenes Verständnis von Religion und Glaube. Konfessionslose Personen sind keineswegs offener gegenüber Religionen noch zeigen sie eine höhere Toleranz gegenüber anderen Religionen als diejenigen, die einer Religion angehören;

konfessionslose Personen sind nicht diejenigen, die intensiv Religion leben (vgl. Bedford-Strohm/Jung, Vernetzte Vielfalt, 2015, z. B. 323ff.). So ist im Kontext der Evangelischen Kirche davon auszugehen, dass die Mehrheit der Kirchenmitglieder einer Öffnung der Traupraxis im Bereich interkonfessionell und interreligiös bis hin zu religiös nicht an eine Organisation gebunden – unter noch näher zu klärenden Konditionen – zustimmen würden.

Sicherlich ist die im Volksmund sogenannte ökumenische Feier der Trauung im deutschsprachigen Bereich der am längsten reflektierte Fall. Darüber hinaus lässt sich zumindest für den Bereich der Grundlagenliteratur sagen, dass Diskussionen um interkulturelle und interreligiöse Ehen und Partnerschaften kaum aufgenommen werden. In der Praxis der Kirchen nimmt das Thema der Begleitung interreligiöser Partnerschaften und Trauungen allerdings Fahrt auf. Sowohl in Deutschland als auch z. B. in der Schweiz sind Arbeitshilfen zum Thema christlich-muslimische Kasualien entstanden (vgl. Linkliste Interreligiöse Trauungen).

Einige wenige Schlaglichter auf die Themenspektren der Bedeutung von Bikonfessionalität und von Bireligiosität sollen hier nun für die Diskussion um die Zukunft der Trauung fokussiert werden.

Bikonfessionalität: Innerhalb eines größeren Forschungsprojekts zu *Religion und Sozialisation* wurden die Auswirkungen von Konfessionsverschiedenheit auf die religiöse Sozialisation in evangelisch-katholischen Familien in Westdeutschland in den 1950er bis 1980er Jahren analysiert. Man wollte herausfinden, ob die Sozialisation in einer bikonfessionellen Familie zu einer (Re-)Konfessionalisierung oder zu einer Entkonfessionalisierung von Handlungs- und Reflexionsmustern führt. Im Ergebnis kann man sagen, dass die Relevanz der Konfessionszugehörigkeit für soziales Handeln einerseits eher abgenommen hat, andererseits blieben konfessionell bedingte Faktoren weiterhin wirksam. Die konfessionelle Zugehörigkeit war einmal ein bewusst wahrgenommenes Merkmal von Identität in Deutschland, das nun zu einem eher unbewusst und latent wirkenden Moment der Identitätsbildung geworden ist. Insofern ist den Brautleuten keineswegs *egal*, welcher Konfession sie – sofern sie Kirchenmitglieder sind – angehören. Vielmehr ist davon auszugehen, dass eine religionsplurale Haltung vielmehr mit einer konfessionellen Bindung einhergeht. In Befragungen darüber, wie man den Verzicht auf die eigene Konfession als Traukonfession empfinde, stimmen fast zwei Drittel der befragten Personen folgender Aussage voll und ganz zu: „Wenn auch die kirchliche Trauung in der anderen Konfession stattfand, so kann ich meine eigene doch behalten." (Logemann, Konfessionsverschiedene, 2001, 195). Die formulierte Aussage und die große Zustimmung zu ihr verweist dabei auf eine Verunsicherung, was mit der eigenen Konfessionalität im Zuge einer Trauung geschieht. Diese Verunsicherung ist auch meiner Praxiserfahrung nach bei konfessionsverschiedenen Paaren häufig anzutreffen und führt nicht selten zu einem Stein in dem Mosaik verschiedener Elemente, warum Paare sich nicht trauen lassen

Die kirchliche Trauung als Sorgenkind der Kasualtheorie und -praxis 41

wollen. Möglicherweise wirken in verschiedenen Familien auch noch Erzählungen aus vorangegangenen Generationen nach. Diese erlebten, dass die Kirchen vor Ehen von katholischen und evangelischen Christinnen und Christen warnten und von ihnen abrieten. Die römisch-katholische Kirche setzte auch kirchenrechtliche Maßnahmen wie die Exkommunikation ein, wenn man ihre Vorschriften nicht befolgte. Heute liegt diese Raison hinter uns. Die Konfessionsverschiedenheit wird sogar als Bereicherung des christlichen Lebens gesehen. Es wird von der konfessionsverbindenden Ehe gesprochen. Allerdings bleiben drei Probleme weiterhin virulent: Es wird weiterhin darüber gestritten bzw. von der katholischen Seite aus darauf gedrungen, dass Kinder römisch-katholisch getauft werden, und es ist weiterhin nicht offiziell möglich, dass konfessionsverschiedene Christinnen und Christen zusammen Abendmahl feiern können. Außerdem gibt es keine ökumenische Trauung im Sinne eines Ritus, der auf einer gleichberechtigten Kooperation beider Konfessionen aufbaut. Diese Aspekte bleiben eine für Laien schwer einsehbare Trennung und Spannung zwischen den Konfessionen, die die zunächst offerierte Möglichkeit einer sogenannten ökumenischen Trauung wieder einschränkt oder kommunikativ doch schwierig erscheinen lässt. Es wird weiter unten in der theologischen Reflexion zum Status der Trauung als Sakrament bzw. als Segnungsgottesdienst anlässlich einer Eheschließung noch einmal um diese interkonfessionellen Grenzziehungen gehen (vgl. Kapitel 5.2).

Bireligiosität: Seit mehr als fünfundzwanzig Jahren gibt es an vielen Orten Initiativgruppen und zunehmend auch institutionell verankerte Foren und Räte der Religionen. Hier werden Versuche unternommen, interreligiöse Dialoge zu initiieren und sie auch durch Spannungen hindurch, die nicht selten nicht aus dem jeweiligen lokalen Kontext, sondern aus weltpolitischen Zusammenhängen stammen, aufrechtzuerhalten. Beschränkt man sich allein auf den Bereich der sogenannten abrahamitischen Religionen, Judentum, Islam und Christentum, sieht man, dass hier tradierte Muster der Selbstbeschreibung dessen, was den eigenen Glauben im Kern ausmacht, zu Abgrenzungen unter den Religionen – und wie oben ausgeführt unter den Konfessionen – führen. Sie verhindern, dass interreligiöse Trauungen stattfinden können. In diesem Feld stößt man also auf Grenzziehungen, die nicht ohne Weiteres aufgehoben werden können, deren Bestand man im Rahmen einer plural angelegten weltoffenen Gesellschaft, die durch Enttraditionalisierungsprozesse hindurchgeht, auch häufig kaum mehr nachvollziehen kann, die sich aber de facto begrenzend bzw. ausgrenzend auswirken. So ist das Judentum, ähnlich wie der Hinduismus, eine Kultur und Religion, die nicht missioniert und in der Herkunft bzw. Abstammung und Geburt eine wichtige Rolle spielt. Ein Mensch erhält eine jüdische Identität aufgrund seiner Geburt, dann wird diese jüdische Identität kulturell, sozial und religiös in einem großen Variationsreichtum gelebt. Traditionell gesprochen, heiratet man unter Jüdinnen und

Juden auch, um die jüdische Tradition zu bewahren, die sich z. B. in der Einhaltung von Reinheitsgeboten, Ernährungsgeboten sowie Ritualen körperlicher Diszplin zeigt. Der US-amerikanische Rabbi Shmuley Boteach verfasste in diesem Sinne ein Buch über *koscheren Sex*, den er als die Seele der Ehe bezeichnet (Boteach, Koscher, 2003). Auf diese Weise wird garantiert, dass die Kinder und Enkelkinder jüdisch bleiben. Der jüdische Religionsphilosoph Ephraim Meir entfaltete diesen Zusammenhang in einer E-Mail an mich so:

> „Intermarriage is therefore not favorably looked upon in traditional Judaism, since this *embodied community* does not separate body and spirit. This has to be taken into account when a Jewish person wants to marry a Christian … Interreligious dialogue will be based upon the respect of the differences between Jews and Christians that can be bridged in *trans-difference*, which is not a fusion between the two cultures, but – in the best case scenario – a cross-fertilization, with preservation of particularities. Of course, *mixed* marriages are a fact and, in that case, interreligious marriage ceremonies are organized." (Mail an I.N. vom 12.08.14)

Im Bereich des muslimisch-christlichen Dialogs sind bereits Schritte unternommen worden, die wenngleich nicht einen gemeinsamen Ritus, so doch die Möglichkeit der religiösen Begleitung einer Eheschließung sowohl nach christlichem wie nach muslimischem Ritus vorsehen. Dabei stützt man sich z. B. aus christlicher Perspektive auf biblische Texte, wie etwa das von Paulus im Korintherbrief formulierte Wort: „Der ungläubige Mann ist geheiligt durch die gläubige Frau" (1 Kor 7,14). In dieser Aussage ist zwar für heutige Ohren eine wiederum befremdlich klingende Zuschreibung vom Anderen enthalten, der sich ja zu einer Religion bekennt und dennoch als Ungläubiger bezeichnet wird, aber zugleich wird deutlich, dass religionsverschiedene Paare in den Augen von Paulus sozusagen nicht aus der Sphäre des Heiligen herausfallen.

Offen bleibt, soweit ich sehe, ob hier nicht möglicherweise die Zugehörigkeit zur Gemeinde in der Weise verstanden worden ist, wie sie im jüdischen Kontext basal ist, in dem Paulus zuhause war: Die Zugehörigkeit zur Religion wird über die Frau und Mutter weitergegeben. In Erweiterung dieser Regel könnte in paulinischer Sichtweise auch der Ehemann an der Religion seiner Frau partizipieren. Eine ähnliche Regelung findet man auch im muslimischen Kontext.

Generell gilt im Bereich islamischen Familienrechts, dass zwischen Normen differenziert wird, die einerseits für den muslimischen Mann und getrennt davon andererseits für die muslimische Frau vorgesehen werden. Ein Muslim kann demnach durchaus eine Jüdin oder eine Christin heiraten (Koran 5,5). Aber: „Die große Mehrheit der islamrechtlichen Gelehrten erklärt die Ehe einer Muslimin mit einem nichtmuslimischen Mann mit dem Verweis auf den Koran 60,10 als verboten" (Bleisch Bouzar, Identität, 2006, 278). Allerdings sollte man bezüglich solch feststellender Aussagen immer mit einbeziehen, dass es sehr auf den jeweiligen Kontext ankommt, was wie in Geltung gesetzt wird, sodass in Deutschland auch bereits Imame zu einer Heirat einer Muslimin mit einem Christen zugestimmt haben.

Aus evangelisch-landeskirchlicher Perspektive sind mir keine Regelungen bekannt, die eine Heirat einer Christin oder eines Christen mit einem Muslim oder einer Muslimin einschränkten, vielmehr haben z. B. die Evangelische Kirche in Hessen und Nassau und die Evangelisch-Lutherische Kirche in Bayern Praxishilfen für muslimisch-christliche Traugottesdienste vorgelegt (vgl. Linkliste Interreligiöse Trauungen). Allerdings gibt es gegen diese Handreichungen auch Einwände, so verurteilen Vertreter der Evangelischen Allianz diese aufs Heftigste (vgl. Linkliste Interreligiöse Trauungen). Aus römisch-katholischer Perspektive besteht, so ist dies für den schweizerischen Kontext dargelegt worden, ein Ehehindernis, das durch einen Bischof aufgehoben werden kann, wenn die Gefahr eines sogenannten Glaubensabfalls des christlichen Partners ebenso sicher abgewendet werden kann sowie dass die christliche Taufe etwaiger Kinder zugesichert wird (ebenfalls Bleisch Bouzar, Identität, 2006, ebenda).

Insgesamt kann man sagen, dass von den abrahamitischen Religionen kaum Impulse ausgehen, die zur Schließung religionsverschiedener Ehen auffordern. Hervorzuheben sind deshalb die landeskirchlichen Papiere, die muslimisch-christliche Gottesdienste vorschlagen. Sie scheinen derzeit die einzigen zu sein, die keine prinzipiellen in der religiösen Orientierung liegenden Eheschließungshindernisse sehen und kommunizieren.

Diese Offenheit, bireligiöse Ehen mit einem Traugottesdienst zu begleiten, ist dabei nicht etwa in einer mangelnden Wahrnehmung des religiösen Konfliktpotentials begründet, sondern baut vielmehr auf einer theologischen Argumentation auf, die sich der Bestimmung der Beziehungen der Religionen untereinander widmet. Grundsätzlich gibt es zwei Ansatzpunkte für eine theologische Klärung. Aus der Praxis des interreligiösen Dialogs z. B. in evangelischen Akademien ist der sogenannte Trialog bekannt. Er baut darauf auf, dass es sozusagen eine Familienähnlichkeit unter den Religionen gibt, die sich z. B. in ihren heiligen Schriften zeige. Es werden also Gemeinsamkeiten und auch Unterschiede sowohl in den Theologien als auch in den religiösen Praxen kommuniziert und diskutiert. Nun geht es allerdings zunehmend darum, dass die eruierten Gemeinsamkeiten und Unterschiede kaum in ihrer kulturellen Vielfalt gesehen werden können, sondern vielfach in verallgemeinerndem Grundwissen dargeboten werden, das weit von konkret gelebter Praxis entfernt ist und somit zu Klischeebildern neigt. Schließlich ist mit der Darstellung von Gemeinsamkeiten und Differenzen noch nicht thematisiert, wie diese selbst nun zu bewerten sind oder anders ausgedrückt, welche Bedeutung sie für den interreligiösen Dialog haben. Die Möglichkeit für eine interreligiöse Traufeier liegt also nicht allein in den Religionen bzw. in ihren Lehren und

Handlungsformen, auch nicht allein in korrespondierenden Gottes- und Gebetsverständnissen. Sie alle differieren je nach kulturellem Kontext in erheblichem Maße und gehören in diesem Sinne letztlich alle zu den Dialogformen, die im interreligiösen Dialog tradiert und eingeübt werden. Sie helfen, dass Menschen verschiedener Traditionen und Kulturen einander besser verstehen können. Doch diese Dialogformen können eine gemeinsame Traufeier nicht verbürgen. Denn auch wenn von allen anerkannt würde, dass die Traufeier *ein weltlich Ding* wäre (was jedoch in solch radikaler Formulierung nicht zutrifft) und insofern die soziale und rituelle Seite der Traufeier eine sehr hohe Bedeutung erhält, so gehört es doch auf jeden Fall zum Selbstverständnis innerhalb der christlichen Religionsfamilie, das sie im Traugottesdienst nicht nur eine horizontale, sondern auch eine vertikale Dimension kommuniziert. Diese verweist auf die Bedeutung des Wirkens Gottes in der Welt. Von hier aus gesehen, sind es nicht die Religionen, die den Grund zur gemeinsamen Feier legen, sondern es sind die jeweils eigenen Beziehungen der Menschen zu Gott, die Menschen in ganz unterschiedlichen Religionen und Kulturen leben (vgl. EKHN, Lobet, 2011, 12).

Diese theologische Grundlegung der interreligiösen Trauung hat den Vorteil, dass sie das Bestreben eher zurückweist, interreligiöse Trauungen mit moralischen oder pädagogischen Zielen zu überfrachten. Es könnte schließlich naheliegen zu meinen, dass christlich-muslimische Ehen und Trauungen zu Vorbildern für den interreligiösen Dialog werden könnten. Möglicherweise kann dies im Einzelfall auch tatsächlich der Fall sein, doch zunächst ist zur Kenntnis zu nehmen, dass z. B. muslimisch-christliche Partnerschaften, die häufig auch binationale Partnerschaften sind, vielen interkulturellen Fragestellungen und Herausforderungen ausgesetzt sind. Sie sollten also zunächst eher als Expertinnen in diesem Problemidentifizierungsbereich angesehen werden. Alltagssituationen zeigen nämlich, dass hier Religion häufig als Muster zur Erörterung kultureller Spannungen herangezogen werden. In dem Falle z. B., wenn es einer christlichen Deutschen um Kritik am Alkoholkonsum ihres muslimischen Mannes aus Marokko geht, wird der Islam als normativer Horizont bejaht, wenn es um seinen regelmäßigen Moscheebesuch geht, wird dieser kritisch gesehen oder sogar abgelehnt (vgl. wiederum Bleisch Bouzar). Ein bewussterer Umgang mit diesen kommunikativ vieldeutigen Zusammenhängen wird in der Literatur als *double discursive competence* (Baumann, Riddle, 1999) bezeichnet. Es geht dabei um die Fähigkeit zu wissen, wann man eine Identität wie ins Spiel der Kommunikation bringt: Welche Folgen hat es, wenn man sich nun auf religiöse, auf nationalstaatliche oder auf ethnische Identitäten beruft?

Für die Situation, nachdem Trauungen gefeiert worden sind und sozusagen das gemeinsame Leben nun geführt wird und werden soll, kann gesagt werden, dass die Konstellationen religionsverschiedener Paare sehr vielfältig sind, und dass demgemäß z. B. auch sehr unterschiedlicher Bedarf für seelsorgerliche Begleitungen anzuzeigen ist. Die Geburt eines Kindes wird z. B. häufig zum Anlass, Konflikte um die Religionszugehörigkeit neu wahrzunehmen bzw. in dieser Situation Religion als Differenzmerkmal zu thematisieren (vgl. Huber-Rudolf, Liebe, 2008; sowie Schneider-Harpprecht, Seelsorge, 2012).

1.7 Die zunehmende Globalisierung des Arbeitsmarktes lässt Deutschland auch zu einem Einwanderungsland werden, so rücken binationale bzw. mindestens bikulturelle und sogenannte Intermarriages in den Fokus der Traudiskussion ein.

Binationale Ehen sind bislang insbesondere aus der Perspektive von Migration und Integration beforscht worden. In klassischen Einwanderungsländern wie etwa den USA besitzt die Erforschung interethnischer Ehen eine lange Tradition. Auch in Deutschland intensiviert sich die Forschung in diesem Feld. Die statistischen Erhebungen des Mikrozensus liefern hierzu in einigen Fällen die Basis. In der Migrationsforschung hält man binationale Ehen für den voraussetzungs- und folgenreichsten Teilbereich von Integration überhaupt. Es ist empirisch nachweisbar, dass der Anteil der binationalen Ehen mit Deutschen für beide Geschlechter und für alle Gruppen der ehemaligen Arbeitsmigrantinnen und -migranten über die letzten vier Jahrzehnte deutlich zugenommen hat (vgl. Schroedter/Kalter, Binationale Ehen, 2008, 375). Hierbei wurden Einwanderinnen und Einwanderer aus der Türkei, Italien, Spanien, Griechenland und Ex-Jugoslawien berücksichtigt, die evaluierten Daten bezogen sich sowohl auf die erste als auch auf die zweite Generation der eingewanderten Personen. Hervorgehoben wird, dass die Türkinnen das geringste Ausmaß der sozialen Assimilation aufweisen: „Die relativen Chancen, mit einem Deutschen verheiratet zu sein, sind für alle anderen Gruppen höher, insbesondere in der zweiten Generation" (ebenda).

Es kann im Rahmen dieser Studien der Frage nicht weiter nachgegangen werden, welchen Einfluss die religiöse Herkunft auf das Heiratsverhalten von Migrantinnen und Migranten hat. Doch das geschilderte Ergebnis gibt Anlass, die Hypothese zu formulieren, dass es einen Zusammenhang zwischen Heiratsverhalten und Religion im Herkunfts- und im Einwanderungsland gibt. Durch die in den letzten fast fünfzehn Jahren zunehmende Islamisierung der nationalen Identität der Türkei kann es auch dazu gekommen sein, dass es vor allem türkischen Frauen nicht einfach offensteht, einen deutschen Mann eventuell mit einer religiösen Bindung zum Christentum zu heiraten. Zugleich zeigt aber die anwachsende Literatur zu muslimisch-katholischen Trauungen, dass solche bireligiösen Verbindungen durchaus gelebt werden, sogar mit der Aufnahme eines explizit religiös gestalteten Ritus einer muslimisch-christlichen Trauung. Insofern sollte dieser Abschnitt weniger dazu dienen, den

Stand der binationalen Eheschließungen und ihrer Bedeutung für die Inanspruchnahme einer Trauung zu schildern, als vielmehr darauf hinzuweisen, dass hier eine migrations- und religionsbezogen interessante und offene Entwicklung zu beobachten ist, die kasualtheoretisch zu reflektieren ist.

1.8 Die Beschreibung der Aufgabe des Traugottesdienstes muss im Sinne einer biografischen Orientierung kasuellen Handelns einer Revision unterzogen werden.

Beschreibt man die Trauung weiterhin als einen Gottesdienst anlässlich einer Eheschließung, so legt die Formulierung nahe, dass sich dieses gottesdienstliche Handeln maßgeblich auf eine wechselseitige Anerkennung einer Lebensform von zwei Institutionen bezieht, dem Staat und der Kirche. Das Brautpaar wird über den rituellen Akt in ein spezifisches Anerkennungsverhältnis zweier Institutionen versetzt. Seine Individualität und seine Motivation zur Trauung bleibt in der Beschreibung der Aufgabe des Traugottesdienstes mehr oder weniger unberücksichtigt. Demgegenüber ist herauszustellen, dass innerhalb der Kasualtheorie insgesamt davon ausgegangen wird, dass sich die biografische Perspektive als maßgebliches Deutekriterium kasuellen kirchlichen Handelns durchgesetzt hat (vgl. Fechtner, Sehhilfen, 2012). Soll dieser Sichtweise auch für die Trauung entsprochen werden, so ist also die Formulierung bezüglich der Aufgabe der Trauung zu korrigieren. Sie ist von vornherein biografisch zu beschreiben.

Blickt man auf praktisch-theologische Entfaltungen des Kasus der Trauung, finden sich hierfür bereits Vorarbeiten. Hierzu gehören vor allem Reflexionen auf die Bedeutung des Trauversprechens, denn in ihm bekennen der Einzelne und die Einzelne einander öffentlich ihre Absicht, das Leben miteinander in Liebe zu führen. Im Deutehorizont des Versprechens geht es zentral um die jeweiligen Menschen, die mit ihren Lebensgeschichten in die Kirche kommen und sich entschlossen haben, das Leben gemeinsam zu führen. Die darauffolgende Bitte um den Segen für sie ergänzt diesen Akt und stellt ihn in einen weiteren, über das Paar hinausweisenden Raum. Dies leuchtet ein, denn eine der grundlegenden religiösen Einsichten bzw. der Theologie der Paare liegt darin, dass sie wissen, dass sie ihr Versprechen nicht allein verbürgen können. Um mit dieser Ambivalenz konstruktiv lebensdienlich umzugehen, einerseits Zuneigung, Liebe und Treue erfahren zu können, andererseits sich in einer unausweichlichen Fragilität gemeinsamen Lebens zu befinden, treten Brautpaare vor den Altar.

Zwei Menschen geben sich an einem sozusagen heiligen Ort das Ja-Wort. Sozusagen heilig, weil nach evangelischem Verständnis ein Kirchenraum nicht an sich heilig ist. Das Heilige ist nach religionsphänomenologischer Einsicht ein ausgesonderter, besonderer, anderer Raum. In evangelischer Auffassung sind solche Räume für die Ausübung religiöser Praxen nicht essentiell notwendig, sie bieten allenfalls günstige, zuweilen sogar aber auch ungünstige

Bedingungen für religiöse Kommunikationen. Mit dieser Kritik an der Überhöhung heiliger Räume und Orte im Gepäck ist es dennoch sinnvoll von religiös besonders sprechenden Räumen auszugehen. Hochzeiten bzw. Trauungen werden überwiegend in Kirchen gefeiert, weil diese *anderen Orte* das beeinflussen, was in ihnen geschieht. Es könnte besondere Wirkung auf die Haltbarkeit des Versprechens haben, dass dieses nicht einfach zwischen Tür und Angel irgendwo gesprochen wird, sondern vor einem Altar. So wird in der Inszenierung des gegenseitigen Versprechens, das sich die Brautleute geben, etwas Heiliges aufgefunden.

Dies bestätigen empirische Forschungen mit Brautleuten, die sich haben trauen lassen. Sie belegen, dass die Paare im Versprechen einen, wenn nicht den Höhepunkt des gottesdienstlichen Geschehens sehen (vgl. Fopp, Brennpunkt, 2009; aber auch Merzyn, Inszenierung, 2011).

Auch wenn viele Standesämter die Eheschließung inzwischen ebenfalls als Zeremonie ausgestalten, in der ein solches Versprechen und ein Kuss zur Besiegelung der rechtlich wirksamen Eheschließung gehören, wählen die kirchlichen Brautpaare sozusagen noch eine zusätzliche, zweite Zeremonie.

Im Hintergrund dieser Haltung, vor dem Altar einander ewige Treue zu versprechen und damit auch die Ehe miteinander zu führen und das Leben miteinander zu teilen, steht ein traditionsreiches und weiter wirkmächtiges Bild von der *Einheit des Brautpaares*, das mit einem biblischen Wort verbunden ist. In Gen 2,24 findet sich das berühmt gewordene Wort „Darum wird ein Mann seinen Vater und seine Mutter verlassen und seinem Weibe anhangen, und sie werden sein ein Fleisch." Auch aus der außerbiblischen Tradition erhält dieses Bild Nahrung. So wird in Platons Gastmahl das anthropologische Modell vom Kugelmenschen kommuniziert (vgl. Platon, Gastmahl, 1990; sowie zu frühjüdischen und urchristlichen Rezeptionen des Wortes: Zimmermann, Ein Fleisch, 2001). Beide Bilder vermitteln, dass Mann und Frau auf einander hin geschaffen sind und die Zukunft der Menschheit von ihrer Generativität abhängt. Die Heterosexualität erscheint hier als eine unverzichtbare Grundlage menschlichen Lebens und als Schöpfungsordnung Gottes. Mit dieser Vorstellung ist auch verbunden, dass die Sexualität sozusagen *under cover* in der Trauliturgie einen enormen Platz erhält. Denn das *ein Fleisch werden* bedeutet z. B. in der Perspektive romantischer Liebe einerseits hohe Intimität, aber andererseits ist es eng an generativ orientierte Argumentationen gebunden. Zusammengenommen erscheinen beide, Intimität und Generativität, dann als zwei Seiten *einer* Medaille, in denen man davon ausgeht, dass nur Mann und Frau so füreinander geschaffen sind, dass sie tatsächlich eins werden können. Der Blick in frühjüdische und urchristliche Texte zeigt ebenfalls, wie und dass das Sinnbild von der Einheit des Menschen ausgehend von Gen 2,24 sowohl in sexualethischen Argumentationen als auch in mythischen Horizonten eingesetzt wird (vgl. Zimmermann, Ein Fleisch, 2001).

Dabei ist allerdings im Hinblick auf die Anthropologie zu differenzieren. Denn nimmt man nun noch Gen 1,27 hinzu, in dem die Ebenbildlichkeit Gottes thematisiert wird, könnte man davon ausgehen, dass die biblische Tradition keine andere Vorstellung zur Verfügung hatte als die von Heterosexualität oder von dem, was man sich aus moderner Perspektive unter einem antiken heterosexuellen Menschenbild vorstellte. Dementgegen hat man aber zur Kenntnis zu nehmen, dass in den frühen Interpretationen Genderdifferenzierungen von der ursprünglich geschaffenen Menschheit ausgeschlossen wurden, um die Menschen als Ebenbild Gottes verstehen zu können. Nur androgyne Menschen hätten als Bild Gottes betrachtet werden können, so arbeitet Christiane Tietz heraus. In den neuesten Auslegungen würden nun geschlechtliche Unterscheidungen in Gott selbst ausgemacht, damit dieser das Urbild der geschlechtlichen Menschen sein könne (vgl. Tietz, Ebenbildlichkeit, 2011, 136). Damit wird deutlich, wie sehr die Auslegungen auch dieser reich zitierten Bibelverse von den kulturellen Kontexten derer bestimmt sind, die sie vornehmen.

Eine zukunftsfähige Weiterentwicklung der Deutung der Trauung kann diese exegetischen Ergebnisse und die mit ihnen tradierten Vorstellungen nicht ausblenden, sondern muss religions- und bibelkritisch an diese Traditionsbestände herangehen. Evangelische Theologie hat sich den Fragen zuzuwenden, die die Rekonstruktionen der europäischen Geschichte der Sexualität aufwerfen. Die sexualethische Argumentation, die unter dem Leitkriterium der Generativität die heterosexuelle Ordnung der Geschlechter als für die Zukunft der Gesellschaft unverzichtbar herausgearbeitet hat, tat dies, ohne die mit ihr verbundenen spezifischen Machtstrukturen zu reflektieren. Sie sind aus genderspezifischer Perspektive kritisch zu sehen. Auch wenn immer wieder innerhalb der Auslegungen der historischen Dimension der Trauung darauf verwiesen wird, dass sie selbst gerade die Freiwilligkeit der beiden Brautleute voraussetzte (vgl. Kapitel 4.1) und liturgisch kommunizierte, konnte damit nicht abgesichert werden, dass die theologische Deutung der Trauung auch die Dimension der strukturell angelegten Machtkonstellationen in einer Partnerschaft geschlechtergerecht korrigiert. In traditionsreichen liturgischen Stücken wird der Aspekt der Generativität, des *seid fruchtbar und mehret euch* weiterhin thematisiert und damit über die Trautheologie in den Horizont des Glaubens eingespielt. So stellt die Liturgie – wahrscheinlich weit häufiger als die Predigt es gegenwärtig noch tut – heterosexuelle Anthropologien und die Bedeutung der Regenerativität für die Ehe heraus.

In dieser Perspektive wird deutlich, dass auch empirische Untersuchungen zu Traupredigten und Trauliturgien erforderlich werden. Erwartet werden kann hierfür, dass viele Predigerinnen und Prediger bereits auf die biografische Bedeutung der Trauung eingehen. Die Lebensgeschichten der Brautleute, ihre Kennlerngeschichte verwoben mit einer christlichen Deutung ihrer Liebe, die den Trauspruch miteinbeziehen, sind nach meinem Dafürhalten die Elemente, aus denen Traupredigten derzeit häufig entwickelt werden. Führt man diesen Befund in Richtung auf eine praktisch-theologische Reflexion zum Kasus der Trauung zurück, so zeigt sich, dass eine theologische Deutung der Liebe, der Liebesbeziehung des Paares in ihrem Zentrum stehen sollte, die möglichst viele Facetten der Liebe versprachlichen kann (vgl. Kapitel 3).

Dieser Einstellung könnten und sollten Pfarrerinnen und Pfarrer nicht nur aus dem Grund folgen, weil *die Situation* – neben dem Text und dem Prediger bzw. der Predigerin – mindestens seit Ernst Lange eine prominente Position im homiletischen Dreieck errungen hat. Dies wäre ein empirischer Kurzschluss. Vielmehr erscheint diese Orientierung sogar reformatorisch geboten. In Martin Luthers Traubüchlein (vgl. Luther, Traubüchlein (1529) 1967) ist nachzulesen, dass die Ehe vor der Kirchentür zu schließen ist. Seither ist in der evangelischen Auslegung der Trauung der Sakramentsstatus aberkannt. Aber diese vielfach zitierte Umorientierung verdeckt zuweilen eine andere, weitere Einsicht, die man über den Prozess erschließen kann, den Luther für die Wahrnehmung der Ehe auslöste: Für Martin Luther war der entscheidende Punkt in der Abwehr sakramentaler Vorstellungen zur Ehe, dass die Eheschließung keinen kirchlichen Vorbedingungen folgen soll, dass sie vielmehr im freien Benehmen der Einzelnen stehen soll. Deshalb sollte der Gang zum Altar nun der Segnung dieser Beziehung gewidmet sein. Es kam also alles darauf an zu symbolisieren, dass die Eheleute unabhängig von der Kirche in der Lage sein sollten, ihre Ehe zu schließen.

In einem gesellschaftlichen Kontext wie dem heutigen ist die Erinnerung an diese Prämisse in zwei Perspektiven höchst interessant. Erstens: Die Frontstellung zur römisch-katholischen Kirche und ihrer Macht, die Ehe zu sanktionieren, ist nur noch in Ausnahmefällen relevant (Problematik einer zweiten Trauung nach Scheidung und anderem mehr). Vielmehr geht es den Brautleuten darum, ihre Eheschließung bzw. ihre partnerschaftsvertraglich abgesicherte Lebensgemeinschaft auch vor Gott und der Gemeinde zu beglaubigen. Nicht die Freiheit der Eheschließung von der Kirche soll symbolisiert werden, sondern die Verbindung der Eheschließung zur Kirche und dem Glauben, der ihre Liebesbeziehung stärken kann. Die Trauung wird in dieser Perspektive zu einem Fest des Glaubens. Zweitens: In der Perspektive des Impulses, der von Luthers Desakramentalisierung der Trauung ausgeht, liegt es zunächst, dass Brautleute frei von kirchlich erzeugten Ehehindernissen wurden und sind. Die Dynamik, die in dieser Entwicklung lag, setzte Menschen also aus religiösen Bindungen frei, wie etwa dass es geistlichen Personen nicht erlaubt war zu heiraten.

Die Ehe so als ein weltliches Ding oder Geschäft zu bezeichnen, dies kommt aus heutiger Perspektive einer kritischen *Arbeit am Mythos* (Blumenberg, Mythos, 1979) des Sakraments der Ehe und der Heiligkeit des heterosexuellen Geschlechterverhältnisses gleich. Zumindest von einem Riss oder einer Bruchlinie in der Akzeptanz der mit naturrechtlichen Begründungen versehenen Geltung wird man ausgehen können, die für die Lebensform der Ehe und der Heterosexualität noch immer in bestimmten religiösen und christlichen Argumentationsgängen beansprucht wird. Die Trauung mit reformatorischen Impulsen mehr als ein Fest des Glaubens zu verstehen, in dem zwei Personen um den Segen Gottes bitten und den erfahrenen Zuspruch feiern, trägt hierzu ebenfalls bei.

Es ist als eine weitere Auseinandersetzung mit den Resten dieser jahrhundertelangen engen Verbindung von biologischen bzw. heterosexuellen und religiösen bzw. christlichen Deutungen von Lebensformen zu verstehen, wenn nun erstmals Eintragungen von Segnungen registrierter Partnerschaften im Trauregister der Kirchen vorgenommen werden. Trauungen und Segnungen werden aus theologischer und kirchentheoretischer Perspektive gleichwertig behandelt. Die Evangelische Kirche in Hessen und Nassau ist die erste der Landeskirchen in der Evangelischen Kirchen in Deutschland, die im Sommer 2013 diesen Weg eingeschlagen hat, im Jahr 2016 entscheidet sich auch die Evangelische Kirche in Berlin-Brandenburg-schlesische Oberlausitz zu diesem Schritt (vgl. *https://www.ekbo.de/feiern/lebensfeste/trauung/trau-dich-trauung-fuer-alle.html*). Mit dieser kirchlichen Dokumentation ist zum einen eine institutionelle Anerkennung der Lebensform durch die evangelische Kirche verbunden, zum anderen zeigt das Segenshandeln der Kirche auch, dass es ihr um die Begleitung der Paare geht, die um einen Traugottesdienst bitten. Viele Spannungen, die in der Diskussion um die Möglichkeit von Trauungen in den Bereichen sexuelle, religiöse, ethnische oder auch psychische und physische sowie altersspezifische Diversität geführt werden, lassen sich auf die Dominanz des nahezu als archaisch zu bezeichnenden naturrechtlichen Denkmodells zurückführen, mit dem insbesondere im Bereich der (römisch-katholischen) Theologie die Normativität des heterosexuellen Geschlechtermodells verteidigt wird. Seine mythische Signierung freizulegen und den Horizont für eine konstruktive Fortentwicklung der mythischen Signatur der Trauung zu öffnen, ist eine Absicht der hier vorgelegten Studien (vgl. insbesondere Kapitel 4). Theologische Wahrnehmungsmuster der Trauung sollen auf diesem Wege noch stärker für die biografische Dimension geöffnet werden, die innerhalb der Kasualtheorie insgesamt bereits viel Innovation ermöglicht hat.

2 Spätmoderne Lebensformen

Die Diskussion um die Trauung schließt in aller Regel an aktuelle sozialethische Lebensformdebatten an. Da die Trauung traditionell als ein Gottesdienst anlässlich einer Eheschließung gesehen wird, ist dies leicht nachvollziehbar (2.1). Aber auch aus der Perspektive praktisch-theologischer Diskussionen um die Trauung, erscheint diese Vorgehensweise plausibel. Die Trauung ist diejenige Kasualie, die sich konkret auf eine (heterosexuelle) Lebensform bezieht und von ihr ausgehend wird ferner die Familiengründung mit Kindern hier nicht nur von Rechtswegen diskutiert, sondern dies geschieht eben auch im Rahmen religiöser und kirchlicher Symbolisierungen. Sollen sie überzeugen, müssen sie allerdings tragfähige Referenzen zur gesellschaftlichen Wahrnehmung von Lebensformen aufweisen bzw. diese im konkreten Fall einer Kasualie ausweisen. Hierzu können sozialethische wie eben auch soziologische und sozialphilosophische Zugänge zum Thema beitragen. Für die im engeren Sinne praktisch-theologische Diskussion stellen sich zudem einige wiederkehrende Fragen: Wie kann religiöse Kommunikation die hohe Fragilität in Familienbindungen aufgreifen? Wie kann die sich steigernde Bedeutung von Familie für Kinder, die bei einigen Trauungen bereits anwesend sind, symbolisiert werden? Was geschieht, wenn das Paar nach einer Zeit des Zusammenseins für sich realisiert, dass es keine *eigenen* Kinder bekommen können wird (2.2)? Wie geht man mit Trennungen, Scheidungen, mit dem Tod eines Ehepartners bzw. einer Ehepartnerin innerhalb einer ersten Ehe nun bei der Schließung der zweiten Ehe um (2.3)?

Beide großen Bereiche, Familie und Geschlechterordnungen, wie auch Tod, Trennung und Scheidung sind in Ratgeberliteratur und öffentlichen Diskussionen reich diskutierte Themen. Sie werden hiermit in die praktisch-theologische Diskussion um die Trauung aufgenommen, weil sie Einfluss darauf haben, wie Paare ihre Lebensformen wahrnehmen, und damit womöglich auch, wie sie ihren eigenen Bedarf an einem Ritual wie dem der Trauung beschreiben.

2.1 *Von spätmodernen Geschlechterverhältnissen und der Familie*

In den medialen Öffentlichkeiten von Talkshows, Zeitungsartikeln und Online-Foren im Internet werden Kennzeichen eines gesellschaftlichen Transformationsprozesses in einem weitverbreiteten Unbehagen über eine zu geringe Geburten- und eine gleichzeitig zu hohe Scheidungsrate in Deutschland ausgemacht. Häufig wird das Thema auch mit der sogenannten Quotendiskussion verbunden, in der es darum geht, in verschiedenen beruflichen Feldern und vor allem Verantwortungsbereichen zu einer geschlechtergerechten Beschäftigungspolitik, die vor allem Frauenförderung einschließt, zu kommen.

Dabei tritt in der Diskussion eine spezifische Krisensemantik hervor. Ehe, Familie und Partnerschaft seien in der Krise, weil Menschen aus den Bindungen und Verpflichtungen der traditionellen Kernfamilie herausgelöst worden seien. Strategien zur Ausbalancierung von Karriere und Familienleben werden angemahnt. Die steigende Anzahl von Single-Haushalten in großstädtischen Kontexten wird ebenso zum Thema wie die in den letzten Jahrzehnten gesunkene Zahl von Eheschließungen und demgegenüber die Zunahme von Scheidungen. Dass schwule und lesbische Partnerschaften zunehmende juristische Anerkennung finden, scheint innerhalb von Krisensemantiken ein weiterer Aspekt, der anzeigt, wie die kulturelle Bedeutung der Ehe schwinde oder sich sogar in einem Verfallsprozess befinde.

Man kann anhand der soziologischen Entwürfe z. B. von den bereits genannten Ulrich Beck und Elisabeth Beck-Gernsheim (Beck/Beck-Gernsheim, Chaos, 1990) sowie von dem britischen Soziologen Anthony Giddens (Giddens, Intimität, 2002) den Eindruck gewinnen, dass diese Vervielfältigung der Lebensformen vor allem durch Emanzipationsbewegungen von Frauen vorangetrieben wurde. Doch ein solcher Eindruck vermittelt, wenn überhaupt, nur eine halbe Wahrheit. Unterschlagen wird, dass Konzepte zur Beschreibung der gesellschaftlichen Entwicklung Westeuropas auf die Wahrnehmung von Prozessen der Ausdifferenzierung in vielfältigen Erwerbsarbeits- und Lebensformen aufbauen. So gehört eine Pluralität von Lebensformen zur Entwicklung europäischer Gesellschaften in der Moderne und darüber hinaus zur Hoch- oder Postmoderne dazu. Soziale Regeln wie Heiratsverbote für untere Schichten, daneben ökonomische Zwänge wie die durch Industrialisierungsprozesse erzwungene Mobilität von Arbeiterinnen und Arbeitern, die Ausbreitung von Krankheiten und die im Vergleich zum 20. Jahrhundert kürzere Lebenserwartung sowie die höhere Mütter- und Kindersterblichkeit haben Menschen in sehr verschiedenen Konstellationen miteinander zusammenleben lassen. Lebensformen waren und sind keine festen und immer gleich formierten sozialen Gebilde, sondern sie sind historisch gesehen ein Überbegriff für im konkreten Leben sehr verschieden gestaltete Formen des intergenerativen Zusammenlebens. Ute Gerhard (Gerhard, Familie, 2007, 269) formuliert dies so:

> „Schließlich kann allenfalls dann von einer Vervielfältigung der Lebensformen gesprochen werden, wenn nur die Zeit nach dem Zweiten Weltkrieg bis zur Mitte der 1960er Jahre als Vergleichsmaßstab für die Gegenwart dient. Es ist die Phase, die in den westlichen Industrieländern allgemein als *Golden Age of Marriage* charakterisiert wird, *weil noch nie in der Geschichte unseres Kulturkreises* [...] *so viele*

Menschen verheiratet waren, so wenige Ehen geschieden wurden, eine relativ hohe Kinderzahl pro Familie gegeben war und nichteheliche Lebensgemeinschaften so gut wie unbekannt waren."

Diese Phase des *Golden Age of Marriage* sollte innerhalb der theologischen Reflexion nicht als Norm oder Idealbild herangezogen werden, ohne ihren spezifischen historischen und sozialpsychologisch zu erörternden Kontext der Nachkriegszeit zu analysieren. Die Norm-Ehe der fünfziger und sechziger Jahre des vergangenen Jahrhunderts baute auf eine spezifische Arbeitsteilung und Ökonomie auf. Männer übernahmen maßgeblich die Erwerbsarbeit, Frauen die Familienarbeit. Zu dieser Aufteilung gehörte auch ein Raumkonzept, dass Männer eher im öffentlichen und Frauen eher im privaten Bereich lokalisierte. Schlechtere Bildungschancen und wirtschaftliche Abhängigkeit der Frauen von Männern sind die beiden markanten Stichwörter, die die strukturell angelegten Konflikte im Geschlechterverhältnis dieser Zeit benennen. Aus der makrosoziologischen Perspektive ist diese Periode aber nur die erste Phase moderner Individualisierungsprozesse. Der Freisetzung der Männer aus traditionalen Kontexten folgte dann mit den siebziger Jahren in der Bundesrepublik die massenhafte Freisetzung von Frauen aus den traditionalen Rollenvorgaben. Man kann einerseits davon sprechen, dass sich Frauen Gleichberechtigung in vielen Bereichen des öffentlichen und privaten Lebens erkämpft haben, zugleich muss man aber auch von einer strukturell erzwungenen Emanzipation sprechen; viele Frauen thematisieren immer wieder, dass sie eine einfache Angleichung ihrer Erwerbsarbeitsbiografien an die Modelle, die bislang eher von Männern gelebt wurden, nicht wünschen; die Verdopplung des Systems der Erwerbsarbeitsbiografien innerhalb einer Familie führt zu spezifischen Konfliktkonstellationen innerhalb und außerhalb der Familien. Reproduktionsarbeit wird in schlecht bezahlte Hilfsarbeit oder in Schattenarbeit von Menschen verlegt, für deren Arbeit weder Steuern bezahlt werden noch öffentlich Anerkennung kommuniziert wird. Das System Erwerbsarbeit überlagert und überdeckt die sogenannte Care-Arbeit, die nicht nur in der Pflege älterer Menschen und der Betreuung von Kindern und Jugendlichen aufzufinden ist, sondern die zum Alltag jedes Menschen gehört, ob er sich diese reproduktiven Leistungen gegen mehr oder weniger gerechte Bezahlung einkauft oder selbst verrichtet. Feststeht, dass eine Erweiterung des Horizonts auf das, wie Arbeit wahrgenommen und beschrieben wird, gerade auch in Fragen von Liebe und Lebensformen weiterhin dringend erforderlich ist. Die Dynamiken der Erwerbsarbeit sind es, die moderne Lebensformen zu fragilen Konstrukten werden lassen; sie werden nicht durch die Emanzipation von Frauen aus traditionalen Rollenbildern hervorgerufen. Dass sie für eine bestimmte Gruppe von Frauen möglich geworden ist, haben Frauenbewegungen erkämpft. Werden diese Erfolge zugleich zur Begründung der Krise der modernen Familie, produziert dies, wie es auch immer wieder in öffentlichen Diskussionen zu hören ist, ein Argument gegen die Erwerbsarbeit von

Frauen bzw. ihre Emanzipation aus einem Leben aus zweiter Hand. Frauenemanzipation und Familienorientierung sollten keinesfalls in Widerspruch miteinander gesehen werden. Es lässt sich durch statistische Befragungen zeigen, dass es einen klaren Wunsch nach einer besseren Vereinbarkeit von Familien- und Erwerbsarbeitsleben gibt.

Diese insbesondere als ökonomische Umstrukturierung zu beschreibenden Prozesse verlaufen nicht einfach in einer gesellschaftlichen Struktur, in der Erwerbsarbeitsabläufe veränderten Bedingungen angepasst werden, sondern sie erfordern zugleich einen Umbau in der symbolischen Kommunikation moderner Geschlechterverhältnisse. Feministische Theoriebildung, Frauenförderung und schließlich Gendermainstreaming sind die drei großen Begriffe, die für spezifische Etappen in der Reflexion dieses Umbaus in der Symbolisierung moderner Geschlechterverhältnisse stehen. Gerade mit dem letzten Stichwort ist nun auch eine Fokussierung auf Männerforschung verbunden. Immer öfter wird öffentlich davon gesprochen, dass auch gesellschaftliche Bilder von Maskulinität im Wandel sind, dass sich Rollenerwartungen und Selbstbilder verändern. In den Erziehungswissenschaften wird seit gut zwanzig Jahren die Sozialisation von Jungen und Männern reflektiert; auch in der Religionspädagogik findet diese notwendige Ausdifferenzierung Gehör. Männer, die Erziehungszeit nehmen und sich um ihr berufliches Fortkommen und um die Pflege von Eltern und die Erziehung von Kindern kümmern, erhalten immer mehr soziale Anerkennung, politische Unterstützung und zunehmend auch betrieblichen Verhandlungsspielraum. Zum Teil stehen sie auch unter Druck, diesen ‚neuen' Erwartungen gerecht zu werden, um nicht als sogenannte Rabenväter zu gelten. So stellt sich auf jeden Fall auch für Männer heute die Frage nach der Vereinbarkeit von Beruf und Familie.

Grundsätzlich werden Geschlechterrollen nicht mehr in einer auf Eindeutigkeit ausgerichteten Dualität von Männlichkeit und Weiblichkeit beschrieben; es entsteht ein Sinn für das Dazwischen und dafür, dass Geschlechterrollen und -bilder sozial konstruiert sind, dass sie wandelbarer und weniger unumstößlich sind, als es in der konventionell geprägten Wahrnehmung im Alltag erscheint oder z. B. im Bereich von Ausweispapieren immer wieder reproduziert wird. Auch aus dem Vergleich zu anderen Staaten, die die Überprüfung dieser Formalitäten aufgegeben haben, stellt sich die Frage, warum es unbedingt nötig ist, dass man auf einem Formular zur Einreise in die Bundesrepublik Deutschland oder zur Trauung auf dem Standesamt ankreuzen muss, dass man männlich oder weiblich ist. Auch in öffentlichen Räumen gibt es im deutschen Kontext noch viele Praxisfelder, innerhalb derer die eindeutig identifizierbare Zuordnung der Geschlechter nicht nur verlangt, sondern auch eingeübt wird. Dies sind Kaufhäuser mit ihren getrennten Abteilungen für Bekleidung, Restaurants und alle weiteren öffentlichen Räume wie

Spätmoderne Lebensformen

Theater und Konzerthallen u.a.m., die über getrennte Toilettenräume das Bewusstsein für die heterosexuelle Geschlechterdifferenz wachhalten und ritualisiert festigen.

Der Streit darüber, ob die Geschlechterdifferenz biologisch oder kulturell begründet ist und ob sie dementsprechend eine soziale Konstruktion ist, die kritisch gesehen und dekonstruiert werden muss, oder ob ihr auch eine biologisch und psychologisch nachweisbare Unterschiedlichkeit entspricht, währt lange und flammt an gesellschaftlich diskutierten Themen wie der Quotenregelung, der Homo-Ehe, dem Leistungssport oder der inklusiven Sprache immer wieder auf. Man wird hier weder mit der Behauptung, Geschlecht sei ausschließlich eine soziale Konstruktion noch mit evolutionsbiologisch geprägten Weltbildern weiterkommen. Gender-Forschungen, die häufig wegen ihrer Fokussierung der sozialen Konstruktion von Journalistinnen und Journalisten kritisiert werden, haben wissenschaftlich ausgearbeitet, warum das Geschlecht eines Menschen nicht als solches eindeutig verifiziert werden kann; sie haben herausgearbeitet, dass und wie biologische und soziale Dimensionen von Geschlechtlichkeit so miteinander verwoben sind, dass es nicht möglich ist, von einer Biologie des Geschlechts jenseits kultureller Imprägnierungen zu sprechen. Diese Aussage ist zur unhintergehbaren Basis für die aktuelle Diskussion um Geschlechterverhältnisse geworden. Dabei soll die biologische Dimension von Geschlechtlichkeit nicht hinter dem Paradigma der sozialen Konstruktion zum Verschwinden gebracht werden. Es wird vielmehr denjenigen Argumentationen, die die Biologie der Geschlechterdualität heranziehen, um spezifische kulturelle Arbeitsteilungen zu legitimieren, ihre scheinbar offensichtliche Überzeugungskraft genommen.

Genderforschungen haben eine Wende in der Wahrnehmung der Geschlechter ausgelöst, die zugleich die Kommunikation über sie verunsichert. Dies zeigt sich z. B. im Umgang mit Wahrnehmungsmustern, die auf Objektivität zielen, so wie dies z. B. im Bereich der Erforschung von Lebensverhältnissen und -einstellungen durch die statistischen Bundesämter geschieht. Diese Untersuchungen haben auch deshalb hohe Plausibilität, weil sie die Ökonomie der Geschlechterverhältnisse abbilden und weil sich an ihnen, so ist häufig zu lesen, so etwas wie die harte Realität ablesen lasse. Ein Ausschnitt aus einer Studie zu Untersuchungsergebnissen aus dem Jahr 2012 weist daraufhin, dass – über alle gesellschaftlichen Diskussionen über Geschlechtergerechtigkeit hinaus – in Deutschland immer noch Arbeitsteilungen entlang der modernen Geschlechterdualität verlaufen:

> „Trotz gestiegener Erwerbsquote der Frauen und eines gesellschaftlichen Diskurses, der der Figur des männlichen Familienernährers ihre vormalige fraglose Gültigkeit entzogen hat, sind in der Mehrzahl der deutschen Paarhaushalte die Männer weiterhin in der Position des Allein- oder Haupternährers. Daten des sozioökonomischen Panels zufolge war dies 2007 in 64,3 Prozent der Haushalte

> der Fall, wobei es allerdings deutliche Ost-West-Unterschiede gibt. In Ostdeutschland betrug der Wert nur 45,1 Prozent, in Westdeutschland hingegen 68,8 Prozent. Eine egalitäre Einkommenserwirtschaftung fand in 28,1 Prozent der Haushalte statt (43,7 Prozent im Osten, 24,4 Prozent im Westen), die Frau in der Position der Familienernährerin gab es in 7,6 Prozent der Haushalte (11,2 Prozent im Osten, 6,8 Prozent im Westen). Letztere Konstellation ist in den meisten Fällen jedoch nicht Ausdruck einer entsprechenden Absicht, sondern durch eine ungewollte Arbeitslosigkeit oder ein sehr geringes Einkommen des Mannes bedingt." (Meuser, Entgrenzungsdynamiken, 2012, 21)

Für Statistiken des Bundesamtes steht die Lebensform Ehe übrigens auch nicht im Fokus. Hier geht es vielmehr darum, wie viele Personen miteinander in einer Wohnung leben und füreinander Sorge tragen, seien sie nun verheiratet oder nicht. Die Ehepartner werden nicht genannt, wenn es um Familie geht, sondern Familien sind alle Konstellationen, in denen Eltern für Kinder und Kinder für Eltern Verantwortung und Sorge tragen.

Das Verständnis von Familie hat sich, wie eben ausgeführt, bis hinein in staatliche Erhebungen verändert. Die Kernfamilie der Nachkriegszeit, bestehend aus einem Ehepaar und ein bis zwei Kindern, wird kaum mehr als Norm genannt. Familie umfasst unverheiratete Paare mit gemeinsamen oder nicht gemeinsamen Kindern sowie Ein-Elternfamilien mit Kind; Stief-, Patchwork- oder Fortsetzungsfamilien sind ebenso im Blick wie alleinerziehende Eltern. Innerhalb der Familiensoziologie spricht man aufgrund dieser Konstellationen einerseits davon, dass Familien schrumpfen, Einpersonen-Haushalte zunehmen und viele Kinder in einer Ein-Elternfamilie aufwachsen. Dies ist mit Sicherheit eine gegenwärtig beobachtbare Entwicklung. Andererseits geht es zugleich bereits um Konzepte zur Analyse und Darstellung von Erweiterungsprozessen in Familien. Hier werden soziale, zeitliche und sachliche Erweiterungen von Familie reflektiert. Die Beziehung eines Paares ist, wie oben bereits angedeutet, nicht als Gründungsereignis einer solch vieldimensionalen Familie zu sehen, sondern vielmehr ist es umgekehrt: Das Paar ist in diese bereits vor ihrer Verbindung längst bestehenden Beziehungen eingebettet und muss nun Netzwerkarbeit leisten, um die bestehenden Beziehungsnetze miteinander zu verknüpfen. Dies ist nichts grundsätzlich Neues, immer schon hat eine Heirat eine Verknüpfung zwischen zwei Familien hergestellt, doch die Art und Weise wie Familie gelebt wird, hat sich verändert.

Zunächst ist eine Renaissance einer partei- und weltanschauungsübergreifenden Anerkennung des Werts von Familie auffällig. Die Familiensoziologen Lange und Lettke sprechen von einem Familienparadox, das viele Zeitgenossen und Zeitgenossinnen in der Beschreibung von Familie verwenden.

> „Familien werden einerseits für viele Defizite der Gesamtgesellschaft, aktuell für die scheinbar schlechten Leistungen von Kindern und Jugendlichen, oder aber den vermeintlichen Werteverfall verantwortlich gemacht; gleichzeitig soll Familie ein Garant für die Therapie vieler gesellschaftlicher Mißstände sein [...] und

[...] die Grundlagen menschlicher Sozialität bereitstellen." (Lange/Lettke, Schrumpfung, 2006, 20)

Das Konzept und die Realitäten von Familie werden harten Kritiken unterzogen; dies zeigt allerdings auch, wie hoch die Erwartungen an sie sind. Umso wichtiger erscheint es, den Transformationsprozessen nachzugehen, die in spät- oder hochmodernen Familienformen stattfinden. Lange und Lettke fokussieren hier vor allem eine konzeptuelle Erweiterung von Familie, die sie in drei Dimensionen entfalten: der sozialen, der sachlichen und der zeitlichen Dimension. Alle drei Dimensionen sollen zumindest skizziert werden, um zu konkretisieren, was damit gemeint ist, wenn es um Transformationsprozesse in intimen Beziehungen geht (vgl. 1.1).

Zum historischen Format der bürgerlichen Familie gehörte und gehört es, sie insbesondere in der Beziehung von Eltern und Kindern zu sehen. Seit ca. drei Dekaden lässt sich allerdings ein Wandel von dieser Eltern-Kind-Familie hin zu einer Mehrgenerationenfamilie feststellen. Eine markant gestiegene Lebenserwartung sowie die Entwicklung moderner Transport- und Kommunikationsmedien haben nicht nur ein erweitertes Beziehungspotential, sondern auch neue Strukturen entstehen lassen. Die Großelternschaft steht z. B. neu im Fokus; sie wird als Aufgabe oder aktiv zu gestaltende Rolle gesehen und weniger als zugefallener Status.

Familien werden außerdem dadurch erweitert, dass eine gelebte Partnerschaft häufig nicht mehr identisch mit einer Elternschaft ist. In Folge von Scheidungen und neuen Ehen bzw. Partnerschaften vervielfältigen sich Familienkonstellationen, die man mit den Bezeichnungen *Ein-Eltern-*, *Fortsetzungs-*, *Stief-* und *Patchworkfamilien* u.a.m. charakterisiert. Es ist also vor allem die Einbindung von Kindern in neue Beziehungskonstellationen, die Familienmodelle pluralisieren und diese über die aktuell gelebten Liebesbeziehungen hinaus erweitern; sogenannte Halbgeschwister sind beispielsweise immer häufiger.

Eine vergleichsweise selten vorkommende, für gegenwärtige gesellschaftliche Diskussionen aber wichtige Familienform ist die gleichgeschlechtliche Partnerschaft mit Kindern. Sie rüttelt an den bürgerlichen Konstitutionsprinzipien *Ehe* und *gemeinsame Elternschaft* und verändert auch den Blick auf andere zunächst als Abweichung von der Norm angesehene Lebensformen. Die Institutionalisierung der gleichgeschlechtlichen Partnerschaft entschärft dabei einerseits die Diskussion um die sozusagen weniger spektakulären Formen des familialen Zusammenlebens, weitet aber gleichzeitig auch die Perspektive für die Frage, was heute unter Familie zu verstehen ist. Hier sind überdies die Elternschaften zu thematisieren, die durch moderne Reproduktionstechniken möglich geworden sind.

Neben diese Bestimmungen von Familie, die auf Verwandtschaft und Ehe als familienkonstituierende Kriterien aufbauen, treten subjektiv begründete Familiendefinitionen, in denen die Beziehungen zu langjährigen Freundinnen und Freunden, Nachbarinnen und Nachbarn sowie Mitarbeiterinnen und Mitarbeitern gewürdigt werden, indem sie in den *Stand eines Familienmitglieds* erhoben werden. Wiederum sind es vor allem Kinder, die facettenreich antworten können, wenn es darum geht, wer zur Familie gehört. Hier zeigen empirische Forschungen eindrücklich, dass es für Kinder vor allem um gegenseitige Fürsorge geht (vgl. wiederum Lange/Lettke, Schrumpfung, 2006).

Nun wird man einwenden können, dass Kinderlosigkeit zunimmt und die weitere Verwandtschaft an Bedeutung für das alltägliche Leben schon deshalb verliert, weil man nicht mehr am selben Ort wohnt. Doch diese räumliche Trennung und auch die gewollte oder ungewollte Kinderlosigkeit sagen noch nichts darüber aus, wie Personen, die keine leiblichen Kinder haben, welche und wie viele Beziehungen zu Kindern unterhalten, die familiären Charakter haben.

Wenn es um die zeitliche Dimension geht, in der Familie ausgedehnt und erweitert wird, sind es vor allem gestiegene Lebenswartungen, die Transformationsprozesse erzeugen. Noch nie konnten Eltern und Kinder so lange wie heute miteinander leben. Die einzelnen Lebensphasen wie etwa Jugend, Ausbildungszeit oder auch die Phase des Ausscheidens aus der Erwerbsarbeit bzw. Rentenzeit, dauern immer länger an. Hinzu tritt, dass Kinder länger als früher ökonomisch abhängig sind und bei den Eltern wohnen, zugleich führen sie schon länger ein kulturell und sozial eigenständiges Leben. Vor allem im Hinblick auf das Ritual der Trauung ist bemerkenswert, dass

> „Familien für sich selbst zunehmend zum Thema werden und sich damit automatisch auf ihre Vergangenheit und Zukunft beziehen. Ein Interesse an der eigenen Familiengeschichte, an dementsprechenden Dokumenten, Aufzeichnungen, der Genealogie etc. war sicher schon immer vorhanden, erfährt aber zunehmend Breitenwirkung [...], wofür die stark erweiterten medialen Möglichkeiten mit ausschlaggebend sind." (Lange/Lettke, Schrumpfung, 2006, 25)

Historische Wissenschaften und insbesondere die historische Familienforschung vertiefen diese Bewegung.

Die dritte, sachliche Dimension

> „zielt auf die Inhalte oder Themen, die im familialen Alltag eine Rolle spielen und über die auch eine Anbindung an wichtige gesellschaftliche Funktionsbereiche erfolgt: Wirtschaft, Arbeit und Konsum, Erziehung und Bildung, Pflege und Unterstützung sind nur einige Beispiele." (Lange/Lettke, Schrumpfung, 2006, 27)

Familie sollte nicht weiter gemäß vorangegangenen Theoriemodellen als ausdifferenziertes Teilsystem der Gesellschaft angesehen werden, sondern sie wird in ihrer Wechselbeziehung mit unterschiedlichen Gesellschaftsbereichen gelebt und wahrgenommen. Familie kann nicht (mehr) eindeutig einer Privatsphäre zugeordnet werden, denn die moderne Gegenüberstellung von Privatsphäre und Öffentlichkeit, von Familie und Berufsleben ist längst in vielfältiger Weise unterlaufen worden und wird gerade durch soziale Medien verändert. In Kommunikationen, die mindestens für verschiedene Teilöffentlichkeiten zugänglich sind, werden vermeintliche Privatangelegenheiten thematisiert. Viele Leute sehen dies nicht als eine Zumutung, sondern akzeptieren es, oder fordern es sogar ein. Im sogenannten performativen Fernsehen wird die Beziehung oder die Traumhochzeit vor laufenden Kameras inszeniert.

> „Sicher sind hier die Funktionslogik der medialen Berichterstattung, eine gesteigerte Sensibilisierung für die Inszenierung des Selbst […] sowie eine wirtschaftliche Logik und die Ökonomie der Aufmerksamkeit […] in Rechnung zu stellen. Uns kommt es jedoch darauf an, dass diese ‚Veröffentlichung' nicht ohne das Einverständnis und die Akzeptanz der beteiligten Privatpersonen möglich wäre. Zum Teil wird die Öffentlichkeit von diesen Personen auch gezielt zur Verfolgung eigener Interessen genutzt." (Lange/Lettke, Schrumpfung, 2006, 28)

Mediale Kommunikationen haben erheblichen Anteil an den Transformationsprozessen, die sich z. B. im Bereich der dualen Zuordnung von Privatsphäre und Öffentlichkeit im Kontext von Familie und intimen Beziehungen zeigt. Man wird aber sicher bezweifeln müssen, dass die Akteure im Reality-TV immer souverän über die Darstellung ihres so für das TV konstruierten Lebens wären. Das Gegenteil ist freilich der Fall. Es werden Szenen zusammengeschnitten, die aus der Sicht der Protagonistinnen und Protagonisten nicht zueinander gehören, Rechtsstreite zu diesen Fällen sind nicht selten (vgl. Brinkmann, Scripts, 2012). Doch insgesamt gibt es eine gesteigerte Sensibilität für die Inszenierung des Selbst: Was die Familie betrifft, kann auch medial vermittelt kommuniziert werden. Hier haben sich die Grenzen, in denen Familiäres kommuniziert wird, sehr verschoben.

Sachlich gesehen, werden an Familien, wie oben bereits angedeutet, hohe Erwartungen zur Lösung gesellschaftlicher Problemlagen gestellt; es geht um die Begleitung von Kindern und Jugendlichen, die die Zukunft des Landes ökonomisch, sozial und politisch sichern sollen. Zugleich wird öffentlich diskutiert, wie Familien in der besseren Vereinbarung von Familienleben und Beruf unterstützt werden können, z. B. wenn es um die Betreuung von Kindern und die Förderung ihrer Fähigkeiten und Talente geht. Schließlich ist für die sachliche Dimension festzuhalten, dass es auch in der Familienforschung eine beträchtliche thematische Erweiterung gegeben hat. Mit Lange und Lettke formuliert wurde Familie lange Zeit vor allem als soziales Problem behandelt, es wurde nach Erklärungen für ihre Defizite gesucht. Familienforschung heute konzentriert sich hingegen auf den Alltag, seine Konstruktion und Bewältigung sowie auf die in Familien eingenommenen Perspektiven und damit weniger auf ihre gesellschaftliche Funktionalität.

Wenn also von der *Transformation der Intimität* die Rede ist, dann hat dieser Prozess soziale, sachliche bzw. räumliche und zeitliche Dimensionen. Sie nachzuzeichnen war die Intention dieses Abschnitts, denn dies sollte noch einmal verdeutlichen, dass man es nicht mit einem sozialen Verfallsprozess von Ehe und Familie zu tun hat, sondern mit einem facettenreichen, anspruchsvoll zu gestaltenden Umbau intimer Beziehungskonstellationen.

Auf der Basis dieser Sichtweise ergeben sich auch Veränderungen für die Wahrnehmung des Kasus Trauung. Denn für sie wurde in besonderem Maße eine sozusagen primäre Religionserfahrung in Anschlag gebracht: Die Trauung bezieht sich in dieser Denkweise auf eine Abstammungsgemeinschaft, die ihr Zentrum in dem Geheimnis menschlicher Fruchtbarkeit findet. Aus Zeugung und Geburt entsteht die Beziehung zwischen Eltern und Kindern, in der die Erfahrung des Verdanktseins des eigenen Lebens intensiv gemacht wird (vgl. die Beschreibung bei Grethlein, Kasualien, 2007). Die Transformation des Familienverständnisses bringt es nun aber mit sich, dass immer weniger die biologischen Grundlagen im Verständnis von Familie thematisiert werden, dass sie immer weniger als *Abstammungsgemeinschaft* beschrieben wird, sondern vielmehr als ein Netz von verantwortungsvoll miteinander lebenden Personen, die nicht leiblich miteinander verwandt sein müssen. Demgemäß ist das Traubegehren auch nicht einfach als Wunsch, einen verheißungsvollen Anfang zu inszenieren (vgl. Fechtner, Kirche, 2011), zu sehen, sondern vielmehr als eine Vernetzung der Braut und des Bräutigams als Paar innerhalb ihres Familien- und Freundeskreises: Sie feiern nicht den Anfang ihrer Beziehung, sondern das Eingebettetsein in ihre Familien. Sie feiern nicht ihren (Beziehungs-)Anfang, sondern dass sie sich und für sich einen Ort der Vernetzung ihrer Beziehungen gefunden haben, dass sie in diesem Netz, das sie trägt oder von dem sie sich wünschen, dass es sie (alle) trägt, füreinander da sein wollen. Die Verständigung über diesen Prozess findet ihren Ausdruck in dem Versprechen, das die Brautleute einander geben.

Wenn diese These für viele Brautpaare stimmen sollte, wäre zugleich auch eine Erklärung dafür geliefert, warum viele andere Liebespaare keine Trauung feiern. Sie können auf eine solche Vernetzung in ihren Familien möglicherweise nicht so blicken, dass sie diese im Rahmen einer Trauung zu feiern in der Lage wären.

2.2 *Von den Belastungen ungewollter Kinderlosigkeit*

Gründe dafür liegen beispielsweise in der Erfahrung ungewollter Kinderlosigkeit, die keineswegs als besondere Ausnahme zu verstehen ist, sondern vielmehr zu einem weitverbreiteten Problemfeld geworden ist. Es ist schwierig genaue Zahlen anzugeben, aber man kann aus statistischen Umfragen schließen, dass ca. 75% aller Deutschen unter 50 Jahren sich Kinder wünschen (vgl. Linkliste Kinderwunsch). Selbstverständlich sind die Motive für den Kinderwunsch sehr unterschiedlich. Dazu gehören sowohl bewusste als auch unbewusste Motive, wie etwa, dass man der familiären und gesellschaftlichen Konvention folgt, dass man in Kindern auch ein Stück der Zukunft des eigenen Lebens sieht, dass man sich wünscht, Eltern zu werden und für Kinder zu sorgen, selbst die Rolle als Mutter und Vater zu erproben und damit auch eine für sich selbstständige Kernfamilie aufzubauen. Die häufig statistisch untermauerte Zahl von sechs Millionen Deutschen, die einen unerfüllten Kinderwunsch haben, betrifft nur die Paare, die sich in eine Kinderwunschbehandlung begeben haben. Nicht eingerechnet sind die Frauen und Männer, die aus weiteren Gründen kinderlos geblieben sind, etwa weil Frauen, als sie gebärfähig waren, keinen Partner hatten oder sich zu dieser Zeit noch nicht der Verantwortung der Elternschaft stellen konnten etc.

Kinder bekommen zu können, mit einem anderen Wort die Fertilität dazu zu haben, ist ein Faktor, der zwar öffentlich kaum thematisiert wird, aber zentral auf die Selbstwahrnehmung und das Wohlbefinden von Menschen wirkt. Innerhalb der Praktischen Theologie und insbesondere der Seelsorgelehre fällt es auf, dass es bislang nur sehr vereinzelte Beiträge zur Frage unerfüllter Kinderwünsche gibt. Im Vergleich dazu wird in der evangelischen Ethik die Frage der Reproduktionsmedizin und der Bedingungen, unter denen ihr zugestimmt werden kann, weitaus intensiver diskutiert. Aus christlicher und kirchlicher Perspektive ist das Thema Kinderlosigkeit bzw. Kinderwunsch also bislang eher eines, das unter normativen Gesichtspunkten diskutiert wird, als dass die psychische Not in den Blick käme, unter der Menschen, die gerne schwanger werden möchten und denen es nicht gelingt, leiden. In dieser Lage sind auch immer noch Problemkonstellationen aufzufinden, die sich auf herkömmliche geschlechtsspezifische Muster der Wahrnehmung für Männer und Frauen trotz der Veränderungen in den Bedeutungen von Geschlechterverhältnissen beziehen. Bislang gibt es zu diesem Bereich kaum wissenschaftlich valide Reflexionen, die für die Beratung und Seelsorge in diesem Feld Grundlagen böten. Wie kann gegenwärtig angemessen davon gesprochen werden, welche Bedeutung die Ausübung der Mutterrolle und der Vaterrolle bzw. geschlechtsspezifisch neutraler ausgedrückt der Elternrolle für die Identität von Menschen hat? Zudem stellen sich konkrete Probleme, die sich auf die Vereinbarkeit von Erwerbsarbeit und Kinderwunschbehandlungen beziehen. Hormonbehandlungen müssen spezifisch terminiert werden und erfordern deshalb insbesondere von Frauen über Monate bis zu mehreren Jahren hohe zeitliche Flexibilität, die sie aus beruflichen Gründen oft nicht in das *Projekt Kind* einbringen können, ohne ihre Berufstätigkeit bzw. ihre Position zu gefährden. Insofern treten gerade auch für sie immer wieder existentiell bedrohliche Situationen auf, in denen nach einer gescheiterten Kinderwunschbehandlung Ehen zerbrechen und auch die Berufstätigkeit nicht mehr als Kontinuum zur Verfügung steht. Die Behandlungen selbst werden nur teilweise und nur für eine bestimmte Zeit von Krankenkassen bezahlt, was zusätzlich eine finanzielle Belastung für die Paare bedeutet.

Es ist wichtig, sich klar zu machen, dass ungewollte Sterilität von der Weltgesundheitsorganisation als Krankheit anerkannt wurde (vgl. Linkliste Kinderwunsch). Dieser Fakt macht die Schwere der Problematik deutlich, aber bewirkt auch, dass kaum jemand über diesen Themenbereich öffentlich oder auch nur im Kreis der Bekannten und Freundinnen und Freunde sprechen möchte. Die körperlichen und seelischen Erfahrungen mit künstlicher Befruchtung und mit ihrem häufigen Scheitern sind mit weitreichenden Verletzungen des Selbstbildes, mit Störungen der Sexualität des Paares bis hin zu Ekel vor der Technisierung intimer Körperlichkeit verbunden. Kaum jemand erzählt hiervon; diejenigen, die sich dazu entschließen, tun es oft nur anonym. In einem Interview berichtete mir eine junge Frau von den Belastungen, die sie in ihren Rollen als Tochter, Schwester, Freundin sowie als Partnerin in der Zeit der ungewollten Kinderlosigkeit erlitten hat. Als sie sich interviewen ließ, war sie hochschwanger. Doch noch immer saßen viele Erfahrungen vom Ausgeschlossensein und der Trauer, sich von dem Lebenswunsch, Kinder zu bekommen, verabschieden zu sollen, tief. Die Interviewte sagte, dass ein dualistisches Weltbild für sie entstanden ist, in dem sich auf der einen Seite die Menschen befinden, die Kinder haben, und auf der anderen jene, die keine haben. Zur Verdeutlichung soll hier ein sprachlich bearbeiteter Ausschnitt aus dem Interview wiedergegeben werden:

> „Ich hab das so empfunden, dass ich auf der einen Seite des Lebens stehe – ohne Kind, und die anderen stehen auf der anderen Seite. Sie haben dann irgendwann Kinder und Enkelkinder und man selber ist alleine. Meine Schwester, als sie mit ihrem zweiten Kind schwanger war, so sagte sie mir jetzt neulich, hat das gar nicht richtig genießen können, weil sie mich immer sah … Wir sind sehr eng und sie hat mich dann auch zu der Geburt mitgenommen, weil wir eben dachten, das wird bei uns nichts mehr und ich werde es nicht erleben können. Ich wollte das wissen, wie eine Geburt ist. Dann bin ich mitgefahren und das war der schönste Tag in meinem Leben … Das war schöner als die eigene Hochzeit, dieses werdende Leben zu sehen … Ja, und das hat uns Jahre eigentlich gekostet an Kraft für was anderes und … das hat uns irgendwie doch sehr belegt. Mir ist das jetzt erst neulich so bewusstgeworden, wie sehr uns das eigentlich irgendwie in unserer Beziehung auch gehemmt hat. Ich lern´ meinen Mann jetzt ganz neu kennen, …. Also, der ist wie auf Wolke Sieben und … ja an dem erkenn' ich jetzt gerade Züge, die hab ich an ihm noch nie gesehen. Das ist unheimlich schön, >ja<. Und dadurch wird mir bewusst, was da eigentlich im Verborgenen war. Vieles an Belastung … Ich hab mich dann in den Beruf geflüchtet, hab da viel geackert und meine Verantwortung übernommen … ich hab das auch niemandem erzählt, was der eigentliche Antrieb für den Wechsel in ein Studium war... der eigentliche Grund war … die nicht erfüllte Kinderplanung. Und jetzt hab ich irgendwie ((lachend)) beides, auf einmal und kann das überhaupt gar nicht fassen, was in meinem Leben in den letzten zwei Jahren passiert ist …Und es macht einen irgendwie unheimlich glücklich und ich glaub, wenn dieses Kind gesund auf der Welt ist, dann bin ich der glücklichste Mensch auf der Welt." (Manuskript des Interviews von I.N.)

Diese Aussagen zeigen, wie zentral der Kinderwunsch für das Zusammenleben des Paares und für die Wahrnehmung der Beziehung insgesamt ist. Zudem wird von vielen betroffenen Paaren mitgeteilt, dass die Bedeutung des Kinderwunsches mit dem Start der Behandlung noch zunimmt. Die hohe Emotionalität, die mit dem Thema verbunden ist, lässt anders herum etwas davon ahnen, wie das Leben eines Liebespaares aussehen kann, dessen Kinderwunsch nicht in Erfüllung geht (vgl. Goebel, Hoffnung, 2008). Das Paar muss für sich selbst eine Restrukturierung vornehmen, die es ermöglicht, Sinn wieder vielfältiger und eben nicht in Verbindung mit *eigenen* Kindern zu entwickeln. Doch Hochzeit und Trauung sind traditionellerweise mit der Vorstellung von gemeinsamen Kindern verbunden. Bleiben Kinder dann aus, ist dies einerseits für das Paar selbst eine große Aufgabe, sozusagen das eigene Schicksal anzunehmen. Andererseits kommt es in vielfältigen sozialen Zusammenhängen immer wieder zu Situationen, in denen man herausgefordert ist, mit der Kinderlosigkeit umzugehen: Sei dies ein Spaziergang mit Freundinnen und Freunden, die Kinder haben oder sei es eben im kirchlichen Kontext nun ein Gottesdienst, in dem Kinder und Jugendliche präsent sind und in dem Fürbitten für Familien gehalten werden.

Gerade im Kontext von Kirche und von Gemeindekonzepten, in denen Familienfreundlichkeit hoch angesehen ist und z. B. die Kindertagesstätten für die Gemeinden hohe Bedeutung haben, sollte zugleich eine Sensibilität für die Frage unerfüllter Kinderwünsche aufgebaut werden. Denkt man z. B. an die großen Festgottesdienste im Jahreskreis, Heilig Abend, Ostersonntag und Erntedank, denkt man weiterhin an die in vielen Gemeinden häufig gefeierten Taufen im Sonntagsgottesdienst, so zeigt sich die hohe Präsenz von Familien mit Kindern in Gemeinden. Wenngleich Kirchengemeinden und Gottesdienste noch längst nicht in dem Maße kinderfreundlich sind, wie dies im Sinne einer für Kinder und Jugendliche gelingenden religiösen Sozialisation nötig wäre, so geben diese Aspekte zumindest einen Hinweis darauf, wie problematisch Kirche und Gottesdienste aus der Perspektive von kinderlosen Paaren und auch aus der Perspektive von Singles erlebt werden können (vgl. Wallraff u.a., Kinderwunsch, 2008; und Nord, Single, 2012).

2.3 *Der Umgang mit Trennungen, Scheidungen und mit dem Tod*

Etwas mehr als ein Drittel aller in Deutschland geschlossenen Ehen werden im Verlaufe der nächsten 25 Jahre geschieden. Dabei wird allerdings statistisch nicht differenziert, ob eine Ehe entweder durch den Tod eines Ehegatten beendet oder durch richterlichen Beschluss aufgelöst wurde (vgl. *www.*

destatis.de). Hinzu treten die Trennungen unverheirateter Paare, die statistisch nicht erhoben, aber persönlich ebenfalls zu Trauerprozessen führen können, die sich auf die gesamte Liebesfähigkeit einer Person auswirken. Es ist längst klar, dass mehr Menschen denn je zuvor in Deutschland in nichtehelichen Lebensgemeinschaften leben; zurzeit sind es über 60% der 31- bis 45-Jährigen. Das Schmerzpotential einer Trennung hängt dabei nicht vom Trauschein ab (vgl. Kremers, Drum prüfe, 2013).

Bereits diese ersten Sätze zeigen an, dass in der Geschichte eines Liebespaares, das sich trauen lassen möchte, und bei den Menschen, die dann zum Gottesdienst anlässlich einer Trauung zusammenkommen, auf jeden Fall mit komplexen Konstellationen von Trennungen, Scheidungen und auch dem Verlust durch Tod zu rechnen ist. Einen Widerhall findet diese Situation häufig in den Fürbitten innerhalb von Traugottesdiensten. Hier wird für Personen gebetet, die von Trennungen und Abschieden belastet sind oder es wird an diejenigen erinnert, die gestorben sind. Zudem gibt es die Gelegenheit innerhalb von Predigten das anzusprechen, was sich innerhalb der Lebensgeschichte der Einzelnen *vor dem heutigen Tag* zugetragen hat. Mehr scheint in einem Traugottesdienst, der die *neue* Hochzeit feiert, derzeit kaum möglich.

Zugleich ist aber häufig deutlich, dass die neue Paarbeziehung von Erfahrungen aus vorangegangenen und beendeten Beziehungen geprägt wird. Hier ist nicht nur die Frage, ob die Einzelnen sozusagen in *Selbstsorge* oder innerhalb von einer Therapie ihre Trauerarbeit leisten konnten, um mit diesen Erfahrungen, die zu einem großen Teil auch mit Verlusten verbunden sind, nun gut und lebensfroh umgehen zu können. Weiterhin steht zur Debatte, ob es nicht kirchlicherseits angeraten ist, Rituale zu fördern, die in (halb-)öffentlichen Räumen, Gelegenheiten dazu geben, sich in den Umgang mit Abschieden einüben zu können. Ein Ritual gibt der Verarbeitung bzw. Deutung eines Ereignisses eine sinnlich erfahrbare, öffentlich wahrnehmbare Gestalt. Gefühle, die zumeist nur innerlich bearbeitet werden können, erhalten auch äußerliche Aufmerksamkeit und darin Bestätigung. Die Korrespondenz von inneren und äußeren Realitäten verhilft aber dazu, das eigene Leben bzw. das eigene Schicksal besser annehmen zu können. Demgegenüber scheint es in Kirchen und Theologien, auch wenn die Realitäten längst andere sind, schwierig zu sein, insbesondere über Trennungen und Scheidungen öffentlich zu sprechen. Aus seelsorgerlicher Perspektive ist aber genau dies eine Möglichkeit, wie Trauerprozesse auf heilsame Weise vorangebracht werden können (vgl. schon Josuttis, Lebenslust, 1994, 65–71).

Im Rahmen dieser Studien zur Trauung soll deshalb zumindest ein Abschnitt der Auflösung von Ehen und Partnerschaften gewidmet werden. Dieses Thema führt unweigerlich zunächst hinein in einen anderen Kasus, den der Trauerfeier bzw. der Reflexion auf sie. Es gehört unbestritten zu einer Trauerrede, dass in ihr die sogenannten Haupttrauernden angesprochen werden. Doch überwiegend steht hier die Lebensgeschichte des Verstorbenen im

Mittelpunkt, dass man ihn nun in Gottes Hand geborgen wissen darf, ist zumeist die trostspendende Auskunft bzw. das Evangelium, das der Trauergemeinde verkündigt wird. So wird die Trauerrede kaum in der Absicht verfasst, dass die Haupttrauernden den Statuswechsel vom (Ehe-)Partner zum Witwer bzw. von der (Ehe-)partnerin zur Witwe aktiv vollziehen können. Auch für eventuell vorhandene Kinder stellt sich ein Statuswechsel zu Halbwaisen ein, der persönlich begangen werden muss, um nach dem Verlust eines Elternteils eine neue Perspektive zur Beschreibung der eigenen Identität entwickeln zu können. Rituelle Sprache kann dort Worte und Handlungen anbieten, wo Menschen auf sich gestellt, Gefahr laufen zu verstummen und ohnmächtig zu werden oder immer wieder gezwungen sind, Erinnerungen aufzusuchen, die sie in sogenannte Traueranfälle hineinführen. Sicherlich verstärken symbolische Handlungen innerhalb wie außerhalb von Gottesdiensten Trauerprozesse, z. B. wenn der Ehering abgelegt wird, Liebesbriefe verbrannt werden oder dem Verstorbenen ein Brief mitgegeben wird, in dem etwas von dem steht, was ungesagt geblieben war. Emotionen werden so intensiviert und Trauer kann zum Fließen kommen. Die Chance, die in Ritualen liegt, ist genau hier zu finden: Übergänge, anders ausgedrückt, Statuswechsel zu gestalten und die Aufregung und emotionale Herausforderung, die dies bedeutet, ernst zu nehmen sowie eine Unterstützung dazu zu liefern, dass eine Transformation der Lebensverhältnisse und Bedeutungen, die diese für trauernde Personen hatten, aufgenommen werden kann. In manchen Fällen tragen Traueransprachen allerdings zum Gegenteil bei, weil sie Gefahr laufen, Abschiede zu verharmlosen. So werden rührselige Perspektiven eröffnet, wie etwa dass sich das Ehepaar im Himmel wiedersehen wird. In der Praxis kann eine solche Verharmlosung z. B. dort eintreten, wo das irische Segenslied *Möge die Straße uns zusammenführen* (Pytlik, München 2009) gesungen wird. Es gilt hierbei konkret zu überdenken, ob dieses Lied im Gottesdienst dazu dient, in Trauerfällen Illusionen zu schüren und damit Trauervermeidung herbei zu singen oder ob es gerade Räume zur Transformation der Beziehung, die vom Tod gekennzeichnet ist, zu eröffnen vermag. Die Vision vom Wiedersehen ist dabei innerhalb christlicher Frömmigkeit und Theologie ein bekanntes Phänomen. Es geht um die Begehung der Vorstellung von der Wiedervereinigung mit den Toten. Solch einer Hoffnung auf eine Wiedervereinigung von Paaren und Familien am *jenseitigen Ufer* hat Dorothee Sölle in ihrer posthum erschienenen *Mystik des Todes* eine Absage erteilt.

> „Eine meiner wesentlichen Fragen ist, ob sich das Ewige Leben mit der Unsterblichkeit des Individuums zusammendenken lässt oder gar zusammendenken lassen muss. Ich zweifle am […] Blankoscheck, der Wiedervereinigung mit den Toten." (Sölle, Mystik, 2003, 50)

Mit dieser Haltung fordert Sölle dazu heraus, sich der Zukunft Gottes und der Macht der göttlichen Verwandlung in der Ewigkeit ganz zu öffnen und die Hoffnung auf das ewige Leben – hart formuliert – nicht für eigene Zwecke, also den Erhalt der geliebten Beziehungen zu missbrauchen.

Wie nun genau Abschiede so gestaltet werden, dass sie den Hinterbliebenen eine neue Zukunft eröffnen, muss kontextsensibel entwickelt werden. Dazu gehört auch, dass man die ganz individuellen Arten und Weisen zu trauern, ernstnimmt, und es an der nötigen Klarheit, dass der Tod ein Abschied von dem gemeinsam gelebten Leben ist, dennoch nicht fehlen lässt. Gegenwärtig fehlen allerdings Rituale oder zumindest rituelle Bausteine für Trauerfeiern, die insbesondere Ehepartner bzw. Ehepartnerinnen darin unterstützen, die Ehe auch von ihrer Seite aus aufzulösen und einen neuen Lebensabschnitt als *Single* zu beginnen.

Innerhalb der praktisch-theologischen Diskussion wird bereits seit einigen Jahren über die Frage nach speziellen Scheidungsritualen oder Scheidungsgottesdiensten nachgedacht. Die allerdings wenigen entstandenen Beiträge waren und sind häufig von skeptischen Stimmen begleitet, insbesondere wenn es um Scheidungsgottesdienste in Analogie zur Trauung geht.

Bevor diese Frage, die zu einer Entscheidung herausfordert, gestellt wird, sollte man sich zunächst damit auseinandersetzen, welche Argumente für solche gottesdienstlichen Handlungen sprechen. Sie können als Transformationsrituale gesehen werden, die mitteilen, dass Trennung und Scheidung zum Unterwegssein des Menschen gehören und dass auch die Erfahrung des Scheiterns einer Beziehung nicht von der Liebe Gottes trennt (Röm 8,38f.). So ungewohnt und darin auch merkwürdig irritierend es auch zunächst erscheinen mag, liegen also zumindest für bestimmte Kontexte Chancen in einer solchen gottesdienstlichen Kommunikation. Sie kann im Rahmen der Eingangsliturgie mit Eingangsgebet, Fürbitte und Vater Unser, vielleicht mit der Inszenierung eines Trennungssymbols wie dem Zerrreißen eines Tuches und einer persönlichen Segenshandlung gestaltet sein. Die Trennung bzw. Scheidung wird sichtbar gestaltet; man bereitet gemeinsam vor, was zur Darstellung kommen soll und erhebt damit bereits vorab genauer, um was es in diesem Abschied zentral gehen könnte. Für dieses Thema einen Ausdruck, möglicherweise auch ein Symbol zu finden, kann zum einen Klarheit in den Abschied bringen, zum anderen dazu verhelfen, dass man zu diesem Abschied stehen kann, ihn also, so schwer dies im Alltag dann jeweils bleibt, annehmen kann. Auch dies verhilft dazu, anderenfalls häufig jahrzehntelang empfundenen Schmerz zu lindern oder sogar Wunden, die der Abschied geschlagen hat, verheilen zu lassen.

Es sind allerdings nicht viele Paare, die sich ein solches Scheidungsritual wünschen. Enttäuschung, Zorn, Wut und Verlassenheitsängste sowie nicht zuletzt auch Scham führen zu Schuldzuweisungen (vgl. Huizing, Scham und Ehre, 2016), die verhindern, dass Menschen sich um eine Dimension abschiedlichen Lebens bemühen können. Dennoch gibt es in einigen Kirchen Gottesdienste für Menschen, die Trennungen und Scheidungen erleben oder

Spätmoderne Lebensformen 69

erfahren haben. Hier wird ein Raum eröffnet, der es den Einzelnen für sich ermöglicht, dem Ereignis der Trennung nachzugehen. Zentral für einen solchen Gottesdienst ist aus der Perspektive der systemischen Seelsorge die Orientierung an einer offenen Zukunft: Was müsste passieren, damit ich über die Trennung bzw. über die Scheidung gut hinwegkommen könnte? Was wäre passiert, wenn ich morgen mit all dem, was mich wegen der Trennung bzw. Scheidung beschwert, plötzlich wieder glücklich sein könnte?

Es erscheint immer wichtiger, auch für Trennungs- und Scheidungskinder solche offenen Gottesdienste anzubieten. Auch hier ist es neben der Akzeptanz der eigenen Lage, die Kinder erleiden, wenn sie mit getrennten Eltern oder mit dem Verlust eines Elternteils leben müssen, zentral, über diese Situation hinaus zu fragen: Was müsste passieren, damit ich mein Leben glücklich führen kann? Was wäre eingetreten, wenn ich morgens aufwachte und spürte, *ich bin glücklich!*

Es ist angesichts der Verbreitung und Bedeutung von Trennungserfahrungen auch an die Integration der gesamten Thematik in das gemeindliche Leben zu denken; im Bereich des Konfirmandenunterrichts könnte hier für Jugendliche ein Ort entstehen, ihre Erfahrungen von Trennung und Scheidung zu reflektieren. Aber auch Predigten im Rahmen von Sonntags- und Familiengottesdiensten bieten Gelegenheiten, die Tabuisierung des Themas innerhalb eines allgemeineren Kontextes zu verringern (vgl. ausführlich Andrea Burgk-Lempart, Wege, 2010). Denn da man mit dem Besuch eines Sondergottesdienstes zum Thema Scheidung und Trennung zugleich anzeigt, dass man sozusagen irgendetwas mit der Zielgruppe zu tun hat, könnte es sein, dass es vielen Menschen lieber ist, einen solchen Gottesdienst möglichst in einem für sie anonymen Zusammenhang zu besuchen. So wäre z. B. an überregionale Gottesdienstangebote oder Gottesdienste in Stadtkirchen sowie auf Kirchentagen bis hin zu Angeboten in virtuellen Kommunikationsräumen zu denken. Kirche könnte sich hier z. B. mit Initiativen wie etwa bereits vorhandenen Netzwerken von Großeltern verbinden. Sie arbeiten seit geraumer Zeit an den speziellen Problemkonstellationen von Großeltern, deren Enkel Scheidungskinder sind (*www.großelterninitiative.de*).

Die oben genannte mangelnde Nachfrage nach Trennungs- und Scheidungsritualen kann zwar einerseits mit der persönlichen Lage der Getrennten oder Geschiedenen zusammenhängen, andererseits könnte sie aber auch auf eine kommunikative und auf eine theologische sowie kirchliche Schwierigkeit im Umgang mit Trennungen und Scheidungen hinweisen. Das Ansehen, das eine lange Ehe genießt, die z. B. mit silbernen, goldenen oder diamantenen Hochzeiten gefeiert werden, steht im Gegensatz zu der Erfahrung der Trauer oder des Mitleids mit denjenigen Personen, deren Beziehungen zerbrochen sind. Sucht man einen religiösen und kirchlichen Referenzrahmen, der diese Haltung traditionell befördert, dürften noch immer das sechste Gebot und auch das Scheidungsverbot als Norm christlicher Orientierung in Geltung gesehen werden. Diese sind noch immer im kulturellen Gedächtnis verankert, auch wenn zugleich viele Menschen an dieser Norm scheitern. So muss es nicht überraschen, dass Fragen wie die folgenden weiterhin theologischer Reflexion bedürfen: „Darf man überhaupt eine Ehescheidung in die Kirche bringen, wenn sie nach Gottes Willen nicht sein sollte? Stellt ein solches Ritual nicht eine missverständliche Heiligung der Trennung oder Scheidung dar?" (Klessmann, Scheidung, 2013, 31) Schließlich gehört das Scheidungsverbot zu den Texten des Neuen Testaments, die in den Augen vieler Neutestamentler und Neutestamentlerinnen Jesus authentisch zugeschrieben werden können (vgl. Mt 19,6).

Auf der Suche nach den Begründungsmustern für das Scheidungsverbot, tritt zunächst das sozial bedeutsame Argument des Schutzes der Kinder einer Ehe in den Fokus. Frank Crüsemann räumt in seinem historisch unterfütterten Verständnis des Dekalogs ein, dass es beim sechsten Gebot um den Bruch im Zusammenleben von Mann und Frau gehe, doch dies sei eben der Raum, in dem Kinder aufwachsen können und geschützt seien:

> „Waren damals Kinder zur Lebenssicherung der Eltern vor allem im Alter notwendig, so sind sie heute wohl der schwächste Teil der Familie. Es geht um den elementaren Bereich, in dem jeder in der Kindheit Leben als gewaltfreies, freundliches Zusammenleben erfahren muss, um als Erwachsener Konflikte auch ohne Gewalt bewältigen zu können." (Crüsemann, Dekalog, 2004, 19)

Christliche Ethik tritt für einen besonderen Schutz von Kindern ein. Dies ist auf den ersten Blick durchaus plausibel, doch fragt sich, warum die Kinder bei einer so hohen sozialpolitischen Bedeutung im Alten Israel nicht ein eigenes Gebot oder wenigstens innerhalb des sechsten Gebots eine eigene Nennung erhalten haben. Im neunten und zehnten Gebot finden sich Reihungen von Menschen und Dingen, die eines besonderen Schutzes bedürfen. Kann von der Ehe, von der Paarbeziehung, sofort zur Lebensform Familie übergegangen werden, weil sie bereits im Wort Ehe mitgedacht wird? Gibt es nicht bereits auch in alten Zeiten Gründe, die dafür sprechen, eine Paarbeziehung vorauszusetzen, die nicht allein funktional, also im Kontext der Erhaltung der Generationenfolge, sondern auch in der verantwortlichen Bindung aneinander gesehen werden muss? Was macht so sicher, dass sich das sechste Gebot nicht mit Fragen des Geschlechterarrangements und der Sexualität beschäftigt?

Eine Umorientierung in dieser Frage kann z. B. an Martin Luthers Auslegung des sechsten Gebots im Kleinen Katechismus anknüpfen. Er spricht hier nicht von den Kindern, sondern allein von den Eheleuten und er tut dies auch mit Bezug auf die Intimsphäre: „Du sollst nicht ehebrechen! Was ist das? Wir sollen Gott fürchten und lieben, dass wir keusch und züchtig leben in Worten und Werken und jeder seinen Gemahl liebe und ehre" (vgl. Pöhlmann, Glaube, 1991, 540). Auch im Mittelalter war Ehe und Liebe durchaus miteinander zusammengedacht worden. Es gab nicht nur die Zweckehe, sondern die Ehe war eine Beziehung, in der sich Intimität und Liebe zueinander entwickelten (vgl. Gutmann, Freiheit, 2013, 63ff.; Karle, Liebe, 2014, 193–211). Darüber hinaus ist festzuhalten, dass Luthers Perspektive auf die Ehe als ein *weltliches Ding* (vgl. Luther, Traubüchlein, (1529) 1967) auch implizierte, dass er die Ehescheidung für eine Möglichkeit des Umgangs mit Ehewidrigkeiten ansah. Zu ihnen zählte er Potenzverlust des Mannes, sexuelle Verweigerung, aber eben auch eine nicht gedeihende Beziehung der Ehepartner und -partnerinnen zueinander. Damit dürfte deutlich sein, dass die Ehe nicht ausschließlich in ihrer Funktionalität zur Erhaltung der Generationenfolge gesehen wurde.

Die Ehe genießt mindestens seit reformatorischen Zeiten eine sehr hohe Anerkennung. Die Reformation hat einerseits Auffassungen gefördert, die die Stellung der Ehefrau aufwerteten, zugleich wurden aber nichteheliche Lebensformen wie z. B. Frauenklöster, nichteheliche Sexualität oder Prostitution einem immensen Druck ausgesetzt. Darüber hinaus wurde die öffentliche Kontrolle ehelichen Zusammenlebens verstärkt (vgl. Wohlrab-Sahr/Rosenstock, Religion, 2004). *Die Ehe wurde zur Norm aller Lebensformen.* Sie nahm sogar auf den Zölibat Einfluss, da auch Nonnen Eheringe an ihrer Hand trugen und tragen, um ihrer Ehe mit Christus Ausdruck zu verleihen.

Diese Bedeutung behielt die Ehe bis ins 20. Jahrhundert, sie normierte die Lebensläufe insbesondere auch von Frauen:

> „Das Schicksal, das die Gesellschaft herkömmlicherweise für die Frau bereit hält, ist die Ehe. Auch heute noch sind die meisten Frauen verheiratet, sie waren es, sie bereiten sich auf die Ehe vor, oder sie leiden darunter, dass sie nicht verheiratet sind. Unter dem Gesichtspunkt der Ehe sieht sich die Ledige, mag sie um diese betrogen sein, sich gegen ihre Einrichtung auflehnen oder ihr gleichgültig gegenüberstehen." (de Bauvoir, Geschlecht, (1949) 1968, 399).

Kirchen, religiöse Praxen wie die Trauung und auch Theologien haben dazu beigetragen, dass die symbolische Reproduktion eines heterosexuellen Geschlechterverhältnisses, das die Unterordnung der Frau unter den Mann intendierte, fortbestehen konnte. Sie ist so etwa durch die Zitation von Schriftworten in den Trauliturgien über Jahrhunderte im öffentlichen Bewusstsein verankert worden: „Und Gott der Herr sprach: Es ist nicht gut, dass der Mensch allein sei; ich will ihm eine Gehilfin machen, die um ihn sei." (Gen 2,18) Das Wort von der Gehilfin kommuniziert wirkungsvoll ein auf der Geschlechterhierarchie aufbauendes christliches Eheverständnis. Dieses ist allerdings vom biblischen Wortlaut her keineswegs auf ein solches festgelegt. Im hebräischen Text wird zweimal von *ezaer kenagdo* gesprochen. Mit dem Wort *naegaed* ist im Deutschen *gegenüber, entsprechend* gemeint: So wird das Geschlechterverhältnis also weder mit einem *darunter* der Frau noch mit einem *darüber* des Mannes beschrieben (vgl. Schwienhorst-Schönberger, Mann, 2000).

Aber nicht nur ein hierarchisches Geschlechterverhältnis ist mit biblischen Worten legitimiert worden, sondern auch ein bestimmtes Verständnis von Liebe. Das Hohelied im ersten Brief an die Gemeinde in Korinth, Kapitel 13, ist ein Beispiel für die Wirkungsgeschichte von Schriftworten zur Liebe aus dem Neuen Testament. Dort heißt es: „Sie erträgt alles, sie glaubt alles, sie hofft alles, sie duldet alles." (1 Kor 13,7) Diese Sätze sind nicht immer in der Richtung verstanden worden, dass Menschen sich mit ihrer Ehe in die Liebe Gottes bergen und das Scheitern aneinander in diese Liebe hineinlegen können. Vielmehr wurde es vereinfachend zur moralischen Aufforderung, Geduld zu zeigen.

Generationen von Frauen haben aus sehr verschiedenen Gründen keine grundsätzlichen Konflikte um eine geschlechtergerechte Beziehung geführt; insbesondere von der katholischen Tradition ist bekannt, dass eine Scheidung und spätere Wiederverheiratung mit einem zweiten Partner oder einer zweiten Partnerin bedeuten kann, dass man von der Eucharistie ausgeschlossen wurde. Möglicher Weise wird sich dies in naher Zukunft ändern. Scheidungen und Wiederverheiratungen wurden jedoch auf diese Weise durch eine religiös legitimierte Struktur eines patriarchal strukturierten Geschlechterverhältnisses als inakzeptabel gedeutet. Das sechste Gebot gehört mit zu den Kommunikationshilfen dieser Struktur. Doch es verändert sich auch hier schon einiges. So praktizieren bereits viele römisch-katholische Pfarrer neue Wege, um ihre Kirche als Versöhnungsgemeinschaft erfahrbar zu machen (vgl. Garhammer/Weber, Scheidung, 2012).

Neben und nach den Erfahrungen mit Textlesungen, die hierarchische Geschlechtermodelle präsentieren, sind gegenwärtig zugleich Agenden aufzufinden, die Texte zur Trauung vorschlagen, die eine andere, gleichberechtigtere Sprache sprechen: „Lasst uns aufeinander Acht haben und uns anreizen zur Liebe und zu guten Werken." (Hebr 10,24) oder „Gott hat uns nicht gegeben den Geist der Furcht, sondern der Kraft und der Liebe und der Besonnenheit" (2 Tim 1,7). Auch in der Gottesdienstpraxis zeigt sich dies. Die gottesdienstliche Sprache ist gleichberechtigter geworden. Es liegt nicht zuletzt an denjenigen Personen, die einen Gottesdienst gestalten, diese Tendenz weiter zu verstärken.

In diesem Zusammenhang ist es zu fördern, dass das Gebot *Du sollst nicht ehebrechen* nicht unmittelbar auch als Aufforderung zu *Du sollst dich nicht scheiden lassen* gehört wird. Der Bibeltext der Bergpredigt ist für die christliche Ethik einflussreich und insofern gehört ein Bezug zu dem Text, der neben dem Dekalog von dem „Du sollst nicht ehebrechen" explizit spricht, unbedingt mit zu einer *Revision der Schattenseiten*. Es wird eine sehr radikale Position verfolgt:

> „[...] Wer eine Frau ansieht, sie zu begehren, der hat schon mit ihr die Ehe gebrochen in seinem Herzen. [...] Es ist auch gesagt (5 Mose 24,1) Wer sich von seiner Frau scheidet, der soll ihr einen Scheidebrief geben. Ich aber sage euch: Wer sich von seiner Frau scheidet, es sei denn wegen Ehebruchs, der macht,

dass sie die Ehe bricht; und wer eine Geschiedene heiratet, der bricht die Ehe." (Mt 5, 27–32)

Diese Worte haben sicher zumindest für die Menschen, die sich in ihrer Lebensführung christlich orientierten und orientieren, nicht nur normative Kraft im Umgang mit geschiedenen Menschen erzeugt, sondern auch eine Sexualmoral befördert, die bis zur Gewissensprüfung reicht. Welchen Sinn sollen diese Worte heute gerade im Wissen darum, dass in Deutschland jede dritte Ehe geschieden wird, haben?

Beim unmittelbaren Lesen des biblischen Textes spricht aus den Jesus zugeschriebenen Worten eine radikale Position gegen die Scheidung. Sie gilt für Männer und Frauen. Häufig wird gesagt, nur Männer hätten Scheidebriefe ausstellen können, nur Männer hätten eine Beziehung zu einer Frau öffentlich zu regulieren vermocht (vgl. Deuser, Zehn Gebote, 2002). Diese Sichtweise läuft aber Gefahr, das Bild von der Stellung der Frau in der Antike zu sehr zu vereinfachen. Es ist in der neutestamentlichen Forschung herausgearbeitet worden, dass Frauen ebenfalls Scheidebriefe ausstellen konnten und dies auch taten, dass es ökonomisch selbstständige und auch ledige Frauen im biblischen Umfeld gab. Die an der Gestalt eines lückenlosen Patriarchats orientierte Auslegungsrichtung tradiert auch die Vorstellung, im Vergleich zur Bergpredigt werde im Dekalog (Ex 20, 14; Dtn 5,18) historisch gesehen sehr viel weniger formuliert, genau genommen nur das Verbot, in das Besitzrecht eines anderen Mannes einzugreifen (vgl. Deuser, Zehn Gebote, 2002, 95). Anzunehmen ist dagegen allerdings, dass man sich mit Jesu Rede von einer Auslegung des Dekalogs oder wahrscheinlich zutreffender von einer Auslegung der Möglichkeit, Scheidebriefe auszustellen, abgrenzen wollte. Es ist für die frühen Gemeinden nicht vorstellbar, dass man die Autorität Moses brechen oder die mosaische Tradition christlich überholen wollte. Die häufig genannte These, Jesus habe ein strengeres ethisches Urteil als Mose gefällt, ist eine These, die auf einen Profilierungsprozess innerhalb der frühen jüdisch-christlichen Gemeinden verweist. Man wollte mit dieser Radikalität die Differenz zur jüdischen Tradition kenntlich machen und somit die eigene Identität im Gegenüber zu dieser festigen.

Schließlich soll noch ein Text aus dem Markusevangelium, Kapitel 10 angesprochen werden: Pharisäer stellen Jesus die Frage, ob ein Mann sich von einer Frau scheiden lassen dürfe. Er votiert gegen die Scheidung und zwar mit der Begründung, dass Mose die Scheidebriefe wegen *der Härte ihrer Herzen* ermöglicht habe. Wenn Jesus nun im Matthäusevangelium für eine strenge Ehemoral in Anspruch genommen wird, steht dies im Kontext der Scheidungspraxis, die es in Israel gab. Die Scheidung wurde akzeptiert, wo sie als *ultima ratio* gegen die Härte der Herzen vollzogen wurde. Dieser Fall betrifft z. B. ein Zusammenleben, das Menschen – aus heutiger Sicht gesagt – durch permanente nicht auflösbare Konflikte die Selbstachtung nimmt. Eine solche Auslegung trifft auch den Tenor, der in einem Text, der Jesu Begegnung mit einer Frau, die Ehebruch begangen hat, geschildert wird. Jesus fragt die Männer, die sie zu ihm bringen: „Wer unter euch ohne Sünde ist, der werfe den ersten Stein auf sie." (Joh 8,7) Niemand warf einen Stein. Jesus selbst verurteilt sie auch nicht.

Es gehört zur Tradition des sechsten Gebots hinzu, dass es in einer bestimmten Auslegungstradition dazu verführt hat, Menschen an intime Verhältnisse zu binden, die zerstörerisch waren oder noch sind; aber selbst wenn in jesuanischer und jüdischer Tradition die Ehe sehr hoch geschätzt wurde, gab es zugleich immer Möglichkeiten, sie im Sinne einer Orientierung am Wohl der Menschen aufzulösen.

Wie sehr man zu biblischen Zeiten eine Trennung oder eine Scheidung als Ausnahme aus einer Notlage ansah und wie oft Trennungen und Scheidungen vollzogen wurden, ist uns heute nicht bekannt. Es bleibt allerdings klar erkennbar bestehen, dass nach dem Verständnis des alten Israel die Ehe nicht unauflöslich ist. Vielmehr zeigen einschlägige Bibeltexte, dass das ‚Entlassen' einer Ehefrau vertraglich geregelt und ordentlich vollzogen wurde. Sowohl im Alten als auch im Neuen Testament ist von Scheidebriefen die Rede (5 Mose 24,1; Jes 50,1; Jer 3,8; Mi 1,14; Mt 5,31; 19,7; Mk 10,4). Mit Mose verbindet sich nicht nur der Empfang der Gebote am Berg Sinai, sondern auch das Plädoyer für Scheidebriefe. Es wird sogar in der alttestamentlichen Forschung die These vertreten, dass für die historische Situation der Vorkönigszeit die Motivation zur Scheidung unwichtig gewesen sei. Erst mit der Königszeit habe sich diese Einstellung verändert. Hier habe man ein Schuldprinzip eingeführt (Rose, 5 Mose, 1994, 170).

Auch wenn heute das Schuldprinzip aus der geltenden bundesrepublikanischen Rechtsprechung bereits verschwunden ist, bleibt das Thema Schuld weiterhin stark mit dem Thema Trennungen und Scheidungen verbunden. Häufig wurde und wird bis heute davon gesprochen, dass Paare sich zu leichtfertig scheiden ließen. Dieses (Vor-)Urteil förderte und fördert weiterhin Schuldgefühle, sie werden kaum von den Einzelnen als eigene Schuldgefühle realisiert, vielmehr wurde und wird noch immer versucht, in den öffentlichen Zusammenhängen, in denen ein Paar lebt, plausibel zu machen, dass man selbst an der Trennung nicht schuld sei. Eine Scheidung ebenso wie eine Trennung ist immer mit dem Scheitern einer Beziehung verbunden, die mit Erwartungen an eine gute gemeinsame Lebenszeit und nicht nur in der Moderne mit Liebe zueinander begonnen worden ist. Die Personen, die in diesen Auflösungsprozessen ihrer Beziehungen stecken, sind vielfach damit beschäftigt nachzuweisen, dass sie persönlich selbst an der Lage *nicht schuld* sind. Doch anstatt befreiend zu wirken, führen gegenseitige Schuldzuweisungen in tiefere emotionale Verstrickungen, die das Abschiednehmen weiter erschweren. Eine praktisch-theologische Deutung der Scheidung, die nicht ohne eine poimenische Reflexion auskommt, sollte diesen Aspekt besonders berücksichtigen.

Zum Abschluss soll auch noch die biblische Aussage zumindest kurz erörtert werden, nach der für einen Ehebruch die Todesstrafe zu fordern sei (Lev 20,10). Es ist klar, dass diese Aussage auch selbst anderen biblischen Aussagen widerspricht, so etwa dem fünften Gebot: *Du sollst nicht töten!* Dies zeigt exemplarisch, dass biblische Texte nicht unmittelbar als Antworten auf heutige Probleme angewendet werden können. Die Bibel zu lesen und sich mit biblischen Worten auseinandersetzen, seien es Gebotstexte oder narrative Stücke, können nicht unmittelbar zu einer ethischen Orientierung herangezogen werden. Dass gerade in Notsituationen, in denen man nach klaren Handlungsoptionen, nach eindeutigen Positionen sucht, hierzu eine Sehnsucht besteht, ist nachvollziehbar. Mit einem solchen Gebrauch der Bibelworte verbindet sich die Sehnsucht, komplexe Sachverhalte auf einfache Regeln zu bringen. Gerade die *Zehn Gebote* wurden häufig hierfür herangezogen, man wollte z. B. dem Dekalog innerhalb der christlichen Ethik eine normative Bedeutung geben; sie sollte quasi zur Kurzfassung christlicher Ethik werden. Aber eine solche Vorgehensweise ist als exegetischer Irrweg zu bezeichnen (vgl. Crüsemann, Dekalog, 2004). Biblische Texte haben vielmehr deshalb eine besondere Dignität, weil sie als Urdokumente christlichen Glaubens den Beginn einer Traditionsbildung widerspiegeln. Hier setzen sich Gläubige am Beginn der jüdisch-christlichen Geschichte mit ihren Lebensverhältnissen und den ihnen vorliegenden Traditionen auseinander. Insofern inspiriert die Bibel den christlichen Glauben, aber sie kann und darf nicht als eine heilige Schrift gesehen werden, die unantastbare und unfehlbare Texte enthielte, sie enthält vielmehr auch kritikwürdige Passagen. Das Wort Gottes begegnet Menschen in biblischen Worten stets in einer spezifischen kulturellen Prägung, nie unmittelbar und in Reinheit. Wer also im Kontext von Ehe- und Partnerschaftsproblemen mit biblischen Worten argumentiert, sollte sich darüber Rechenschaft ablegen, ob er oder sie diese biblischen Worte zur Legitimation der eigenen Position heranzieht und insofern für die eigene Meinungsbildung missbraucht.

Trennungen, Scheidungen und der Verlust des Ehepartners oder der Ehepartnerin durch Tod, denen kein guter Abschied folgt, wirken tief auf den weiteren Lebensverlauf ein. Sie können über Jahrzehnte die Beziehungen von Menschen (negativ) beeinflussen. Praktische Theologie, insbesondere die Kasualtheorie, und kirchliche Praxis können hier heilsame Interventionen ermöglichen, insofern sie selbstkritisch mit ihrer Tradition des Verständnisses von Ehe und weiteren Lebensformen umgehen und ihre seelsorgerliche Aufgabe in der Begleitung von Abschieden wahrnehmen.

3 Erkundungsgänge zur theologischen Deutung von Liebe

Es gibt so viele Verständnisse von Liebe, wie es Menschen gibt. Dies wäre wohl die Lehre aus den vergangenen Jahrzehnten, in denen Pluralisierung und Individualisierung zur Hauptdiagnose hochmoderner Gesellschaften geworden ist. Insofern betreffen sie auch die Wahrnehmungen von Liebe, von Lebensformen inklusive ihrer religiösen Deutungen. *Liebe ist...* im engeren Sinne die Bezeichnung für die stärkste Zuneigung, die ein Mensch für einen anderen Menschen zu empfinden fähig ist. Der Erwiderung bedarf sie nicht. So etwa ist es auf *Wikipedia* zu lesen (vgl. *https://de.wikipedia.org/wiki/Liebe*). Man könnte weitere populäre Deutungen hier zusammentragen: Liebe ist der Wunsch, immer zusammen zu sein oder, wie Paul Tillich formulierte, die Wiedervereinigung des Getrennten. Mit diesem Bild von der Liebe als Macht der Überwindung dessen, was Menschen voneinander trennt, ist die Rede von der Leidenschaft verbunden. Ferner gehört zu ihr auch das Bild von der Sehnsucht nach Geborgenheit und von der Hingabe. Nimmt man sich einen Augenblick Zeit, um für sich selbst zu klären, welche Bedeutung man selbst der Liebe zuschreibt, wird man die Liste sicher fortsetzen können.

Die *Liebe* genießt große Achtung, wenn es um Glück und den Sinn des Lebens geht. Dies zeigt sich u.a. in dem von vielen Menschen geteilten Wunsch nach einer lebenslang andauernden *Paarbeziehung* und der Erfahrung, wie schwierig es ist, eine solche zu leben (vgl. Beck/Beck-Gernsheim, Chaos, 1990). Liebe steht weiterhin sehr hoch im Kurs der sinngebenden Werte. Was letztlich zählt im Leben, sind die Beziehungen, die man lebt und gelebt hat. Erfüllung findet man, so werden wohl viele Leute zustimmen können, in Liebesbeziehungen, die auf Gegenseitigkeit beruhen.

Ein Blick auf die Hitliste der Trausprüche gibt in biblischen Worten Auskunft über die Liebe: „Nun aber bleiben Glaube, Hoffnung, Liebe, diese drei; aber die Liebe ist die größte unter ihnen" (1 Kor 13,13) gehört hier auf jeden Fall dazu. Dann auch „Alle eure Dinge lasst in der Liebe geschehen!" (1 Kor 16,14) sowie „Lasst uns nicht lieben mit Worten noch mit der Zunge, sondern in Tat und Wahrheit." (1 Joh 3,18) und „Güte und Treue begegnen einander, Gerechtigkeit und Friede küssen sich." (Ps 85,11) Auch hier wird man sicherlich weitere Bibelworte ergänzen können.

Soziologische Studien haben in den letzten Jahrzehnten großen Einfluss auf praktisch-theologische Wahrnehmungen von der Paarliebe genommen. Innerhalb der Theologie ist das Verständnis von Liebe allerdings weitaus vielfältiger, als dass sie anhand der Paarliebe schon beschrieben werden könnte. Außerdem ist davon auszugehen, dass in einem vieldimensionalen Liebesverständnis auch für das Verständnis der Paarliebe neue Perspektiven liegen.

Der Blick in die theologische Literatur zur Liebe, dies sei einleitend ebenfalls bereits angedeutet, eröffnet einige Spannungsfelder zum bislang Geschilderten: Für die Theologie sind Bilder von der Liebe Gottes prominent, die eher weniger die Paarliebe als vielmehr die elterliche und insbesondere väterliche Liebe zum Sohn, die Feindesliebe, die Nächstenliebe sowie die Liebe zu Gott aufgreifen. Während die soziologische Beschäftigung mit Liebe Gleichberechtigung, Emanzipation und mit ihnen reziproke Beziehungen in den Fokus stellt, thematisiert die theologische Auslegung vor allem nicht-reziproke Liebesbeziehungen. Doch bevor die theologische Vieldimensionalität der Rede von der Liebe erörtert wird (3.2), soll es zunächst um Liebe in ihrer Dimension als ritualisierte Kommunikation gehen, die immer häufiger auch computergestützt verläuft; Liebe ist ein Teil mediatisierter Lebenswelten (3.1). Zur kulturtheologischen Erörterung der Liebe gehört darüber hinaus auch eine neue Fokussierung der Bedeutung des Versprechens in der Liebe sowie seiner Beziehung zum Trausegen (3.3).

3.1 Ritualisierte Kommunikation als eine Dimension der Liebe

Liebe findet sich in Gesten, in der Mimik, in Augenkontakten, im Kuss und in vielen Formen körperlicher Nähe, aber eben auch in Unterhaltungen, intimen oder weniger intimen Gesprächen zu zweit und auch im Kreise von weiteren Personen. Liebe bleibt selten wortlos, sondern wird in Bildern und Erzählungen kommuniziert, in Gedichten, in Briefen, in E-Mails, getwittert und gepostet. Und dies legt ebenfalls nahe, dass Liebe nicht nur in Situationen erfahren wird, in denen man zusammen in einem Raum ist, sondern auch in vielen anderen Situationen, in denen man von verschiedenen Räumen aus kommuniziert. Vor allem das Smartphone schafft bislang ungeahnte Zugänge zu diesen verschiedenen Räumen, die uns leiblich nicht zugänglich sind. Aber nicht nur der Umgang mit den Räumen, in denen Liebe erfahren wird, verändert sich, sondern auch die Wahrnehmung der Zeiten, die mit Liebeskommunikationen gefüllt werden, seitdem man computergestützt mobil kommunizieren kann. In Sekundenschnelle wird es mit dem Touchscreen orts- und zeitunabhängig möglich, in die Welt der Intimität einzutauchen. Die sogenannten neuen Kommunikationsmöglichkeiten verhelfen dazu, Nähe und Distanz medial einzustellen und zu kontrollieren.

Diese sowie auch andere Entwicklungen sind jedoch nicht gänzlich neu mit den sogenannten Neuen Medien aufgekommen. Ein Lied von Max Raabe und seinem Palast Orchester ruft dies in Erinnerung: *Kein Schwein ruft mich an. Keine Sau interessiert sich für mich. Solange ich hier wohn*, ist es fast wie Hohn, schweigt das Telefon ... Dann heißt es weiter: *Den Zustand find ich höchst fatal, für heut'ge Zeiten nicht normal, wo jeder nur darüber klagt, das Telefon an Nerven nagt. Ich traue mich kaum mehr aus der Tür, denn stets hab' ich vermutet, dass, kaum dass ich das Haus verlass', es klingelt oder tutet.* (Raabe, Kein Schwein, 1994) Dann schafft sich der Mensch, der so gerne angerufen werden möchte, einen Anrufbeantworter an und ist endlich wieder frei, hinauszugehen. Überglücklich sieht er, dass das Lämpchen leuchtet, als er nachhause kommt. Die attraktive Frauenstimme auf dem Band teilt ihm leider nur mit, dass sie sich verwählt hat.

Die permanente Möglichkeit, kommunizieren zu können, angerufen werden zu können, weckt die Sehnsucht nach Verbindung, nach Teilhabe, nach geteiltem Leben. Dies geschieht nicht nur im Kopf und im Herzen, sondern ganz leiblich. Raabe besingt das weitverbreitete Bedürfnis nach Kommunikation, und das heißt in diesem Falle ebenfalls, dem Bedürfnis nach Nähe Ausdruck zu geben. Der Anrufbeantworter oder heutzutage das Smartphone sind nicht nur technische Apparate, die mögliche Nachrichten entgegennehmen; sie verstärken auch das Bedürfnis, Botschaften zu erhalten. Deshalb kann eine Beschreibung der Liebe in spätmodernen Gesellschaften nicht darauf verzichten, die Dynamik von Kommunikationsmöglichkeiten für die Entwicklung einer Liebesbeziehung darzustellen.

Diese Spur, die Liebe in ihrer Dimension als kommunikatives Phänomen zu verstehen, auch wenn sie zugleich als eine authentische persönliche Zuneigung oder ein höchst intimes Gefühl zweier Personen zueinander zu gelten hat, legt weitere Aspekte der hoch- oder spätmodernen Liebeskommunikation offen. Die Weise, in der Smartphone-Kulturen zumindest in den vernetzten Gesellschaften der sogenannten Ersten Welt auf Liebeskommunikationen wesentlichen Einfluss nehmen, trägt religiöse, genauer gesagt, alltagsrituelle Züge.

Ein Ritual ist eine religiöse Praxis, die Menschen den Weg über eine Schwelle erleichtern soll. Ein Ritual dient dazu, eine schwierige Situation im Leben eines Menschen zu meistern. Insofern liegt im Ritual die Chance, den eigenen Lebensweg aktiv zu gestalten und darin auch in der eigenen Persönlichkeitsentwicklung zu reifen, sich neuen Beziehungen auszusetzen und mit ihnen zu experimentieren, darin auch einen neuen Status im Gefüge von Beziehungen zu erlangen bzw. zusprechen zu lassen. Gerade in den Anfangsphasen von Liebesbeziehungen ergeben sich viele ungewohnte, unsichere Situationen, die so *gemeistert* werden müssen, dass das zarte Pflänzchen der Liebe nicht zerstört wird oder auch die persönliche Unsicherheit, ob dies tatsächlich eine Liebe werden kann, nicht gleich zu viel Kritik und Abwehr ins Spiel bringt. Insofern ist hier nicht von Ritualen im komplexeren Sinne zu sprechen, sondern vielmehr von ritualisierten Kommunikationen. Auch sie dienen dazu, in unsicheren Lagen Sicherheit zu geben: Sie eröffnen einen Raum, z. B. in einer E-Mail- oder SMS-Kommunikation, in dem man für sich selbst viel mehr Zeit hat, über das, was gesagt werden kann oder soll, nachzudenken, als dies in einer persönlichen Begegnung der Fall wäre. Insbesondere für Beziehungen, die sich über das Internet anbahnen, ist eine solche zunächst erst einmal in der *Fernnähe* gehaltene Kommunikation typisch. Hierfür sind gegenwärtig Plattformen wie *Tinder* hoch frequentiert, auch christliche Partnersuche-Portale gibt es (*www.christliche-partner-suche.de*).

Zwei Phänomene ritualisierter Liebeskommunikationen, die in unterschiedlicher Weise auch bereits als Beispiele für mediatisierte Welten gesehen werden können, sollen hier nun beschrieben werden.

3.1.1 Ganz alltägliche Ritualisierungen in der Kommunikation von Liebespaaren: das Smartphone

In Beziehungen, die bereits zumindest eine kleine Geschichte haben, können sich bereits stärker ritualisierte Kommunikationen eingestellt haben. Sie dienen in aller Regel der gegenseitigen Vergewisserung. Gerade in einer sich globalisierenden Gesellschaft, in denen viele Menschen in regelmäßigen Abständen berufsbedingt auf Reisen sind, werden verlässliche Smartphone-Kommunikationen zu einer Möglichkeit, Kontinuität in der Beziehung zu leben. Man kann Rituale vereinfacht in fünf kommunikativen Elementen fassen (angelehnt an Sundermeier, Ritus, 1998):

1. Rituale finden statt, das heißt sie werden selbstverständlich leibkörperlich ausgeführt: Der Blick richtet sich auf den Touchscreen, der persönliche Code wird eingegeben und neue Meldungen abgerufen.
2. In Ritualen wiederholt man etwas persönlich oder sogar gattungsgeschichtlich Bedeutsames. Hier werden auch mythische Aspekte im persönlichen Leben aktuell. Im Gebrauch des Handys liegt dieser Ursprungsmythos in der Vernetzung z. B. mit der Person, die man liebt. Es wird wieder eingeholt, dass man miteinander verbunden ist. Man kann es geradezu als einen Kult verstehen, immer miteinander vernetzt sein zu können, das heißt eigentlich, nicht getrennt oder besser *ungetrennt* zu sein. Hier werden auch Ambivalenzen sichtbar. Die Freiheit, die das Handy schafft, schafft zugleich auch wieder Abhängigkeiten: der Partner oder die Partnerin warten darauf, dass man sich meldet.
3. In einem Ritual werden immer auch bedeutsame Worte gesprochen. Pointiert findet sich der Gebrauch solcher Worte im Eingeben feststehender und darin wiederkehrender Wort- und Satzteile, die die Spracherkennung des Handys bereits automatisch vorschlägt. In der Liebeskommunikation ist es das Bekenntnis zum Partner bzw. zur Partnerin, das nicht fehlen darf: *Deine Julia* oder auch *für immer Dein Hase*.
4. Rituale bestehen aus mehreren verschiedenen Symbolen. Der Ritus wird durch eine Fülle von Einzelsymbolen konstituiert und muss als eine mehrdimensionale Symbolhandlung verstanden werden. Die Apps auf

dem Touchscreen werden permanent betastet, dabei muss nicht immer eine neue Nachricht abgerufen werden, es kann auch der Blick ins digitale Fotoalbum, auf das gemeinsam gemachte Video oder das Anhören von Musik sein, die an besondere Situationen in der Beziehung erinnert; ebenso werden alte Nachrichten wiederaufgerufen, weil sie bereits vergangene, aber bis heute für schön und wertvoll erachtete Erinnerungen präsent halten.
5. Der Fokus aller Symbolbildungen im Ritual ist der menschliche Körper. Die Kommunikation mit dem Handy involviert den ganzen Körper. Es ist nicht nur der Kopf und die Haut, die auf den Vibrationsalarm reagieren, es ist dann auch das Herz und die Füße, die laufen, während man das Handy immer bei sich trägt. Man ist permanent körperlich *empfangsbereit*.

3.1.2 Ein populäres Ritual von Liebespaaren: Liebesschlösser

Bereits in der Einleitung wurde das Ritual der Liebesschlösser beschrieben. In vielen großen und auch in kleinen Städten hängen seit nahezu zwei Jahrzehnten überwiegend junge Paare, aber auch Gruppen von Freundinnen und Freunden Liebesschlösser an Brückengeländern auf. Zuweilen haben Städte schon auf die Überlastung der Brücken hingewiesen und alternativ hierfür in Parks Metallinstallationen aufgestellt, die sie den Fans der Liebesschlösser anbieten.

Das Phänomen wirft viele Fragen auf, die seine empirische Erforschung wünschenswert werden lassen: In welchem Kontext einer Liebesbeziehung werden die Schlösser aufgehängt, was sagen die Kritiker und Kritikerinnen; man müsste die Symbolhandlung selbst einmal in größerer Anzahl beobachten, dokumentieren und daraufhin genauer beschreiben; es wäre sozusagen eine Langzeitstudie angebracht, um herauszubekommen, welche Paare an welchem Zeitpunkt ihrer Beziehung den Entschluss zum Liebesschloss fällen, und schließlich auch um herauszufinden, wie sie ihre Liebesschloss-Handlungen selbst interpretieren, nach einem Tag, Monat, Jahr usw. Man müsste nicht zuletzt interkulturell und dabei auch interreligiös forschen: Was unterscheidet den deutschen vom chinesischen vom brasilianischen Gebrauch eines Liebesschlosses? Gibt es interreligiöse Bräuche? Welche Gesten und welche Interpretationen begleiten das Ritual? Hier können zunächst nur erste Hinweise zu Korrespondenzen aus der christlichen Symbolkultur geliefert werden.

Der symbolische Gebrauch des Schlosses mit dem Schlüssel, der Namensnennung, der auf manchen Schlössern eingravierten Herz-Bilder sowie des symbolischen Einsatzes des Ortes, also einer Brücke über einem Fluss, ist innerhalb der jüdisch-christlichen Religionskultur keineswegs unbekannt. Sie gehören vielmehr ins Zentrum der Symbolisierung der christlichen Botschaft.

Für Schloss und Schlüssel ist an weitaus mehr zu erinnern, aber auch an die Liedzeile „Reiß ab wo Schloss und Riegel für". Sie gehört in das Adventslied „Oh, Heiland reiß die Himmel auf" (Evangelisches Gesangbuch Nr. 7), mit dem über die Konfessionsgrenzen hinaus seit der Barockzeit die Sehnsucht nach der Ankunft des Heilands besungen wird. Auch das Herz gehört zum zentralen Bestand christlicher Symbolik. Da ist das aus dem Großen Katechismus stammende Wort Martin Luthers: „Woran du aber dein Herz hängst, das ist dein Gott" (Luther, Erstes Gebot, 1529). Weiterhin ist für die jüdischchristliche Tradition von fundamentaler Bedeutung, dass Gott eine Person beim Namen ruft (Jes 43,1): „Ich habe dich bei deinem Namen gerufen, du bist mein." Auch wenn der Satz eigentlich auf das Volk Israel bezogen war, wird er häufig in einen individuellen und persönlichen Zusammenhang gebracht. Für den der Taufe wird mit ihm die Zugehörigkeit eines Menschen zu Gott konkret unter Nennung des persönlichen Namens bestimmt. Schließlich ist die Brücke als Ort des Geschehens zu nennen. In der jüdisch-christlichen Bildsymbolik ist das Urbild für die Brücke der Regenbogen. Sie wird zum Symbol für die Verbindung Gottes mit den Menschen, dann auch zum Symbol für das Erlösungsgeschehen in Jesus Christus. Diese ersten Assoziationen vermitteln die Komplexität, die das Liebesschlösser-Symbol im Horizont christlicher Deutungsmöglichkeiten aufweist, ohne dass nun die oben genannten Fragen beantwortet wären, die darüber hinaus sicherlich noch weitere Anschlussstellen ergeben würden.

Hier soll nun der Versuch unternommen werden, das bislang gelieferte Blitzlicht (vgl. dazu Nord, Realitäten, 2008) zum Phänomen der Liebesschlösser in die soziologische Diskussion um Liebe und Lebensformen einzuordnen (vgl. auch Nord, Liebesschlösser, 2014).

Für die historische Phase ab 1945 bis heute stimmen Praktische Theologinnen und Theologen darin mit soziologischen Entwürfen überein, dass insbesondere Emanzipationsbewegungen und die wirtschaftliche Selbstständigkeit von Frauen zur Auflösung der traditionellen Norm der Ehe beigetragen hätten (vgl. 2.1). Das Resultat dieses Prozesses sieht Zygmunt Bauman zum Beispiel in einer verflüssigten Liebe. Sein englischer Buchtitel lautet *Liquid Love*. Bauman schreibt über die Zerbrechlichkeit menschlicher Bindungen und über Partnerschaften als *mixed blessings*. Sie stellen sich als Paradox dar: Da ist die Sehnsucht nach einem Zusammenleben mit einem Menschen, auf den man zählen kann, und da ist die Vermeidung einer festen Bindung, weil sie zu viele Belastungen mit sich bringt, wenn der Partner krank, alt oder in anderer Weise von einem abhängig werden sollte (vgl. Bauman, Liquid 2003, viii).

Die Paare, die Liebesschlösser anbringen, stimmten Bauman mit seinem Motto der *Liquid Love* vermutlich zu. Die Liebesschlösser werden wie gesagt insbesondere auf Brücken über Flüssen angebracht. Der Fluss symbolisiert den reißenden Strom der Modernisierung, der Menschen in Individualisierungsprozesse hineinzwingt, sodass Beständigkeit und Treue in einer Beziehung zum nahezu unerreichbaren Gut werden; das steigert ihre Attraktivität für viele allerdings noch. Doch Baumans Einschätzung, dass das moderne Subjekt deshalb vor festen Verbindungen zurückschreckt, scheint nicht ganz zuzutreffen. Das globale Liebesschlösser-Ritual enthält Widerstandspotential gegen die hoch- oder spätmoderne Lebensform der *Liquid Love*. Zwei Menschen versprechen sich explizit, beieinander zu bleiben. In Deutschland geschieht dies häufig ohne vorherige Eheschließung, im Ausland hingegen wird das Ritual auch nach der standesamtlichen Eheschließung praktiziert.

Um dem Versprechen in ihrem Leben Gewicht zu geben, führen die Paare selbst ein Ritual ein. Warum zurecht vom Liebesschlösser-Ritual als einem Ritual gesprochen werden kann, wird deutlich, wenn man wiederum auf religionswissenschaftliche Typologisierungen (Sundermeier, Ritus, 1998) zurückgreift:
1. Im Ritus wird eine Raumtrennung vorgenommen: hier der sichere, dort der unsichere Raum. Genau dies geschieht in der Wahl der Brücke über dem (reißenden) Fluss.
2. Im Ritus wird Zeit strukturiert, indem die Zeit, in dem ein Ritus ausgeführt wird, zu einer besonderen Zeit wird: Das Liebesschloss-Ritual reißt die Liebe des Paares aus der Nivellierung durch den Alltag heraus, Gegenwart wird inszeniert, genauer maximal immersiv intensiviert.
3. Riten helfen den Status des Menschen in der Gesellschaft zu sichern. Das Liebesschlösser-Ritual kommuniziert im öffentlichen Raum, dass zwei Menschen zusammengehören; es setzt Grenzen gegenüber anderen Personen und ihren Beziehungswünschen.
4. Schließlich: Riten bestehen aus Symbolen. Die Brücke ist das Symbol für eine Verbindung, die das Paar aus dem strömenden Wasser des Flusses herauszuhalten vermag. Der Name ist von fundamentaler Bedeutung. Wird man getauft, konfirmiert, getraut oder bestattet, so wird man beim Namen genannt. Die Brücke ist in der jüdisch-christlichen Bildsymbolik mit dem Urbild des Vertrauens zwischen Gott und Mensch, mit dem Regenbogen, dann aber auch mit dem Erlösungsgeschehen in Jesus Christus verbunden. Wahrscheinlich wird der Schlüssel auch in einem hohen Bogen ins Wasser geworfen; damit wird die Gestalt der Brücke in den Himmel gemalt.

Ein zweiter in der soziologischen Debatte einflussreicher Ansatz wurde von *Anthony Giddens* unter dem Titel *Transformation of Intimacy* (1992) verfasst. Er stellt die sogenannte reine Beziehung in den Mittelpunkt. Die Partner und Partnerinnen sind wirtschaftlich nicht mehr voneinander abhängig und sie haben die Norm der Heterosexualität hinter sich gelassen. Man lebt nach dem Modell einer gleichberechtigten Beziehung von zwei souveränen Subjekten. Auf dem Weg dorthin diagnostiziert Giddens allerdings auch Ambivalenzen, die die Selbstständigkeit der Liebenden verhindere. Er legt Regressionsbedarfe und romantische Symbiosen offen, Abhängigkeiten und Narzissmen. Sieht man sich das Liebesschlösser-Ritual in Giddens Perspektive an, zeigt sich, dass es in der Liebe Gefühle gibt, die die Freiheit der Partnerin oder des Partners nicht ertragen können. Sie fordern Absolutheit, sie sind von Eifersucht gezeichnet, sie halten Ambivalenzen nicht aus. Diese Paarliebe soll die *Nummer 1* im Leben eines Menschen sein. Man könnte dies die kitschige Seite der Liebesschlösser nennen. Denn Kitsch, so lehrt die ästhetische Diskussion (vgl. Liessmann, Kitsch, 2002), hält Ambivalenzen nicht aus, stellt sich nicht der Zwei- und Mehrdeutigkeit der Wahrheit – und das gilt in Sachen Liebe natürlich ganz besonders. Außerdem nutzt, wer Kitsch *macht*, am liebsten kleine Symbole, z. B. kleine Vorhängeschlösser, um das zu deuten, was im Leben als groß und bestimmend gilt.

> „Wer sich, wie augenzwinkernd auch immer, zu den Schönheiten des Kitsches bekennt, hat einen Weg gefunden, das zu genießen, was die radikale Moderne und die politische Aufklärung ihm verweigern wollten: Gegenständlichkeit, plakative Gefälligkeit, sinnliche Religiosität, sentimentale Stimmungen, Sonnenuntergänge, den C-Dur-Akkord, den Endreim, die Tränen des Glücks [usw., I.N.].“
> (Liessmann, Kitsch, 2002, 87)

Für diejenigen, die sich zum Kitsch bekennen, symbolisiert das Liebesschloss Zweisamkeit und die Sehnsucht, eins zu sein. Im Ritual, so kitschig es auf manche wirken mag, wird Sinn generiert und zwar mit hohem Gegenwartsbezug. Es geht darum, einmal das große Gefühl zu inszenieren. Man kann zugleich davon ausgehen, dass die Paare sich sehr bewusst darüber sind, dass das Liebesschloss-Symbol nicht flexibel und vielseitig genug ist, um alle Ambivalenzen einer reifen Paarbeziehung zu würdigen. Im Lebensgefühl der *Liquid Love* ist das Liebesschlösser-Ritual eine Möglichkeit, den glücklichen Augenblick in Szene zu setzen, ihn im Bild festzuhalten und ihm darin auch eine Dauer über den Augenblick hinaus zu geben.

Wo die Paarliebe nun aber zerbricht, tut dies in den allermeisten Fällen sehr weh. Bei den Menschen, deren Beziehung zerbrochen ist, wird dann konkret die Liebesschlösser-Brücke zum Ort des Schmerzes, der Wut und der Trauer. So ist z. B. auf einem Liebesschloss an der Hohenzollern Brücke in Köln einfach nur das Wörtchen *Egal* zu lesen. Auf einer anderen Brücke steht in großen Lettern auf dem Boden: *Liebe ist nur ein Traum*. Daneben kommt es immer wieder vor, dass Schlösser beschmiert oder geklaut werden. In Hamburg hatte eine Anwaltskanzlei auf eine Brücke einen Glaskasten montieren lassen, in dem sich ein Bolzenschneider befand. Der Werbeslogan der Kanzlei lautete: *Schluss trotz Schloss? Wir helfen bei der Trennung* (vgl. Linkliste). Diese Dokumente zerbrochener Paarliebe leiten bereits über zu einem dritten Feld, in dem Liebe zur Zeit soziologisch thematisiert wird. Es ist das Feld der Entzauberungsprozesse, mit denen moderne Liebesverhältnisse konfrontiert werden. Eva Illouz Buch *Warum Liebe weh tut* (Illouz, Warum, 2012) fokussiert genau diese Entzauberungsprozesse. Liebe zerfällt in einzelne Aspekte, sie wird quasi aufgelöst und aufgeklärt, indem die Herkunft von Gefühlen analysiert und die Frage der Lebensformen politisiert wird. Die große Bedeutung, die die Liebe in der Romantik für die Entwicklung der Persönlichkeit hatte, gerät dabei aus dem Fokus. Liebe überwindet keine sozialen Grenzen mehr; Unsicherheit und Ironie sind nach Illouz für viele Menschen das Resultat. Darüber hinaus sagt sie explizit, dass ein *Liebesversprechen* in diesem Kontext eigentlich nicht mehr in Frage kommt (Illouz, Warum, 2012, 190). Denn das Versprechen hat etwas Unglaubliches und zugleich auch etwas Komisches. Mit den Mitteln von Gesetzen, Verträgen, Eiden und deklarierter Zusicherung von Treue inszeniert es ein Pathos, das letztlich die Unsicherheit in der Liebe auch nicht ausräumen kann.

Diese soziologische Diagnose, der doch kognitiv gesehen durchaus zugestimmt werden kann, scheint aber gemessen an den Liebesschlössern nicht zuzutreffen. Menschen geben sich zu Tausenden öffentlich sichtbar ein Versprechen. Sie tun dies quasi kontrafaktisch, indem sie ein Ritual erfinden und damit den Sinn ihrer Liebe mitteilen und darstellen: Neben der Entzauberung der Liebe und der Entzauberung der Liebesversprechen werden weiterhin Versprechen gegeben, als deren Zauber man es möglicherweise bezeichnen könnte, dass es sie ohne ein Übermaß an Vertrauen, ohne einen Überschuss an Sinn nicht gäbe. Damit ist bereits gesagt, was weiter unten noch ausführlicher erörtert werden soll: Aus kulturanthropologischer Perspektive lässt sich am Phänomen des Versprechens zeigen, wie man Religion verstehen kann. Religion ist im Spiel, wo trotz gegenläufiger Erfahrungen Menschen es wagen, sich einander neu zu versprechen und damit über das, was sie selbst verbürgen können, hinausgehen und hinaus hoffen (vgl. Kap. 3.3). Denn mit einem Versprechen teilt man sich erstens mit, dass man mit der Unsicherheit, die eine Liebesbeziehung immer mit sich führt, umgehen will. Zweitens wird deutlich, dass man mit dem Versprechen auch eine Verpflichtung eingehen will.

In den soziologischen Zeitdiagnosen von Bauman, Giddens und Illouz wird deutlich, mit welchen komplexen Schwierigkeiten es die Paarliebe dabei zu tun hat. Bauman sieht die fehlende Treue in der *Liquid Love*, Giddens Entwurf zum *Wandel der Intimität* sieht die fehlende Autonomie in der Liebe und pathologisiert sie als Abhängigkeit, nur in der Erotik komme man über diese hinweg; Illouz spricht vom Schmerz in der Liebe und davon, dass das Versprechen der Liebe durch ihre Ironisierung ersetzt wurde. In allen drei soziologischen Entwürfen finden sich nicht nur keine religiösen Weltbilder oder kulturelle Darstellungen konkreter Religionen mehr, sondern es fehlt auch die Thematisierung von anthropologisch fundierten Verständnissen von Religion. Weder Alltagsrituale wie die ganz alltäglichen Kommunikationen der Paarliebe via Handy noch einmalige Festrituale wie etwa das der Liebesschlösser kommen im Horizont der soziologischen Beschreibung der Liebe vor; er ist sozusagen um seine alltagsreligiösen Dimensionen weitgehend bereinigt.

Der praktisch-theologische Blickwinkel kann hier zu einer Horizontverschiebung beitragen, die letztlich auch für die soziologische und die populäre Diskussion über Liebe und Lebensformen von Gewinn sein kann.

3.2   Die Vieldimensionalität der Liebe

Die Paarliebe wird innerhalb soziologischer Reflexionen vor allem in zwei kulturell prägenden Bildern vorgestellt. Das ältere ist das der romantischen Liebe, in der die Partnerin und der Partner sich idealisieren, sie wollen für einander zum Glück ihres Lebens werden. Das romantische Bild der Liebe hat Popularität insbesondere durch die Romankultur des achtzehnten Jahrhunderts erworben. Die Dynamik der erzählten Liebesgeschichten lebt vom Geheimnisvollen und vom Emanzipativen in der Liebe. Neben dem großen *Auf und Ab*, dem *himmelhochjauchzend zu Tode betrübt* steht zunehmend ein weiteres, jüngeres Bild: das Bild der sogenannten reinen Beziehung (vgl. Giddens, Transformation, 1992). Während die romantische Liebe vor allem ein Projekt von Frauen und für Frauen war – sie machten das Gelingen ihrer Liebesbeziehung zum Lebensauftrag und so erforschten sie beispielsweise das geliebte Gegenüber in seinen Gefühlen –, sind nun Partnerin und Partner selbstständiger auf ihre Gefühle und deren Artikulation bedacht. Beziehungen haben ihre Basis darin, dass Männer und Frauen gute Kommunikatoren und Kommunikatorinnen ihrer Bedürfnisse und Wünsche sind. Die Ästhetik in der Liebe nimmt dabei nicht ab. Dies gilt insbesondere für die Sexualität und wie sie in einer Beziehung gelebt wird: Sie wird zunehmend nicht mehr als gegeben betrachtet, sondern sie wird zur kultivierbaren und individuell gestaltbaren Tätigkeit des Paares, das seine Erotik entwickelt. Beziehungen können als Projekte beschrieben werden, die auf Freiwilligkeit, Gegenseitigkeit und dem Willen basieren, alles Gemeinsame stets neu auszuhandeln. In dieser Wahrnehmung werden romantische Liebe und Sexualität nicht mehr eng miteinander verbunden gesehen, sondern voneinander gelöst. Sexualität wird, wenngleich weiter mit hohen Erwartungen versehen, zu einem Beziehungsfeld, auf dem man einander gibt und nimmt, auf dem Regeln und Vertrauen weiter wichtig sind, doch auf dem man sich auch ausprobiert und sich so nicht an einen einzigen Partner oder eine einzige Partnerin im Leben gebunden fühlt.

Als Gegenbewegung zu dieser weitverbreiteten Einstellung kann man die Popularität der *Purity Balls* verstehen. Im jüngeren Lebensalter, vor der Phase möglicher Familiengründungen, entscheiden sich insbesondere US-amerikanische Frauen aus vermeintlich christlichen Motiven dazu, mit intimem Kontakt bis sie verheiratet sind zu warten. Die evangelikale Bewegung der *Purity Balls* setzt die Beziehung von Vater und Tochter mit einem Versprechen in Szene. Die Tochter verspricht dem Vater Keuschheit bis zur Ehe; der Vater verspricht, die Tochter auf ihrem Weg zu unterstützen, zu beschützen und ihr ein gutes Vorbild zu sein, indem er seine Ehefrau nicht betrügt, die eigene Familie ehrt und für ihre Werte einsteht. Dann führt der Vater die Tochter zum Tanz ... Es gibt viele Analogien zwischen dem *Purity Ball* und einer Trauliturgie, es entstehen *Purity-Ball-Photos*, die Hochzeitsbildern ähneln. Der schwedische Fotograf David Magnusson hat einige Bälle besucht und mit den *Paaren* gesprochen (vgl. Linkliste Purity-Balls).

Sieht man über alle kritikwürdigen Aspekte dieser Inszenierungen hinweg, bleibt es bedenkenswert, dass der Wert der Treue und die Familie als sozusagen höchste Güter kommuniziert werden. Wenn 14- bis 17-jährige Mädchen aus spezifisch evangelikal geprägten Familien den Purity-Weg wählen, wird dies einerseits ein Hinweis darauf sein, welche Angst sie davor haben, in der eigenen Liebe und von ihrer Familie enttäuscht zu werden, andererseits bietet sich im Schutzraum mit dem Vater eine Gelegenheit, den Traum zu leben, schon jetzt einmal sich selbst als Braut und Prinzessin zu sehen. Auch hier bedürfte es eingehender empirischer Forschungen, um sichtbar werden zu lassen, welche Gender- und Familienideologien und welche Rollenspiele hier ersehnt und gespielt werden.

Fragt man nach der christlichen und kirchlichen Deutung von Paarliebe, wird erkennbar, dass Praktische Theologie und christliche Kirchen hier ihre Verantwortung wahrzunehmen haben, um für ein pluraleres und reflektierteres Bild vom christlichen Umgang mit Sexualität und Liebe zu werben. Insofern ist der Reduzierung von körperlicher Intimität auf Sexualität ebenso zu widersprechen wie der Festlegung, sexuelle Erfahrungen nur in der Ehe machen zu dürfen. Um diesem Ansatz folgen zu können, muss theologisch grundsätzlicher ausgeholt werden.

Die Liebe hat einen enorm hohen Stellenwert innerhalb der biblischen Schriften, der christlichen Theologie wie auch der kirchlichen Praxis, denn die Liebe ist als eine Wirkung des göttlichen Geistes in allem, was lebt, zu verstehen. Sie gehört untrennbar mit dem Glauben und der Hoffnung zusammen und bleibt unter diesen Dreien die wichtigste Lebensmacht. Mit ihr verbinden sich Vorstellungen davon, wie Menschen sich einander begegnen, wenn sie sich lieben: Langmütig und freundlich, die Liebe eifert nicht, sie treibt nicht Mutwillen, sie bläht sich nicht auf, verhält sich nicht ungehörig, sucht nicht das Ihre (1 Kor 13).

Das Gebot, Liebe zu üben, ist dabei keineswegs christliches Sondergut, es ist bereits aus der jüdischen Tradition bekannt (vgl. z. B. Dtn 6,4ff.). Die Evangelien legen nahe, dass das Liebesgebot in der Kontinuität dieser Tradition ein zentrales Anliegen Jesu gewesen ist. Die Liebe wird in dreifacher Weise als Gebot der Nächstenliebe (Mt 5,43), der Feindesliebe (Mt 5,44) und als Doppelgebot der Liebe (Mk 12,28–34) vorgestellt.

Die starke Rezeption dieser Linie im christlichen Liebesdiskurs hat in den Hintergrund treten lassen, dass in der Bibel die Liebe nicht nur als Aufforderung zur Nächstenliebe zum Thema gemacht wird, sondern ebenso in ihrer Dimension als Erotik, mit anderen Worten als Kunst, die menschliche Liebe zueinander besonders zu gestalten und zu beschreiben (vgl. das Hohelied Salomos). So wie die Erotik ist daneben auch die Selbstliebe in den Schatten theologischer Deutungen der Liebe abgedrängt worden. Es ist hier nicht der Ort, die Geschichte der Verdrängung von Erotik und Selbstliebe und die christlichen Anteile an dieser genauer zu beschreiben (vgl. Foucault, Histoire, 1976). Vielmehr ist spätestens mit der Theologie nach dem Zweiten Weltkrieg die Differenzierung zwischen Selbstliebe und Selbstsucht, wie Erich Fromm sie einführte, gegen das Vorurteil des Narzissmus innerhalb der Theologie aufgegriffen worden (vgl. Tillich, Liebe, 1969). Sich selbst zu lieben, ist in diesem Sinne kein Kennzeichen von Sünde mehr, sondern vielmehr eine Gabe Gottes. Sie ist das Geschenk, das Gott dem Menschen macht und das ohne jede Vorleistung empfangen wird. Die Rechtfertigungslehre drückt dies in der Lehre von der Gnade Gottes aus: Sich in Liebe zu sich selbst annehmen zu können, ist die Antwort auf den Zuspruch Gottes, dass Gott den Menschen bedingungslos liebt. Die Bewegung des Rechtfertigungsgeschehens lässt sich in diesem Sinne in der Trias des biblischen Gebots der Gottes-, der Nächsten und der Selbstliebe wieder auffinden.

Setzt man in den Fokus dieser Trias nun nicht drei Personen, Gott, den Nächsten und das Selbst, sondern die Beschreibung von Liebesbeziehungen, erweitern sich noch einmal die Wahrnehmungsmöglichkeiten dessen, wie Liebe theologisch verstanden werden kann. Innerhalb der Systematischen Theologie ist ein solcher Weg in Rückgriff auf die griechische Philosophie beschritten worden. So liegt in der Dimension der Selbstliebe die körperbezogene und sexuelle Liebe (Libido), in der Dimension der Nächstenliebe die Liebe zur Freundin und zum Freund (Philia) ebenso wie zur von Menschen geschaffenen Kultur (Eros). In der Dimension der Gottesliebe (Agape) liegt die Liebe als Hingabe an das Leben, das man selbst nicht zu verbürgen vermag und die daran erinnert, dass die Liebe sich nicht auf einzelne Personen, spezifische Tätigkeiten und Orientierungen fixieren lässt. Agape ist die Dimension der Liebe, die die menschliche Liebe transzendiert: Sie überwindet ihre Ambivalenzen, sie überwindet sogar die immer auch vorhandenen, auf das Selbst bezogenen Interessen; hier wird Liebe zur Hingabe.

In theologischer Perspektive ist es die Orientierung an der Dimension der Liebe Gottes (Agape), die die Liebe der Beziehungspartner trägt und darin die zuerst genannten Dimensionen der Liebe transzendiert. Ist die Liebe in der Dimension der Libido verletzt, so wird man auf heilsame Worte und Taten hoffen, die es ermöglichen, dass man einander vergeben kann. Ist in einer Paarliebe die Elternrolle durch die Sorge für die Kinder so in den Vordergrund getreten, dass es keinen Rollenwechsel hin zu einem Paar mehr gibt, das sich als Freundin und Freund füreinander begreift, fehlt eine wesentliche Dimension in der Liebe. Es war die Vorstellung Tillichs, dass die Liebe mindestens *vierfältig* gelebt wird. Zu einer lebendigen Paarbeziehung gehört es demnach, dass die verschiedenen Dimensionen der Liebe, Libido, Eros, Philia und Agape, miteinander in Balance gehalten werden.

Zur Vieldimensionalität der Liebe gehört es schließlich, dass zu ihr die Dimension der Liebe zu Gott gehört. Wie Menschen ihre Liebe zu Gott ausdrücken, ist zum Teil öffentlich sichtbar, wie etwa bei einer Teilnahme am Gottesdienst in einer Kirche. Auch das Phänomen verletzter religiöser Gefühle, wenn z. B. Kirchen fremden Zwecken dienen oder abgerissen werden, lässt die Liebe zu Gott erkennbar werden. Aber sie ist nicht immer sichtbar, insbesondere in einer Kultur, in der Religion u.a. als Privatsache bezeichnet wird. In dieser Spannung liegt die in der evangelischen Tradition bedeutende Liebe zur Bibel, die sich im liturgischen Gebrauch ebenso finden lässt wie in einer kulturell motivierten Lektüre der Bibel. Bibeln werden in Bibliotheken von Universitäten, Stadtbüchereien und Schulen, in Hotels, auf dem Weg zur Arbeit in Bussen und Bahnen und anderswo gelesen. Manchmal sogar machen Leute Umschläge um ihre Bibeln, um so geschützt ihrer Liebe zu Gott beim Bibellesen nachgehen zu können (vgl. Huizing, Fürchte, 2009, 7).

Aber es gilt hier nicht nur die mit dem Lesen verbundene Liebe zu Gott innerhalb des Christentums zu thematisieren. In einem traditionsreichen Beziehungsgeflecht steht die christliche Liebe zu biblischen Texten auch zu hebräischen Texten, die eben auch in jüdischen Gottesdiensten verlesen oder von Jüdinnen und Juden zuhause und unterwegs gelesen werden. Das Lesen der Thora besitzt eine hohe Dignität, doch unzweifelhaft gehört auch in der jüdischen Tradition die lebendige und jahrhundertelang geübte Auslegung der Schrift mit hinzu, wenn es darum geht, der Liebe zu Gott Ausdruck zu verleihen.

Auch in der islamischen Religionsfamilie gibt es eine profilierte Liebe zu Gott, die sich in der Liebe zu einer heiligen Schrift ausdrückt: dem Koran. Gläubige lassen sich in persönlicher Lektüre durch ihn begleiten, auch er wird öffentlich verlesen. Christinnen und Christen sowie Jüdinnen und Juden haben mit Musliminnen und Muslimen eine besondere Beziehung zu einem je besonderen Buch gemeinsam, dessen Lektüre eine Dimension ihrer Liebe zu Gott ausdrückt. Zugleich sind diese Schriften auch eine Weise, wie sich die Liebe Gottes zu den Menschen artikuliert; sie sind, im Lichte des Glaubens betrachtet, sozusagen eine barmherzige Gabe Gottes, an dem Gläubige ihre Grundlagen rekonstruieren können. Problematisch ist allerdings die ambivalente Wirkung ihrer Autoritäten: In ihrem Namen wurde und wird Unrecht legitimiert; der politische und moralische Missbrauch heiliger Texte begleitet ihre Auslegungsgeschichte.

Traditionell ist in der Beschreibung der Liebe zu Gott die Saite des Gehorsams angeschlagen worden: „Wohl dem, der nicht wandelt im Rat der

Gottlosen, [...] sondern hat Lust am Gesetz (hebr. Thora) des Herrn und sinnt über seinem Gesetz Tag und Nacht." (Ps 1,1f.) Es geht um die Liebe zu Gottes Geboten (vgl. Ps 119,1–19). Hier wird in der Liebe zu Gott durchaus auch Lust und Begehren gefunden. Lust am Gesetz des Herrn zu haben, das heißt: Ein Mensch ist angezogen und leidenschaftlich hingerissen von dem, was zwischen ihm und der Schrift im Rezeptions-, im Lese- und Auslegungsakt geschieht. Im Neuen Testament begegnet bei Paulus die Sichtweise, dass die Botschaft dort verkündigt wird, wo der Gekreuzigte vor Augen gemalt wird (Gal 3,1). In diesem Sinne können auch die Evangelien gelesen werden. Sie leisten eine solche künstlerische Arbeit, weil sie das Leben Jesu in einer Weise inszenieren, die beim Lesen seine Gestalt in den Geschichten spürbar anwesend werden lassen (vgl. Huizing, Mensch, 2000, 18). Eine Lieblingsgeschichte zu finden, heißt zugleich eine Ausdrucksweise der eigenen Liebe zu Gott zu finden. Denn Gottes Liebe wird in der Bibel in den verschiedensten Bildern vergegenwärtigt: Gott liebt das Volk Israel, das er auserwählt und mit dem er einen Bund eingeht (Jes 43,1). Diese Liebe erhält Vertragscharakter. Daneben wird von der Liebe zu einzelnen Personen erzählt: Abraham wird als Freund, als Liebender Jahwes bezeichnet (Jes 41,8 aufgenommen in 2 Chr 20,7). Die freundschaftliche Liebe hat eine auswählende, zuweilen bevorzugende Dimension, die die Frage nach der Gerechtigkeit und Gleichbehandlung aller durch Gott aufkommen lässt. Das Hohelied der Liebe beschreibt die Gottesliebe in der erotischen und libidinösen Paarliebe. Sie wird für einige Auslegungen zum Synonym für die Liebe zwischen Mensch und Gott. Sie bringt die erotische Dimension der Liebe des Menschen zu Gott und der göttlichen Liebe zum Menschen ins Spiel. Das vierte Gebot schließlich entfaltet die Dimension der Verehrung in der Liebe: Auch darin zeigt der Mensch seine Liebe zu Gott, dass er seine Eltern ehrt, gutheißen kann, was in der Beziehung zwischen Eltern und Kindern gut war, und hinter sich lassen kann, was nicht gut war.

Im Neuen Testament überliefern alle drei Synoptiker das alttestamentliche Doppelgebot der Liebe, das die Nächstenliebe und die Liebe zu Gott auf das Engste miteinander verbindet. Das Leben Jesu selbst wird zum Zeugnis für die Liebe zu Gott, die in paradoxerweise verbunden ist mit der Liebe Gottes zum Menschen. Jesus zeigt auf diese Weise, dass Gott nicht nur in Liebe handelt, sondern Liebe ist (1 Joh. 4,8). Die Jünger und Jüngerinnen sind aufgerufen, sich in diese Bewegung bedingungsloser Gnade und Barmherzigkeit (vgl. Lk 15) hineinnehmen zu lassen.

In der theologischen Interpretation der Liebe zu Gott profilieren sich häufig ethisch orientierte Beiträge gegen mystische und ästhetische Ansätze. Diese Konkurrenzen schränken die Wahrnehmung der Liebe zu Gott unangemessen ein. In der Mystik werden die Sehnsüchte des Menschen aufgenommen, sich mit Gott zu vereinen. Ethik und Ästhetik schließen einander nicht aus, vielmehr ist die Ethik auf die Ästhetik angewiesen, will sie nicht in Appellen mit normativer Struktur aufgehen. Liebe ist ein ebenso sinnlich wie kognitiv und emotional gebildetes Phänomen.

Dieses Verständnis findet sich in der jüdischen wie in der jüdisch-christlichen und auch in der islamischen Tradition. Hier wird die Gottesliebe mit dem Gehorsam des Menschen gegenüber Gott zusammengedacht. Im Lesen bedeutender Texte wird dies sichtbar und hörbar, z. B. im Islam: im kunstvollen musikalischen Rezitieren des Korans im Gottesdienst sowie in der für den Islam berühmten Kalligraphie und in der privaten Lektüre zu Hause. Musliminnen und Muslime erfahren auf diese Weise, dass Gott schön ist, und diese Schönheit lässt die Gläubigen von Gott hingerissen sein. In diesem Sinne hat jedes Buch und zumal jede Offenbarungsschrift eine ästhetische Dimension, die Bibel nicht anders als der Koran (vgl. Kermani, Gott, 2003, 12). In der Dimension der Liebe, die sich vor allem als Hingabe zeigt, gehen Offenbarung und Poesie, religiöse und ästhetische Erfahrung eine enge Beziehung ein.

Ein Abschnitt sei zum Abschluss der Erwägungen zur Liebe zu Gott auch der Liebe zum Vater gewidmet. Die hohe Bedeutung des *Vater Unser* weist es bereits aus: In der Jesus-Tradition steht, wer Gott seinen oder ihren Vater nennen kann. Der dreieinige Gott wird von Menschen auf viele verschiedene Weisen vorgestellt, Gott im Bild des Vaters wahrzunehmen, ist nur eines davon, aber eines, das für die Tradition von hoher Bedeutung und Wirkung war und ist. Nun trifft es sich, dass in gegenwärtigen Trauungen die Vater-Tochter-Beziehung ebenfalls hohe Bedeutung gewonnen hat. Die Aktualität, mit der *Purity-Balls* gefeiert werden und mit der Bräute sich von ihren Vätern zum Altar geleiten lassen, lenken den Blick auf die Dimension der Liebe Gottes im Bild von Gott-Vater.

Greift man auf Auslegungen aus dem 20. Jahrhundert zurück, so scheint die Liebe des Gott-Vaters eine solche zu sein, in der er sich ohne affektive Erregung zum Kind hinabneigt. Gott-Vater ist immer schon da, bevor das Kind sich ihm zuwendet; eine nicht-reziproke Beziehung von Gott und Mensch ist damit definiert (Nygren, Eros, 1955; vgl. auch Ringeling, Liebe, 1991). In dieser Konstruktion ist der Mensch immer Objekt der Liebe Gottes. Die mit diesem Bild verbundene leiblich-distanzierte Liebesvorstellung, die das Gefühl in der Liebe theologisch lange für nicht reflexionswürdig gehalten hat (so auch noch bei Paul Tillich), wird allerdings zunehmend aufgebrochen: Affekte, Emotionen und Gefühle werden auch theologisch diskutiert (vgl. Stock, Grundlegung, 1995). Weiterhin wird jedoch „gegenläufig zum weithin banalisierten und reduktionistischen Verständnis von *Liebe* als einem unreflektierten *Gefühl*" dargestellt, wie reflexions- und theoriehaltig die christliche Liebestradition ist (Tanner, Liebe, 2005, 10). Die Liebe Gottes erscheint dabei wie gesagt noch immer stets rein und nicht von der menschlichen Sündhaftigkeit in der Liebe tangiert, sodass die Ambivalenz in der Erfahrung der Liebe

Gottes innertheologisch kaum diskutiert wird. Das *Vater Unser* und andere liturgische und auch biblische Stücke sichern diese Vorstellung in der Alltagsfrömmigkeit ab. Das Vater-Bild für Gott hatte mit seinem Aufkommen im Kontext Jesu Christi und der ersten Jahrhunderte eine revolutionäre Wirkung, denn es vermittelte den Gläubigen einen nahen, zugewandten Gott, der sie als Vater begleitet und der im Gegensatz zu politischen Bildern für Gott, wie das des Königs oder Kaisers, eine Bindung zu sich ermöglichte, das der Familienreligiosität im Christentum einen Schub gab. Sicher hat sich in der Einschätzung des Vaterbildes, auch wenn die Signatur *der vaterlosen Gesellschaft* (Mitscherlich) noch bis ins neue Jahrtausend für prägend gehalten wird, einiges geändert. Doch in ihm sind gerade in Zeiten wirtschaftlicher Krisen, globaler und ökologischer Unsicherheiten und hoher Jugendarbeitslosigkeit in vielen europäischen Ländern Hoffnungen angesiedelt, dass der Vater Fürsorge üben und sich mit seiner Macht stützend hinter die Kinder stellen möge. Nach der Phase der Kritik an der bürgerlichen Familie gewinnt das Vaterbild also wieder an religiöser Kraft, bis hin zum Wunsch der Tochter ihre Keuschheit durch ihn sichern zu lassen und sich bei der Hochzeit von ihm zum Altar begleiten zu lassen. Zugleich ist die Liebe Gottes im Sinnbild des Vaters entsexualisiert worden: Gott, der Vater, liebt seine Kinder mit einer Liebe, deren sexuelle Dimension tabuisiert ist. Die Vaterliebe hat auch die Folie dafür abgegeben, die sexuelle Liebe unter den Menschen streng an die Generativität zu binden. Zärtlichkeit und Erotik als Gabe Gottes anzunehmen und zu kultivieren, bedeutete für die neuere theologische Diskussion ab der Mitte des vergangenen Jahrhunderts, die christliche Abwertung des menschlichen Liebesvermögens aufzubrechen (vgl. Dabrock et al., Unverschämt, 2015). Dabei ging es z. B. um eine Korrektur des Verhältnisses von Eros und Agape. Anders Nygren vertrat prominent die These, Eros und Agape stünden in scharfem Gegensatz, die menschliche Liebe, wie sie sich in der Sexualität und Erotik zeigt, sei grundsätzlich erlösungsbedürftig (vgl. Nygren, Eros, 1955). Dem ist nur zuzustimmen, wenn zugleich eingeräumt wird, dass in aller Geschöpflichkeit bereits die Gnade Gottes präsent ist, und das heißt auch, unter Menschen eine – wenngleich nicht eindeutig göttliche, sondern dem Menschen von Gott geschenkte – Fähigkeit zu lieben zu finden ist. Angesichts der Weltkriege und der Gräueltaten der Nationalsozialisten war diese Einräumung aber ein noch zu irritierender Gedanke. Erst der kulturelle Aufbruch der 68er Bewegung zu einer sexuellen Revolution verhalf in der Theologie dazu, die Vorstellung der *fleischlosen Agape* einer harschen Kritik zu unterziehen und im Gegenzug den Eros, die Erotik und die Sexualität aufzuwerten. Diese Diskussion stand in Zusammenhang einer Revision des dualistischen Verhältnisses von Geist und Körper, von Gottesliebe und Selbstliebe (Nord, Individualität, 2001, 299–306). Mit diesen wenigen Erläuterungen zum Vater-Bild Gottes soll nicht dafür plädiert werden, dieses aus der Praxis Pietatis oder aus der Theologie auszuscheiden, allerdings ist seine in der persönlichen Frömmigkeit oft vorhandene Monopolstellung im Gottesbild zu korrigieren und zu erweitern.

Als *Fazit* zu den Überlegungen zur Vieldimensionalität der Liebe lässt sich sagen, dass die Liebe innerhalb der christlichen Theologie ein sehr facetten-reicher Grundbegriff ist, der weit über die Paarliebe hinausgeht. Er kommt im Rahmen von vielen verschiedenen materialen Themen der (Praktischen) Theologie vor. Wer anlässlich einer Trauung über sie spricht, sollte den Reich-tum der theologischen Deutungsmöglichkeiten vor Augen haben, um der Re-duktion ihrer Bedeutung auf die Paarliebe zu entgehen.

3.3 Das Versprechen in der Liebe und sein Bezug zum Trausegen für das Paar

Im Rahmen einer praktisch-theologischen Auslegung der Trauung ist es nun nicht nur von Belang, die Reflexionsebenen eines theologischen Verständnisses von der Liebe zu kennen, sondern hier ist es ebenso von Bedeutung zu reflektieren, wie Menschen ihre Liebe kommunizieren und inszenieren. Bereits im Zusammenhang mit dem Phänomen der Liebesschlösser wurde das Beispiel des Versprechens eingebracht, das Paare sich massenhaft rund um den Erdball geben (3.1). Das Versprechen steht auch im Mittelpunkt des Traugottesdienstes. Das wechselseitige Bekenntnis im Ja-Wort kann als die Kernszene der Dramaturgie des Traugottesdienstes verstanden werden. In dieses eine öffentlich vor dem Altar gesprochene Ja-Wort fließen dabei die vorausgegangenen als auch die noch folgenden Liebeserklärungen ein und werden hier auf besondere Weise gebündelt und verdichtet (vgl. Steck, Transformation, 2008).

Empirische Untersuchungen, in denen Traupaare interviewt wurden, bestätigen die Sichtweise, dass die Inszenierung des Versprechens der Höhepunkt der Trauzeremonie ist (Merzyn, Inszenierung, 2011; Fopp, Trauung, 2007). Auf diese Weise eröffnet sich innerhalb der Kasualtheorie eine weitere Deutungsmöglichkeit der Trauung. Die Bedeutung des Segens für die Trauung besonders hervorzuheben (Wagner-Rau, Segensraum, 2013), bleibt weiter als Deutehorizont wichtig, aber mit der Fokussierung des Versprechens erhält die Segenshandlung eine anthropologisch und kommunikativ deutlichere Einbettung in das Traugeschehen, als dies bislang der Fall war. Dabei muss man nicht befürchten, dass die hohe Bedeutung des Versprechens auf eine Kultur verweist, die die religiöse Qualität der Trauung noch zusätzlich mindert, weil es ja nun nur noch um die Selbstinszenierung des Paares ginge. Das Gegenteil ist der Fall.

In der praktisch-theologischen Auslegung der Trauung wurde bereits vom Versprechen als *unmöglicher Möglichkeit* (Fechtner, Kirche, 2011, 153, in

Bezug auf Theodor W. Adorno) gesprochen und damit seine religiöse Qualität freigelegt:

> „Der heute selbstgewählte Akt, eine Ehe einzugehen, gründet in einem Versprechen aus Liebe, das aber die Liebe selbst gar nicht verbürgen kann und das doch nur in ebendieser Liebe eingelöst werden kann." (Fechtner, Kirche, 2011, 154)

So scheint das Versprechen etwas Irrationales, Romantisches, Gefühlsverliebtes in der Liebe zu artikulieren, von dem vernünftigerweise doch eher abzuraten ist. Dies könnte auch der Grund für manche Zurückhaltung gegenüber einer Eheschließung sein. Auf das Ideal der romantischen Liebe mit ihren Hochs und Tiefs ist das Ideal einer *reinen Beziehung* gefolgt, das Abhängigkeiten und große Gefühle eher vermeidet. Insofern wird in der soziologischen Interpretation der Liebe auch davon gesprochen, dass die Moderne den Liebesverhältnissen Entzauberungsprozesse abverlange, zu ihnen passt aber ein Phänomen wie das Versprechen kaum. Bei Eva Illouz (Illouz, Warum, 2012) lassen sich die Begründungen hierfür präzise nachlesen (vgl. auch 3.1). Aber wenn sie recht hat, warum lassen sich dann dennoch viele tausend Paare immer wieder darauf ein, einander ein Versprechen zu geben?

Eine erste Antwort lautet: Ohne ein Übermaß an Vertrauen, ohne einen Überschuss an Sinn käme es zu keinen zwischenmenschlichen Kommunikationen und Interaktionen, und dies gilt nicht nur, aber insbesondere auch für die Liebe. Sie kann sich nur entfalten, wenn sie von Vertrauen getragen wird. Vertrauen aber bezeichnet nun genau die Haltung, mit Unsicherheiten in einer bestimmten Weise umgehen zu wollen. Wer immer sagt *Ich verspreche Dir, dass …* geht eine Verpflichtung ein, die über das aktuell bestehende (Glück in der Liebe) hinausgeht. Das Versprechen enthält notwendig einen Überschuss. Zugleich werden dort, wo vom Überschuss die Rede ist, gleichsam an seiner Unterseite, Grenzen, Schwellen und *Bruchlinien der Erfahrung* (Waldenfels, Bruchlinien, 2002) der Vereinzelung, des Vertrauensbruchs und ihrer Überwindung wahrnehmbar (vgl. Nord, Liebesschlösser, 2014). Fragt man nun vom religionsphilosophischen Verständnis des Überschusses zurück nach seiner Entsprechung im Bereich des Christentums, auch in der evangelischen Tradition, lässt sich dort seine zentrale Bedeutung ausweisen. Das, was unglaublich und komisch wirkt, weil es nicht verbürgt werden kann, ist die Signatur des Glaubens. Mit dem Evangelium Jesu Christi ist ein Versprechen Gottes an die Menschen verbunden. Es geht um ein Versprechen, in dem Gott Subjekt ist und sich verpflichtet, die Bindung an die Welt nicht aufzugeben. Im Rahmen seiner Abhandlung *Das Selbst als ein Anderer* betont Paul Ricœur (Ricœuer, Selbst, 2005), dass es sich im Versprechen um einen Sprechakt handelt, um eine performative Handlung. Sie weist einen Weg, wie eine Theorie des Selbst sich immer mehr von einer theoretischen Vergewisserung entfernt. Im Sprechakt des Versprechens selbst bezeugen Menschen, worauf sie sich verpflichten wollen. Sie teilen in diesem Versprechen Sinn und vergewissern sich damit ihrer Liebe bzw. geben sich einen erinnerbaren Grund zur Vergewisserung ihrer Liebe. Die christliche Bezugnahme auf das Paradox von der *unmöglichen Möglichkeit* betont die Möglichkeit, wenngleich sie von der unmöglichen Dimension in ihr weiß. Die soziologische Bezugnahme auf das Paradox setzt ihr Gegenüber ins Licht der Betrachtung: Sie betont die Unmöglichkeit.

In den genannten soziologischen Entwürfen, so fällt aus praktisch-theologischer Perspektive gleich auf, wird die Beziehung zwischen Liebe und Religion allerdings nicht mehr aufgegriffen. Es fehlen wie bereits oben gesagt religiöse Weltbilder oder kulturelle Darstellungen konkreter Religionen. Insofern bleibt auch die Thematisierung von anthropologisch fundierten Verständnissen von Religion aus, wie sie etwa in der Religionsphilosophie zu finden wären. In diesem Sinne fehlen religionsphilosophische Beschreibungen der Liebe, die sie als Umgang mit Treue, Vertrauen und Gegenseitigkeit darstellen.

Bei Paul Ricœur kann man nachlesen, welche Tiefendimension das Versprechen auch im ethischen Sinne hat (Ricœur, Selbst, 2005). Im Versprechen machen sich ein Ich und ein Du einander verfügbar. Dabei sei die Verfügbarkeit jener Exodus, der die Selbst-Ständigkeit auf die durch die Goldene Regel gestiftete dialogische Struktur hin öffne. Die Goldene Regel (Behandle andere so, wie du von ihnen behandelt werden willst) rücke den Anderen in die Position des Verpflichtenden,

> „der auf mich zählt, und sie macht die Selbst-Ständigkeit zu einer Antwort auf diese Erwartung aus. In erster Linie, weil ich diese Erwartung nicht enttäuschen und verraten möchte, mache ich die Aufrechterhaltung meiner ursprünglichen Absicht zum Thema einer doppelten Absicht: die Absicht, die Absicht nicht zu ändern." (Ricœur, Selbst, 2005, 324)

Das Treueprinzip gegenüber dem gegebenen Wort wende so lediglich die Regel der Gegenseitigkeit auf die Klasse von Handlungen an, in denen die Sprache selbst als eine sämtliche Gemeinschaftsformen regelnde Institution im Spiel sei. So betrachtet, wird Adornos Paradoxon noch um einiges seiner Unmöglichkeit verschärft. Insgesamt zeigt sich aber, dass ein Verständnis des Versprechens entfaltet wird, mit dem Treue und Vertrauen nicht romantisch überhöht werden müssen und auch die Inszenierung von Abhängigkeiten überflüssig wird. Es stellt sich vielmehr eine andere Herausforderung; sie schützt die Würde der Einzelnen voreinander und beschreibt eine Orientierung in der gemeinsamen Kommunikation: den *Exodus der Verfügbarkeit*.

Auf das Versprechen der Brautleute folgt im Traugottesdienst der Segen für das Brautpaar. In welchem Verhältnis steht er zu ihm? Der Segen ist innerhalb der Kasualtheorie als dessen Kernhandlung bezeichnet worden. Kasualhandlungen werden seither als Segenshandlungen bezeichnet und entwickelt (vgl. Volp, Liturgik, 1994; sowie Wagner-Rau, Segensraum 2013). Dabei wird der Segen vor allem als freundliche Zuwendung des dreieinigen Gottes verstanden. Das Sehnen danach, ihn im Leben zu erfahren, drückt sich dann in der Bitte um den (Trau-)Segen aus: „Gott segne Euch und behüte Euch...". Wenn eingangs bereits angekündigt wurde, dass eine Trautheologie gerade auch überhöhte Bedeutungen in der Segensvorstellung reduzieren müsse, um die Glaubwürdigkeit der Segenshandlung zu erhalten, wird dieses Anliegen mit der vorsichtigen Formulierung der Bitte um den Segen Gottes aufgenommen. Geht auf diesem Wege aber nicht gerade die Symbolisierung von Gottes wirkmächtigem Wort verloren? Wird der Segen darin nicht auf einen sozusagen wohltätigen Einfluss reduziert und die ganze Segenshandlung in die soziale Dimension der versammelten Gemeinde verlegt? Ist deshalb nicht vielmehr die liturgische Formel zu benutzen, die indikativisch formuliert: „Gott segnet Euch und behütet Euch ..."? Wird nicht erst in diesem Modus die Wirklichkeit und damit die Gewissheit von Gottes Beistand angemessen ausgedrückt? Als Kennzeichen von Segen bzw. des Gesegnetseins werden schließlich auch materieller Wohlstand, Gesundheit, individuelles Glück, gelingende Gemeinschaft und Schutz vor der Bedrohung lebensfeindlicher Mächte benannt. Können sie zu Recht als Wirkungen des göttlichen Segens bezeichnet werden oder sollte man sie hier nicht einreihen?

> „Gehört zu ihm (dem Segen, I.N.) die Überwindung von Not und Leid, oder wie zeigt sich der Zuspruch der Lebensmacht des gekreuzigten Gottes z. B. in Gottesdiensten für unheilbar Kranke oder Behinderte? Lässt sich der Segen als ‚Lebenskraft' (Josuttis [...]) verstehen, die Menschen aus der Gottesbegegnung in ihren Alltag mitnehmen können? Oder bringt er nur ‚zur Sprache ..., daß alles Leben empfangenes und geschenktes Leben ist' (Rössler [...])?" (Cornelius-Bundschuh, Segen, 2000, 94)

Innerhalb der praktisch-theologischen Diskussion und auch innerhalb der kirchlichen Praxis sind beide Segensformulierungen in Gebrauch und auch beide Segensverständnisse werden hier gemäß ihrer theologischen Traditionen plausibel dargestellt. Letztendlich lässt sich im Vergleich der Zugänge zur Bedeutung des Versprechens des Brautpaares und den Segensverständnissen dieselbe Spannung ausmachen: Das Versprechen spricht von mehr, als es selbst verbürgen kann. Wer segnet spricht ebenfalls von mehr, als er in der Gegenwart mit ihm in die Wirklichkeit zu setzen vermag. Es ist die Eigenart religiöser Kommunikationen unter Menschen wie zwischen Mensch und Gott, dass es in ihr um Unabgegoltenes und um einen Umgang mit der Wirklichkeit geht, der dieser das gute Leben abringen will. Diese Orientierung ist letztendlich gegeben, gleichgültig ob man optativisch oder iussivisch formuliert. In beiden Fällen ist es sowohl denjenigen, die segnen, als auch denjenigen, die den Zuspruch empfangen, klar, dass es hier um Realitäten des Glaubens geht.

Im Hintergrund der beiden Formulierungsvarianten steht aber eine weitere theologische Auseinandersetzung, die bislang wenig angesprochen wurde. Es geht um die religiöse Dimension des Magischen in Sprechhandlungen allgemein und hier nun im Segen. Ihr nachzugehen kann dazu verhelfen, die aufgeworfenen Fragestellungen weiter zu klären. Wer sich von allem, was mit magischen Dimensionen religiöser Handlungen zu tun hat, abgrenzen will, dem wird die Nutzung des Optativs angemessener erscheinen. Aber vollständig lässt sich auch dann nicht die Anfrage ausräumen, inwiefern hier magische Praktiken im Gottesdienst vollzogen werden. Wer sich für den Jussiv entscheidet, bekennt sich insofern explizit dazu, dass es auch in der christlichen Religionspraxis eine magische Dimension gibt, anders ausgedrückt, dass das Aussprechen der Segensformel und die zu ihr gehörende Handlung Wirkungen bei den Menschen zeigt, die sich einer solchen Segenspraxis unterziehen. Nicht nur für den Trausegen, aber ganz besonders für ihn gilt, dass mit ihm traditionell auch ein Schutz und die Erhaltung der Vitalität des Brautpaares erbeten wurde. Es ist heute nicht mehr ungebrochen möglich, den Trausegen offensiv für die Fertilität des Brautpaares zu erbeten, dennoch ist klar, dass es kein gelingendes Zusammenleben ohne den Schutz des Leibes der Partner bzw. Partnerinnen gibt. Es sind religionsgeschichtlich gesehen magische Praktiken, mit denen Menschen immer schon versucht haben, für die Vitalität menschlichen Daseins und das Gelingen gemeinsamen Lebens den Beistand der Götter zu erwirken. Auch aktuell in Gebrauch befindliche Bedeutungen des Segens partizipieren noch an dieser Tradition und dies ist sogar unumgänglich. So wird das Brautpaar im Segen stets einer besonderen Wirkmacht Gottes ausgesetzt; es wird möglich, dass sie in diesem Sinne den Einfluss der Gegenwart Gottes erfahren. Dies geschieht allerdings immer nur in der Zweideutigkeit, in der Menschen Erfahrungen in dieser Welt machen können. Deshalb ist nicht allein von der Gegenwart des Geistes Gottes zu reden, sondern sie artikuliert sich in der Welt prinzipiell nur in der Ambivalenz, die magische Praktiken aufweisen. Dies zeigt sich bereits daran, dass der Zuspruch des Segens zugleich dazu führt, dass man darüber nachdenkt, wie und ob er wirkt und welche Bedeutung er für einen Menschen bzw. auch für ein Brautpaar haben wird. Dies bedeutet, dass alles Segnen, religionswissenschaftlich formuliert, in den unaufhörlichen Wechselprozess von Verzauberung und Entzauberung eingebunden ist (Zilleßen, Körper, 1994, 222). Dieser Prozess kann aber doch dazu führen, dass Menschen je für sich immerhin eine Ahnung davon erhalten, dass sie an der lebendigen Gegenwart des göttlichen Geistes Anteil haben. Im Erleben der Segenshandlung und dem Heraustreten aus ihr sowie in der Reflexion auf sie in der Erfahrung stellt sich so etwas wie ein Einüben in die Wahrnehmung der Gegenwart Gottes im eigenen Leben ein.

Ein so gefasstes Segensverständnis kann einerseits dazu beitragen, den Segen nicht unnötig zu hypostasieren, andererseits gelingt es aber auch, ihn nicht zu sehr zu profanisieren. Darüber hinaus hinterlässt dieser Gedankengang auch noch eine Einsicht dazu, wie das Verhältnis von Trauversprechen und Trausegen beschrieben werden kann: In beiden, dem Trauversprechen wie dem Trausegen, geht es darum, dass Menschen sich nicht nur in ihrer Individualität erfahren können, sondern Erfahrungen von Partizipation für sie möglich werden. In beiden Fällen liegt offen dar, dass es um einen Sprechakt und eine Handlung geht, in der Unabgegoltenes und Uneinholbares antizipiert wird und der insofern über das hinausgeht, was die Einzelnen verbürgen können. Das Trauversprechen enthält in diesem Sinne eine andere Qualität des Erlebens als es etwa die Eheschließung im Sinne eines Vertrags zu einer rechtlichen Übereinkunft enthält. Das Trauversprechen ist so gesehen auch nicht auf eine Eheschließung angewiesen. Ein Vertrag verpflichtet auf konkrete rechtlich gefasste Bedingungen des Zusammenlebens. Im Trauversprechen wird darüber hinaus gegangen, es geht darum einander mitzuteilen, dass man einander Beistand geben möchte und aneinander festhalten will. Der Trausegen allerdings hebt die religiöse Kommunikation über jenes Versprechen, das sich auf das Unabgegoltene im zwischenmenschlichen Bereich bezieht, hinaus auf eine andere Ebene menschlichen Erlebens. Er bietet die Möglichkeit, dass das Paar nicht nur wahrzunehmen vermag, dass es persönliche Wege der Partizipation an dem Dasein des Partners oder der Partnerin gibt. Auch wenn das Versprechen bereits im Glauben gegeben worden ist, eröffnet der Segen nun darüber hinaus explizit, und zwar in der Form des Zuspruchs, nicht der Selbstverpflichtung, Wege zur Partizipation an der Gegenwart des Geistes Gottes, der alles menschliche wie geschöpfliche Dasein transzendiert. Darin kann sich das Hoffen auf ein gelingendes Miteinander, wie es im Trauversprechen ausgedrückt wird, aufgehoben wissen.

Schließlich ist nun noch auf die Bitten um den Segen Gottes für Gesundheit und Wohlstand einzugehen. Sie sind im Rahmen des menschlichen Sehnens nach einem guten Leben durchaus nachvollziehbar. Ob sie innerhalb eines Gottesdienstes geäußert werden können, kommt sicher auch darauf an, ob es Traditionen und Üblichkeiten gibt, in denen diese Wünsche sozial anerkannt geäußert werden können. Innerhalb der jüdischen Tradition erscheint dies z. B. mehr gegeben zu sein, als es in der evangelischen Segenskultur der Fall ist. Eine Rede davon, dass das eigene Leben auch darin gesegnet ist, dass es Gesundheit und Wohlstand gebracht hat, wird aber wohl immer nur in der Haltung eines gläubigen Realismus (Tillich) plausibel sein. Sie verlangt nach einer Redeform, die Gottes Geleit im eigenen Leben bekennt und so im Rückblick dieses selbst deutet.

4 Konzeptualisierungen: Studien zur Trauung als kulturellem Phänomen

Traurituale finden sich rund um den Globus und zwar seit Jahrhunderten; sie stehen zum Teil in engem Zusammenhang mit religiösen Traditionen und ihren Praxen, zum Teil sind sie von solchen deutlich unterschieden. Sie sind traditionsreich und unterliegen zugleich dem sozialen und kulturellen Wandel der Gesellschaften, in denen sie zelebriert werden. In dieser Perspektive wird bereits deutlich, dass hier nur einige von denjenigen Aspekten herausgegriffen werden (können), die aus meiner Sicht für die Debatte um die Trauung im deutschen Kontext aufschlussreich sind. Einführend gilt es zumindest wichtige Bedeutungshorizonte aufzuzeigen, die für die Trauung im Christentum wirkungsvoll geworden sind. Hierzu gehören religionswissenschaftliche Beiträge, die auf die Geschichte des Christentums bzw. seiner westeuropäischen Religionsfamilien bezogen sind, ebenso wie Auseinandersetzungen um biblische Thematisierungen von Ehe und Trauung sowie theologiegeschichtliche Deutungen, die besonders relevant geworden sind, sodass sie sozusagen subkutan noch in gegenwärtigen Diskussionen auffindbar sind (4.1). Es folgt eine Auseinandersetzung mit der *Hochzeit in Märchen*, die bei genauerer Betrachtung bemerkenswerte Referenzen zur üblichen Trauliturgie der *Hochzeit in Weiß* aufweist. Hierbei zeigen sich auch die religiösen Dimensionen von Märchenerzählungen. Sie stehen im Hintergrund, wenn es um die noch heute spürbare Faszination geht, die eine Trauung ausstrahlen kann (4.2). Ein eigener Abschnitt ist der Bedeutung von Medien für die Wahrnehmung der Hochzeitsfeier insgesamt gewidmet. Aber auch für den Traugottesdienst im engeren Sinne gilt, dass er in der Regel ein durch und durch medial aufbereitetes Ereignis ist. Wechselt man die Perspektive weg von der medialen Dokumentation der Hochzeit hin zu Hochzeiten in Medien, fordern Trauungen, die in Computerspielen stattfinden, zu einer Analyse heraus (4.3).

4.1 Zur kulturellen Bedeutung der Trauung

Das Wort Trauung ist keineswegs für den Gottesdienst anlässlich einer Eheschließung reserviert. Dies bemerkt man, wenn man zuhört, wie Leute sich über Trauungen unterhalten: Eine Trauung anmelden, sie lassen sich im Juni trauen, die Trauung war im Pulverturm, so oder ähnlich lauten Formulierungen und zeigen damit an, dass Paare die Ehe eingegangen sind oder einen Traugottesdienst gefeiert haben. Nimmt man in die Geschichte der Trauung

Einblick, so kann man dies auch sehr schnell nachvollziehen. Eheschließungen oder das, was man in der Geschichte der gesellschaftlichen Zuordnung der Geschlechter zueinander aus moderner Perspektive unter diesem Begriff gefasst hat, fanden immer im Kontext von rituellen Handlungen statt, die diese öffentlich kommunizierten. Historisch gesehen liegt also eine enge Verbindung zwischen familiär geschlossenen Rechtsverhältnissen *und* Riten vor, deren ineinander verwobene Struktur mit der Reformationszeit explizit thematisiert worden ist. Zuvor wird man davon ausgehen dürfen, dass es gerade eine Funktion des Ritus Hochzeit bzw. der Trauung war, anvisierte Rechtsverhältnisse mit Hilfe von öffentlich sichtbaren Handlungen zu dokumentieren; insbesondere die Abläufe antiker griechischer, römischer und germanischer Riten machen dies deutlich.

Seit der Reformationszeit stehen Recht und Ritus allerdings in einem Spannungsverhältnis. Martin Luther ist, hinsichtlich der Thematik der Ehe, am bekanntesten mit seinem Diktum von der Ehe als einem *weltlich Ding* (Luther, Traubüchlein, (1529) 1967) geworden. Die religiöse Bewegung der Reformation hat also selbst dafür gesorgt, eine Differenz zwischen Recht und Ritus einzuziehen und dafür hatte sie historisch spezifische Gründe, die mit einer Religions- und einer Sozialkritik an der bis dato geltenden Traukultur verbunden war.

Während die nachreformatorische Zeit zunächst Ritus und Recht wieder näher zueinander brachte, indem zwar Eheschließung und kirchliche Segnung durchaus zwei verschiedene Akte waren, die aber beide an einem Ort stattfinden konnten und beide durch einen Pfarrer bzw. Priester vollzogen werden konnten, brachte das in der Bismarck-Ära verabschiedete Gesetz zum Verbot der Voraustrauung einen Einschnitt, der die Eheschließung rechtlich auf einen kommunalen Ort (Standesamt) festlegte und streng von der kirchlichen Trauung unterscheidbar werden ließ. Die entstehenden evangelischen Landeskirchen konnten mit dieser politischen Entscheidung gut leben, denn sie lag in gewissem Sinne auf der Linie, die mit Luthers Position verbunden werden konnte. Die Ehe sollte vor sogenannten weltlichen Instanzen geschlossen werden, danach sollte man für einen Gottesdienst zur Kirche gehen können.

Wie bereits eingangs gesagt wurde, liegt hier sogar ein noch heute prominentes Problemfeld der Diskussion vor (vgl. 1.3). Niebergall plädierte in seiner Praktischen Theologie Anfang des 20. Jahrhunderts dafür, dass der *Zopf aus dem Standesamt* aus der Trauliturgie entfernt werden müsse (Niebergall, Praktische Theologie, 1919, 240). Dies ist so zu verstehen, dass es eine klarere Trennung zwischen standesamtlicher und kirchlicher Trauung geben sollte. Doch in der Praxis zeigt sich noch heute, wie schwierig dies gerade für die kirchliche Trauung zu realisieren ist. Denn bis heute ist klar, dass das Herzstück des standesamtlichen Rituals, die schriftliche Niederlegung der Eheschließung auf das Versprechen der beiden Personen bezogen ist. Wie manche Pfarrerinnen und Pfarrer scherzhaft sagen, handelt es sich beim Verhältnis von Standesamt und kirchlicher Trauung wie bei einer Prüfung um eine doppelte Anforderung: den schriftlichen und den mündlichen Teil. Dieses Bild von dem schriftlichen und von dem mündlichen Teil der Trauung ist überdies kulturhistorisch interessant, kann man anhand von ihm doch ebenfalls freilegen, dass der mündliche Teil, also das Versprechen, eine sehr alte Tradition besitzt. Jahrhundertelang wurden Eheschließungen nicht allein oder sogar gar nicht schriftlich dokumentiert, sondern mündlich vollzogen: Die Trauzeugen verbürgten, was sie gesehen und gehört hatten.

Daneben ist kulturgeschichtlich zu bedenken, dass Traurituale keineswegs für Liebesheiraten entwickelt wurden, sondern dass sie aus sozialen Gründen und dabei nicht unbedingt mit der Zustimmung der Beteiligten geschlossen wurden. Noch heute wird in vielen Kulturkreisen auf der Erde geheiratet, ohne dass die persönliche Zustimmung des Paares vorliegen muss. In diesen Zusammenhang gehört auch das Problem, dass insbesondere Frauen und junge Mädchen ohne ihre Zustimmung über viele Jahrhunderte hinweg *ver*heiratet wurden und werden. Hinzu tritt eine kulturgeschichtlich für viele verschiedene Regionen auf der Erde belegbare kulturelle Abwertung des weiblichen Geschlechts sowie der Diskriminierungen von Frauen, die die historisch gewachsenen und strukturell bis heute wirksamen Rahmenbedingungen von dem, was die Ehe auch aktuell noch bedeutet, bilden.

Wenn es um die Geschichte der Trauung geht, muss es auch um die Geschichte von Geschlechterverhältnissen gehen und dazu gehört zumindest die Benennung des gesellschaftlichen Konsenses über die Diskriminierungen von Frauen, etwa in der gesellschaftlichen Verweigerung ihres Selbstbestimmungsrechts bis hin zum bis in die Gegenwart nachweisbaren Raub von Frauen und zur Vergewaltigung von Frauen in Kriegsfällen. Frauen seien militärgeschichtlich gesehen die wichtigste Kriegsbeute gewesen, so formulierte der Soziologe Georg Simmel bereits in den neunziger Jahren des neunzehnten Jahrhunderts (vgl. Simmel, Militarismus, 1894, 106–118).

Neben diesen gewaltförmigen Aspekten ist die kulturgeschichtliche Wahrnehmung der Frau geprägt vom Blickpunkt auf ihre Fähigkeit, Kinder zu gebären und in diesem Sinne für die Generativität des Menschen sorgen zu können sowie ihre Beziehung – um noch einmal Simmel zu zitieren – zur *Kultur des Hauses*; es geht anders, und für heutige Verhältnisse stimmiger ausgedrückt, um die der Frau nahegelegte Beziehung zur Gestaltung der Intimität des Zuhauses, insbesondere auch im Zusammenleben mit Kindern (vgl. auch Nord, Liebe, 2001). Wer kulturgeschichtliche Studien zur Rolle der Frau in europäischen Gesellschaften und auch außerhalb dieser verfasst, kann sich kaum der Aufgabe entziehen, diese im Kontext von Familie und Hauswirtschaft zu erörtern.

Der elementare Zusammenhang, der hier zwischen Frauen und sozusagen der Generativität des Menschengeschlechts insgesamt konstruiert wird, ist insbesondere in der Moderne mit dem Begriff der Ehe als Institution verbunden. Menschen geben einander Leben, man kann dies nicht für sich selbst tun. Damit diese verletzliche Lage, in der neues Leben zur Welt kommt, nicht gefährdet wird, etablieren Gesellschaften einen Konsens, der nicht weiter hinterfragbar ihr Zusammenleben sichern soll. Mit dem Begriff der Institution wird dann in verschiedenen, insbesondere mit der Entwicklung des Faches der Soziologie zusammenhängenden modernen Debatten, angezeigt, wie die Lebensform Ehe gesellschaftlich als unhintergehbar bedeutsam anzusehen sei. So wird deutlich, wie der Begriff der Institution, der sozialwissenschaftlich keine einheitliche Definition hat, als Stellvertreter für eine Zusammenschau verschiedener elementarer soziologischer Probleme fungiert. Zu ihnen gehören die Fragen nach dem, was gesellschaftliche Stabilität verbürgt und was kommunikative und soziale Verbindlichkeit geriert, sowie die Frage nach der Legitimität von sozialen Bindungen und ihrer Autorität innerhalb der Gesellschaft. Im Kern können diese Fragen auch als diejenigen ausgewiesen werden, die innerhalb der Sozialwissenschaften ab dem Zeitpunkt gestellt wurden, als diese sich selbst einen eigenen Forschungsgegenstand zu geben versuchten und also als wissenschaftliche Disziplin entstanden (vgl. Berger, Institution, 2001, 176).

Für die praktisch-theologische Diskussion bedeutet dies zweierlei: Wann immer man sich auf den Begriff der Institution im Kontext der Debatte um die Ehe bezieht, muss geklärt werden, welcher Sinnzusammenhang hier angesprochen werden soll. Sollen Legitimität und Autorität von Lebensformen zum Thema werden oder geht es um die größere Frage der gesellschaftlichen Stabilität bzw. Angst vor Instabilität? Der Begriff Institution versteht sich keineswegs von selbst, weder im soziologischen noch im theologischen Horizont.

Zweitens ist innerhalb der (Praktischen) Theologie ein sozialwissenschaftlich reflektiertes Verständnis von Institution zu nutzen, das mit dem ihm entsprechenden Bild von Gesellschaft sorgsam umgeht. Denn gerade im Rahmen der Rede von der Institution Ehe könnte man darauf kommen, die Gesellschaft sei so etwas wie ein physischer Organismus, zu dem in unmittelbarer Beziehung dann Organe dieser Gesellschaft stünden. Ein Organ dieser Gesellschaft wäre in diesem Sinne die Institution Ehe und man müsste sie dann für ein existentiell grundlegendes Organ halten, weil mit ihm eine spezifische Sexualität und die Hervorbringung von Leben legitimiert würde bzw. in legitimen Kontexten angesiedelt wäre. Man ist sich innerhalb gesellschaftstheoretischer Debatten allerdings seit Langem darüber einig, dass eine solche Analogie *Gesellschaft – Organismus* immer eine Vereinfachung des Bildes von einer Gesellschaft intendiert, indem sozusagen archaische Bilder von Vitalität aufgerufen werden und darüber hinaus diese Analogie auch keine Beiträge zu einer Analyse von Gesellschaften im 21. Jahrhundert und ihren bevölkerungspolitischen Problemen bieten kann. Die Stabilität von Gesellschaften hängt nicht von dem massenhaften Eingehen standesamtlich geschlossener Ehen ab; die statistischen Analysen zur Stabilität von Wohnverhältnissen zeigen, dass unverheiratete Paare ihr Zusammenleben gerade auch mit Kindern hoch verbindlich zu organisieren vermögen, und dies sogar ohne die gesellschaftliche Anerkennung, die Ehepaare erhalten. Historische Untersuchungen zu Lebensformen zeigen überdies, dass die Mehrheiten der Bevölkerungen in den verschiedensten Jahrhunderten bis heute nicht offiziell verheiratet miteinander lebten und die offizielle Eheschließung häufig nur den reichen und privilegierten Bevölkerungsteilen vorbehalten war und ist.

Diesen deskriptiven Erörterungen stehen innerhalb der Praktischen Theologie normativ formulierte Plädoyers für die Stärkung der Ehe gegenüber. Gerade auch für Kritiker einer Gleichstellung verschiedener Lebensformen mit der Ehe, ist die Ehe diejenige Lebensform, die bereits zu biblischen Zeiten praktiziert wurde (vgl. Möller, Praktische Theologie, 2004, 201). Sie steht dann für eine jahrhundertelange Tradition und Familienkultur, die wesentlich zur Weitergabe des christlichen Glaubens von einer Generation zur nächsten beigetragen habe. Sie repräsentiert eine Geschlechterbeziehung, die als gottgewollte Schöpfungsordnung bezeichnet wird, insbesondere mit dem Verweis auf die verantwortliche Fürsorge für Kinder (vgl. Eibach, Normativität, 2013). So entstehen Texte unter der Fragestellung *Warum noch Ehe?*, die darauf abzielen, die bleibende Bedeutung der Lebensform Ehe innerhalb des Christentums auszuweisen. Wo die Institution Ehe und Familie nicht mehr gelebt werde, trete eine „Entwöhnung von Bindung" ein, die der Gesellschaft eine grundlegende Vitalität nehme und dem Einzelnen eine besondere Dimension des Glücks verborgen bleiben lasse (Karle, Liebe, 2014, 213f.). Auf die im Argument der Vitalität und des Bindungsvermögens liegenden Schwierigkeiten ist bereits eingegangen worden. Es sind in den vergangenen fast fünfzig Jahren nach der 68er-Bewegung eine große Anzahl von wissenschaftlich Publikationen erschienen, die aufweisen, dass die Position, die Ehe regele Sexualität in der Weise, dass Freiheit und Bindung für alle Menschen gleichermaßen lusterfüllt und mit dem Bedürfnis nach Sicherheit gelebt werden könne, nicht (mehr) valide vertreten werden kann. Schließlich erscheint es mir unmöglich, über das Glücksempfinden innerhalb und außerhalb von Ehen auf dem Niveau einer theologischen Reflexion ein allgemein gültiges Urteil abzugeben.

In diesem Sinne liegt das Ziel einer Betrachtung historischer Aspekte zur Trauung darin, immer besser zu verstehen, was es praktisch-theologisch bedeuten kann, dass sich auch evangelische Christinnen und Christen zu großem Anteil nicht mehr trauen lassen und dass insgesamt die Eheschließungen zurückgehen, dass aber – wie die fünfte Kirchenmitgliedschaftsuntersuchung ausweist – der Wunsch, sich trauen zu lassen, sehr groß ist (vgl. Bedford-

Strohm/Jung, Vernetzte Vielfalt, 2015, 512–514). Dann steht nämlich am Ausgangspunkt theologischer Reflexion nicht, dass die Menschen sich ändern müssten, also wieder bindungsfähiger und traditionsbewusster werden müssen, sondern vielmehr, dass sich Theologien und Kirchen neu klar darüber werden müssen, welche Beweggründe es auf ihrem eigenen Feld sein können, die dazu beitragen, dass Menschen sich nicht trauen lassen.

Die hier vertretene grundlegende These lautet, dass die Lebensform Ehe in vielen Kulturen als religiös begründet gesehen wird. Diese Einbettung in eine religiöse Grundierung findet in der Wahrnehmung der Ehe aber in immer geringerem Maße Zustimmung. Denn es wird zunehmend sichtbar, dass diese in erhöhtem Maße Probleme in Hinsicht auf religionsspezifische sowie konfessionsbezogene Regeln und Vorschriften aufwirft. Denn so sehr z. B. in der Tradition Luthers und in der evangelischen Auslegung dessen, was die Ehe bedeutet, die Überzeugung verankert ist, dass die Ehe ein *weltliches Ding* ist, so wenig entspricht dies den kulturellen Bedeutungen, die ihr religionsgeschichtlich zugewiesen werden. Insofern kann außerdem festgehalten werden, wozu dieser kurze historische Abriss zur Trauung ebenfalls nicht dient: Er dient weder dazu, historisch auffindbare Schriften zu religiös fundierten Ehe-Gesetzen zu sammeln oder zu ordnen, noch dient er dazu Entwicklungslinien von Ehedeutungen aufzuzeigen, um damit entweder zu belegen, dass es eine Ur-Monogamie noch dass es eine Ur-Polygamie gegeben hätte, beides um dann die weiteren kulturgeschichtlichen Entwicklungen als *Abfall* hiervon *oder* als Bestätigung dieser *Ur-Lebensform* auszuweisen. Es geht vielmehr darum, einen Perspektivwechsel einzuläuten: Die praktisch-theologische Diskussion leidet m. E. noch zu sehr an einer Fixierung auf eine durch Säkularisierungssemantiken gekennzeichneten Debatte über die Ehe als Rechtsinstitut. Es fehlt soweit ich sehe die Ausarbeitung einer Position, die der religiösen Dimension der Eheschließung in Verbindung zur Trauung neues Gewicht in Hinsicht auf nicht-moralische, sondern vielmehr ästhetische Aspekte verleiht. Ein Anfang hierzu liegt bereits darin, dem Sinn folgender von Carl Heinz Ratschow bereits Mitte der achtziger Jahre gestellten Frage nachzugehen:

> „Warum definiert sich die Ehe in nahezu allen Kulturen religiös? Oder anders gefragt: Was heißt es eigentlich, dass die Ehe – in welcher Form sie auch gelebt wird – als ein Lebensvollzug angesehen wird, der nur *sub specie Deitatis* geschlossen, begründet und geführt werden kann." (Ratschow, Ehe, 1982, 309)

4.1.1 Die Heilige Hochzeit: religions- und bibelwissenschaftliche Einsichten

Nach dem heutigen Stand der Forschung würde man nicht mehr davon sprechen, dass die *Heilige Hochzeit* in allen Kulturen dieser Erde aufzufinden ist. Doch ist man sich dieser Überdehnung der These klar, kann man zumindest fragen, ob das Abgrenzungsbedürfnis der deutschsprachigen evangelischen Theologie gegenüber einem katholisierenden Verständnis der Ehe als Sakrament dazu geführt hat, dass man die religiösen Dimensionen in der Deutung der Eheschließung und der Trauung über Gebühr zurückgedrängt hat und stattdessen eine Fokussierung ihrer Deutung auf die Aspekte der Vertragsrechte zwischen Familien bzw. Sippen vorangetrieben hat? So hätte sozusagen die soziale Dimension der Ehe die religiöse Dimension zurückgedrängt oder anders ausgedrückt: Die religiöse Dimension der Ehe wurde streng auf die soziale Dimension bezogen; man ließ mythische Vorstellungen fallen; die funktionale Beschreibung der Ehe als soziales Institut zur Regulierung von Sexualität und zur Absicherung von Generativität beherrsch(e)te das Feld der Diskussion. Dementsprechend finden sich in der Grundlagenliteratur zur Trauung, wenn überhaupt, nur sehr kurz gehaltene Reflexionen auf vorbiblische religiöse Deutungen der Ehe und ihre Auswirkungen auf die biblischen Deutungen. Christian Grethleins Kasualtheorie enthält im Rahmen biblischer Einsichten in diesem Sinne immerhin einen Passus zu religionsgeschichtlichen Grundlagen zur Vorstellung von der Ehe (vgl. Grethlein, Kasualien, 2007, §22, 214f.). Wie wichtig genau diese vorbiblischen Traditionen sind, zeigt sich auch darin, dass christliche Gruppen oder das später entstehende Christentum die Ehe bzw. das, was vor gut zweitausend Jahren hierfür stand, sozusagen nicht erfunden haben, sondern dass sie sie eben *bereits vorgefunden* und in ihren Sinndeutungshorizont aufgenommen haben.

Die Richtigkeit dieser Beobachtung und These lässt sich bereits anhand der Aufarbeitung des Terminus technicus *Hieros Gamos* oder *Heilige Hochzeit* zeigen. Mit ihm, so sind sich religionswissenschaftliche Perspektiven einig, war seit der Antike im europäischen Kontext die Vermählung des Himmelsgottes Zeus mit der Erdgöttin Hera in einer *Theogamie (Götterhochzeit)* gemeint. In der Ilias des griechischen Dichters Homer wird diese Götterhochzeit erzählt, wenngleich hier ihre Bezeichnung als *Heilige Hochzeit* ausbleibt. Darüber hinaus findet sich in der Ilias auch die Erzählung über die sexuelle Vereinigung der Göttin Demeter mit dem sterblichen Menschen Iasion, den Zeus daraufhin tötet (vgl. Maier, Hochzeit, 2011). Die Belege für die Theogamie sowie für die göttlich-menschliche Vereinigung in den Epen Homers geben, so Maier, Mythen wieder. Im athenischen Fest der *Theogamia*, das die Verbindung von Zeus und Hera feiere, werde der Mythos zur Festlegende. Belegt seien ein Ferkelopfer für *Zeus Heraios* und Festmähler, jedoch nicht, dass die *Theogamie* des Götterpaares beim Fest auch rituell nachvollzogen worden sei. Der Festmonat der *Theogamia, Gamelion,* sei darüber hinaus zum beliebten Datum für Eheschließungen bzw. Hochzeiten geworden. Bei *Diodor* lasse sich allerdings auch nachlesen, dass in einem Tempel auf Kreta die Hochzeit von Zeus und Hera in einem jährlichen Fest so nachgeahmt worden sei, wie sie gemäß der Überlieferung ursprünglich stattgefunden habe. Dies könnte dann auch auf einen kultischen Vollzug der *Theogamie* verweisen (vgl. Maier, Hochzeit, 2011, 7). In Annäherung und Abgrenzung zur *Theogamie* zwischen Zeus und Hera werden für den griechischen Kontext weitere Texte mit Szenen, in denen Paarbeziehungen eines Gottes und einer Göttin gefeiert werden, diskutiert. Hier finden sich bereits viele Elemente noch heute praktizierter Hochzeitsriten, z. B. die Prozession der Hochzeitspaare, die Selbstentschleierung der Braut vor dem Bräutigam u.a.

Die alttestamentliche Forschung hat herausgearbeitet, dass sowohl *sumerische* Belege für die *Heilige Hochzeit* wie auch solche aus dem ägyptischen, dem syrischen sowie dem Kontext Palästinas für die biblischen Überlieferungen von Belang sind.

Bezüglich der Frage, ob Elemente des Phänomens der *Heiligen Hochzeit* auch in der Bibel auffindbar sind, stößt man auf einen ambivalenten Befund. Immer wieder werden Texte von Autorinnen und Autoren genannt, die eine Verbindung sehen, doch letztlich sei diese nicht eindeutig belegbar. Es entsteht der Eindruck, als ob man Einflüsse dieser mythischen Vorstellung von der *Heiligen Hochzeit* möglichst weit von der biblischen Literatur entfernt platzieren möchte, sodass hier keine Bedeutungsvermischungen aufgerufen werden.

Bibelkundigen Leserinnen und Lesern werden beim Thema *Heilige Hochzeit* Textstellen beim Propheten Hosea (Hos 4) sowie aus der deuteronomistisch-exilischen Literatur (Dtn 23,18f.; 1 Kön 14,4) einfallen. Doch innerhalb der alttestamentlichen Forschung halten einige Autorinnen und Autoren diesen Bezug für irreführend; hier gehe es weder um Vorstellungen von der *Heiligen Hochzeit* noch um Sexualriten im Kult, sondern um den Streit über die Alleinverehrung JHWHs als Gottheit Israels. Konkret bezögen sich die Texte auf eine Diskussion darüber, ob und dass allein JHWH für Regen und Fruchtbarkeit Israels zuständig sei. Im weitesten Sinne, so stellt sich mir die Literatur jedoch dar, deuten diese Stellen darauf hin, dass *das Bild der Heiligen Hochzeit* des Gottes und seiner Schöpfung auf jeden Fall noch transparent ist. Es legt sich außerdem auch die Frage nahe, ob das göttliche Paar, wie auch anderswo in der Alten Welt, bereits aufgesplittet wurde und die göttliche Seite im männlichen Part imaginiert wurde, die irdische Seite dann in weiblichen Metaphern dargestellt wurde.

Eine dieser Bewegung ähnliche Konstellation im Geschlechterverhältnis findet sich so auch in Gen 6,1–4; hier wird von einer Ehe der Göttersöhne mit Menschentöchtern erzählt. Diese Textstelle nimmt den Mythos der *Heiligen Hochzeit* kritisch auf,

> „insofern die Verbindung von Gott und Mensch als urzeitliche anerkannt, aber quantitativ begrenzt und in den JHWH-Glauben integriert wird. Eine ähnliche Erinnerung an den genealogischen Ursprung der Menschheit aus einer Gott-

Mensch-Beziehung formuliert der im Kontext der Schöpfungserzählung rätselhafte Ausspruch Evas *ich habe mit JHWH einen Mann erworben* (Gen 4,1)." (Zimmermann, Geschlechtermetaphorik, 2001, zitiert nach Maier, Hochzeit, 2011, 8)

In den fünfziger Jahren des vergangenen Jahrhunderts war es der Alttestamentler Hartmut Schmökel, der im *Hohelied der Liebe* eine Kultliturgie für die *Heilige Hochzeit* sah (Schmökel, Hochzeit, 1956). Doch seine These wird von Maier mit Bezug auf neuere Auslegungen zurückgewiesen, die in diesem Text eher eine vor- bzw. außereheliche Beziehung beschrieben sehen (vgl. Maier, Hochzeit, 2011, 9). So ragt in die Diskussion um die *Heilige Hochzeit* auch die Frage nach der Bedeutung von zeitlich begrenzten Liebesbeziehungen für die biblische Literatur hinein. Auch wenn das *Hohelied* höchstwahrscheinlich nicht Teil eines Tempelkultes für eine *Heilige Hochzeit* in Israel war, ist an seinem Text dennoch eine mythische Dimension erkennbar. Beispiele für solche mythischen Dimensionen sind die Tauben, die als Boten einer Liebesgöttin (Hhld 1,15) und die Dattelpalmen, die als Urbild des Lebensbaumes gelten (Hhld 7,8–9; vgl. Maier, Hochzeit, 2011, 9).

„Aufgrund von inhaltlichen und strukturellen Parallelen zu assyrischen wie ägyptischen Liebesliedern gehört das Hohelied zur altorientalischen Liebesdichtung, die Vorläufer in den sumerischen und altbabylonischen Kultliedern hat, aber nicht in allen Fällen kultisch zu verstehen ist [...]." (Maier, Hochzeit, 2011, 9)

Unter den Psalmen thematisiert insbesondere Psalm 45 die Hochzeit. Auch bei ihm heißt es, dass er höchst wahrscheinlich kein Ritualtext zur *Heiligen Hochzeit* ist, aber er besingt die Schönheit und Macht des israelitischen Königs und seiner Gemahlin, die unter Jubelrufen in den königlichen Palast einziehen (vgl. Ps 45,14–16).

In Hosea (Hos 2,4–10), Jeremia (Jer 3 u. 13) und Ezechiel (Ez 16) geht es nun nicht um die Hochzeit, sondern die alltäglich gelebte Lebensform hinter ihr, die Ehe, die dazu noch als zerbrochen oder gar gescheitert dargestellt wird. Israel und Jerusalem werden als Frau und als Hure bezeichnet. Doch dieses Bild bleibt nicht das, was nun stehen bleibt, vielmehr wird dem Volk verheißen, dass JHWH den Bund der Ehe erneuern wird. Der Braut JHWHs wird dann auch nichts mehr von dem Bild der Hure nachgetragen werden; sie soll sich nicht schämen, sondern sie wird von dieser Rolle erlöst (Jes 54,4–8).

In Visionen von der Wiedervereinigung, die im Kontext eschatologischer Heilsverheißungen zu sehen sind, sind Textstellen eingearbeitet, die Elemente der Hochzeitsmetapher widerspiegeln. Dazu gehört etwa das Ankleiden von Braut und Bräutigam (Jes 61,10), die Freude der Brautleute (Jes 62,5) sowie die Jubelrufe während der Feier (Jer 33,10f.).

Schließlich finden sich auch innerhalb der Weisheitsliteratur Anleihen an der Brautmetaphorik. Hierzu gehört z. B. die im Buch der Sprüche (Spr 8) nachzulesende Szenerie, in der die Weisheit sich preist, bei der Schöpfung selbst als Tochter JHWHs, die vor ihm spielte und die Menschen erfreute, dabei gewesen zu sein. So wird die Weisheit als Partnerin JHWHs charakterisiert. In den Weisheitsschriften, aus der hellenistischen Zeit des 2. Jahrhunderts vor Christus, wird die Weisheit noch sehr viel deutlicher als früher als jungfräuliche Braut beschrieben (Jesus Sirach). In der Weisheit Salomos (1. Jh. v. Christus) verliebt sich der fiktive königliche Erzähler in die Weisheit und will sie als Braut heimführen (Weish 8,2–3,9). „Auch Sir 51, 13–30 (Sir 51,18–38) handelt von der Sehnsucht und Liebe eines jungen Mannes zur Weisheit" (Zimmermann, Geschlechtermetaphorik, 2001, 170f.). Gleichzeitig rückt die Weisheit noch stärker in die göttliche Sphäre:

> „Sie präsentiert sich, analog der ägyptischen Isis, als thronende Herrscherin über den Kosmos (Sir 24), wird als Throngefährtin und Geliebte Gottes bezeichnet (Weish 8,3; Weish 9,4). Diese Entwicklung der Weisheitsgestalt vertieft deren göttliche Züge unter dem Einfluss hellenistischer Philosophie und Mysterienkulte, allerdings nur auf literarischer Ebene ohne Hinweis auf einen rituellen Vollzug der genannten Vorstellungen." (Maier, Hochzeit, 2011, 10)

Es ist im Rahmen dieser Studien nun nicht möglich, die alttestamentlichen Befunde noch einmal in den weiteren Kontext der Monotheismus-Debatte zu stellen. Festzuhalten bleibt, dass JHWH sozusagen als ‚Single'-Gottheit charakterisiert wird. Das ist auch als Konsequenz der Trennung von Kult und Sexualität, wie sie sich in exilisch-nachexilischen Texten zeigt, zu verstehen und hat verhindert, dass *Theogamie*-Mythen und das Ritual der *Heiligen Hochzeit* in den JHWH-Glauben integriert wurden.

Dass neben, hinter und unter dieser Hauptinterpretationsströmung zugleich immer auch weitere Vorstellungen existierten, die JHWH durchaus gemeinsam mit *seiner Aschera* sehen konnten, legen archäologische Funde, die die Aschera zeigen, ebenso nahe wie auch biblische Texte, die sozusagen von der anderen Seite her, Hinweise darauf geben, dass und wie JHWH gemeinsam mit einer *Himmelskönigin* regierte. Für diese Traditionslinie können Texte wie Ezechiel 8 und 13 herangezogen werden, in denen JHWH als eifersüchtiger Ehemann geschildert wird, der seine Frau der Vergewaltigung preisgibt (vgl. Jost, Himmelskönigin, 1995, 167–194).

Der Verdrängungsmechanismus, der dazu führte, dass die *Heilige Hochzeit* aus dem Mainstream der jüdisch-christlichen Tradition ausgeschlossen wurde, findet seine theologische Begründung mindestens zu einem Teil in der Nähe zur Mystik und in deren Ablehnung. Die Vorwürfe gegenüber mystischen Vorstellungen beziehen sich fast ausschließlich und nicht allein in der jüdisch-christlichen Tradition, sondern auch z. B. in der islamischen Tradition, auf ihre Menschenbilder. Denn zu ihnen gehören „das mystische Teilhabe-Axiom und die Identifikationstheorie" (Gerlitz, Mystik, 1994, 543). Wird die Heterosexualität des göttlichen Paares zu einem religiös starken Thema, wird zugleich die Analogie zur menschlichen Dimension der Sexualität des göttlichen Paares zum Anlass dafür, Gott und Mensch miteinander verbunden zu sehen. Dies aber wirft Probleme auf und schürt

Ängste davor, wie denn nun der Mensch zu denken sei. Er sei doch zuallererst als erlösungsbedürftiger Sünder zu sehen. Befürchtet wurde und wird zum Teil noch, dass mystische Vorstellungen von der Gott-Mensch-Beziehung dazu führen, dass die Sünde und die Bedeutung des Bösen relativiert werden, Gott und Christus zu sehr ins Menschliche gezogen und vom Menschen als einzelnem vereinnahmt werden, sodass dabei letztlich auch der Grund für die Heilsbedeutung der Gemeinschaft der Gläubigen, mithin christlich gesprochen, der Kirche, in sich zusammenfällt.

Trotz dieser Ablehnung und Kritik an mystischen Vorstellungen, wie sie in den Theogamie-Mythen und in ihren Abwandlungen in *Gott-Mensch-Vereinigungsszenen* auftreten, haben diese Vorstellungen offensichtlich durchaus weiter auf die Wahrnehmung der Beziehung von Gott und Menschen eingewirkt. Ein Blick in die neutestamentlichen Texte lässt diesen Schluss ebenso zu wie spätere kirchenhistorische Zeugnisse. Zunächst ist also Einblick in neutestamentliche Schriften zu nehmen: So vergleicht Paulus im Zusammenhang mit der Frage der Zugehörigkeit der Gemeinde zu Christus, die Gemeinde mit einer reinen Jungfrau, die er Christus als Braut zuführen wolle (2 Kor 11,2): „Denn ich eifere um euch mit göttlichem Eifer; denn ich habe euch verlobt mit einem einzigen Mann, damit ich Christus eine reine Jungfrau zuführte." Doch in Paulus Perspektive erhält die Vereinigung mit Gott drei Kennzeichen, die die oben genannten Gefahren einhegt und Ängste, sozusagen die Vereinigung dogmatisierend, begrenzt. Sie ist christozentrisch, ekklesiologisch und sakramental gedacht:

> „Die Vereinigung mit Gott erfolgt durch Jesus Christus, sie wird in der Kirche erfahren und durch die Sakramente der Taufe und Eucharistie gewirkt. Es ist daher keine Rede von einer lediglich individuellen Erfahrung: Die Vereinigung mit Gott durch Christus zieht eine Vereinigung mit den Brüdern und Schwestern im Glauben an Christus nach sich. Dabei ist ein Schlüsselbegriff für den Apostel Paulus der Begriff der Teilhabe: Er verwendet den Begriff *koinonia* (Teilhabe). Für Johannes ist der Schlüsselbegriff *menein* (bleiben). Der Glaube an Christus und die Taufe auf seinen Namen bringen mit sich, dass der Glaubende *in Christus ist* (häufig bei Paulus), dass sein *Leben verborgen ist mit Christus in Gott* (Kol 3,3); auch Johannes spricht von einer solchen wechselseitigen Einwohnung (vgl. Joh 17,20–26)." (Louth, Mystik, 1994, 548)

Die Vereinigungsszenarien sind dabei keinesfalls frei von hierarchischen Vorstellungen, wenngleich sie auch Elemente ihrer Brechungen enthalten. Dies lässt sich z. B. anhand der sogenannten christlichen Haustafel aus dem Epheserbrief (5,21–33) nachvollziehen. Hier wird das alttestamentliche Wort aus Genesis 2, 24 von dem *ein Fleisch werden* auf die Vereinigung von Christus mit der Gemeinde bezogen. Hervortritt, dass diese Inszenierung mit einer Analogie zur Unterordnung der Frau unter den Mann verbunden wird. Die geschlechtsspezifische Ordnung wird zudem im Kontext der Erlösungstat

112   Konzeptualisierungen: Studien zur Trauung als kulturellem Phänomen

Christi für die Gemeinde sakralisiert. Das hierarchisch vorgestellte Geschehen vom *ein Fleisch werden* wird explizit als Geheimnis begriffen. Sowohl die entwickelte Beziehung von Christus zur Gemeinde, die mit Blick auf die Schöpfung *als ein Fleisch werden* bezeichnet wird, als auch die Rede vom Geheimnis enthalten Anschlussmöglichkeiten zu mystischen Vorstellungen (vgl. Eph 5,21–33).

Ein weiteres für die neutestamentliche Tradition prägendes Bild ist im Gleichnis von der königlichen Hochzeit zu finden (Mt 22,1–14 par. Lk 14,16–24). Sie findet im Himmelreich statt. Der dortige König will die Hochzeit seines Sohnes feiern. Das Gleichnis leitet dazu an, Gott als den König zu sehen, der ein eschatologisches Festmahl ausrichtet. Wer an diesem teilnimmt, wer ein Hochzeitsgewand trägt, gehört zu den Geretteten; wer es verschmäht, wird in die Finsternis geworfen werden (vgl. Mt 22,1–5).

Ähnlich eschatologisch argumentiert man auch in der Apokalypse des Johannes: Hier findet sich das Motiv der endzeitlichen Hochzeit, es findet sich im Brautpaar, dem Lamm und der Stadt Jerusalem; alle, die dieser Hochzeit beiwohnen, gehören in die himmlische Gemeinschaft der Erretteten (Apk 19,6–9 u. darüber hinaus Apk 21,2.9).

Schließlich ist im Zusammenhang der biblischen Aufnahme einer *Heiligen Hochzeit* auch an die Schwangerschaft von Maria zu denken (Mt 1,18–25; Lk. 1,26–38). Dass hier kein menschlicher, leiblicher Vater ins Spiel kommt, ähnelt z. B. auch den Berichten über die göttliche Zeugung des ägyptischen Königs oder der hellenistischen Tradition der Zeugung von herausragenden Menschen durch männliche Götter.

4.1.2   Theologiegeschichtliche Einsichten

Weiterführungen von diesen Deutungen finden sich in der spätmittelalterlichen mystischen Literatur. Hier wird die Beziehung zu Christus in Bildern geschildert, die gerade in ihrer Leiblichkeit beeindrucken. Man versetzt sich in die Lage Marias, um sich vorzustellen, die Mutter Christi zu sein; es werden visionäre Erfahrungen vom Stillen des Christuskindes oder von der Schwangerschaft mit Jesus vor Augen gemalt. Dabei stammen diese Visionen sowohl von Frauen als auch von Männern.

Mit der Thematisierung des Christuskindes ist zugleich wahrzunehmen, dass es nun sozusagen nicht mehr *nur* um das Paar in der *Heiligen Hochzeit* geht, sondern dass in den Themenkreis auch die Vater- und Mutterrolle einrückt. Das Paar wechselt seine Rollen oder ergänzt sie: Zur Mann-Frau- bzw. Gott-Göttinnen-Beziehung gesellt sich die der Elternrolle. Es ist hier nicht möglich, eine umfassende historische Rekonstruktion für diese Transformationsprozesse während der Phasen der Alten Kirche und des Mittelalters nachzuzeichnen. Stellvertretend für diese sei nur ein Meilenstein eingebracht, der zugleich etwas vom Mainstream mittelalterlicher Wahrnehmung der leiblichen Beziehung von Mann und Frau widerspiegelt und wie diese durchbrochen worden ist. Hildegard von Bingen sieht *das Natürliche* und das *Gnadenhaft-Heilsgeschichtliche* so nahe beieinander, dass ihre genaue Unterscheidung schwer erscheint:

> „So wünscht sie, daß Kinder aus einer durch die Liebe gestalteten Ehe hervorgehen, eben durch jene Tugendkraft der *caritas*, die ein Überströmen der göttlichen Liebe in den Bereich des Geschaffenen ist." (Gössmann, Glaube, 1995, 203)

Eindrucksvoll ist auch das Geburtsgebet, das aus dem Werk Hildegards stammt:

> „Öffnet euch, Wege und Pforten, (…) so wie Christus als Gott und Mensch die Riegel der Unterwelt geöffnet hat, so daß du, Kind, zu jener Pforte herauskommst, ohne zu sterben und ohne daß deine Mutter stirbt." (Gössmann, Glaube, 1995, 204)

Schriften von Mechthild von Magdeburg und Marguerite Porete, Meister Eckhardt und auch von Bernhard von Clairvaux belegen, wie weit verbreitet eine Fülle erotisch geprägter Bilder in der Mystik des spätmittelalterlichen Glaubens war. Dies bedeutet nicht, dass die Mystikerinnen und Mystiker die *concupiscentia* nicht thematisiert hätten, sondern dass man sie eben nicht als gänzlich *verdorben* wahrgenommen hat; vielmehr sah man sie als eine Dimension menschlicher Glaubenspraxis. Wie deutlich man dabei wurde, zeigen Gebete z. B. von Mechthild von Magdeburg. Sie schreibt:

> „O Herr, minne mich gewaltig und minne mich oft und lang; je öfter du mich minnest, um so reiner werde ich; je gewaltiger du mich minnest, um so schöner werde ich; je länger du mich minnest, um so heiliger werde ich hier auf Erden."
> (zitiert nach Sölle, Mystik, 1998, 157)

Dorothee Sölle war der Meinung, dass es gerade die Maßlosigkeit mystischer und dabei auch weiblicher Leidenschaft war, die die Mystik in Verruf gebracht habe. Himmlische und irdische Liebe, die Liebe Gottes und die Liebe der Menschen nahmen eine so enge Verbindung auf, dass manchem Kritiker eine Vergöttlichung des Menschen zu drohen schien. Für die heutige theologische Debatte ist dabei weniger an die Alte Kirche, an die Theologie Augustins u.a. oder selbst noch an Anders Nygrens Beitrag *Eros und Agape* aus dem 20. Jahrhundert zu denken (vgl. Kapitel 3), sondern an die zahlreichen zeitgenössischen soziologischen Entwürfe, die insbesondere die romantische Liebe als eine ambivalente Gefühlsregung beschreiben und die Vergötterung des Partners oder der Partnerin zu dekonstruieren versuchen bzw. vor dieser warnen (vgl. Kapitel 2.1). Doch diese Kritik, so wertvoll sie im Einzelfall auch sein mag, lenkt davon ab, worum es im christlichen Glauben zentral geht. Im Prozess dieser sogenannten Vergötterung oder, weniger populär und dafür mit weitaus höherem anthropologischen Anspruch ausgedrückt, dieser *Vergöttlichung* des Menschen, geht es nämlich um nichts anderes als um eine leiblich spürbare *Anteilnahme am Leben und Schicksal Jesu Christi*. Dies geschieht nicht in der persönlichen Begegnung, die mit Jesus Christus in diesem unmittelbaren Sinne ja nicht möglich ist, sondern eben in vielerlei medialer Gestalt, so z. B. beim Lesen biblischer Texte: „Die Stärke biblischer Texte besteht in der Impressivität einer konkreten Gestalt, die mich berührt und betrifft" (Huizing, Mensch, 2000, 23). Am Anfang, so Klaas Huizing, stehe die affektive Betroffenheit durch die faszinierende Erscheinung Christi, der in den biblischen Erzählungen vor Augen gestellt werde. Die Kommunikation mit Christus, wie er einem Menschen im Text begegne und sich diesem durch die Lektüre mitteile, könne die Leserin oder den Leser durchaus zu einer Wiedergeburtserfahrung im Glauben führen.

Die Vorstellung, die mit dieser Wiedergeburt im Glauben verbunden ist, führt auf die Spuren Meister Eckharts und auch Martin Luthers. Die Geburt Christi in der Seele eines Menschen vollzieht sich dort, wo – modern gesprochen – ein Transformationsprozess der Identität eines Menschen wahrnehmbar wird. Eckhardt und mit ihm auch Luther sprechen von einer *Ein-Bildung*, einem *Überbildetwerden*, das verändert und das darin auch bildet (vgl. Lichtenstein, Bildung, 1971, 922). Es geht um ein Anteilnehmen an Christus, das in einem imaginären Raum, der sich z. B. durch das Lesen biblischer Texte öffnet, ermöglicht wird. Dieser imaginäre Raum gehört immer schon zum Menschen hinzu. Seine Imaginationsfähigkeit ist raumgreifend, der Philosoph Bernhard Waldenfels hat diese auch als virtuellen Leibkörper bezeichnet. Er ist der Raum, der dem Menschen Erfahrungen des Anteilnehmens und Anteilgebens ermöglicht; sie ereignen sich in dem Raum dieses virtuellen Leibkörpers (Nord, Virtuelle Dimension, 2009, 358f.). Haben Menschen ihre Fähigkeiten zur Imagination verloren, haben sie sozusagen ihren virtuellen Leibkörper verloren. Wie sehr die christliche Tradition seit ihren Anfängen von der Bedeutung dieser Imaginationsfähigkeit weiß, zeigt sich insbesondere in Martin Luthers Schriften. Er erwartete sich so z. B. von der Einbildung des biblischen Bildes Christi in der Situation des Sterbens eine Kraft gegen die Todesangst, eine heilsame Desensibilisierung vom Stachel des Todes. So schreibt Luther:

> „Sondern musst abkehren deine Gedanken [...], denn in der Gnade Bild ansehen, und dasselbe Bild mit aller Kraft in dich bilden und vor Augen haben. Der Gnade Bild ist nichts anderes, denn Christus am Kreuz." (Luther, Sermon, 1519, 348).

Je stärker Angst und Verzweiflung sind, desto mehr haben Menschen das Bedürfnis sich abzugrenzen und sich zu verschließen. Anteil zu nehmen und Anteil zu geben, erscheinen dann kaum mehr möglich. In diesem Zustand helfen starke Bilder. Zu ihnen gehören die Vorstellungen von der Aufnahme

Christi in die eigene Seele, von der Wiedergeburt Christi in der eigenen Seele. Aus moderner psychologisch orientierter Perspektive lässt sich sagen, dass beängstigende innere Bilder durch heilsame innere Bilder oder Objekte ersetzt werden sollen. Sie dienen dazu, Menschen für Christus, aber auch füreinander zu öffnen und sie miteinander zu verbinden. Dabei verweisen die Bilder von der *Heiligen Hochzeit* und der *Geburt des göttlichen Kindes* sowie der *Wiedergeburt Christi* in der Seele eines Menschen auf elementare menschliche Sehnsüchte: Sie machen eine Sehnsucht nach Entgrenzung, Öffnung, Teilhabe an einem weiteren, größeren Lebensraum als dem der körperlich fassbaren einzelnen Person und ihres Aktionsradius sichtbar.

4.2. Märchenhochzeiten und ihr Bezug zum Evangelium

Die Hochzeit ist ein Fest, das in Mythen, aber mit der Neuzeit eben auch in Märchen reich thematisiert worden ist. Standen in der Welt der Mythen und damit auch in Aufzeichnungen, die von der *Heiligen Hochzeit* berichteten, oft Götter und Göttinnen oder zumindest Halbgötter im Mittelpunkt des Geschehens, so kann man für die Neuzeit beobachten, dass nun Menschen die Helden und Heldinnen sind; nicht selten enden Märchen, die das Motiv der Hochzeit enthalten, damit, dass der Held das Königreich ererbt und seine Braut Königin wird. Entsprechend wird weit weniger als in den alten Mythen der Lauf des Kosmos thematisiert, sondern es geht insgesamt darum, *die Welt der Menschen zu deuten* und sie deutend also auch *besser* verstehen zu können. Exemplarisch sei das Hochzeitsmotiv in *Schneeweißchen und Rosenrot* kurz benannt:

> „Eine Mutter hat zwei sehr liebe Töchter, Schneeweißchen und Rosenrot [...] Eines Winters sucht Abend für Abend ein Bär bei ihnen Obdach, und die Kinder, obwohl sie sich zuerst fürchten, fassen Zutrauen und spielen mit ihm, was dem Bären behagt. Wenn es ihm zu arg wird, brummt er: *Lasst mich am Leben, ihr Kinder. Schneeweißchen, Rosenrot, schlägst dir den Freier tot* ... Im Frühjahr muss der Bär wieder fort, um seine Schätze vor den Zwergen zu schützen [...] Der Bär kommt und erschlägt [...] (einen) Zwerg. Als sie den Bären erkennen, verwandelt er sich in einen Königssohn, dem, so erfahren sie, der Zwerg seine Schätze gestohlen und den er verwünscht hatte. Schneeweißchen heiratet den Königssohn und Rosenrot dessen Bruder." (*https://de.wikipedia.org/wiki/Schneeweißchen_und_Rosenrot*)

Während man bei Schneeweißchen und Rosenrot die Entwicklung des Prinzen von einem Tier zu einem Menschen miterleben kann, begegnet man im Dornröschen-Märchen guten und bösen Feen und wird Zeuge bzw. Zeugin davon, was böse Flüche anrichten können:

> „Nach langem Warten wird einem König endlich eine Tochter geboren [...] Am fünfzehnten Geburtstag des Mädchens erkundet sie ein Turmzimmer, in dem sie eine alte Frau beim Spinnen trifft. Die Prinzessin will es auch einmal versuchen und sticht sich mit der Spindel in den Finger. Sie fällt gemeinsam mit dem gesamten Hofstaat in einen tiefen Schlaf. Das Schloss wird mit einer undurchdringlichen Dornenhecke umringt, die sich nach hundert Jahren in Rosen verwandeln. Erst an diesem Tag gelingt es einem Prinzen, in den Turm zu gelangen, wo er die Königstochter wachküsst, woraufhin auch der Schlaf des Hofstaats beendet ist. Dornröschen und der Prinz heiraten." (*https://de.wikipedia.org/wiki/Dornröschen*)

Es ist auffällig, dass trotz der vielfältigen kulturellen Unterschiede, die Märchen rund um den Globus aufweisen, es einige wiederkehrende Strukturelemente gibt. Hierzu gehört in vielen Fällen die sogenannte Heldenreise:

> „Der Märchenheld (oder die Heldin) ist genötigt, wegen einer konkreten Not [...] die Heimat zu verlassen und in die Fremde zu ziehen. Auf seiner Reise begegnet er feindlichen und hilfreichen Mächten, er muss sich bewähren und erhält Hilfestellung durch geheimnisvolle, sozusagen jenseitige Wesen, die zum Teil mit Zaubermitteln dazu beitragen, scheinbar unlösbare Aufgaben zu bewältigen. Bei seiner Rückkehr kann der Held die Not beenden, so dass ein Zustand des Friedens und Wohlergehens möglich wird. Das Märchen endet meist mit einem Fest, oft ist es eine Hochzeit, weil der Held eine Braut gefunden hat (oder aus den Klauen eines Dämons gerettet wurde). Er darf den Thron besteigen und ererbt das Königreich." (Betz, Märchen, 2002, 67; vgl. auch zur Gesamtdarstellung Betz, Volksmärchen, 1982)

Im Rahmen von Märchen wird dem Brautpaar häufig eine große Zukunft vorhergesagt, die manchmal sogar bis hinein ins Überzeitliche reicht: *Und wenn sie nicht gestorben sind, so leben sie noch heute.* Auch wenn es sozusagen augenzwinkernd ist, es wird damit gespielt, den Tod überwinden zu können. Die Lebensrealität der Märchen ist dabei von vielen Spannungen geprägt. Das Leben erfordert viel Mut und die Liebe zueinander tut häufig weh. Märchen zeichnen keine heilen Welten, sondern allenfalls die Sehnsucht nach solchen. Es sind oft harte Konflikte, die die Protagonisten und Protagonistinnen in Spannungen bringen, die sie selbst geradezu zu zerreißen drohen. Armut ist ein großes Thema. Daneben gibt es viele weitere Gefahren; das Leben ist keineswegs selbstverständlich, sondern in vieler Hinsicht bedroht. Dies führt häufig dazu, dass der Held lange Wanderungen unternehmen und zum Teil auch gegen große Mächte kämpfen muss. Von den Helden, und auch von den Heldinnen, werden Mut und Entschlossenheit erwartet; sie müssen sich in Notlagen erproben und dabei Schmerzen und Verluste zu ertragen lernen.

Im Hintergrund steht zumindest implizit erkennbar eine religiöse Lebensauffassung, die darauf baut, dass sich das Leben zum Guten wenden kann, dass die Welt, wenn man so will, als erlösungsbedürftig angesehen wird, dass sie aber eben auch als erlösungsfähig gesehen wird. Märchen erzählen insofern von der Sinnhaftigkeit des Daseins und vermitteln darin eine Haltung, die in Hoffnung einübt. Darüber hinaus werden spezifische Werte vermittelt:

> „Zu den Kriterien für rechtes Verhalten gehört Mitleid mit den Bedürftigen und Schwachen, Ehrfurcht vor dem Leben (auch der Tiere und Pflanzen) und das Wissen um das Eingebundensein in eine Gesamtwirklichkeit." (vgl. Betz, Märchen, 2002, 67)

Schließlich ist zumindest anzudeuten, dass es im Bereich von Fantasy-Romanen und ihren Verfilmungen auch aktuell eine reichhaltige mediale Produktion von Märchen gibt. Es ist hier nun nicht der Raum, mediale Produktionen wie z. B. J.R.R. Tolkiens *Herr der Ringe* (Kinotrilogie von Peter Jackson 2001, 2002, 2003) für ältere Jugendliche und Erwachsene, Christopher Paolinis *Eragon* (Kinoverfilmung von Steven Fangmeier, 2006) für die Zeit der Pubertät und Cressida Cowells *Drachenzähmen leicht gemacht* (3D-ComputerAnimationsfilm von Dreamworks, 2010, Regisseure Dean DeBlois und Chris Sanders) für die unter zehnjährigen Jugendlichen und Kinder in der Hinsicht aufzubereiten, wie sie die für Märchen charakteristische Helden- und Heldinnenreise darbieten und das Suchen- und Finden-Motiv im Sinnbild der Paarliebe aufnehmen. Diese medialen Produktionen, aber ebenso auch weitere künstlerische Produktionen, die sich rund um das Thema Hochzeit ranken und Verwicklungen sowie Heiratshindernisse und im Falle eines Happy Ends eben auch das glückliche Sich-einander-gefunden-Haben inszenieren, beeinflussen seit Jahrzehnten das Bild der Hochzeit im privaten wie im öffentlichen Verständnis. Im Anschluss an das Märchen-Verständnis des britischen Literaturwissenschaftlers J.R.R. Tolkien lässt sich nun abschließend für die praktisch-theologische Reflexion festhalten, dass Hochzeitsmärchen nicht nur einfach konsumiert werden, sondern dass sie auch dazu anregen, die eigene Geschichte mit eben solchen Motiven anzureichern und zu deuten, wie sie im Rahmen medialen Vorbilder erfahren werden (Tolkien, Gute Drachen, 1984). Aus dieser Perspektive wird also noch einmal besonders deutlich, wie sehr man im Bereich der Traugespräche daraufsetzen kann, Brautpaare ihre Geschichte erzählen zu lassen, um ihre Eigendeutungen zu erheben. Zudem macht Tolkien aber auch darauf aufmerksam, dass ein wesentliches Charakteristikum von Märchen ist, dass sie eine Wende enthalten. Geht es um die Wende, werde es spannend, dass man den Atem anhalten müsse und den Tränen nah sei. Wenn sich nun alles zum Guten wende, breite sich große Freude aus. Tolkien sieht die Freude als das Wahrzeichen des echten Märchens. Und was an der Lektüre seiner Märchendarstellung noch fasziniert, kann hier nun nicht weiter ausgeführt werden, aber muss zumindest angesprochen werden: Er hält die Freude auch für das, wie er sich ausdrückt, Wahrzeichen des christlichen Evangeliums. Es diene der Verkündigung der Freude, die das Evangelium den Menschen bringe (vgl. ebenda).

Die Trauung ist nicht nur ein möglicher Anlass dazu Freude zu verkündigen, sondern dieser Kasus liefert selbst die Lebensgeschichten hierfür. Dem sogenannten schönsten Tag des Lebens geht etwas voraus. Deshalb ist die Geschichte des Paares, die in vielen Traugottesdiensten mindestens in der Ansprache der Pfarrerin oder des Pfarrers ihren Platz findet, von essentieller Bedeutung für das Gelingen des Gottesdienstes. In diesen Geschichten finden sich nicht nur die Eigentheorien, sondern auch die eigenen Theologien, die das Paar für die Deutung seines Weges entwickelt hat. Sie ernst- und aufzunehmen und in eine Erzählstruktur zu bringen, die es ermöglicht, die Geschichte des Brautpaares mit der Geschichte des Evangeliums, der Wende zum erfüllten Leben, zu verweben, ist die Herausforderung, die ein Traugottesdienst stellt.

Zum einen sind es Stationen der Heldinnen- und Heldenreise, die hierzu aufgegriffen werden können. Wo und wie hat sich das Paar kennengelernt? Welche Erfahrungen lagen für beide vor, als man sich begegnete? Gab es Hinderungsgründe, die ausgeräumt werden mussten? Wie waren die Beziehungen zu Freundinnen und Freunden, zu den Eltern, den Geschwistern? Gab es riskante Situationen im Leben des Paares, die die Beziehung in Frage stellten? Im Traugespräch können viele solcher Fragen gestellt werden, die das Paar zum Erzählen bringt. Erst wenn die Anfänge, eventuelle Schwierigkeiten und Irrungen und Wirrungen im Suchen und Zueinanderfinden bekannt werden, wird es möglich, das Glück zu ermessen, das in einer Beziehung liegt.

Gegen den Einwand, dass man ja heutzutage kaum wissen könne, ob für ein Paar denn die Wende zum Guten bereits eingetreten ist, oder inwiefern man überhaupt davon ausgehen könne, dass Brautleute zusammenbleiben, ist schließlich festzuhalten: Für den Glauben und die Kommunikation des Evangeliums steht fest, dass die Wende bereits eingetreten ist und dass sie gilt, selbst wenn sich ein Paar wieder trennt. Was für die Trauung zählt, ist die Erzählung von der guten Wende im Leben der Brautleute und der Absicht, das sie sich einander versprechen wollen. Das Evangelium lässt sich nicht über eine Eheschließung bzw. eine Trauung im Leben eines Paares einfangen. Es zeigt sich aber immer wieder in den Deutungen der Lebensgeschichten. Dabei geht es gerade nicht darum, ein *Hochglanzmärchen* zu erzählen, sondern vielmehr Stationen der Lebensgeschichten in ihrer eigenen Dramatik zu schildern und vielleicht auch von den Brautleuten selbst oder anderen ihnen vertrauten Menschen schildern zu lassen. Soweit kann der Horizont reichen, wenn es darum geht, die Rechtfertigung der Lebensgeschichte(n) zu inszenieren (Gräb, Rechtfertigung, (1987) 2011). Entwickelt man den Kasus der Trauung in diese Richtung fort, wird es unerlässlich, die Bedeutung von Medien für die Wahrnehmung einer Hochzeit und auch konkret eines Traugottesdienstes zu reflektieren.

4.3 Die Bedeutung von Medien für die Wahrnehmung der Hochzeit

Schon für frühere Generationen galt: Die eigene Hochzeit ist nie ganz die eigene Hochzeit. Gesellschaftliche Konventionen, die Eltern und andere soziale Instanzen sprachen bei der Gestaltung der Hochzeiten wirkmächtig mit. Darüber hinaus galt und gilt dieser Satz sowieso zum einen, weil verschiedene Personen, neben dem Hochzeitspaar, an ihr partizipieren. Zum anderen galt und gilt er, weil, wie eben bereits thematisiert, viele, auch historisch tradierte und sogar mythische und märchenhafte Bilder von anderen, weiteren Hochzeiten im Gedächtnis der Feiernden präsent sind und in die Vorstellungen des Paares und seinen Bildern von der eigenen Hochzeit, das hier maßgeblich auch immer im Fokus steht, hineinragen. Dabei dürfte die Bedeutung medial inszenierter Hochzeitsbilder – und damit sind nicht allein die Paarfotos, sondern auch die weiteren Kommunikationen um eine Hochzeit herum gemeint, die ein Bild von einer Hochzeit ausmachen – in den letzten zwanzig Jahren mit der verstärkten Entwicklung und Verbreitung digitalisierter Kommunikationen noch zugenommen haben. Es geht hier also einerseits um Hochzeiten in Kommunikationen im Bereich von *Social Media* und andererseits geht es um Erfahrungen mit Hochzeiten, die sogenannte *Gamer* machen: Sie spielen *Hochzeit* in Computerspielen.

Grundsätzlich ist zu sagen: Es lässt sich beobachten und sollte mehr als bislang praktisch-theologisch untersucht werden, dass und wie die Mediatisierung von Lebenswelten den Kasus Hochzeit und generell die Kasualien erreicht hat (vgl. Krotz, Mediatisierung, 2007, 11f.). Denn der mediale Wandel, den die Digitalisierung alltäglicher und eben auch festlicher Kommunikationskulturen zeitigt, hat Konsequenzen für den Wandel des Selbstverständnisses der Hochzeitspaare, der Pfarrerinnen und Pfarrer sowie derer, die als Gemeinde an der Trauung teilnehmen und darüber hinaus zur Feier eines Hochzeitsfestes zusammengekommen sind.

In diesen medialen Wandel sind die Artikulationen des Religiösen, wie sie sich in persönlicher Frömmigkeit und in öffentlicher Liturgie zeigen, integral eingebunden. Im Horizont der kirchlichen Vor- und Nachbereitung von Trauungen tritt zum Teil nur das für die kirchlichen Akteurinnen und Akteure problematische Mediennutzungsverhalten ins Blickfeld. Kameras sollen in Kirchenräumen aufgestellt werden bzw. einzelne Personen wollen den gesamten Gottesdienst filmen. Daneben aber finden zahlreiche Kommunikationen innerhalb und rund um den Traugottesdienst statt, die zumeist nicht für Pfarrerinnen und Pfarrer sichtbar sind: Bilder werden vom Tag des Kaufs des Hochzeitskleides *gesimst*; Fotos aus sozusagen längst vergangenen Zeiten vermeintlicher Freiheit werden in sozialen Netzwerken eingestellt und kommentiert. Ging es also einige Jahre zuvor praktisch-theologisch noch um das

Fotografieren der Hochzeit und um die Co-Inszenierungen des Fotografen (Fechtner, Kirche, 2011, 161–165) in Konkurrenz oder in Vergleich zur liturgischen Person der Pfarrerin und des Pfarrers, so sind heute einige weitere mediale Zugangsarten in puncto Mediennutzung während Trauungen bzw. im Horizont der Mediatisierung von Trauungen zu reflektieren. Dazu gehören die Veröffentlichungen von Trauungen in sozialen Netzwerken, die Vervielfältigung des fotografischen Blickwinkels, weil alle mit ihren Handys fotografieren, oder das Twittern, das den Kirchenraum mit anderen Orten vernetzt. Auch die enormen Möglichkeiten, auf im Internet zugängliche Musik für die Gestaltung eines Gottesdienstes zuzugreifen, verändern das Verhältnis der Hochzeitspaare zu ihrer Trauung. Gerade mit dem wiederholten Aufrufen und Hören der beliebtesten Popsongs wird die Trauung aktiv imaginiert und ihre Gestaltung aus der Perspektive der Brautpaare vorangetrieben. Hochzeitspaare sind keinesfalls mehr Kundinnen und Kunden einer kirchlichen Kasualie, sondern sie haben dezidierte Vorstellungen von ihrem schönsten Tag im Leben und möchten diese in vielen Fällen auch realisiert wissen.

Nun könnte man aus dieser Tendenz zur sozusagen interaktiv kommunizierten Trauung die Schlussfolgerung ziehen, dass alsbald die herkömmliche evangelische Liturgie gar nicht mehr erkennbar sein könnte. Viele Pfarrerinnen und Pfarrer unternehmen seit Jahren konstruktive Versuche, mit neu erfundenen Zusatzritualen wie etwa das Hereinführen der Braut durch den Brautvater, auch Dankesgesten an die Eltern des Brautpaares und Trauzeuginnen und -zeugen, das Einspielen von Popmusik, deren Inhalte kaum in Bezug zur christlichen Tradition und gar dem Kasus stehen, aber eben ein Lieblingslied des Paares ist, das Ersetzen des Trauspruchs durch säkulare Sinnsprüche u.a.m. umzugehen und damit eben den Wünschen zeitgenössischer Brautpaare entgegenzukommen. Diesen Wünschen von Brautpaaren muss nicht immer entsprochen werden. Doch diese Wünsche artikulieren zu können, so sollte man sich angewöhnen zu sehen, ist auch Teil von religiös zu nennenden Kommunikationen. Dies zeigt sich genau dort, wo Brautpaare ihre Vorstellungen von dem, was für sie auf das verweist, was sie *unbedingt angeht* (Tillich), äußern. In diesem Sinne sind diese Wünsche und Vorstellungen im weitesten Sinne als religiös zu bezeichnen und deshalb ist mit ihnen gerade im kirchlichen Kontext sensibel umzugehen. Schließlich ist das gelingende Hochzeitsfest und die gelingende Trauung auch für die Beziehung der Braut und des Bräutigams zu Gott eine symbolische Repräsentation. Man wird zwar nicht sagen, dass eine Ehe scheitert, weil man dies bereits an dem misslungenen Hochzeitsfest hätte sehen können. Doch schon die an vielen Orten dieser Welt verbreitete Kultur, ein Hochzeitsbild aufzuhängen, verweist darauf, dass dieser Tag, an dem dieses Paar ins Bild gesetzt wird, noch viele weitere Tage im Leben eines Paares positiv inspirieren soll und die Erinnerungen, die mit ihm verbunden sind, in dieser Weise im Alltag des noch gemeinsam zu führenden Lebens weiterwirken.

Konzeptualisierungen: Studien zur Trauung als kulturellem Phänomen

War es seit der Erfindung der Fotografie das Hochzeitsbild des Paares und zuvor bereits ein anderes Medium, nämlich die Hochzeitsbibel, in der freie Seiten eingearbeitet waren, in denen die Namen und Stammbäume der Ehegatten sowie ihr Trauspruch eingetragen werden konnten, so hat sich die mediale Dokumentations- und Erinnerungskultur wie bereits oben angedeutet bis heute enorm ausdifferenziert (vgl. für den Bereich der Bestattung Klie/Nord, Tod, 2016). Darüber hinaus kann man sagen, dass der Wandel der Kommunikationskulturen, der sich aufgrund der Digitalisierungen von Lebenswelten vollzieht, nicht vor Kirchentüren Halt macht. Denn das, was innerhalb von ihnen geschieht, wird mit den weiteren Lebenswelten des Brautpaares vernetzt. Die Hochzeitsgesellschaft eignet sich die Trauung als ihr Fest an, wenn Fotos auf *Facebook* oder anderswo gepostet werden, wenn weitere Personen, die nicht vor Ort anwesend sind, informiert und auch emotional involviert werden. Wie bereits gesagt: Die Erinnerungskultur des Paares sowie der weiteren Gesellschaft wird insbesondere durch Fotos und Videos, aber eben auch durch das Posten von gemeinsam gehörter Musik gestärkt. Der Traugottesdienst wird ganz oder in Szenen weiterkommuniziert und an anderen Orten noch einmal gesehen und gehört bzw. dort weiter kommuniziert. Menschen, die nicht an einem Gottesdienst teilnehmen, können sich Teile desselben auf Distanz ansehen und selbst bestimmen, was sie davon zur Kenntnis nehmen wollen und was nicht bzw. wo, wann und mit welchem Interesse sie sich selbst die Trauung eines verwandten oder befreundeten Paares (noch einmal) ansehen möchten. Für die Paare oder Gäste kann das Ansehen des Erlebten erinnerungsproduktive Funktion haben. Das Anschauen kann im Rahmen des folgenden Hochzeitsfestes im Festsaal ebenso geschehen wie während der Flitterwochen oder zwischendurch am Frühstückstisch, nachmittags oder abends auf dem Sofa, Monate oder Jahre nach einer Trauung. Die Mediatisierung von Lebenswelten eröffnet der kirchlichen Trauung neue Kommunikationsmöglichkeiten zu ihrer Vernetzung mit anderen Lebenswelten und eben hinein in die mit der Digitalisierung enorm gewachsene Bedeutung von Dokumentationen der eigenen Lebensgeschichte(n). Hiermit sind sicherlich auch ambivalente Folgen verbunden, wie etwa, dass befürchtet werden kann, dass die Aufmerksamkeit z. B. konkret für das Traugeschehen im Gottesdienst nicht mehr ungeteilt vorhanden ist. Ob dies tatsächlich der Fall ist und wie man eine solche Konsequenz mediatisierter Kommunikationen praktisch-theologisch deuten kann, ist eine weitere wichtige Reflexionsaufgabe, die ansteht (vgl. Schlag, Aufmerksam, 2013).

Trauungen im Medium Computerspiel

Die liturgische Gestalt der Trauung muss dabei keineswegs als überholt, aussterbend oder exzeptionell fremd angesehen werden. Ihre Liturgie und ihr

Sinn sind, so legen es z. B. auch mediale Inszenierungen ihrer selbst nahe, weitaus akzeptierter als es manche ihrer Deutungen aus der Perspektive von Säkularisierungstheorien zu verstehen geben. Dass Trauungen und damit die Segnung des Zusammenlebens von zwei Menschen immer weniger gefeiert werden, hat nichts mit dem Kasus selbst zu tun, auch wenn die Ehe nicht mehr die alleinige Lebensform ist. Es hat vielmehr mit einem komplexen Zusammenhang von Beziehungskonstellationen und Lebensplanungen zu tun (vgl. Kapitel 1 und 2).

Diese These müsste selbstverständlich noch einmal empirisch überprüft werden. Bislang lässt sich aber anhand von Internet-Kommunikationen belegen, wie Trauungen z. B. in Form von virtuellen Hochzeiten im Kontext des Computerspiels *World of Warcraft* (WoW) gefeiert werden und dass hier viele Elemente kirchlicher Liturgien klar erkennbar und auffindbar sind. Ganz wie in vielen traditionsbewusst gefeierten Trauungen hat der Kirchenraum auch hier eine enorme Bedeutung. Die sogenannte *Kathedrale des Lichts* in *WoW* ist ein beeindruckendes Bauwerk, das von Weitem bereits zu sehen sein soll. Der Anblick solle einem den Atem verschlagen, einen herausholen aus allem, was bisher das Blickfeld prägte, dies sei nicht nur für die Hochzeitspaare so, sondern spiegele sich auch in Äußerungen einer angehenden Priesterin namens *Adamaris* wider:

> „Sie blieb mitten auf dem von Leben überquellenden Kathedralenvorplatz stehen. Überwältigt von dem monumentalen Bau, steigt Adamaris langsam die 30 Stufen hinauf und durchschreitet das imposante Portal. Als angehende Priesterin des Lichts war sie schon in einigen Kirchen, aber die schiere Größe dieser Kathedrale übertraf alles, was sie je gesehen hatte. Fasziniert lässt sie den kurzen Gang, der sich vor ihr auftut, hinter sich und betritt durch ein weiteres Portal das Kirchenschiff. Ihr Blick trifft auf einen Kirchenraum von einzigartiger Imposanz. Der Mittelgang ist gesäumt von Kerzenleuchtern, links und rechts befinden sich je sechs gotische Bögen. Banner des heiligen Lichts, der Stadt Sturmwind und der Allianz zieren die Wände. Prächtige, bodenhohe Bleiglasfenster, von einzigartiger Kunstfertigkeit, umgeben das Kirchenschiff. Am Ende des Mittelgangs führt eine Treppe hinauf zum Altar. Von den drei Fenstern dahinter fallen Sonnenstrahlen in das Innere und verleihen allem noch mehr Glanz. Hohepriesterin Laurena steht hinter dem Altar. Alles wirkt so friedlich und ruhig. Der Krieg, die Entbehrungen und die ständige Angst haben an diesem Ort keine Bedeutung. Von Ehrfurcht ergriffen kniet Adamaris nieder, um zu beten." (Eckhardt, Hochzeit, 2014, 321)

Zumindest in bestimmten Genres von Computerspielen wie denjenigen der Fantasy-Welten werden die großen Fragen des Lebens inszeniert. Zu ihnen gehören das Suchen und das Finden *der Liebe des Lebens* ebenso wie der Tod und der Krieg, zuweilen macht gerade die Kombination dieser Aspekte ihren Reiz aus. Dabei wird auf religiöse Symbole, auf Riten und auf ganze Erzählstränge aus den Weltreligionen sowie auch gerne aus dem Bereich von My-

Konzeptualisierungen: Studien zur Trauung als kulturellem Phänomen 123

then, insbesondere der nordischen Kulturkreise, zurückgegriffen. Computerspiele werden zunehmend aus religionswissenschaftlicher und praktisch-theologischer Perspektive beforscht (vgl. Heidbrink, Games, 2015, Nord/Eckhardt, Spielen, 2014).

Die Lebenswelten von Massively Multiplayer Online Role-Playing Games (MMORPG) wie *World of Warcraft* weisen ein hohes Maß an Pluralität in religiösen, insgesamt in kulturellen und sozialen Fragen auf (vgl. zu den folgenden Ausführungen Eckhardt, Hochzeit, 2014). Computerspiele wie dieses werden weltweit und deshalb auch ohne zeitliche Begrenzungen gespielt. Die Spielerinnen und Spieler gehören sehr verschiedenen Nationalitäten an, es gibt keine Homogenität, was ethnische Herkunft, religiöse Bindung, politische Überzeugung oder spezifische Bildungsstandards angeht. *World of Warcraft* z. B. wird von ca. 7,7 Millionen Abonnentinnen und Abonnenten gespielt.

Für Fantasy-Welten, zu denen *World of Warcraft* gehören, gilt, dass Religion auf markante Charakteristika zurückgeführt wird, die sozusagen allgemein als religiös gelten und insofern auch als Stereotypen von Religionen gesehen werden können: Gott, Priester, Heilung, Erlösung, Erlöser, Teufel, Licht, Dunkelheit, Vergeltung, Buße, Reinigung sind einige der vorfindlichen Motive. In *World of Warcraft* herrscht dabei kein allmächtiger Gott, es wird vielmehr ein dualistisches Prinzip konkurrierender Götter präsentiert: Gut gegen Böse, Licht gegen Finsternis.

Ein bedeutender religiöser Ort in *WoW* ist, wie bereits oben angedeutet, die *Kirche des Lichts*. Einige Spieler- und Spielerinnengruppen (Clans) führen hier regelmäßig Trauungen sowie auch Beerdigungen durch. Sie kommen aus vielen verschiedenen Kontexten dieser Erde, die Organisationsstrukturen der Clans weisen dabei Hierarchien auf, wie sie aus Ritterorden der mittelalterlichen Kirche bekannt sind. Dabei ist signifikant, dass die religiöse Kommunikation hier keinen Spielfortschritt für die Clans bringt und dass sie sie dennoch für sich in Betracht ziehen und sich für sie Zeit nehmen. Es ist nichts Besonderes, dass in einem Clan Menschen unterschiedlicher Nationalitäten, Religionen und Traditionen miteinander spielen. In die Spielwelten fließen so verschiedenste Weltdeutungs- und Welterschließungsmodelle ein. Dabei begegnen zwangsläufig religiöse Mischprodukte, man könnte sie *Mashup Religion* nennen (vgl. bzgl. Musik zu dieser Kunstform McClure, Mashup, 2011).

Simon Eckhardt hat eine der vielen Trauungen beschrieben, die in der Kathedrale des Lichts gefeiert werden; diese Beschreibung wird hier leicht verändert und gekürzt wiedergegeben (Eckhardt, Hochzeit, 2014): Es handelt sich um die Trauung von *Samira* und *Illidanos*; Priesterin *Xenia* ist die Liturgin. Es sind ca. 30 Gäste, die den Einzug der Priesterin und des Brautpaars links und rechts vom Mittelgang kniend erwarten. Die Braut trägt ein weißes Brautkleid, der Bräutigam einen schwarzen Anzug, er wartet bereits am Altar. Um den Altar herum stehen die Trauzeugen. Die Priesterin beginnt die Ansprache:

> „Verehrte Anwesende, liebes Brautpaar! – Wir haben uns heute hier zusammengefunden, um Samaria und Illidanos in den Bund der Ehe zu geleiten. – Eine junge Liebe, wie sie romantischer nicht sein kann, steht hier nun vor uns. – Armors Pfeil hat es wieder einmal geschafft und eine zärtliche Liebe entfacht." (vgl. *https://www.youtube.com/watch?v=Nc-E4XYwpyQ*)

Wer die Traufragen im Computerspiel *WoW* liest, kann erkennen, dass man sich hier die Liturgie kirchlicher Trauungen im Detail angeeignet hat:

> „Samira. – Willst du den hier anwesenden Illidanos zu deinem Mann nehmen?" – „Ja ich will." „Ihn lieben und Ehren, beschützen und treu bleiben bis an das Ende eurer Zeit? – so antworte mit: Ja ich will." – „Ja ich will." „Illidanos – Willst du die hier anwesende Samira zu deiner Frau nehmen? – Sie lieben und ehren, beschützen und treu bleiben bis an das Ende eurer Zeit? – So antworte mit: Ja, ich will." – „Ja, ich will." – „Ihr habt euch nun das Jawort gegeben. – Nun tauscht eure Ringe, als Zeichen der Ewigen Liebe aus und reicht euch die Hände. – Samira, Illidanos. Mein Segen soll euch immer begleiten und eure Liebe beschützen."

Die Priesterin Xenia wirkt einen Segen in Form eines Licht-Zaubers auf das Brautpaar. „Hiermit erkläre ich euch zu Mann und Frau! Du darfst die Braut jetzt küssen." Auch Gäste segnen nun und wirken Zauber, die in einem Feuerwerk visualisiert werden. Dann geht die Traugesellschaft in die Taverne *Goldenes Fass*, es soll ein rauschendes Fest gefeiert werden. Hier werden auch Geschenke überreicht und eine Hochzeitstorte serviert, es wird getrunken und getanzt. Das Fest endet mit einem Hochzeitsfoto auf der Treppe der Kathedrale.

Die Zusammenfassung stellt bereits in den Mittelpunkt, was auch für Trauungen im MMORPG charakteristisch ist: das Versprechen und der Segen. Hierbei ist interessant, wie sehr auch in *WoW* darauf geachtet wird, dass die Hochzeit ein öffentliches Ereignis ist. Sie wird mit Zeit und Ort in der Spielgemeinschaft angekündigt, sie wird gefilmt und auf Videoportalen veröffentlicht. Das Rollenspiel bezieht auch die Gäste mit ein, die ihre Teilhabe gemäß klarer Regeln gestalten. Sie tragen besondere Kleidung und sie kommen ohne Waffen. Es gibt Einladungen zu Trauungen, die mit einem bestimmten Dress-Code verbunden werden. Wie auch bei *realen* Hochzeiten werden dem Hochzeitspaar Geschenke gemacht. „Während der gesamten Feier wird Freude durch Hüpfen und bunte Zauber symbolisiert" (Eckhardt, Hochzeit, 2014, 356). Die Visualisierung von Freude spielt offensichtlich, so lässt sich in Anschluss an Tolkiens Ausführungen zur *Eukatastrophe* sagen, auch hier wieder eine große Rolle.

Blickt man auf die Anlässe für Hochzeiten in MMORPG, lassen sich beide möglichen Zusammenhänge beobachten: Zum einen feiern Spieler und Spielerinnen, die auch offline verheiratet sind, eine virtuelle Hochzeit, zum anderen kann die Trauung auch ein *rein virtuelles* Rollenspielelement sein und die Avatare der Spielerinnen und Spieler werden getraut. Übersetzt man den in medienwissenschaftlichen und populären Diskussionen häufig für Online-Kommunikationen benutzten Begriff *Virtualität* ins Deutsche, so werden aus dem Bereich der Philosophie und auch der Literatur- und Medienwissenschaften vor allem die Synonyme *Möglichkeit* oder *Eventualität* bzw. *Potentialität* (vgl. auch Duden, Synonyme) angeboten. Greift man diesen Deutungshorizont innerhalb der Theologie auf, lassen sich Referenzen zu Themenstellungen finden, die für die Beschreibung christlichen Glaubens zentral sind. So ist mit Kierkegaard gesprochen der Glaube ein Möglichkeitsraum, in den es einzutreten gilt, damit eine Gottesbeziehung sozusagen real werden kann. Aus dieser Perspektive betrachtet, lässt sich zumindest sagen, dass in *WoW* nie einfach nur gespielt wird, sondern zugleich Lebens- und Beziehungsmöglichkeiten erprobt werden. Dies gilt im beschriebenen Beispiel sogar für die Erprobung der Wirkung, die ein Trauversprechen für eine Person bzw. ihren Avatar haben kann. Die Trauung wird im Rollenspiel simuliert und so zugleich ein Experiment damit gemacht, welche Bedeutung eine solche für das eigene Leben und in Verlängerung dessen für das Leben des Avatars als Stellvertreter für einen selbst haben kann: Sind die Formulierungen für einen selbst stimmig, wie fühlt man sich, wenn man ein solches Versprechen spricht? Welche Veränderung stellt sich nach einer Trauung in der Beziehung ein? Es kommt mit diesem Ausflug in die Welt der Computerspiele sogar in den Blick, dass die praktisch-theologische Diskussion, die die *rites de passage* für überholt bzw. Verlust ihrer Funktion durch Enttraditionalisierungsprozesse erklärte, möglicherweise zu voreilig argumentierte; zumindest was diese Lebenswelt angeht. Die Trauung bzw. Hochzeit zeitigt im Clan bzw. in der Gilde klar nachweisbare Statusveränderungen. Sie zeigen sich freilich durch den Rückgriff auf mittelalterliche Gesellschaftsformationen, die nun allerdings im moderneren Gewand, nämlich, wenn es besonders formell zugeht, in dem weißen Brautkleid und dem schwarzen Anzug, auftreten. Wo herkömmliche Traditionen aufgebrochen worden sind, mag zwar der äußere Zwang zu ihrer Befolgung gefallen sein. Die Bedeutung, die das Fällen einer Entscheidung für eine Hochzeit bzw. für eine Trauung hat, scheint allerdings für viele Menschen eher gestiegen als gefallen zu sein. Interaktive Rollenspiele tragen in diesem Sinne für eine produktive Auseinandersetzung mit der Lebensmöglichkeit Hochzeit bzw. Trauung bei. Zu denken geben kann einem auch, dass im Computerspiel das Segnen einerseits der Akt der Priesterin ist, andererseits als ein kollektiver Akt praktiziert wird. Diese Praxis regt dazu an, darüber nachzudenken, wie es wäre, wenn auch im Traugottesdienst der Segen von mehr als einer liturgischen Person gesprochen würde. Reformatorische Theologie, wie sie konkret mit der Aufforderung zum Priestertum aller Gläubigen verbunden ist, würde dies ganz sicher mittragen können; darüber hinaus böte eine *geteilte Geste des Segnens* auch neue Möglichkeiten für interreligiöse Rituale (vgl. zur Bedeutung des Segens auch 3.3).

5 Lokalisierungen: Studien zur Bedeutung des Ortes von Trauungen

Wer als Pfarrerin oder Pfarrer an einer Hochzeitskirche arbeitet, weiß: Der Ort der Trauung, neudeutsch die *Location*, ist für viele Brautpaare von erheblicher Bedeutung: Damit ist zum einen die Stadt oder das Dorf, zum anderen ist der konkrete Raum gemeint, an und in dem die Trauung stattfindet. Um dieser für Pfarrerinnen und Pfarrer häufig schwer erträglichen Priorisierung von Äußerlichkeiten nachzugehen und sie in diesem Sinne etwas verständlicher zu machen, ist ihr ein eigener Abschnitt gewidmet. Anhand eines Spektrums von vier verschiedenen, häufig ausgewählten Orten bzw. Räumen lassen sich zudem religiöse Orientierungen von Brautpaaren sichtbar machen (5.1). Kirchenräume werden üblicherweise als andere, heilige Räume bezeichnet. Innerhalb der evangelischen Tradition ist die Betonung dieses Aspektes allerdings keineswegs unproblematisch. Es liegt ein Verständnis von Religion(en) und Glaube hinter diesem Bedeutungshorizont, der es Menschen erschwert, sich diesen besonderen Raum als den ihren anzueignen (5.2). Schließlich gilt es sich vor Augen zu führen, dass die kirchliche Trauung *ein* Element im Veranstaltungsensemble einer Hochzeitsfeierlichkeit ist, das vom Kennenlernen bis hin zum Honeymoon reicht. Was um die Trauung herum geschieht, ist zudem keineswegs religiös irrelevant, sondern trägt spezifische religiöse Bedeutungen zu diesem Kasus bei (5.3).

5.1 *Die Bedeutung des Ortes und des Raumes für die Hochzeit*

Für die meisten Hochzeitspaare steht keineswegs von vornherein fest, welche Kirche *ihre Kirche* wird. Zuweilen hat sie für eine der Personen eine lebensgeschichtliche Bedeutung: Man wurde in ihr konfirmiert oder man hat hier schon Jugendarbeit gemacht. Sehr häufig, möglicherweise häufiger, ist die Auswahl der Kirche aber von der Wahl des Festortes abhängig. Die Paare suchen eine Kirche, die in der Nähe des Festsaals, des Restaurants oder des Hotels liegt, in dem man logiert. Natürlich möchte man dann neben einem sehr schönen Ort für das Fest auch eine sehr schöne Kirche für die Trauung finden. So mag die Auswahl des Hochzeitsortes mit der Wahl einer sogenannten Hochzeitskirche verbunden sein; es lässt sich beobachten, dass hier *der*

Markt schon reagiert hat, Restaurants und Hotels bewerben ihre Möglichkeiten, eine Trauung zu feiern bereits in Verbindung mit den sogenannten Hochzeitskirchen.

Fällt dann die Entscheidung für eine bestimmte Hochzeitskirche, bringt dies eigene Schwierigkeiten mit sich. Für sie muss in aller Regel Miete gezahlt werden, denn die Gemeinde, die eine solche Kirche besitzt, will und kann diesen in den Sommermonaten die Logistik einer Gemeinde herausfordernden Service nicht umsonst anbieten. Es handelt sich ja kaum um ihre Mitglieder, die da getraut werden wollen; für diese wäre die Gemeinde – so lange das Parochialsystem in der Evangelischen Kirche in Deutschland weiter gilt – zuständig. Doch Traupaare verstehen dies häufig nicht, denn sie zahlen Kirchensteuer an eine zentrale Stelle, bekommen aber keine zentral erteilten Leistungen, sondern werden plötzlich in kircheninterne administrative Bestimmungen und weiterhin in die Logik von Festlegungen eines Kirchenvorstandes hineingezogen. Welten prallen aufeinander, die erst einmal kaum etwas miteinander zu tun haben. Kirchengemeinden und Landeskirchen beginnen jedoch bereits sensiblere Lösungen zu finden, sodass bei der Anfrage für eine Trauung Brautpaare nicht unnötig schlechte Erfahrungen machen müssen, die – weil sie mit dem Thema Geld verbunden sind – immer gleich hohe Wellen schlagen. Nicht jede Kirchengemeinde unterhält einen Kirchenbau, der sich für eine anspruchsvoll festlich gestaltete Hochzeit eignet. Dass man den Wunsch nach einem solchen Ort allerdings mit guten Gründen haben kann, sollen nun einige kulturtheologische Überlegungen zur Bedeutung von Orten und Räumen für religiöse Kommunikationen verdeutlichen.

Bereits die Überlegungen zur mythischen bzw. märchenhaften Dimension der Hochzeit zeigen, dass die Hochzeit mehr ist als die öffentliche Bestätigung des Ehevertrags, auch mehr als das Versprechen zweier Menschen, beieinander bleiben zu wollen. In beiden Aspekten liegt nun etwas von dem, was das sozusagen Religiöse der Hochzeit ausmachen könnte. Es ginge nach einem Deutungsmuster um die Begehung eines kontingenten Lebensfeldes: Keine Partnerschaft und keine Ehe ist vor Trennung, Scheidung, Unglück, Krankheit und Tod gefeit. Wer sich entschließt, sich trauen zu lassen, hat in aller Regel vor Augen, das Leben miteinander zu teilen, auch wenn mehr als bewusst ist, zu welcher großen Herausforderung dies für das Brautpaar werden kann. Aber bevor anthropologisch bekannte Muster (Kontingenz) die Deutung der Hochzeit zu sehr dominieren, soll nun hier einmal entgegen protestantischer Sitte und Moral *das dem Hochzeitsfest Äußerliche*, das Phänomenale im Fokus stehen.

Die Hochzeit wird in aller Regel an einen anderen als den sonst üblichen Lebensort verlegt. Mit dieser örtlichen Veränderung wird Distanz zum Alltag geschaffen. Dass die Festvorbereitung viele Paare Monate in Anspruch nimmt, zeigt, dass hier doch anders vorbereitet wird als etwa für ein Geburtstagsfest der Fall ist. Die Hochzeit wird in den meisten Fällen größer als der

Geburtstag gefeiert: mehr Gäste, mehr und feineres Essen, schöne Details wie ein Hochzeitswagen, Hochzeitskleidung und Blumenschmuck, Musik, die auch schon einmal *live* gespielt wird und nicht wie sonst aus der Konserve kommt.

Möglicherweise ist der hohe finanzielle Aufwand, der mit einer Hochzeitsfeier, soll sie nach allen Regeln der Kunst gefeiert werden, verbunden ist, auch ein wichtiger Faktor, der viele Paare von einer Trauung abhält, selbst wenn sie evangelisch und standesamtlich verheiratet sind. Vielleicht besteht in diesen Fällen ein Gespür dafür, dass der Aufwand, der betrieben wird, essentiell zum Erleben der Hochzeit als *Hoch-Zeit* dazu gehören könnte. Diese These mag bereits mit dem Verweis auf Hochzeitsbräuche der vielen verschiedenen Kulturen plausibel werden, die nicht nur einen, sondern gleich mehrere Tage feiern. Weiterhin ist auch aus den Kontexten von Hochzeiten, die über mehrere Tage gefeiert werden, bekannt, dass sich Paare und Eltern mehr als verantwortbar hierfür verschulden (müssen). Es soll hiermit nicht einer übertriebenen Luxuskultur das Wort geredet, sondern nicht verschwiegen werden, dass das Feiern einer Hochzeit traditionell eine ausdifferenzierte und bedeutungsvolle Kultur hat.

Phänomenologisch betrachtet, lassen sich diese hohen Aufwendungen für das Hochzeitsfest in diesem Sinne auch als eine Investition in die Atmosphäre des Hochzeitsfestes verstehen. Es geht um eine Atmosphärisierung des Raums bzw. der Räume, in dem die Hochzeit kommuniziert werden soll (vgl. Nord, Realitäten, 2008). Dies geschieht, indem religiöse und künstlerische Inszenierungen vorgenommen werden, denn sie vermögen, die Seelen zu erheben und damit Menschen von den Beschwernissen des Alltags zu erleichtern; schließlich soll eine Hoch-Zeit eintreten. In phänomenologischer Perspektive gehören zu diesen religiösen und künstlerischen Inszenierungen erlesene Speisen, Gerüche, Blumen, Duftsalben, oder moderner ausgedrückt, duftende Lotionen für die Körper, die zum Fest schöngemacht werden, Räucherwerk, berauschende Getränke, Musik und auch erotische Reize. Im Kontext einer medienwissenschaftlichen Erörterung des Themas hätte man von einer maximal immersiven Atmosphäre zu sprechen. Reizüberflutung ist hierbei beabsichtigt. Denn eine hoch beeindruckende Atmosphäre, die quasi nichts anderes mehr zulässt als zu feiern, lässt das Gefühl aufkommen, dass man ganz in der Gegenwart lebt und in das Festgeschehen eintaucht; es soll ein rauschendes Fest gefeiert werden.

Kirchliche Kommunikation zu Trauungen lässt dieses Bewusstsein für eine Festkultur häufig vermissen. Die Nähe, die große Trauungen zu einer aus christlicher und kirchlicher Sicht seit langem reflektierten Erlebniskultur (vgl. Schulze, Erlebnisgesellschaft, 2000; sowie praktisch-theologisch dazu Beck, Gottesdienst, 1996; und Engemann, Herausforderung, 2003) haben, deren Immersionsgrade je nach Milieu immer weiter gesteigert werden, bringt die Befürchtung auf, dass es hier kaum mehr um den Ausdruck eines christlichen

Anliegens geht. Manche in kirchlichen Kreisen kursierende Ablehnung von Hochzeitsbräuchen oder die Kritik an sozusagen zu übertriebenen Inszenierungen ließe sich zudem auch als eine Abwehr davon verstehen, eben ein rauschendes Fest zu feiern, weil Erfahrungen von *Rausch* durchaus ambivalent sind; Kontrollverlust und Ekstase sind Elemente, die fest zum Repertoire religionsphänomenologischer Beschreibungen von Festen gehören, doch man zögert, sie im Kontext evangelischer Traugottesdienste zu thematisieren. Diese Abwehr geht auf sehr verschiedene und vielfältige kulturelle und im engeren Sinne konfessionsbezogene, hier konkret evangelische Einstellungen und kulturelle Haltungen zurück. Werden alle Sinne zugleich angeregt, wird man überflutet von ihnen, muss man selbst alles loslassen und sich sozusagen dem Fest hingeben und in ihm ein- und untertauchen, macht dies auch Angst: Was wird auf dem Fest geschehen, wie entwickelt es sich? Ein Hochzeitspaar wird ungern *einfach alles* geschehen lassen wollen. Doch in einem relativ klar strukturierten Rahmen soll doch Stimmung aufkommen. Sie kommt auf, wenn man mit allen Sinnen in das Geschehen hineingezogen wird; dieser Prozess kann große Freude, sogar Glücksgefühle auslösen.

Es scheint insofern eine gewisse Intuition hierfür in der Aktivität vieler Hochzeitspaare zu liegen, die sich für ihren Tag in großem, von außen betrachtet nahezu unverständlichem Engagement einsetzen. Indem die Paare viel für die sinnliche Erschließung des Hochzeitsfestes tun, eröffnen sie sich selbst Zugänge dazu, die Wirklichkeit ihres Glücks empfinden zu können. Denn dass das Glück wirklich wird, muss am eigenen Erleben und am eigenen Verhalten ablesbar werden. Was als wirklich wahrgenommen wird, das ist leiblich und dabei sinnlich zu erleben und zugleich auch als Wirkung eigener Handlungen zu erfahren. Deshalb ist es insbesondere zum Hochzeitsfest so wichtig, die leibliche Wahrnehmung und die Wirkung eigener Handlungen zu imaginieren und inszenatorisch zu gestalten.

Für diese Interaktionen bieten Kirchenräume, ebenso wie Festsäle, in vielfältiger Weise Gelegenheiten. Sie ermöglichen es, eine Hochzeit in genau dieser Art und Weise mit einer so und so bestimmten Atmosphäre zu feiern. Umgekehrt gesagt: Die Auswahl des Ortes der Hochzeit und des Raumes für die Trauung verrät viel von den Erwartungen des Brautpaares an diesen Tag und auch von den Deutungen dieses Ereignisses, die sie für ihr gemeinsames Leben haben. Deshalb soll zumindest exemplarisch dem nachgegangen werden, wie die Atmosphären von Kirchenräumen beschrieben werden können. Diese Beschreibungen führen allerdings immer etwas künstlich Abstrahierendes mit sich, denn sie lassen die Vorerfahrungen der Menschen mit weiteren Kirchen außer Acht, die sie bereits in ihrem Leben zu ebenfalls für ihre Biografie wichtigen Anlässen hatte. Wurde man in einer barocken Kirche religiös sozialisiert, ist diese heimatlich konnotiert. Wurde man in einem Kirchenraum innerhalb eines Gemeindezentrums mit Gottesdienst und kirchlicher Kultur bekannt, wird das Barocke und seine Atmosphären möglicherweise befremdlich wirken. Ebenso verhält es sich mit den Lichtspielen sowie mit der Akustik, die z. B. in gotischen Kirchen als einem weiteren weitverbreiteten Modell europäischen Kirchenbaus, vorherrscht. Die Architekturen der Räume mit ihren spezifischen Lichtarrangements und der ihnen eigenen Akustik bauen eine spezifische Atmosphäre auf. An den Architekturen, die zu hoher Anerkennung und Verbreitung geführt haben, entwickelt(e) sich auch sozusagen das Sinnbild von Kirche, das mit jenem Licht und jener Akustik identifizierbar wird.

Wenn gegenwärtig in Bezug auf den Kirchenbau häufig davon gesprochen wird, dass er eine Differenzerfahrung ermöglichen soll, dass er ein *anderer Ort* ist, dann ist hiermit zumeist gemeint, dass man es leib-körperlich spürt, aus dem Lärm in die Stille einer Kirche zu kommen oder aus der Fixierung auf alle möglichen visuellen Reize, zum Beispiel in einer Fußgängerzone, in die hiervon abscheidende Visualität einer gotischen Kathedrale einzutreten. In phänomenologischer Beschreibung ausgedrückt, lehren so z. B. Räume gotischer Architektur, das Gefühl des Erhabenen am eigenen Leib zu spüren (vgl. Nord, Realitäten, 2008). Hier legt es die Architektur darauf an, dass der eigene Leib sich ins Unendliche ausdehnen kann (Böhme, Atmosphäre, 1995). Die Höhe gotischer Kathedralen zieht den Menschen mit in die Höhe, animiert dazu, den Blick gen Himmel zu wenden. Dabei wird dieses Gefühl häufig keineswegs als eindeutig gut oder schlecht empfunden. Somit liegt das Besondere des Kirchenraums – verbunden etwa mit der Gotik – in einer spezifischen Ambivalenz. Einerseits erfasst einen eine Art urtümlicher menschlicher Stolz, der mit einem solch erhabenen Bauwerk verbunden ist, das die Kräfte der Natur fesselt und ihnen etwas entgegensetzt. Dazu vermittelt die Architektur ein Gefühl von Sicherheit und Ordnung. Andererseits stellt sich aber aufgrund der ungewöhnlichen Bauweise selten das Gefühl ein, einfach heimisch zu sein. Es bleibt eine gewisse Scheu zu verarbeiten: Die Größe des Bauwerks, die mit ihm kommunizierte Allmacht und Autorität von Gott und Kirche stehen zum Teil in einem unklaren Verhältnis zur Bewertung der eigenen Subjektivität und des Selbstgefühls. Zwiespältige Gefühle gegenüber den Traditionslinien von Religion, die Menschen in ihrer Lebensplanung eingeschränkt oder ihnen Freiheit genommen haben, treten neben die intellektuelle Erwartung einer Transzendenzerfahrung oder eben neben das Gefühl der Geborgenheit, das sich in einem vertrauten Raum einstellt. In diesem weiten Sinne ist Architektur ein Medium, das Raum schafft und darin auch (religiöse) Gefühle wahrnehmbar werden lässt.

Hierzu sollen nun weitere Überlegungen auf vier häufig für Traugottesdienste ausgewählte Räume und Orte bezogen werden.

132   Lokalisierungen: Studien zur Bedeutung des Ortes von Trauungen

a)   Der Trauort als der vom Brautpaar ausgewählte Kommunikationsraum für das Hochzeitsfest

Es ist keine Seltenheit mehr, dass Traugottesdienste im Sommer draußen stattfinden: in Gärten oder Parks, auf einem Gutshof, sogar am sonnigen Strand eines Urlaubslandes. Im Vordergrund steht also der von der Hochzeitsgesellschaft getragene sozial konstruierte Raum, oder anders gesagt, der extra für die Trauung gewählte Raum, der durch eine Gruppe von Menschen zum eigenen Raum wird. So liegt das Charakteristikum vieler Trauorte darin, dass das Paar sich für diesen Ort entschieden hat und seine Gäste dorthin einlädt. Das Paar führt seine Gäste so also aus ihrem vertrauten Zusammenhang heraus, möchte einen besonderen Ort ausweisen, sei er teuer erkauft, kostenlos draußen in der Natur erhältlich oder in anderer Weise einfach ein Ort, der für das Paar zu einem Ort von besonderer Bedeutung wird: Denn die Traugesellschaft macht sozusagen einen Ausflug, dies soll ein guter Start für eine fröhliche und unbeschwerte *Hoch-Zeit* sein.

b)   Der Kirchenraum als sozialer Raum

Es sind wohl nur sehr wenige Paare, die ihre Trauung in einem Gemeindezentrum feiern; als Pfarrerin, deren Gemeinde über Jahre in einer Grundschule untergekommen war, bevor sie die eigene Kirche bauen konnte, war es mir möglich, diese Variante der kirchlichen Hochzeit genauer zu beobachten: Wer im Gemeindezentrum die Trauung feiert, macht deutlich, dass man sich als Teil der Gemeinde versteht; es kommt nicht so sehr auf das heilige Äußere, den umbauten Kirchenraum an. Man lässt sich vor Gott und der eigenen Gemeinde trauen. Das Paar zeigt sich als Teil einer sozialen Gemeinschaft, mehr noch als Teil der Nachfolgegemeinschaft Jesu Christi. Es ist gerade nicht das höfische, märchenhafte Modell der Traumhochzeit, die hier gefeiert werden soll, sondern vielmehr eine Variante anderer spiritueller Orientierung: die Feier einer Liebe, die die Ausstattungen der bürgerlichen oder sogar adeligen Gesellschaft zu ihrer Würdigung nicht braucht, die ihre Liebe im Namen Jesu Christi und der versammelten Gemeinde feiern will.

c)   Der Kirchenraum als touristischer Ort mit historischer Bedeutung

Die Kapelle am Ortsrand oder in der Nähe eines schönen Burgrestaurants bietet Kirchenräume, die unter dem Aspekt gesehen werden, dass ihre historische Bedeutung bzw. die Aura des Historischen dem Paar am Hochzeitstag sozusagen guttut. Gerade in Zeiten, in denen Liebe riskant ist und der gesellschaftliche Wandel als rasant gesehen wird, wird ein solcher Ort zum Zeichen von Kontinuität und Verankerung. Die Historizität kann in großen Domanlagen dazu führen, dass hier Traugottesdienste von hoher historischer und politischer Bedeutung gefeiert werden oder dass in kleinen Dorfkirchen die Atmosphäre entsteht, dass eine Person an diesem Ort den *Atem der Geschichte* aufnehmen kann, auch dass sie mit ihren Vorfahren und Vorfahrinnen sowie mit deren Trauungen, seien es die Eltern oder die Großeltern, in Verbindung treten kann.

Grundsätzlich müssen die Kirchenräume aber gar nicht persönlich bekannt sein, viele Ehepaare finden ihren Kirchenraum erst in Verbindung mit ihrem Festsaal. So werden sie sozusagen als Touristinnen und Touristen mit ihrer Traukirche bekannt. Die Historizität des Gebäudes ist dann Teil der Wahrnehmung einer gegenwärtig massenhaft medial und öffentlich inszenierten Erinnerungskultur, die in Repräsentationen des Historischen fundiert wird.

d) Der Kirchenraum als heiliger Ort einer geheiligten Gesellschaft

Den Kirchenraum als heiligen Raum wahrzunehmen, in dem heilige Handlungen stattfinden, heißt, ihn vor allem in Differenz zu profanen Räumen zu sehen. Im katholischen Kontext wird dies explizit deutlich am Weiheritus, der hier neben der Verwahrung von Hostien in einem Tabernakel und mitunter neben der Aufbewahrung von Reliquien unter dem Altar dazu beiträgt, dass ein bestimmter Raum zum Kirchenraum wird. Alle drei Komponenten, ein geweihter Raum, in dem ein Sakrament unter der Gegenwart heiliger Gegenstände gefeiert wird, kommunizieren eine Atmosphäre des Heiligen, die alle Gäste, ja sogar die zuvor anwesend gewesenen Menschen in dieser Kirche in eine Beziehung zueinander bringt; man kann sie in gewisser Weise als eine Gemeinschaft der Heiligen bezeichnen.

In evangelischer, insbesondere reformierter Tradition, wird das Heilige häufig in einer Inszenierung des Einfachen, Schlichten, der Unterbrechung der Dominanz des Sozialen zugunsten des Transzendenten gefunden. Man tritt vor den Altar und damit auch vor das Angesicht Gottes; die Gemeinde ist anwesend, sie steht hinter dem Brautpaar. Der *Cantus firmus* der Kommunikation liegt in der Kommunikation der Beziehung zwischen Gott und Mensch bzw. Gott und dem Paar. Aus der Perspektive des Traupaares bedeutet dies häufig, dass das Paar sich zwischen dem Polterabend und dem Hochzeitsfest eine Zeit der Besinnung und der Orientierung auf das ihnen Transzendente wünscht.

Dieser kurzen Charakterisierung von einigen verbreiteten Trauorten könnten weitere hinzugefügt werden. Die Beschäftigung mit ihnen dient dabei nicht nur der Reflexion auf diese Orte und welche liturgischen Formen und Worte für sie angemessen erscheinen, sondern auch als Hinweis, den Theologien dieser Räume bzw. den theologischen Orientierungen der Brautpaare nachzugehen, die diese Räume jeweils ausgewählt haben.

5.2 Schwierigkeiten im Umgang mit dem Sinnbild von der Kirche als anderem Ort

Spätestens seit der Elektrifizierung von Kirchenräumen wird man nicht mehr davon sprechen können, dass Kirchenräume heilige, weil von profanen Räumen abgetrennte und von profanen Lebensweisen ausgesonderte Räume wären. Die Versorgung von Kirchenräumen mit elektrischem Licht und mit Wärme war eine große Veränderung zum einen für die Nutzungsmöglichkeiten, zum anderen für die ästhetische Gestaltung von Kirchenräumen. Heute tritt eine elektronische Vernetzung von Kirchenräumen mit Mobilfunksystemen hinzu. Dabei sind nicht nur die Mobilfunkmasten auf manchen Kirchtürmen gemeint, sondern die elektronische Vernetzung von Kirchenräumen bzw. von Menschen, die sich in diesem Kirchenraum aufhalten, mit anderen Menschen außerhalb.

Mit den Kommunikationsmöglichkeiten, die der Cyberspace bietet, ist es den Kulturwissenschaften ins Auftragsbuch geschrieben worden, dass eine neuerliche Klärung der Kategorie Raum vorgenommen wird und für die Theologie bedeutet dies, dass sie sich grundlegend mit einer ihrer Leitthesen zum Verständnis von Kirchenräumen auseinanderzusetzen hat. Diese besagt, dass der Kirchenraum ein *anderer Raum* sein soll als die Räume, in denen Menschen im Alltag leben. Der Kirchenraum wird im Gegenüber zu Räumen positioniert, die kommerzialisiert seien: „Wozu brauche ich eine Kirche? Der heilige Raum ist der fremde Raum, nur in der Fremde kann ich mich erkennen" (Steffensky, Seele, 2003).

Es ist interessant zu sehen, wie neben Sakralbauten z. B. insbesondere Museen genau eine solche Raumatmosphäre realisieren und ebenfalls auf die Wirkung von Differenzerfahrungen setzen. Das Kriterium der Differenz wird also nicht nur in der Konzeption von Kirchenräumen angewandt, sondern vielfach gerade in Freizeitkulturen genutzt, zu der ja auch die Ausübung religiöser Praxen gezählt wird. Die Differenz ist ein theologisch fundiertes Kriterium, das aber an kulturtheoretischen Überlegungen partizipiert und eben auch kulturelle Anwendungen findet, ja sogar bis hinein in die qualitative Sozialforschung als Leitkriterium genannt wird.

Bei genauerer Reflexion scheint es allerdings nicht prinzipiell plausibel zu sein, für eine Kirche einen Raum zu postulieren, der isoliert von anderen Räumen als anderer Raum gelten könnte. Differenz bezieht sich immer auf eine weitere Polarität, z. B. auf Einheit. So wird das Heilige z. B. in Differenz zum Profanen gesehen. Doch diese harten Oppositionen existieren nur in Idealvorstellungen. Bereits die in vielen Kirchen vorhandenen Kunstobjekte, Grabplatten, Namensinschriften und Gemälde zeigen, wie sehr eine Kirche ein Raum kultureller Prägung ist, dessen Gestalt gerade unter dem Einsatz verschiedener medialer Repräsentationen entsteht.

Aus philosophischer Perspektive folgt das Differenzkriterium, wenn es als harte Gegenüberstellung von profanen und sakralen Bauten verwendet wird, in der Kirchenraum-Diskussion einer Hermeneutik, die auf der Subjekt-Objekt-Spaltung aufbaut, wie sie z. B. innerhalb des deutschen Idealismus gedacht worden ist. Zu den harten Dualismen moderner Theoriebildung gehörten ferner auch Gegenüberstellungen wie die von Kultur und Natur, Mann und Frau, Aktivität und Passivität, Außen und Innen, Oben und Unten, Gesellschaft und Kirche, Glauben und Zeitgeist, Pfarrer und Gemeinde, Predigt und Liturgie und auch die Gegenüberstellung von Gott und Mensch. Aus der Sorge heraus, Gott nicht zu sehr in die Sphäre des Menschlichen hineinzuziehen, wird die Differenz zwischen beiden deutlicher betont, als es das reformatorische Verständnis vom Verhältnis des Profanen zum Heiligen erfordert (vgl. Tillich, Zweideutigkeiten, 1987 (1963)). In den hart polarisierenden Gegenüberstellungen wurde übersehen, wie abhängig beide Pole voneinander sind bzw. wie der eine Pol erst durch die Vernetzung mit dem anderen Pol zu seiner Bedeutung kommt. Doch die kommunikative Wirkung dieser Polarisierung war groß. Die harte Differenzierung brachte pointierte Lösungen hervor, die die Kulturen der Frömmigkeit zu prägen vermochte. Die Kategorie des Erhabenen wurde und wird hochgeschätzt, sodass eine Loslösung von ihr als ein äußerst riskantes Unternehmen erscheint. Eine Kirche, die auch touristisch interessant ist, ist eine Kathedrale von erhebendem Ausmaß. Das Göttliche kommt in der gotischen Kathedrale, in ihrer Höhe und in ihrer kunstvollen Gestaltung sowie ihren Kunstschätzen eindrucksvoll zur Anschauung. Dies schließt auch gerade die Dimension mit ein, dass Architektur und Kunstschätze ambivalente Wirkungen zeigen. Im Gegenüber dazu lässt sich leicht fassen, dass die in der sozialen Dimension kommunikativere Architektur von Gemeindezentren sich offensichtlich nicht durchsetzen konnte. Eine anspruchsvolle Vermittlung zwischen beiden Konzepten gelingt nicht oft. An der verbreiteten Erwartung, dass in einer Kirche Ruhe für Kontemplation und Gebet vorherrschen sollten, zeigt sich, wie sehr das Konzept der Differenz *Raum gegriffen* hat.

Demgegenüber ist es im Sinne einer mehrdimensional angelegten Frömmigkeitskultur von großer Bedeutung, von solchen Bildern Abstand zu nehmen, die eine Kirche als Insel inmitten eines tosenden Meers wahrnehmen, die hier das persönliche religiöse Handeln ansiedeln und dort die politische, diskursive Kultur gesellschaftlicher Kommunikation. Kirchenräume sollen nicht suggerieren, dass es verschiedene Realitäten und verschiedene Wirklichkeiten gibt, die einen im kulturellen und profanen, die anderen im religiösen Bereich. Innerhalb von Kirchenräumen soll und muss es um die Wahrnehmung der Wirklichkeit als *einer* Wirklichkeit gehen. Kommunikation mit Gott, Glaube und religiöse Wirklichkeitsdeutung ist kein Sondersektor, sondern integral mit der Realität verbunden, wie plural sie auch immer erfahren wird. Insofern ist darauf zu achten, dass die Kirchenraumästhetik nicht dazu führt, dualistische Weltbilder hervorzurufen. Die ästhetische und dabei nicht liturgische Betrachtung eines gotischen Kirchenraums verstärkt eine dualistische Wahrnehmung. Der gotische Kirchenraum motiviert dazu, sich in der Bank niederzulassen und still zu werden, passiv zu verweilen. Die Ambivalenz, die in dieser Haltung liegt, ist, dass die Besucherin sich in dieser Passivität als von Gott geliebt und anerkannt fühlen darf, währenddessen sozusagen draußen die Sünde regiert. Zum anderen ist der Kirchenbau, selbst ein so imposantes Gebäude wie der Kölner Dom, auch in seiner Außenseite nicht mehr als Träger von Herrschaft erkennbar. Dominant sind im Stadtbild höhere, imposantere kommerzielle oder öffentliche Bauwerke. Kirchen(bau)kritik ist somit *die Spitze* genommen.

Wenn Theologie und Kirche sich als Teil von Gesellschaft und Kultur verstehen, ist es nicht sinnvoll, dass sie den Kirchenraum vornehmlich in scharfem Gegenüber zur Welt verstehen. Hierzu gehört auch die Polarisierung eines nicht kommerziellen Raums Kirche im Gegenüber zu einem kommerziellen Raum Kaufhaus. Sie ist zu einfach gedacht, verstellt den Blick auf die soziale Struktur des Kirchenraums und auf die Außenwahrnehmung von Kirche als sozialer Organisation. Sie hält einer kultur- und wirtschaftskritischen Perspektive kaum stand. Will Kirche ihre Kritik an Wirtschafts- und Politikformen im Kontext einer globalen Vernetzung von Wirtschaft und Religionsgemeinschaften auch im Kontext von religiösen und nicht nur sozialethischen Angelegenheiten angemessen artikulieren, dann muss dies weitaus selbstkritischer geschehen. So sind es doch die reichen Kirchen der nördlichen Hemisphäre, konkret Deutschlands, die ihre Gebäude und ihre kirchliche Kultur auch deswegen erhalten und wirkungsvoll kommunizieren können, weil sie an der wirtschaftlichen Prosperität ihres Landes partizipieren. Inwiefern, wo und wann können sie mit Fug und Recht behaupten, dem Kapitalismus ein Gegenüber zu sein?

Die Perspektive, dass auch Räume soziale Konstruktionen sind und deshalb die Werte und Haltungen, die Kulturen und religiösen Kontexte ihrer Gesellschaften artikulieren, sollte hier nun nicht vor folgendem Aspekt des Kirchenbaus haltmachen, auch wenn er vielen Menschen sehr lieb ist, wie mir selbst auch. Es geht um die Aura, die alte Kirchen generell gerade auch aufgrund ihrer Steine haben, die in ihnen verbaut wurden. Man kann hier von einer *Anmutung des Steinernen* (Böhme, Atmosphäre, 1995) sprechen. Sie suggeriert einen festen Grund und eignet sich so hervorragend zur Analogisierung mit dem Evangelium, das einen festen Grund bildet. Doch nicht zuletzt eine Auseinandersetzung mit (post-)modernen Raumtheorien gibt der praktisch-theologischen Reflexion zu denken, dass es keinen Raum gibt, der unveränderlich und in der Lage ist, vor Gefahren zu schützen, weil er sich nicht bewegt und Halt verbürgen könnte. Das diaphane Licht, das *die Gottesfinger* erscheinen lässt, und *das Steinerne* sind architektonische Inszenierungen. Diese Einsicht wertet die Bedeutung und die Wirkung von Kirchenräumen nicht grundsätzlich ab, sondern es stellt sie in ein anderes Verhältnis zur Wahrnehmung der Wirklichkeit. Gerade auf dem Gebiet der theologischen Reflexion des Kirchenraums liegt die Versuchung nahe, eine unmittelbare Beziehung zu den Dingen und zu Gott auszumachen. Es gilt eben auch im heiligen Raum zu akzeptieren, dass jede Wahrnehmung Zeichencharakter hat und die Interpretationsbedürftigkeit und -fähigkeit des Wahrgenommenen respektiert werden muss. „Der Wunsch nach einem *Zeichen vom Himmel* birgt den Mythos einer für sich selbst sprechenden Wirklichkeit" (Engemann, Homiletik, 2003, 175f.). Auch reformatorisches Erbe unterstreicht diese Einsicht: Luther sprach bei der Einweihung der Schlosskirche zu Torgau davon, dass er zur Verkündigung des Evangeliums keinen Kirchenbau brauche (und auch keine weltliche Macht, die die Reformation mit Kirchenbauten vorantreibt; vgl. Luther, Predigt, 1544 (WA), 591).

Die Perspektive, dass Räume stets soziale Konstruktionen sind, kann darüber hinaus den Blick dafür schärfen, dass Kirchenräume mindestens dreidimensional wahrnehmbar sind: Ein Kirchenraum ist zunächst ein Raum einer bestimmten sozialen Gruppe, die sich für den Bau oder die Unterhaltung des Bauwerks einsetzt. Zum zweiten ist im Kirchenraum zugleich der liturgische Raum der versammelten Gemeinde vorzufinden. Drittens ist gerade in älteren Kirchenräumen die Aura wahrnehmbar, die der gelebte Glaube vorangegangener Generationen hinterlassen hat. Dieser Raum ist der Raum der *Communio Sanctorum*; er ist es vermutlich, der das Differenzkriterium für die meisten Menschen am deutlichsten ausdrückt. Die vielen Generationen, die vor einem selbst in diesem Raum gebetet haben, die bereits verstorben sind und zur Gemeinschaft der Heiligen gehören: Ihre Aura gibt Halt und beruhigt. Doch dass es vielerorts üblich ist, einen Kirchenraum zu entwidmen, wenn er nicht mehr gottesdienstlich genutzt wird, zeigt an, dass ohne liturgische Nutzung auch die Aura der *Communio Sanctorum* ihre Wirkung verliert. Ohne Bezug zu einer sozialen Gruppe, einer Gemeinde, verliert ein Kirchenraum die Verbindung zu den sozialen Räumen, in denen Menschen ihren Glauben aktuell leben. So erscheint es schlüssig, eine Position zu vertreten, die weder den liturgischen gegen den materiellen Raum noch den materiellen gegen den liturgischen Raum ausspielt. Es geht vielmehr darum, deren Wechselwirkung zu betonen: „Ritual und Raum generieren und strukturieren sich wechselseitig" (Bieritz, Liturgik, 2004, 110). Der Raum ist ein integrierender Bestandteil des Rituals. Insbesondere die Spuren, die vergangene Gottesdienste im Kirchenraum hinterlassen haben, helfen eine Verbindung zwischen der *Gemeinschaft der Heiligen* und der *versammelten Gemeinde* zu schaffen (vgl. Bieritz, Liturgik, 2004, 111). Es ist eine Eigenart des reformatorischen Raumverständnisses gewesen, dass man trotz dieser Traditionsgebundenheit fest darauf bestand, dass es nicht die Steine an sich sind, die den Glauben vorangegangener Generationen atmen. Es ist die Welt, die diesen Glauben atmet, so wie sie als die Welt Gottes allererst geglaubt werden muss; ohne diese Perspektive wird man diesen Zusammenhang nicht verstehen können. Deshalb ist es auch bis heute möglich, Trauungen unter freiem Himmel mit eben dieser Sicherheit zu feiern, dass auch hier, in dieser Umgebung, die *Communio Sanctorum* gegenwärtig ist, weil es eben eine Trauung ist, die in der einen Wirklichkeit Gottes gefeiert wird. Das *Luftige* unterscheidet sich vom *Steinernen* in dieser Hinsicht nur in der gewählten Medialität. Das Steinerne ist manchen Leuten dabei das explizitere Erkennungszeichen für die Gegenwart Gottes. Doch es gibt auch viele Menschen, die Gottes Gegenwart unter freiem Himmel besser wahrnehmen können.

Wo eine harte Differenz zwischen dem heiligen Raum und dem Alltagsraum aufgebaut wird, ist die Trias der dreidimensionalen Raumstruktur von Kirchen auseinandergerissen. Erst eine Deutung des Kirchenraums, die alle drei Räume, den Raum der *Communio Sanctorum*, den der sozialen Organisation und den der liturgischen Versammlung ineinander liegend wahrnimmt, kann das Spezifische des Kirchenraums fassen. Es liegt nicht in der räumlich kenntlich gemachten Differenz zum sogenannten und dabei ebenfalls erst kenntlich gemachten profanen Leben schlechthin, sondern in der Differenzerfahrung, verschiedene Dimensionen gelebten Lebens miteinander in Kontakt bringen zu können. Insofern ist der Kirchenraum nicht als Raum der Differenz im Sinne der Isolation vom Weltlichen zu profilieren, sondern vielmehr als *ein Raum der Vernetzung verschiedener Dimensionen des Lebens* zu verstehen: der sozialen Dimension des Lebens in der Versammlung der Gottesdienstgemeinde, der religiösen Dimension des Lebens im Lob Gottes und in der Bitte um den göttlichen Segen sowie der historischen Dimension des Lebens, die sich in der Gemeinschaft der Heiligen zeigt und mit der verbunden es um die Erinnerung an all die Generationen von Menschen geht, die es im Angesicht Gottes gewagt haben, einen gemeinsamen Lebensweg zu gehen.

Wird Kirche bzw. spezifischer hier der Kirchenraum als ein Raum der Vernetzung wahrgenommen, dann ist dies einerseits eine Weise, wie sie auf die Transformation (religiöser) Kommunikationen in sich digitalisierenden, vernetzten Gesellschaften eingehen kann. Andererseits liegt dies der Organisation evangelischer Kirche, wie sie in Deutschland derzeit existiert, tatsächlich durchaus nahe. Der Begriff *Netzwerk* ist in der kirchlichen Öffentlichkeit weit verbreitet; man bezeichnet mit ihm Beziehungen zwischen Individuen in Kirchengemeinden oder über sie hinaus, zu weiteren sozialen Einheiten innerhalb und außerhalb von Kirche. Auf der Ebene der Reflexion wird mit ihm ein spezifischer Fokus in der Beschreibung von Kirche gesetzt, der bislang weniger sichtbar war: Neben der Wahrnehmung des Einzelnen (als Kirchenmitglied und/oder Glaubender bzw. Glaubende ohne feste Bindung zu einer Kirche) und der Wahrnehmung des sozialen Systems Kirche (Kirche als Organisation) tritt die Wahrnehmung der sozialen Beziehungen, in die Individuen und andere soziale Einheiten eingebunden sind. Vernetzungen sind kein Phänomen, das erst mit computergestützten Kommunikationen entwickelt worden wäre (vgl. Stegbauer, Netzwerkanalyse, 2008). Aber sie sind durch die Digitalisierung von Kommunikation zu einem Faktor geworden, der hochmoderne Gesellschaften prägt. Dabei ist nicht mehr von einem Gegenüber von *Offline- und Online-Kommunikationen*, von Kommunikation in der Kirche versus Kommunikation im Internet auszugehen. Sie sind längst intensiv miteinander vernetzt. Hiermit ist noch nicht gesagt, dass man diese Vernetzungen für gut halten müsste. Es ist sich schlicht dem Faktum zu stellen, dass auch Kirchenräume bereits vernetzt sind. Dabei stellt sich heraus, dass soziale Netzwerke Face-to-Face-Kommunikationen keinesfalls ersetzen. *Social Media* machen diese Beziehungen vielmehr sichtbar und schaffen damit Aufmerksamkeit für sie, die wiederum dazu führt, dass weitere Kommunikationen und Beziehungsaufnahmen ausgelöst werden. Kommunikative Grenzen werden aufgehoben und überschritten, Kommunikationsmöglichkeiten werden vervielfältigt; Kommunikation selbst erhält innerhalb von Alltagsrealitäten eine steigende symbolische Bedeutung. So sind *Social Media*-Netzwerke selbst nur Teil einer weiter ausgreifenden kulturellen Veränderung, die *Digitalisierungsprozesse global* bewirken. In kultur- und medienkritischer Perspektive ist davon auszugehen, dass Medien in Kooperation mit anderen sozialen Institutionen in einem fortlaufenden Prozess als das Zentrum der Gesellschaft *konstruiert* werden (Hepp, Medienkultur, 2011, 70).

Kasualtheoretische Reflexionen sollten Vorstellungen vom Kirchenraum als einem homogenen Raum mindestens kritisch überdenken. Digitalisierungs- und Mediatisierungsprozesse führen dazu, dass Kirchenräume noch mehr als es bislang bereits der Fall war sich als Kommunikationsräume innerhalb von weiteren, verzweigten und miteinander vernetzten Kommunikationsräumen zeigen (vgl. Hepp et al., Vergemeinschaftung, 2014). Auf dem Hintergrund vernetzter Lebensräume und den zu ihnen gehörenden Kommunikationsgewohnheiten stellt sich die Frage, welche Bedeutung *neuere* Sozialisierungs- und Kommunikationsformen in Kirche und Gemeinde sowie über sie hinaus für Kasualfeiern haben.

5.3 Die kirchliche Trauung als ein Element im Veranstaltungsensemble: Vom Spaziergang zum Honeymoon

Die Trauung ist ein Mosaikstein in einem ganzen Ensemble von Aktivitäten, die anlässlich einer Eheschließung bzw. der Schließung eines Partnerschaftsvertrags unternommen werden können: Es gibt nach wie vor Polterabende, Junggesellen- und Junggesellinnenabschiede, es gibt kleine und große Empfänge, zu denen Brautpaare und ihre Eltern sowie andere bedeutsame Personen Reden halten, es gibt prozessionsartig inszenierte Ortswechsel, wo Autokolonnen hupend von der Kirche zum Festsaal fahren, immer wird auch über die Hochzeitsnacht geredet bzw. für besondere Dessous gesorgt, es gibt nach wie vor Festrituale wie die Brautentführung, die auf archaische Praxen wie den Frauenraub zurückverweisen, da ist der Hochzeitswalzer und zu später Stunde das Anschneiden der Hochzeitstorte und schließlich hier für all diese Festbräuche exemplarisch ausgeführt am nächsten Tag oder einige Tage später das Antreten der Hochzeitsreise.

Bevor es nun um sie gehen kann, muss allerdings etwas ausgeholt werden, denn die Hochzeitsreise hat, wenn man so will, einen kleinen Bruder: den Spaziergang. Ist die Hochzeitsreise der fulminante Auftakt des gemeinsamen Lebensweges, so ist der Spaziergang die eher unscheinbare kleine Variante, die allerdings ebenfalls bewegend wirkt. Zumindest manche frisch Verliebte treffen sich, um gemeinsam ein Stück spazieren zu gehen. Das *Miteinander-einen-Weg-machen* ermöglicht, einen Abstand zur Anderen und zum Anderen zu halten, aber auch eine gemeinsame Perspektive einzunehmen. Außerdem: Würde man irgendwo miteinander sitzen, könnten andere mithören, was man spräche, sie könnten zuschauen, wie man sich unterhielte. Beim Spazierengehen kann so etwas wie Intimität in der Öffentlichkeit entstehen. Man sagte früher, Liebesleute gehen miteinander (spazieren), wenn ihnen die Sitte in der Öffentlichkeit nicht *mehr* erlaubte. Der Spaziergang ist eine Unterbrechung von allem, was im Alltag geschieht, insofern es zweckgebunden ist, die Arbeit meint und auf bestimmte Ziele bezogen ist. Der Spaziergang unterbricht den Alltag, nicht nur am Sonntag, sondern auch zu anderen Zeiten; insbesondere aber am Sonntag.

Aus dem Italienischen hat sich das Deutsche das Wort Spazierengehen geliehen. Es kommt von *spaziare*, das bedeutet so viel wie *sich räumlich ausbreiten*. Das Dasein ist körperlich, so heißt es in der Existenzphilosophie und in der Phänomenologie. Die Liebe wird körperlich gelebt, sie bewegt Körper, Geist und Seele, die Liebe lässt einen sogar entdecken, wie sehr man bzw. *frau* leiblich existiert. Unter dem Titel der *Promenadologie* hat sich eine Spaziergangswissenschaft entwickelt, die sich mit dem konzentrierten und bewussten Wahrnehmen unserer Umwelt und dem bloßen Sehen beschäftigt (vgl. *https://de.wikipedia.org/wiki/Promenadologie*). Sie eröffnet neue Perspektiven für das Auge, aber gibt auch frischen Atem und Gelegenheit auszuschreiten, Dinge hinter sich zu lassen, manchmal auch neue Wege zu gehen. Der Spaziergang, den man allein, aber eben auch zu mehreren und im Horizont von Liebesbeziehungen nun auch gerade zu zweit machen kann, eröffnet Räume, gibt Anlass mit der eigenen Freiheit zu spielen, sich von manchem zu entfernen, um anderem und anderen nah zu sein. Dasein vollzieht sich räumlich. Beim Spazierengehen entsteht also ein Raum für die Liebenden, den sie im Gehen gemeinsam aufbauen und zugleich auch teilen. Manchmal stellt sich sogar ein

Gleichschritt ein, eine Form der Rhythmisierung geteilter Bewegung, wie beim Tanz.

Die große Schwester des Spaziergangs ist wie bereits angekündigt die gemeinsame Reise. Sie ist wie eine Vorbereitung auf das gemeinsame Leben, wie eine Zwischenzeit, in der man sich gemeinsam einschwingt auf das dann kommende Leben als Paar. Aber ist diese Vorstellung noch zeitgemäß? Die meisten Paare, die heiraten, leben längst zusammen, teilen einen Haushalt. Sie haben schon viele Monate oder Jahre zusammen in einem Bett geschlafen. Sie haben ihre erste Reise, die sozusagen als Bewährungsprobe galt, bereits hinter sich. Dennoch gehört die Hochzeitsreise noch immer zum Standardprogramm der Hochzeitsfeierlichkeiten. Sie bildet den Schlusspunkt der außergewöhnlichen Zeit der Hochzeit.

Die Reise steht im Gegensatz zum Urlaub, für den die Unterbrechung, das ziellose Verweilen kennzeichnend ist. Noch einmal sei die Etymologie bemüht. Das Wort *reisen* kommt vom althochdeutschen aufstehen, sich erheben. Die Reise hat die Erhebung zum Ziel. Der Urlaub ist hingegen nur die Zeit, in der man von einem Beschäftigungsverhältnis freigestellt wird, in der man erlaubt bekommt, sich zu entfernen. Im Urlaub kann verreist werden, muss aber nicht.

Wenn ein Paar, das geheiratet hat, sich aufmacht, um zu verreisen, um eine Hochzeitsreise anzutreten, dann wird diese oft minutiös geplant. Man hat Bilder im Kopf, was man hier in seinem *Honeymoon* alles erleben kann und erleben will. Der Schweizer Touristikexperte Urs Keller hat über die Hochzeitsreisen von Brautpaaren eine Studie verfasst (vgl. Keller, Reisen, 2007). Anhand von Interviews mit *Honeymoonern* sowie Expertinnen und Experten wird gezeigt, dass sich Brautpaare bei der Gestaltung der Flitterwochen in einem Spannungsfeld bewegen. Auf der einen Seite steht die gesellschaftliche, massenmedial geprägte Vorgabe, wie eine Hochzeitsreise auszusehen hat. Auf der anderen das Bedürfnis der Paare nach Individualität und Abgrenzung davon. Unter dem Strich resultiert ein variantenreiches Liebesritual mit wiederkehrenden Elementen: die Suche nach Zweisamkeit, der Genuss von außeralltäglichem Luxus und das Naturerlebnis.

> „Häufig genannte Gründe für die Flitterwochen sind der innige Wunsch nach Zweisamkeit, das Bedürfnis nach Erholung, die Reiselust allgemein. Darüber hinaus wird die romantisch besetzte Vorstellung genannt, der Hochzeit mit einer Extrareise die Krone aufzusetzen. Demgegenüber steht die pragmatische Begründung, man verreise lieber, solange es noch ohne Nachwuchs möglich sei." (Berner Zeitung, 30. Juli 2007, 29)

Wie bedeutsam Wege und darüber hinaus auch Reisen für Menschen sind, zeigt sich auch daran, dass sie ihre Erfahrungen während des Reisens oder im Anschluss daran noch einmal reflektieren. Die Reiseliteratur ist ein eigenes Genre. Reiseberichte von Alexander von Humboldt, zum Beispiel nach Südamerika, von Ernest Hemingway nach Spanien und nach Griechenland sind weltberühmte Darstellungen von der Veränderung der eigenen Wahrnehmung beim Reisen, von der Erfahrung des Neuen und Fremden. Auch Bernd Stieglers *Geschichte der Zimmerreise* muss hier erwähnt werden (vgl. Linkliste Zimmerreise). Der Urvater der Zimmerreise ist seiner Recherche nach der französische Schriftsteller Xavier de Maistre. Durch einen Hausarrest war er 1790 zum Zuhausebleiben gezwungen worden und nutzte die Zeit für eine 42-tägige Rundreise durch sein Zimmer. Die alltäglichen Dinge, die er umreiste, erzählten plötzlich Geschichten. Der entstandene Roman wurde ein Bestseller. Es folgte eine Geschichte über die Reise durch die Tasche seines Autors, ein anderer schrieb über die Tour durch den eigenen Garten. Diese Formen von Reisen sind, was den Bewegungsradius der Autoren angeht, minimalistisch angelegt. Aber sie haben doch auch immer wieder dasselbe Thema: Wahrnehmung zu erweitern und zu erneuern, Blickweisen zu verändern und damit aus dem Alltäglichen herauszutreten, mit sich selbst sowie anderen Menschen und Dingen neu anzufangen.

Was hier von einzelnen Reisenden berichtet wird, gilt m. E. auch für die Reisen von Paaren, wobei die Reise selbst nun auch dazu dient, wieder zusammenzufinden. Das Hochzeitsfest ist davon geprägt, dass das Paar sich mit anderen Menschen, in der Öffentlichkeit der Familie und des Bekanntenkreises als zusammengehörig darstellt. Hier ist so vielen Erfordernissen von außen gerecht zu werden, die Beziehung zueinander, die Zweisamkeit ist hier unter Beobachtung und so zumindest für eine Weile aufgehoben. Doch wie auf einen Schlag wird dann die große Gesellschaft aufgelöst. Körperliche Anstrengungen sind noch spürbar; die monatelange Vorbereitung und der Höhepunkt, das Fest selbst, kostete viel Energie. Nun gilt es erneut zueinander zu finden. Nimmt man die Selbstdeutung der Paare ernst, dann geht es darum, noch einmal ihre Zweisamkeit zu feiern, und zwar nicht mit einem Fest für viele, sondern als einen gemeinsamen Weg, als eine zweisame Reise zu sich selbst als Paar.

Es gibt durchaus Anlass, diese kulturellen Annäherungen an das, was es bedeutet zu reisen, auch aus theologischer Perspektive zu vertiefen. Dorothee Sölle hat in ihrem Buch *Mystik und Widerstand* (Sölle, Mystik, 1998) einen *Entwurf zu einer mystischen Reise heute* entworfen, mit deren Hilfe die Stationen einer Hochzeitsreise gedeutet werden sollen. Zu Sölles Zugang zum Phänomen des Reisens gehören spezifische Phasen wie das *Staunen*, das *Loslassen* und das *Mitwirken an Gottes Schöpfung*:

> „Staunen heißt, wie Gott nach dem sechsten Tag die Welt wahrnehmen und neu und zum ersten Mal sagen können: *Und siehe, es war alles sehr gut.* Noch vor dem Sündenfall, noch vor der Vertreibung aus dem Paradies wird in dem ersten Schöpfungsbericht mitgeteilt: Und siehe es war alles gut. Von der Schöpfung her zu leben, bedeutet aus dieser Gnade des uns gegebenen Lebens heraus zu leben und lieben." (vgl. Sölle, Mystik, 1998, 126, Hervorhebung durch die Autorin)

Im Gegensatz zu einer herkömmlichen Betrachtungsweise wird hier das Reisen nicht mit der Haltung des Suchens, des Neuentdeckens, sondern des bereits Gefundenseins verbunden. „Das bedeutet für den Anfang der Reise, dass wir den Weg nicht als Suchende beginnen, sondern als Gefundene; die erfahrene Güte ist uns allemal voraus" (ebenda). Was Sölle für die religiöse Reise beschreibt, lässt sich auch auf die Situation des Paares, das eine Hochzeitsreise macht, beziehen. Sie haben sich in der Trauung einander versprochen und sind gesegnet worden. Gesegnet zu werden heißt, ‚gut' gesprochen zu werden, welche einzelnen menschlichen Unsicherheiten sich auch immer in diesem Prozess zugleich kundtun können. Staunen und Verwunderung, die innerhalb des Sinnbilds mystischer Reisen für die Beziehung zu Gott und hier als eine Art, Gott zu loben, gesehen werden, werden nun zu Tugenden in der interpersonalen Begegnung des Liebespaares. Innezuhalten und zu verweilen, sich eine andere Zeit zu nehmen und einen anderen Ort zu wählen, verhilft dazu, dem Wunder der geteilten Liebe Raum zu verschaffen.

Den zweiten Schritt auf der mystischen Reise zu Gott nennt Sölle das *Loslassen-Lernen*. Mystik enthält, so entfaltet sie, die Dimension des Abschiednehmens von den Gewohnheiten und Selbstverständlichkeiten einer Kultur. Es geht somit um ein Leerwerden von allen alltäglichen Sorgen und Nöten. Bezogen auf das Paar, das auf Hochzeitsreise ist, heißt dies, dass man von allen Vorbereitungen der Hochzeit, von allem Organisieren und Sorgen um das Fest, von dem Grübeln, ob es denn nun wirklich schön war, Abstand nimmt. Es geht darum, das Fest gefeiert sein zu lassen und miteinander im gemeinsamen Leben anzukommen. Die Reise gibt weiter die Möglichkeit, sich gemeinsam zurückzuziehen, Verpflichtungen zu entkommen, sich auch z. B. neu auf die Natur zurück zu beziehen, etwa wenn die Reise auf eine der beliebten Hochzeitsinseln geplant wird oder in eine Gegend, in der das Paar in einer ihm entsprechenden Umgebung für sich sein kann. Leerwerden meint dabei nicht nur unnötigen Ballast loszuwerden, sondern es führt, so Sölle, auch in die Einsamkeit. Übertragen auf die Hochzeitsreise lässt sich sagen, dass sie in das Leerwerden in Zweisamkeit führt. Diese Situation kann durchaus kritische Folgen haben. Nähe und Distanz müssen neu eingestellt und Erwartungen aneinander ausgetauscht werden. Schließlich stellt sich die Frage danach, was nun in Zukunft verbinden wird, nachdem ein großes aufregendes Projekt wie das der Hochzeit abgeschlossen wurde.

Der Prozess des Leerwerdens hat nach mystischer Einsicht nichts mit individueller Verwirklichung zu tun. Vielmehr wächst nach Phasen des Loslassens ein Bewusstsein dafür, dass das Paar aus zwei einzelnen Personen besteht, die als solche schöpferisch miteinander zu leben beginnen oder dieses Miteinanderleben nun verändert fortsetzen. Das Ende der Hochzeitsreise ist dann ein Punkt auf dem gemeinsamen Lebensweg, an dem das Paar die Abgeschiedenheit aufgeben und sich daran freuen kann, erneut in vielfältige Beziehungen zu anderen Menschen, zur Kultur und Natur, zu Gott treten zu können.

Die mystische Reise legt sozusagen einen idealen Stationenverlauf über die Hochzeitsreise, die falsch verstanden leicht Anforderungsprofile aufbauen kann. Doch nähert man sich den Stationen des Staunens, des Loslassens und des Mitwirkens an Gottes Schöpfung, ohne sie als Pflicht und Arbeitsauftrag zu sehen, sondern als Wahrnehmungsschule dessen, was sowieso auf einer Reise passieren kann, so zeigt sich im Durchgang durch eine religiöse Deutung der Reise, welche Bedeutungen die Hochzeitsreise für ein Paar haben kann. In diesem Sinne ist die Hochzeitsreise auch religiös gesehen mehr als die Sahnehaube auf Trauung und Hochzeitsfest.

6 Kasualtheoretische Konkretisierungen: Bibel und Musik

Die Trauung als ein kulturelles Phänomen zu sehen, zu dem eine Geschichte ihrer Symbole und Symbolhandlungen wie das Beten biblischer Psalmen und das Hören von biblischen Texten, das Singen, das einander Sich-Versprechen und Segnen gehört, kann gerade wenn es um die Praxis des Traugottesdienstes geht, zu der Frage führen, welche konkreten Medien den Traugottesdienst in all diesen Vollzügen prägen, vielleicht sogar spezifisch evangelisch zu prägen vermögen.

Die allgemeine Liturgik und Homiletik, kurz Gottesdienstlehre, könnte nun unter dieser Fragestellung durchgesehen werden und entsprechende Medien umfassender für den Traugottesdienst herausgearbeitet werden. Hier stehen nur zwei Medien im Fokus, die in der Reflexion des Traugottesdienstes insbesondere aus einer medienorientierten Perspektive interessant sind:

– Die Bibel: Biblische Worte und ihre Auslegung in Predigten bzw. Ansprachen und Lesungen vergegenwärtigen die Nähe Gottes. Im Urdokument des christlichen Glaubens (vgl. Nord/Zipernovszky, Religionspädagogik, 2017) materialisiert sich das Versprechen Gottes, das dem Brautpaar gilt: Gott will die Welt erhalten und die Liebe dabei nicht Preis geben, sondern wendet sich dem Paar vielmehr selbst in Liebe zu. Der Segen Gottes ist ein Ausdruck dieser Zuwendung: Gott sieht die beiden Menschen, die hier als Gefundene vor dem Altar stehen, *gut* und das heißt mit fortwährendem Wohlwollen an.

– Die Musik: Instrumentalmusik und Solo-Gesang sowie unverzichtbar der Gesang der ganzen Gemeinde vermag im Gottesdienst häufig die Herzen und Gemüter aller Anwesenden aufzuschließen, weil sie mit einem hohen Immersionsgrad alle Sinne anregen und damit starke Resonanzen erzeugen. Nicht zuletzt ist Musik traditionell ein bedeutendes Medium zum Lob Gottes.

In einer medienorientierten Perspektive gesehen, sind es Bibel und Musik, die traditionellerweise bereits zwei starke Medien im Gottesdienst sind. Ihr Einsatz wie überhaupt der Umgang mit auch den weiteren Symbolhandlungen und ihren Medien im Gottesdienst fordert Pfarrerinnen und Pfarrer dazu heraus, sich auf ihre religiöse Medienkompetenz zu besinnen bzw. sie zu entfalten (vgl. Nord, Pfarrberuf, 2017). Das heißt, er und sie haben die Aufgabe, religiöse Mediennutzung und mit den Medien zusammenhängende Kommunikationen rund um die Trauung anzustoßen, zu unterstützen und zu koordinieren, sodass alle Beteiligten auf jeweils eigene Art und Weise partizipieren und zu dem gemeinsamen Gottesdienst sozusagen etwas Authentisches beitragen können. Der Umgang mit biblischen Texten und mit Musik eröffnet dabei vielfältige Gelegenheiten, genau solche religiösen Kommunikationen anzustoßen.

Fokussiert man die Wirkungen, die die gemeinsame liturgische Arbeit an biblischen Texten und an musikalischen Inszenierungen auslösen, so lässt sich sicher auch im Sinne Hartmut Rosas von *Resonanzgeschehen* sprechen (vgl. Rosa, Resonanz, 2016). Menschen können mit eigenen Erfahrungen auf Texte und deren Inhalte ebenso wie auf musikalische Beiträge persönlich reagieren, aber auch durch sie miteinander in Kommunikation treten und sich etwa über deren Bedeutung für ihr Leben austauschen. So kommen in, mit und durch religiöse Kommunikationen Prozesse in Gang, in denen wahrnehmbar wird, welche Beziehungen zur Welt und welche Erfahrungen mit der Welt es sind, die das eigene Leben prägen. Insofern lösen religiöse Kommunikationen starke Resonanzen aus. Sie machen Menschen sich selbst erfahrbar und helfen dabei immer auch, sich selbst im Kontakt zu anderen Menschen und in Welt- und Gottesbezügen zu stabilisieren. Wo dies gelingt, wird man die Arbeit der Pfarrerin und des Pfarrers hoch schätzen, denn es werden nicht nur Kreativität und Interessen der Gottesdienstmitglieder gewürdigt, sondern sie erhalten auch durch den Liturgen oder die Liturgin öffentliche Resonanz: Ihr Beitrag intendiert vor allem, das Brautpaar zu würdigen, aber er vernetzt auch sie selbst mit dem Gottesdienstgeschehen und der Gemeinde, schafft eine Gelegenheit, selbst in diesem Geschehen Resonanz zu erhalten, die Zuspruch, Anerkennung und Wohlwollen vermittelt.

Dieser Ansatz schließt an homiletische und liturgische Entwürfe an, die bereits in der Vergangenheit herausgearbeitet haben, wie sehr die sinnliche Wahrnehmung (Heimbrock/Failing), die Ästhetik (Grözinger und Nicol), die Inszenierung (Meyer-Blanck) und theoretisch grundlegender der Gebrauch von Zeichen (Engemann) die Produktion und die Rezeption religiöser Kommunikationen bestimmen. Soll also subjektorientiert und klientenzentriert, soll ein Gottesdienst, so sagte man in den siebziger Jahren treffend, *menschlich* gefeiert werden, so kommt es darauf an, medienorientiert und medienbewusst Gottesdienst zu feiern (Nord, Virtuelle Dimension, 2009). Dabei ist auch klar, dass die Auswahl und die Gestalt der Medien verschiedene Dimensionen religiöser Kommunikationen fördern: Welche Medien wirken besonders auf die kognitive Dimension religiöser Kommunikationen? Welche Medien bewirken emotionale Resonanzen, welche fordern konativ, also zum gemeinsamen Handeln auf? Wie kann es gelingen, sozusagen ganzheitlich, alle drei Dimensionen miteinander vernetzt in einem Gottesdienst zum Tragen kommen zu lassen?

Für die letzten fünfzig Jahre praktisch-theologischer Diskussion ist nicht erst durch die Inklusionsdiskussion, sondern bereits zuvor durch die Ästhetik-Debatte deutlich geworden, wie sehr Religion, Religiosität und religiöse Kommunikationen sich auf menschliche Gefühle beziehen. Leider ist die Debatte mit der bisherigen Diskussion nicht so sehr auf Gefühle der Liebe eingegangen. Aber insgesamt ist doch eine erneute Aufmerksamkeit dafür geschaffen worden, wie sehr Gefühle und Religiosität miteinander verbunden sind (vgl. Charbonnier/Weyel, Gefühl, 2013; Huizing, Ethik, 2016; Barth/Zarnow, Gefühle, 2015). Für die Kasualtheorie kann es dann auch kaum eine treffendere Beschreibung geben, als dass sie eine Kommunikation religiöser Gefühle im Horizont christlicher Traditionen beabsichtigt. Alle Kasualien, alle Fälle, die zur Debatte stehen, sind hoch emotional. Und bei genauerer Betrachtung fällt außerdem auf: Alle Fälle lassen sich im Grunde ganz besonders mit dem Gefühl der Liebe verbinden und in dieser Verbindung beschreiben. Die *Taufe*: Es geht grundsätzlich um die liebende Bindung zwischen Gott und Mensch. Jesu Taufe wird von den Worten begleitet: *Du bist mein geliebter Sohn!* Die *Konfirmation*: Hier geht es um ein tiefes persönliches Resonanzgeschehen auf die Taufe, noch einmal steht die Liebe im Zentrum; dieses Mal geht es darum, dass ein Mensch sich selbst zusprechen kann: *Ich bin Gottes geliebtes Kind!*

Innerhalb der *Trauung* erhält nun über die zentrale Bedeutung des Versprechens und des Segens für sie das Gefühl des Vertrauens hohes Gewicht. Vertrauen gehört unzweifelhaft in jede Liebesbeziehung hinein; wo Vertrauen gestört ist, wird die Liebe fragil. In Liebesbeziehungen ist immer auch das Risiko enthalten, von einem anderen oder einer anderen verletzt zu werden. Dieses Risiko geht man selten schutzlos ein. Einen Schutz bilden Kommunikationen, in denen sich Vertrauen zueinander eingestellt hat, sodass man sich öffnen und z. B. Nähe zulassen kann. Die *Bestattung*, die häufig schmerzliche Gefühle erregt, hat es ebenfalls – jedenfalls zu Teilen – mit dem Umgang mit bzw. mit dem Abbruch von Beziehungen der Zuwendung bis hin zu Beziehungen intimer Liebe durch den Tod zu tun. So lässt sich festhalten, dass innerhalb der Beziehungen, die anlässlich einer Taufe und Konfirmation, Trauung oder Bestattung in einen Veränderungsprozess geraten, stets Gefühle zu bearbeiten sind. Der Gebrauch von Medien bestimmt dabei ganz wesentlich, wie welche Gefühle verstärkt, abgeschwächt oder auch in eine andere Form überführt werden. Gefühle, auch religiöse Gefühle, treten somit nie einfach unmittelbar ins Leben, sondern sie werden stets nur wahrnehmbar, indem sie in bestimmten Formen auftreten, also in spezifischen Medien und den kulturellen Praktiken, die die Mediennutzungen prägen.

6.1 Die Bibel

Geht man mit diesem Fokus an die Gestaltung des Traugottesdienstes heran, so wird zunächst einmal interessant, welche Medien hier in ihrem Gebrauch

hervortreten. In diesem Sinne sei zunächst ein Blick auf die Liturgie geworfen, die in groben Zügen den Ablauf der Trauung bestimmt:
- Orgelvorspiel/Einzug in die Kirche
- Begrüßung und Wort zum Eingang
- Lied
- Lesung aus der Bibel
- Glaubensbekenntnis
- Gebet
- Lied
- Ansprache und Auslegung des Trauspruches
- Lied
- Lesung aus der Bibel
- Trauversprechen
- Ringwechsel
- Trausegen
- Musik/Lied
- Fürbittengebet für das Ehepaar und Familie
- Vaterunser
- Orgelnachspiel

Im evangelischen Traugottesdienst sind es zumeist zwei Lesungen und die Auslegung des Trauspruchs, die sich direkt auf das traditionsreichste und wohl anerkannteste Medium beziehen: die Bibel. Zudem sollte nicht vergessen werden, dass in den meisten evangelischen Kirchen, sofern sie nicht streng reformierte Traditionen einhalten, eine Bibel auf dem Altar liegt. Der Platz, den man ihr zugedacht hat, ist von symbolischer Bedeutung. Sie liegt mitten auf dem Altar. Außerdem: Das Buch wird nicht geschlossen, sondern es liegt dort immer aufgeschlagen. Von dort wird es – wenn liturgische Präsenz hierfür aufgewendet wird – zur Lesung mit an den Ambo, das Lesepult, genommen und nach der Lesung wieder zum Altar zurückgebracht.

In manchen Kirchen sind an den Wänden oder an anderen Stellen im Raum Zitate aus der Bibel zu finden, die sozusagen das Motto bzw. die leitende christliche Aussage wiedergeben, die diesem Kirchenbau und der Gemeinde, die ihn mit Leben erfüllt, wichtig ist.

Die Ansprache der Pfarrerin oder des Pfarrers bezieht sich auf einen Trauspruch, der aus der Bibel stammt. Sehr häufig zitiert man in der Ansprache den Text, aus dem er herausgenommen wurde. Doch der Zitation und der Auslegung des Trauspruchs geht bereits eine Beschäftigung mit ihm voraus. Das Brautpaar hat seinen Trauspruch in aller Regel gemeinsam mit der Pfarrerin oder dem Pfarrer im Traugespräch ausgewählt oder bereits vor dem Traugespräch zusammengesessen und sich als Paar darüber Gedanken gemacht, welches Wort sie in ihrem gemeinsamen Leben begleiten soll. Immer wieder tauchen dabei nicht nur inhaltliche Themen auf, sondern es geht den Paaren auch darum, Kontinuität zu ihren Familien zu schaffen oder aufrechtzuerhalten. So werden Trausprüche ausgesucht, die bereits die Eltern oder die Großeltern für sich ausgewählt hatten. Zum Teil rücken auch Taufsprüche und Konfirmationssprüche erneut oder neu ins Blickfeld, die man selbst oder wichtige Personen für sich hatten. Nicht zu vergessen ist darüber hinaus, dass Paare, die ein Familienbuch führen, nicht nur den Tag der Trauung und ihre persönlichen Daten, sondern auch den Trauspruch darin eintragen lassen.

In manchen Gemeinden erhält das Brautpaar als Geschenk aus der Gemeinde eine sogenannte Traubibel. Dieses Geschenk hat eine lange Tradition, wobei in früheren Jahrzehnten und sogar Jahrhunderten in der Traubibel Blätter eingearbeitet waren, auf denen alle Daten des Brautpaares eingetragen wurden. So wird dem Hochzeitspaar die Bibel als Begleitbuch für das alltägliche Leben mitgegeben.

In der Tradition hat man der Bibel eine solch hohe Bedeutung gegeben, weil sie gleichsam das Urdokument des christlichen Glaubens ist. Sie ist ein Medium, für die reformatorische Tradition ein sehr bedeutsames Medium, innerhalb dessen es möglich ist, die Beziehung zu Gott zu thematisieren und persönlich zu artikulieren. Mit der Bibel als Urdokument des Glaubens werden im Traugottesdienst Räume, genauer Texträume eröffnet, in die das Hochzeitspaar hineinimaginiert wird. Es wird, wie bereits oben gesagt, ein medialer Raum geschaffen, in dem die Gegenwart Gottes im Leben des Hochzeitspaares für alle nachvollziehbar vor Augen geführt wird. Dies geschieht zum einen anhand von Lesungen und der durch sie aufgebauten Präsenz des Buches, zum anderen aber auch mit und durch die inhaltlichen Impulse, die die biblischen Worte in der Gemeinde hervorrufen. Zum Teil sind diese Impulse auch mit traditionsgeschichtlichen Bedeutungen biblischer Texte für die Wahrnehmung von Liebe und Partnerschaft sowie der Ehe verbunden. Hierzu tragen biblische Texte maßgeblich bei, die jahrhundertelang in Trauungen zitiert worden sind. Dabei hat es sicherlich historisch verschiedene Vorlieben gegeben und es wäre interessant, diese anhand der Lesungen zur Trauung zu erheben. Aus meiner Erfahrung als Pfarrerin, die in einem westdeutschen bürgerlichen Kontext tätig war, prägte sich mir eine Vorliebe für das Hohelied der Liebe (1 Kor 13) ein. Insbesondere das Wort von der Trias Glaube, Liebe, Hoffnung, die Liebe sei aber die größte unter ihnen, spiegelt offensichtlich etwas von der Bedeutung der Liebe wider, die von vielen Paaren geteilt wird. Hinzu kommt auch das Element der Verantwortung in der Liebe, wie es in Gal 6,2 zum Ausdruck kommt: „Einer trage des anderen Last, so werdet ihr das Gesetz Christi erfüllen." Aus dem Alten Testament nannte man oft und gern die dreifache Schnur, die nicht leicht entzweireißt (Pred 4,9–12). Wenn man von der Auswahl von Trausprüchen auf eine Theologie, oder weniger hochtrabend ausgedrückt, auf ein theologisches Interesse der Brautpaare schließen will, scheinen Beschreibungen von der Liebe im Horizont Gottes im Zentrum zu stehen. Hinzutritt die Thematisierung von Verantwortung füreinander. Innerhalb eines anderen Sprachspiels, das weniger ethisch konnotiert ist, ausgedrückt: Das Versprechen wird bedeutsam; hier verdichtet sich, welche Erwartungen ein Paar an einen verantwortlichen Umgang miteinander hat.

Liturgische Empfehlungen, die vor gut einhundert Jahren kommuniziert wurden, waren demgegenüber mehr vom Thema Schöpfung bestimmt. Hierzu gehörte vor allem das Thema der Zweigeschlechtlichkeit des Menschen. Die Evangelische Pfarramtsagende von Alexander Schmeling präsentiert „die kürzeste Form für eine Trauung":

> „Nachdem Gott, unser Vater, den Himmel und die Erde und alles, was darinnen ist, erschaffen hatte, schuf Er auch den Menschen nach Seinem Bilde, dass er herrsche über alle Tiere, die auf der Erde, im Wasser und in den Lüften sich bewegen. Darauf aber sprach er: Es ist nicht gut, dass der Mensch allein sei, und schuf ihm das Weib zu einer Gehilfin, die ihm wäre, indem Er zugleich deutlich zu erkennen gab, dass Mann und Weib nach Seinem Willen Eins sein sollen. Darum wird der Mensch seinen Vater und sein Mutter verlassen und seinem Weibe anhangen, das er lieben soll, gleichwie Christus das Haupt der Gemeinde, in der Furcht des Herrn ergeben und folgsam sein. Beide sollen das Gelübde der Treue, das sie abgelegt haben, unverbrüchlich halten, und in Frieden und Eintracht mit einander leben, damit sie der göttlichen Segnungen teilhaftig werden, und ihre Ehe, wie es einem Stande, den Gott eingesetzt hat, gebührt, unwandelbar sei." (Schmeling, Pfarramtsagende 1889, 100)

Das Thema Schöpfung in der Bibel war also traditionell von zentraler Bedeu-tung für die Trauung. Und auch wenn seit gut fünfzig Jahren, eben auch im Zusammenhang mit der Veränderung der Rolle der Frau in der Gesellschaft, die in der alten Trauagende noch enthaltenen Hinweise auf die Erschaffung des Menschen als männlich und weiblich, und dann weiter aus der Rippe, heute weitaus seltener zitiert werden, sind diese Bilder m. E. nach immer noch im Verständnishorizont der Trauung präsent. Sie bleiben aktuell, weil das Phänomen der Liebe und Fruchtbarkeit, der Vitalität existentiell betrifft und fasziniert. *Marc Chagalls Bilderzyklus* zum *Hohen Lied der Liebe* drückt dies sinn-fällig aus. Erotik und Fruchtbarkeit verbinden sich hier mit Darstellungen von der nackten Braut. Auch gegenwärtig werden Chagalls Bilder noch häufig für Illustrationen auf Gottesdienstblätter eingesetzt. (Chagall/Mayer, Wie schön, 2008). Allerdings sind die zu ihnen gehörenden Texte des Hohelieds, soweit ich sehe, in kaum einer bekannten Trauagende zur Lesung vorgeschlagen.

Es ist das schwierige Verhältnis von christlicher Religion und Sexualität, das diejenigen, die die Agendentexte zusammengestellt haben, und das diejenigen, die dies heute tun, wohl haben vorsichtig werden lassen. Bei genauerer Betrachtung geht es auch hier wieder um die Vernetzung von menschlicher und göttlicher Liebe in der Gestalt der *Ars Erotica* und ihrer Verhältnisbeschrei-bungen zueinander (vgl. Josuttis, Gottesliebe, 1994; und aktueller Dabrock et al., Unverschämt, 2015).

Das Hohelied der Liebe aus dem Alten Testament ist ein Zeugnis antiker Erotik und ihrer Poesie. Es geht um die Leidenschaft, die eine Frau oder ein Mann empfinden, bis sie ihren Geliebten, bis er seine Geliebte gefunden hat. Eine dramatische Geschichte umgibt jedes Liebespaar, das um seine Liebe bangen muss, entweder wegen äußerer Umstände oder weil der Partner oder die Partnerin sich in ihrer Liebe unsicher war oder ist. Bis ein Paar einander gefunden hat, säumen Missverständnisse, Enttäuschungen, Überraschungen, Hoffnungen, Träume und Phantasien vom Glück oder vom Unglück in der Liebe ihren Weg. Die Liebe ist Menschen heilig, weil sie letztlich unverfügbar ist, weil es letztlich ein Geschenk bleibt, einander zu finden oder bereits gefunden zu haben. Die erotisch gefüllten Bewegungen des Suchens und Findens (vgl. Kapitel 4) werden in biblischen Texten kaum so treffend formuliert, wie dies im Hohelied der Liebe geschieht (Hld 1):

> „Er küsse mich mit dem Kusse seines Mundes; denn deine Liebe ist lieblicher als Wein. Es riechen deine Salben köstlich; dein Name ist eine ausgeschüttete Salbe, darum lieben dich die Mädchen... Da ist die Stimme meines Freundes! Siehe, er kommt und hüpft über die Berge und springt über die Hügel. Mein Freund gleicht einer Gazelle oder einem jungen Hirsch. Siehe, er steht hinter unsrer Wand und sieht durchs Fenster und blickt durchs Gitter. Mein Freund antwortet und spricht zu mir: Steh auf, meine Freundin, meine Schöne und komm her!
>
> Lege mich wie ein Siegel auf dein Herz, wie ein Siegel auf deinen Arm. Denn Liebe ist stark wie der Tod und Leidenschaft unwiderstehlich wie das Totenreich. Ihre Glut ist feurig und eine Flamme des Herrn."

Diese Worte wirken auch noch in der Moderne, wo die Liebsten-Liebe, die Paar-Liebe, im Zentrum aller Deutungen der Liebe steht. Aber es gibt einen *Hof von Bedeutungen* zum Hohelied der Liebe, der es ermöglicht, Kontexte des Bildes von der Paarliebe ebenfalls wahrzunehmen. So schreibt Ulrike Eichler:

> „Das Lied der Lieder ist seit seiner Kanonisierung gleichzeitig hochgeschätzt und in seiner Deutung umstritten. Zwei Auslegungstraditionen stehen sich gegenüber: eine frühe jüdische wie eine christliche *allegorische* Auslegung, die das Lied der Lieder als Ausdruck der leidenschaftlichen Liebe zwischen Gott und Mensch, der Synagoge bzw. der Kirche liest, und eine *profane*, die es als Ausdruck der biblischen Wertschätzung menschlicher Liebesbeziehungen sieht." (Eichler, Lied, 2006, 1302, Hervorhebungen von der Autorin)

Nimmt man beide Auslegungstraditionen zusammen, sieht man, wie auch hier wieder in der Deutung der Ehe eine Analogie zur Liebe Gottes bzw. der Liebe Christi zur Welt aufgebaut wird und also eine sakramentale Dimension in der Auslegung gestärkt wird (vgl. Kapitel 1).

Dazu kommt, dass religionsgeschichtliche Motive von der Hochzeit als einem Urbild davon, wie die Welt entstanden ist, wie sie erhalten werden kann und welches Verhältnis Menschen und Götter zueinander haben, ebenfalls im Deutungshorizont mitschwingt. Die Hochzeit bedeutet also viel mehr als die Eheschließung. Sie hat eine Beziehung zur Transzendenz. Dies macht die Macht ihres Sinnbilds aus. Es transzendiert die zwischenmenschlichen Beziehungen. Deshalb wird sie Heilige Hochzeit genannt und wird zum Sinnbild für die Verbindung von Gott und Mensch. In der mittelalterlichen Mystik hat man dies ausdrücklich immer wieder so gesehen. Aber auch in biblischen Schriften zeigt sich dies. So kann man in Hosea 2,21–24 lesen, wie das *Ich* des Textes sich Gott *anvertraut*. Der Brautpreis könnte größer nicht sein; es handelt sich um Gerechtigkeit und Recht, Liebe und Erbarmen. Versprochen wird auch, dass man dann den Herrn erkennen wird. *Erkennen* bedeutet im Hebräischen zum einen innerstes Verstehen, zum anderen ist es auch das Verb, das dafür gebraucht wird, die sexuelle Vereinigung zu beschreiben.

> „Diese Beispiele illustrieren, welche Aussagekraft das Urbild Hochzeit hat. Die Sehnsucht des Menschen nach der Begegnung mit dem Göttlichen ist elementar. In der hochzeitlichen Verschmelzung mit Gott wird der Mensch, wenigstens für kurze Zeit, seiner existenziellen Sorgen und Ängsten enthoben und seinerseits vergöttlicht." (Hirsch, Hut, 2008, 129; vgl. zu dieser Vorstellung in Kapitel 4)

So liegt der Schluss nah, dass in jeder Hochzeit über die Eheschließung hinaus eine sie transzendierende Bedeutung liegt. In der Hochzeit wird die religiöse Dimension der Eheschließung gefeiert. In der römisch-katholischen Deutung der Trauung ist dieser Überschuss über das Profane der Eheschließung aufbewahrt. Das ist die positive und anerkennenswerte Seite der Medaille. Die schwierige und konfliktreiche Seite ist allerdings diejenige, dass zugleich die mythische heilige Hochzeit mit der modernen Lebensform der Ehe unmittelbar zusammengesehen wird und die Ehe damit als ideale christliche Lebensform kommuniziert und sanktioniert wird (vgl. Kapitel 4). Wird die Trauung so gefeiert, greift man mit ihr mythische und märchenhafte Dimensionen auf, die sich im Ritus zeigen und die der Liebe der Brautleute Anschluss an eine Transzendenzerfahrung zu geben vermögen. Die Liebenden werden in diesem Rahmen füreinander auch Repräsentanten einer anderen Welt, einer Welt, in der Gott alles in allem ist und die Liebe deshalb von all ihren Ambivalenzen befreit ist.

Der Philosoph Hans Blumenberg hat mit seinem 1979 erschienen Buch *Arbeit am Mythos* den Mythos wieder rehabilitiert. Für ihn sind Mythen Geschichten von hochgradiger Beständigkeit. Dies gilt insbesondere für ihren narrativen Kern und für die marginale Variationsfähigkeit, die ihnen eigen sei. So spricht manches dafür, dass das theologische Nachdenken über die Trauung in Zukunft den Mythos der Hochzeit wieder genauer in den Blick nehmen sollte. Dass in diesem Zuge der Mythos keineswegs zu einer neuen Ideologie aufgebaut werden soll, ist allerdings klar. Es geht vielmehr darum, existentielle Bedürfnisse auszuloten, die dem Mythos der Heiligen Hochzeit innewohnen, sodass er Jahrhunderte überlebte. Sie wirken – so ist die hier vertretene These – bewusst und unbewusst zumindest teilweise darauf hin, dass Brautpaare sich für eine Trauung entscheiden, denn es steht fest, dass eine Hochzeit heute keine einzuhaltende Konvention (mehr) ist. Niemand muss heiraten, auch nicht deshalb, weil man Kinder haben möchte. Daneben ist ebenso klar: Es gibt biblisch gesehen keinen Hochzeitsbefehl. Die Trauung ist nicht heilsnotwendig. Christinnen und Christen, die sich trauen lassen, entscheiden sich völlig frei hierzu.

Fragt man nach dem biblischen Befund zum Thema Ehe und Trauung ist zunächst festzuhalten, dass es nirgendwo in der Bibel eine Aussage gibt, die die Ehe als Lebensform des glaubenden Menschen vorschreibt. In einer Vorlesung kam einmal die Frage auf, ob es einen biblischen Traubefehl gebe, der etwa mit dem Taufbefehl in Mt 28 vergleichbar wäre. Dies ist nicht der Fall, auch kommt die Trauung als Ritual in biblischen Schriften nicht vor. Die Eheschließung ist biblisch gesehen ein Akt, der mit dem Glauben nicht unmittelbar verbunden ist. Es gibt aber Aussagen, die die Ehe empfehlen, so etwa Paulus, wenn er im 1. Brief an die Gemeinde in Korinth davon spricht, dass es zwar gut sei, ledig zu bleiben, wie er selbst. „Wenn sie aber sich nicht können enthalten, so lass sie freien; es ist besser freien als von Begierde verzehrt zu werden" (1 Kor 7,9). So ist die Ehe aus christlicher Sicht durchaus eine wertgeschätzte Lebensform; sie ist allerdings nicht nötig, um ein christliches Leben zu führen. Sie ist aus der Perspektive von Paulus etwa vielmehr eine Lebensform, die dazu verhilft Sexualität und Erotik in der Gemeinde zu ordnen. Darüber hinaus verfolgt dieser eine Interimsethik: Das bedeutet, dass jede seiner Aussagen bezüglich der Ehe, der Ehelosigkeit, des Umgangs mit Witwen etc. im Horizont seiner Erwartung steht, dass Jesus als der Christus noch zu seinen Lebzeiten wiederkehrt. Das gesamte Kapitel 7 des Briefs an die korinthische Gemeinde zeigt dies. Bezüglich der Ehescheidung ist hier auch zu lesen: „Den Ehelichen aber gebiete nicht ich, sondern der Herr, dass die Frau sich nicht scheide von dem Manne – hat sie sich aber geschieden, soll sie ohne Ehe bleiben oder sich mit dem Manne versöhnen (…)" (1 Kor 7,10f.). Paulus kennt also die Ehescheidung und sicher wird er sich mit dem sechsten Gebot, du sollst nicht ehebrechen, identifizieren (vgl. 2). Man kann nun diese Zeilen als christlichen Leitfaden für den Umgang mit der Ehe lesen und hat doch zugleich wahrzunehmen, in welchen Zusammenhang hinein Paulus schreibt. Sein Hauptanliegen ist es in diesem Kapitel nicht, Grundsätzliches über die Lebensform Ehe zu sagen, sondern es geht ihm darum zu klären, dass nichts, auch nicht die Lebensform der Ehe, von dem Leben in Christus ablenken soll. In seinem Blickpunkt ist eindeutig die einzelne Person und ihre Bindung an Christus.

Nach Jahrzehnten, in denen die Zahlen der Eheschließungen und Trauungen rückläufig waren, haben sie sich nun auf einem spezifischen Stand einpendelt. So erscheint es lohnenswert, sich mit all den Ambivalenzen zu beschäftigen, die ihre Traditionen mit sich führen. Eine dabei anscheinend faszinierende Seite ist, dass Trauzeremonien so etwas wie ein uraltes Geheimnis des Lebens bergen, das für das Zusammenleben, gerade auch von jüngeren Paaren, identitätsstiftend sein kann. Doch in Zeiten postmoderner Dekonstruktion moderner Ideologien wird man mit demselben Atemzug davon zu sprechen haben, dass man eine Faszination an der Vitalität nicht unmittelbar teilen kann, sich vielmehr kritisch mit ihr auseinanderzusetzen hat. Hierzu gehört auch die Frage nach einem geeigneten Umgang mit der Macht religiöser Weltbilder.

Eine Möglichkeit, mythische Dimensionen in religiösen Sinnbildern zu rehabilitieren und ihnen zugleich doch keine ungebrochene Macht zuzusprechen, liegt in einem dialektischen Umgang mit ihnen. Dies lässt sich als ein Wechselspiel z. B. innerhalb eines sprachlichen Prozesses vorstellen, innerhalb dessen man die Hochzeit stets in einem Zwischenzustand zwischen Verzauberung und Entzauberung der Liebenden beschreibt: Dann gilt es einerseits, mythische Bilder aufleben zu lassen, die Sehnsucht nach Geborgenheit und Auflösung der Individualität in einer Zweiheit zu imaginieren, sie aber darauf nicht zu verabsolutieren und also nicht in dieser Einheitsvorstellung zu verbleiben, sondern sie auch wieder zu entzaubern. Doch auch die Entzauberung bildet nicht den Schlusspunkt, sondern es gilt, darauf dann wieder prosaische Beschreibungen von Paarbeziehungen zu hinterfragen, wie etwa diejenige, dass sich mit der Hochzeit in der Partnerschaft eines Paares nichts ändere. In einem solchen sprachlichen Wechselspiel kann es gelingen, die Rede von der Hochzeit bzw. der Trauung auch in hochmodernen Lebenswelten angemessen für das Geheimnisvolle des Lebens zu öffnen.

In den größeren Zusammenhang der Wirkung des Mediums Bibel auf die Wahrnehmung von Paarbeziehungen gehört schließlich auch noch die Rede gegen sogenannte unbiblische Beziehungen. Diese Ausdrucksweise bezieht sich zumeist auf biblische Verse, die in den Briefen des Paulus aufgefunden werden. Dort geht es dann um Argumentationen, die sich auf das Phänomen einer zweiten Heirat mit einer Person beziehen, die geschieden oder verwitwet war. In diesem Zusammenhang gehört die Position von Paulus, dass die Zeit der Welt bald zu Ende gehen wird und er es deshalb für besser hält, ledig zu bleiben. Es gelte, so wenig wie möglich an seinem Leben zu ändern, alles solle so bleiben, wie man es bisher geordnet hatte. Der Grund hierfür ist, so lassen sich die Einwände von Paulus lesen, dass möglichst viel Raum für die Ausgestaltung der Beziehung zu Christus geschaffen werden soll. Die Gestaltung der persönlichen Lebensformen zu anderen Menschen ist diesem Kriterium stets nachgeordnet. Dies bedeutet auch, dass es keineswegs geboten ist, sich von einem ungläubigen Partner oder einer ungläubigen Partnerin zu trennen, um sozusagen mit einer christlichen Ehe für Christus im eigenen Leben mehr Raum zu schaffen. Dies würde dem Wort von Paulus entgegenstehen, in dem es heißt, wenn eine Frau einen ungläubigen Mann habe, und er wolle bei ihr wohnen, soll er sich nicht von ihr und sie sich nicht von ihm scheiden lassen (1 Kor 7,13). In diesem Sinne lässt sich zusammenfassend sagen, dass die Beschäftigung mit der biblischen Perspektive auf die Ehe also nicht dazu führt, dass sie eine besondere Hochstellung in einer Hierarchie der Lebensformen erhielte, sondern es ist vielmehr so, dass sie in eine Relation mit der Perspektive des Glaubens gesetzt wird.

Wird also die Ehe ein thematischer Gegenstand des Traugottesdienstes und soll sie in Beziehung zu den Urgemeinden und ihren Texten interpretiert werden, dann ist die Orientierung daran einzuhalten, dass es in diesen nie darum ging eine Ehe-Ethik zu verfassen. Es geht in biblischen Texten vielmehr stets darum, die Beziehung zur Ehe im Verhältnis zur Beziehung zu Jesus als dem Christus zu thematisieren. Wo diese Grundlage berücksichtigt wird, läuft man in der Auslegung der Schrift nicht Gefahr, einen einzelnen Vers zu generalisieren oder eine von Paulus getroffene ethische Entscheidung auf völlig veränderte Lebensumstände anzuwenden und sozusagen seine Autorität zu verabsolutieren und damit wiederum im Kern gegen das Anliegen der christlichen Botschaft zu argumentieren. Unter diesen Prämissen ist die Bibel für den Christen und die Christin als das Buch der Bücher zu benennen. Es enthält sozusagen altehrwürdige Texte und fordert dazu heraus, sich von dem Urdokument des Glaubens her immer wieder neu zu verstehen. Dazu gehört auch ein kritischer Blick auf die Deutungsgeschichte biblischer Texte.

Geht man von der Bedeutung der Bibel für den Traugottesdienst aus, stellt sich auch die Frage, inwiefern sie für die Homiletik und die Predigtgestaltung für wichtig gehalten wird. Hier ist zur Kenntnis zu nehmen, dass die Bibel als (Print-)Medium in der Homiletik so gut wie nicht reflektiert wird. Als Gegenstand ist sie im Gottesdienstraum stets präsent: Sie ist als gebundenes Buch für die Kanzelrede relevant, sie liegt in vielen Kirchen auf dem Altar und auch am Rednerpult (Gräb, Sinn, 2002, 157–164 und 291–300). Innerhalb medienhistorischer Erwägungen heißt es zudem, dass sie das Urdokument des Glaubens sei. Weil sie ein typographisches Medium sei, werde sie auch zu einem öffentlich zugänglichen Medium. Dabei werden sehr unterschiedliche Zugänge eröffnet. Sie können literaturwissenschaftlich, künstlerisch oder religiös sein. Immer aber fordert die Bibel als Buch die mediale Selbstbefähigung des Lesers und der Leserin heraus. Hier kommen er und sie zu ihrem Recht, selbst zu lesen, nachzuvollziehen, im Text zu verweilen und sich in diesem Prozess dann auch als kompetent für die *viva vox evangelii* zu erfahren, für sich allein als auch für die lebendige Auslegung des Wortes Gottes im Gottesdienst.

Noch ist es ungewohnt daran zu denken, dass Menschen mitreden, laut mitdenken und ihre Gedanken z. B. auf einer *Twitterwall* während des Gottesdienstes dokumentieren. Noch scheint das Idealbild die monologische Predigt zu sein, wenngleich bereits der Bibliolog hier eine resonanzreiche Veränderung eingeläutet hat (vgl. Pohl-Patalong, Impulse, 2010). Doch was für die Wahrnehmung der Gemeinde gilt, dass sie sich immer mehr diversifiziert (vgl. Kapitel 1 und 7), ist sozusagen auch für das zweite und dritte Eck des homiletischen Dreiecks durchzubuchstabieren: Es gibt nicht mehr nur einen Prediger bzw. eine Predigerin und es gibt auch nicht mehr nur den einen Predigttext oder die eine Andacht, sondern es sind stets mehrere gleichzeitig anwesend. Dies ist noch nicht einmal nur den Möglichkeiten der neuen Medien geschuldet. Im Grunde waren schon immer viele Predigten, viele Predigerinnen und Prediger im Raum. Der Unterschied zu früheren Zeiten, in denen nicht elektronisch gestützt kommunziert wurde, liegt schlicht darin, dass diese Diversität heute weitaus sichtbarer und hörbarer artikuliert wird, und dass auch die Diversität biblischer Aussagen selbst barrierefreier zugänglich ist. Dazu liefert die Bibel selbst das Material, und zwar in einer Polyphonie, die ihrerseits als ein Resonanzgeschehen bezeichnet werden kann: ein Resonanzgeschehen auf viele verschiedene Erfahrungen innerhalb der Geschichte Gottes mit den Menschen (zur Bibel als Medium vgl. auch Leutzsch, Bibel, 2017).

6.2 Musik

Die musikalische Gestaltung des Traugottesdienstes ist seit einigen Jahren ein wunder Punkt in den Beschreibungen von Pfarrerinnen und Pfarrern. (Freilich ist diese Problematik auch für die geistlich hochbedeutungsvolle Berufsgruppe der Kirchenmusikerinnen und Kirchenmusiker gegeben. Ihre Bedeutung für die gottesdienstliche Gestaltung verdiente ebenfalls eigene Kapitel, die hier nur angekündigt, jedoch nicht eingelöst werden können. An dieser Stelle wird aber deutlich, dass und wie die Trauung in Zukunft als *Teamwork* verschiedener religiöser Berufe beschrieben werden muss. Zurück zur Perspektive der Pfarrerinnen und Pfarrer:) Ihnen werde mit dem Engagement von professionellen Musikerinnen und Musikern die geistliche Dimension der Musik im Traugottesdienst aus der Hand genommen. Viele Brautpaare kämen bereits mit einem vollständigen Plan arrangierter Musik- und Gesangstücke ins Trauegespräch. Sie nähmen diese nicht (mehr) als einen Teil des Gottesdienstes wahr, auf den die Pfarrerinnen und Pfarrer ebenfalls einen Gestaltungsanspruch hätten.

Zudem ist ein älteres Problem, dass das Zusammenwirken von Pfarrpersonal und Organistinnen und Organisten nicht immer zu kreativen Ergebnissen für den Gottesdienst führt, sondern häufig Lieder nur weitergegeben werden. Die Orgelstücke zu Eingang und Ausgang sowie eventuell zur Meditation nach dem Trauakt werden, aus der Sicht des Pfarrpersonals gesprochen, den Kirchenmusikern bzw. -musikerinnen überlassen. Diese pragmatische und zuweilen auch kollegiale Lösung führt aber häufig zu einer konzeptionell nicht gemeinsam reflektierten musikalischen Situation im Gottesdienst.

Ein drittes Problemfeld besteht seit circa zwei bis drei Jahrzehnten darin, dass viele Brautpaare mit den kirchenmusikalischen Traditionen und Kulturen kaum vertraut sind, das heißt, dass weder sie noch ihre Gäste die Lieder aus dem Gesangbuch oder die Orgelstücke aus dem Repertoire der Organistinnen und Organisten kennen. Vielmehr werden sowohl bei Taufen, Konfirmationen, Beerdigungen als auch bei Trauungen häufig populäre Musikstücke gewünscht, um jene zu umgehen.

Zusammenfassend lässt sich sagen, dass es sowohl intern hinsichtlich der musikalischen Gestaltung des Traugottesdienstes als auch extern in der Kommunikation mit den Brautpaaren sowie hinsichtlich der Musik in Form von Liedern und Instrumentalstücken nahezu keine eingeübten und funktionierenden Abläufe mehr gibt. Sie betreffen teilweise sogar auch die Finanzierung der Kosten der Musikerinnen und Musiker.

Innerhalb der praktisch-theologischen Diskussion ist hingegen klar, wie bedeutend Musik für die Entfaltung der individuellen Religiosität ist. Sie ist ästhetisches Ausdrucksmedium des Glaubens, dies gilt nicht nur für die individuelle, sondern auch für die soziale Dimension des Glaubens. Zudem ist herausgearbeitet worden, dass Musik als besonderer Raum der Erinnerung und Verheißung erfahren wird (vgl. Bubmann/Weyel, Musik, 2012). Aus kirchlicher Perspektive sind theologische Grundsatztexte im Rahmen einer Programmatik der Evangelischen Kirche in Deutschland zur Kirchenmusik unter dem Titel *Kirche klingt* im Jahre 2012 veröffentlicht worden (vgl. *https://www.ekd.de/download/ekd_texte_99.pdf*). Hier wird Musik theologisch als schöpfungsgegebenes kreatives Spiel verstanden, als christologisch orientiertes Symbol für Transzendentes und als geistgewirkte Erfahrung der Gegenwärtigkeit des Heiligen, also als Medium der Geistesgegenwart (vgl. auch Bubmann/Weyel, Musik, 2012, 9). Im Bereich von Musik in ihrer rezeptiven, praktizierenden und konzeptionell entwickelnden Dimension liegen somit Potentiale, religiöse Praxen zu erkunden. Musikalisch gestaltete religiöse Kommunikationen liegen nicht immer im Fokus einer Gottesdienstgestaltung. Sie zu fokussieren, verspricht weitere Erfahrungsmöglichkeiten für die Geistesgegenwart Gottes im Gottesdienst zu eröffnen: Neben die Andacht und den Segen, an die traditionell zuerst gedacht wird, wenn es um die Theologie im Traugottesdienst geht, tritt die Erfahrung, gemeinsam in ein Musikstück eingetaucht zu sein oder auch zusammen gesungen zu haben.

Eine immer häufiger angefragte Erweiterungsmöglichkeit liegt sicherlich darin, mit Popmusik im Traugottesdienst zu experimentieren. Pfarrer Steffen Groß aus der Region Heidelberg beschreibt eine seiner Erfahrungen zu dem Themenfeld Trauung und Popmusik folgendermaßen:

> „Die beiden, die da vor dem Altar sitzen, haben ihre Narben, und sie verstecken sie nicht. Der Traugottesdienst findet zwar in einer malerischen Klosterruine

über den Dächern von Heidelberg statt, aber ansonsten ist das hier vieles – nur keine vom professionellen *wedding manager* nach TV-Vorbild inszenierte Traumhochzeit.

Das würde auch kaum passen: Die Braut hat vor der Beziehung mit dem Bräutigam eine schwere Lebenskrise durchgestanden, eine desaströse Vorbeziehung überwunden und ihre Kinder lange Zeit allein erzogen. Und der Bräutigam ist ein Mann auf den zweiten Blick: Kein männliches Model, aber ein liebender, warmer Partner – nicht selbstverständlich für einen, der als Kind die Mutter, als Jugendlicher den Vater und später noch Stiefvater und Bruder verloren hat. Auf weißes Kleid und farblich abgestimmte Krawatte haben beide verzichtet, die Gäste bilden eine Gemeinde auf Bierbänken, die Kinder auf dem Schoß.

Auf Ornamente haben die beiden verzichtet, der Trauspruch aber war nicht verhandelbar: Prediger 3 musste es sein, in diesem Text finde sie Gott und ihr Leben wieder: *Alles hat seine Zeit, und alles Vorhaben unter dem Himmel hat seine Stunde: geboren werden hat seine Zeit, sterben hat seine Zeit; (…) weinen hat seine Zeit, lachen hat seine Zeit; klagen hat seine Zeit, tanzen hat seine Zeit...*

Seine größte Verdichtung erfährt die Trauung dann nach Predigt und Trausegen, und jetzt wird deutlich, welch riesiges Potential popkulturelle Elemente für und bei Kasualien haben können: Bräutigam, Tochter und ein alter Freund greifen zu Mikros und Gitarre, die ersten Töne von Silbermond wehen durch die Ruine, und der Bräutigam singt: *Du bist das Beste, was mir je passiert ist, es tut so gut wie du mich liebst... ich kann´s kaum glauben, dass jemand wie ich sowas Schönes wie dich verdient hat.*

Kasualien gelingen in der Praxis dann, wenn es denen, die sie anfragen, dem Liturgen und manchmal noch Freunden oder Angehörigen gelingt, die Biographie eines Paares, einer Familie oder eines Verstorbenen und die Botschaft des Evangeliums miteinander zu *versprechen* (Lange). Die Interpretamente, die eine große Zahl von Menschen explizit oder implizit in ihrem Leben nutzen und folgerichtig für die Gestaltung ihrer Kasualien wünschen, entstammen der Popkultur, insbesondere der Popmusik. Wer sich die entsprechende hermeneutische Mühe und Arbeit macht, wird in den Songs neben den Projektionsflächen der Biographien der Menschen auch religiöse oder zumindest religionsaffine Themen entdecken. Was läge näher, als sich auf dieses doppelte Interpretationsangebot homiletisch und liturgisch einzulassen?

Im beschriebenen, zugegebenermaßen besonderen Fall hat das Brautpaar, selbst in der kirchlichen Jugendarbeit sozialisiert, diese Arbeit zu einem guten Teil schon selbst erledigt. *Unsere Dankbarkeit dafür, dass wir uns nach so vielen dunklen Erfahrungen gefunden haben, finden wir in dem Lied von Silbermond wieder. Und diese Dankbarkeit muss irgendwo hin: Wir wollen sie allen zeigen: Unseren Freunden. Und Gott.*

Zugegeben: So ideal läuft der wechselseitige Interpretationsprozess nicht immer ab. Manchmal wünschen sich Paare auch schlicht das Lied, dass beim ersten Kuss im Radio oder in der Disko lief – und das muss nicht zwingend passen: Meine Frau, heute Religionslehrerin, und ich, mittlerweile Pfarrer, haben daher bei unserer Trauung auf *Losing my religion* von R.E.M. verzichtet. Und ob jeder nette bis biedere Bräutigam sich wirklich als Freibeuter à la Johnny Depp im *Fluch der Karibik* versteht, sei dahingestellt – als effektvolles Orgelnachspiel taugt es allemal.

Doch sage keiner, dies sei bei klassischer Musik von vornherein anders: Die Story hinter dem beliebten Marsch *Treulich geführt* aus Wagners Lohengrin dürfte auch nur den wenigsten Brautpaaren geläufig sein – schließlich ist in der Oper die Hochzeit von Elsa und Lohengrin nicht der Startpunkt einer immerwährenden Liebe, sondern der Anfang vom Ende der Beziehung. Dieser Kontext ist wohl kaum der entscheidende Grund für die Wahl dieses Stückes – der Text des Chores wird schlicht als *irgendwie schön und passend* (so ein Paar) empfunden, der Zusammenhang ist unbekannt oder wird ausgeblendet. Und wenn es bei der Musikauswahl bei Trauungen immer zuerst um musikalische, lyrische oder gar theologische Qualität gehen würde, stünden Gesangbuchlieder wie *Danke für diesen guten Morgen* oder *Herr, deine Liebe* schon lange auf dem Index nicht nur der Experten, sondern auch des *Common Sense*. Selbst ein Orgelpräludium von Johann Sebastian Bach als Eingangsstück ist gewiss große Musik – aber zunächst einmal einfach nur ästhetisch ansprechend und feierlich genug, um den Einzug des Paares (oder von Brautvater und Braut) angemessen und im richtigen Tempo zu begleiten.

Die Bandbreite der Motive, die Traupaare bei ihren Musikwünschen haben, dürfte also in jedem Fall groß sein, egal, ob es nun um klassische oder um Popmusik geht. Ich schlage probehalber folgende Unterscheidungen vor, wobei die Motive sich natürlich mischen oder überlagern können:

a) Popmusik, die aus medialen Zusammenhängen bekannt ist und vor allem als schön und passend empfunden wird. Beispiel: *Pirates of the Carribean*;

b) Popmusik, die mit der Biographie des Paares oder eines Partners verknüpft ist. Beispiel: der erste Kuss bei *Losing my religion*;

c) Popmusik, die einen Bezug zum Themenfeld *Liebe – Treue – Schönheit* hat; Beispiel: Silbermonds *Das Beste*;

d) Popmusik, die (auch) einen direkten oder indirekten christlich-religiösen Bezug hat oder dafür zumindest offen ist. Beispiel: Leonard Cohens *Hallelujah* oder der Gospel *Oh happy day*.

Vielen Brautpaaren sind dabei die inhaltlichen Zusammenhänge soweit unklar, dass es zu merkwürdigen Spannungen kommen kann. Leonard Cohens *Hallelujah* ist nicht nur nach Meinung von Jeff Buckley (vgl. *http://de.wikipedia.org /wiki/Hallelujah_%28Lied%29*) der beste Song aller Zeiten – aber von einer von Anfang an segensreichen Beziehung handelt der Text mit seinen zahlreichen Verweisen auf die Geschichte von David und Batseba in 2 Sam 11ff. gerade nicht – Auftragsmord und ein stellvertretend sterbendes Kind dürften wohl kaum zur Lebenswelt eines normalen Brautpaares gehören.

Dieses Phänomen ist aber bei kirchlichen Trauungen weder neu noch auf den Einsatz von mehr oder weniger passender Popmusik beschränkt. Dies mag ein Schlaglicht auf die Auswahl von Trausprüchen zeigen, die Traupaare selbst vornehmen:

Immer wieder und schon seit diversen Jahren wird dort das Wort aus Ruth 1,16 gewünscht: *Wo du hingehst, da will ich auch hingehen*. Dieser Satz stammt aber im Kontext des Buches bekanntlich nicht aus dem Mund eines liebenden Partners zum geliebten anderen Menschen – vielmehr sagt es die Schwiegertochter Ruth zu ihrer Schwiegermutter Noomi. Nur ein einziges Mal habe ich in der Praxis erlebt, dass ein Brautpaar sich diesen Satz bewusst ausgesucht hatte – und diesen beiden ging es nicht um ein mehr oder weniger gelungenes Verhältnis zwischen Schwiegertochter und Schwiegermutter, sondern um den ganzen Satz: *Wo du hingehst, da will ich auch hingehen; wo du bleibst, da bleibe ich auch. Dein Volk ist mein Volk, und dein Gott ist mein Gott.* Der Bräutigam war ein katholischer Kroate, die Braut eine evangelische Deutsche. Beide hatten lange mit der Frage gerungen, ob nun die badische Kurpfalz oder das kroatische Istrien die gemeinsame Heimat sein sollte, und eine ökumenische Trauung in Kroatien zu organisieren, erwies sich ob der mangelnden Bereitschaft fast aller katholischen Pfarrer vor Ort als fast unmöglich.

Schließlich war doch ein vom zweiten Vaticanum geprägter Pfarrer in Pula bereit, die Trauung mit dem ihm unbekannten evangelischen Kollegen aus Deutschland in seiner Kirche am Stadtrand von Pula gemeinsam zu halten, obwohl er selbst nur kroatisch, der deutsche Kollege aber nur deutsch und englisch sprach. Vor diesem Erfahrungshintergrund ergibt das nun fast trotzig klingende Bekenntnis *Mein Gott ist dein Gott* fast subversiven Charakter; und die Zusage *Wo du hingehst, da will ich auch hingehen* hatten in diesem gelungenen Fall beide eingelöst: Die Hochzeit fand in Kroatien statt, der Wohnort beider wurde die Kurpfalz. Auch wenn der wörtliche Kontext des Ruth-Wortes gerade nicht zutrifft – die Schwiegermutter der Braut blieb in Kroatien wohnen, die Braut kehrte nach Deutschland zurück, und anders als im biblischen Bericht war der Bräutigam durchaus lebendig – war die Auswahl stimmig: Das Bibelwort erhellte im neuen Kontext die gemeinsame Biographie des Brautpaares vom Evangelium her und bot so reiche Anschlussmöglichkeiten für die Gestaltung von Liturgie und Predigt bei der ökumenischen Trauung.

Manchmal helfen aber nur ein großer Erklärungsaufwand oder gar ein Veto des Pfarrers, um das Brautpaar vor einer handfesten Blamage durch ungewollt heraufbeschworene Assoziationen zu bewahren: So geschehen bei dem jungen Paar, dass sich allen Ernstes *Time to say Goodbye* (Andrea Bocelli & Sara Brightman) und als Choral *So nimm denn meine Hände* wünschte: Zwei Musikstücke, die so eindeutig mit dem Kontext von Abschied und Bestattung verknüpft sind, hätten den gesamten Traugottesdienst jenseits aller Fragen von Kitsch und musikalischer Qualität schnell in eine Mischung aus Slapstick und betretenem Gefühl manövriert.

Der entsprechende Hinweis auf den Kontext aber brachte das Paar dazu, die Liedauswahl umzuwerfen. Am Ende wurde *Oh happy day* gesungen. Und auch, wenn etwa der sündentheologische Kontext des Gospels weder geläufig noch wirklich passend war: Die mitreißende durch einen Chor vorgetragene Musik erwies sich als stimmig und als geeignetes Symbol der Dankbarkeit des Paares gegenüber Gott für das Geschenk der gegenseitigen Liebe.

Es kommt also für den verantwortlichen Geistlichen darauf an, die popmusikalischen Kontexte der Musikwünsche zu kennen, zu analysieren und, wo irgend möglich, im Kontext der gemeinsamen Biographie des Paares hermeneutisch zu verarbeiten, mit dem Evangelium des Gottes, der die Liebe ist, zu verknüpfen – und all dies dann auch noch so auszusagen, *wie sie es hören können* (vgl. Mk 4,33). Wenn dies dann so gelingt wie im Fall des eingangs erwähnten Paares mit Silbermonds Liebeslied *Das Beste*, ist viel gewonnen."

Steffen Groß betont die Bedeutung des biografischen Bezugs, die den Einsatz von Popmusik im Gottesdienst sinnvoll werden lässt. Wer sich mit der Produktion von Radioprogrammen beschäftigt hat – oder näher an der kirchlichen Kultur – wer sich für die Lieblingssongs von Konfirmandinnen- und Konfirmandenjahrgängen interessiert, findet bereits erste Hinweise darauf,

welche lebensbegleitende und also biografische Bedeutung bestimmte Liedrepertoires und Musiktraditionen für Menschen haben. Für die kirchliche Praxis ist insbesondere von Belang, dass Musik und insbesondere Lieder Teil an der Entwicklung des Glaubens haben. Über diese individuelle Dimension hinaus verbinden sie auch Menschen einer Generation oder eines Milieus miteinander; sie werden Medien von Geselligkeit innerhalb einer Gruppe und sie wirken darüber hinaus auch gemeinschaftsbildend. Musik und Lieder prägen die Wahrnehmung von (religiösen) Weltbildern und zwar über den Zeitpunkt des Zusammenseins hinaus. Denn Musik hat Langzeitwirkungen wie sich z. B. auch über neurowissenschaftliche Forschungen zeigen lässt, die ihren Memoriereffekt herausstellen: „Gesungenes wird meistens besser behalten als Gesprochenes" (Lindner, Religiosität, 2012, 87).

Die praktisch-theologische Auseinandersetzung mit Popmusik hat darüber hinaus weitere Differenzierungen erbracht, die unterstreichen, wie vielfältig neben der biografischen Bedeutung von Musik nun im Kontext der Kasualtheorie auch grundsätzlicher das Verhältnis von Religion und (Pop-)Musik gefasst werden kann (vgl. zum folgenden Abschnitt insbesondere Bubmann, Musik, 2009, 16–28): Zur Musik gehören seit alters religiöse Dimensionen und die Musik übernimmt auch selbst religiöse Funktionen. In aller hier gebotenen Kürze lässt sich sagen, dass Musik in den meisten Kulturen der Erde erklingt und erklungen ist. Mit ihr wird zum Beispiel der Ort einer religiösen Zeremonie als solcher ausgewiesen. Er wird akustisch markiert und darin von anderen Orten abgegrenzt. Musik eignet sich auch als ein Medium zur Steuerung der Dramaturgie, der die Inszenierung eines Gottesdienstes folgt. Mit ihr kann eine heilig anmutende Atmosphäre aufgebaut werden oder man kann auf ihr – als einem sogenannten Musikbett – auch religiöse Texte aufsagen und Musik in diesem Sinne als Transportmedium verstehen. Generell lässt sich beobachten, dass Musik fester Bestandteil von religiösen Feiern und Festen ist. Insofern ist es unverzichtbar, dass sie auch zur Trauung erklingt. Selbst wenn es sich um einen Gottesdienst innerhalb einer Gehörlosengemeinde oder einer Gemeinde mit anwesenden gehörlosen Menschen handelt, ändert sich das nicht. Auch in diesen Kontexten werden die verschiedenen religiösen Dimensionen und Funktionen von Musik geschätzt, wenngleich sie anders wahrgenommen werden als allein in akustischem Sinne.

In diesen ersten Funktionsbeschreibungen wird bereits angedeutet, dass beim Einsatz von Musik durchaus eine *magische Dimension* zu beachten gilt. Musik ist ein Medium, um Stimmungen gezielt zu steuern. Sie eröffnet über Immersionseffekte, mit denen sie die menschlichen Sinne an sich bindet, Räume, um spezifische Gefühle hervorzurufen: Sie konstruiert Gefühlsräume, deren Wirkungen in diesem Sinne insbesondere als *klangmagisch* bezeichnet werden. Man kann hier an Trommelwirbel denken, die alles, was man sonst gewohnt ist zu hören, unterbrechen und Menschen zu spezifischen psychischen Reaktionen anleiten. In der christlichen Tradition ist das Glockengeläut zum Gottesdienst als Beispiel zu nennen. Es spiegelt etwas von dem Gebrauch von Klangmagie im Christentum wider. Mit ihm werden Menschen zur Kirche gerufen, wie es heißt. Dies geschieht ohne überzeugende Worte und ohne zwingende Handlungen, sondern über die Wirkung von Klängen.

Eine weitere Dimension von Musik wird als *ekstatisch-transzendierend* beschrieben. Blickt man in kulturwissenschaftliche Forschungen, so zeigt sich, wie und dass Musik eingesetzt wird, um in religiöse Trance kommen zu können. Musik wird hier häufig zur Rhythmusgeberin und unterstützt Gesang sowie Tanz. Innerhalb des europäischen, volkskirchlich orientierten Christentums sind solche Praxen kaum mehr auffindbar. Doch dass es ein ekstatisch-transzendierendes Element im Gottesdienst geben soll, lässt sich m. E. nach gut daran zeigen, dass nach dem Trauakt häufig von Brautpaaren ein besonders emotional aufschließendes Musikstück mit oder ohne Gesang gewünscht wird. Es soll ein *flow-effect* entstehen, sodass die angestauten Gefühle, die bis zum Ja-Wort im Raum schwebten, abfließen können. Grenzen sollen aufgelöst werden, die Vereinigung der Brautleute wird sozusagen musikalisch imaginiert. Es soll und darf dann aus vielerlei verschiedenen Gründen geweint werden. Für einige Jahre ab Mitte des ersten Jahrzehnts des neuen Jahrtausends war es möglich, solche Gefühlregungen mit dem populären Instrumentalstück *River flows in You* von Yiruma (2001) zu inszenieren.

Es ist die *integrierend-kommunikative Dimension* von Musik, die im gemeinsamen Singen und Sprechen von Texten, wie etwa im Gebet im Gottesdienst, zum Ausdruck kommt. Hier wird eine Einheit im Raum inszeniert, mit der dann Gott gelobt und Gott bekannt wird. Die integrierend-kommunikative Dimension von Musik eröffnet die Möglichkeit, religiös zu kommunizieren. In Lebenswelten, in denen viele Menschen häufig nicht auf religiöse Kommunikationspraxen in eigener Kompetenz zurückgreifen können, findet sich gerade im Traugottesdienst nun eine Gelegenheit dies zu tun. Umso beklagenswerter ist es, dass in vielen gegenwärtigen Traugottesdiensten genau diese beiden Elemente häufig wegfallen, weil die Gemeinde die Lieder oder die Gebetstexte nicht (mehr) kennt. Wenn klar ist, welche elementare Bedeutung an den gemeinsamen musikalischen religiösen Praxen hängt, wird man als Pfarrerin oder Pfarrer sowie als Kirchenmusiker und -musikerin kreativ werden wollen, um Menschen mit allen Hilfsmitteln zu versorgen, sodass sie an dieser integrierend-kommunikativen Dimension von Musik (und gemeinsamen Gebeten) teilhaben können. Für die Hypothese, dass die Traugemeinde häufig keinesfalls ausschließlich aus Menschen besteht, die nicht mitsingen oder nicht mitsprechen bzw. -beten wollen, spricht viel. Es wird vielmehr bedauert, dass man nicht besser partizipieren kann. Mit der Unterstützung durch elektronische Kommunikationen kann man ohne großen Aufwand bereits ein oder zwei Wochen vor dem Traugottesdienst die Lieder der ganzen Gemeinde bekannt geben, ebenso wie die Gebete. Eine solche Maßnahme nimmt die

Gemeinde als Gemeinde ernst: Die versammelte Gemeinde soll die Gelegenheit haben, sich mit den Worten und Tönen des Gottesdienstes vertraut zu machen.

In diesen Zusammenhang gehört auch die Wahrnehmung der *rhetorisch-symbolischen Dimension* von Musik und Gesang. Für die abrahamitische Tradition ist insbesondere das gesungene Wort der Heiligen Schriften zu nennen. Es wird in besonderer Tonlage und Rhythmik rezitiert, es gibt speziell ausgebildete Personen, die die Worte der Heiligen Schrift zum Vortrag bringen. Auf diese Weise ist das Psalmodieren z. B. eine Kunst der Vergegenwärtigung eines Textes, die im bewusst ästhetischen Umgang mit einem solchen beabsichtigt, dass die Worte besser verstanden, intensiver aufgenommen und emotional nachhaltiger gehört werden. Musik und Gesangkultur werden so zur Aufnahme von Texten eingesetzt. Im Bereich der symbolischen Repräsentation lässt sich mit ethnologischen und religionswissenschaftlichen Studien zeigen, wie Klänge, Stimmen und Stimmlagen und auch Instrumente zum Symbol für Gottheiten oder religiöse Agentinnen und Agenten werden. Es zeigt sich, wie eng Wort und Musik miteinander verwoben sind.

Der US-amerikanische Homiletiker John McClure hat diesen Zusammenhang innerhalb seiner Homiletik auf bislang kaum reflektierte Weise aufgegriffen. Unter dem Titel *Mashup Religion* entwickelte er bereits 2011 eine produktionsästhetisch orientierte homiletische Theorie, die aus dem Bereich von Musikproduktionen gespeist wird. Unter *Mashup* wird ein spezielles Mischverfahren von älteren mit neueren kulturellen Produktionen verstanden. Demgemäß gibt es *Mashup Arts*, *Musics* und *Literature*; McClure schlägt nun für die Homiletik unter Verwendung der Mashup-Kultur *The Multitrack Sermon* vor. Er geht von verschiedenen *Tracks* aus, die er für eine Predigt *mixt*. Sie zeigen deutliche Orientierung an üblichen Predigtvorbereitungen, auch in ihnen sind die Elemente *scripture tracks*, *culture tracks*, *theology tracks* und *message tracks* enthalten. Der tatsächlich neue Zugang liegt in der Analogie zur Musikproduktion, also in einer äußerst intensiven Verbindung von Musik und Sprache sowie in einer Offenheit für das Mixen verschiedener kultureller Produktionen.

Eine solche Vorgehensweise erfordert in radikaler Weise, dass Predigerinnen und Prediger sich über die eigenen Ziele der Kommunikation des Evangeliums Rechenschaft ablegen müssen. Die Entscheidungen, die hierzu gefällt werden müssen, haben Konsequenzen. Denn dann wird klar, ob dem biblischen Text oder einem kulturellen Setting, in dem sich das Evangelium heute kontextualisieren lässt, die bestimmende Spur überlassen wird. McClure konkretisiert sein Modell bis hin zu einem *track sheet*. In diesem werden vertikal die verschiedenen Tracks und horizontal die verschiedenen Sequenzen einer Predigt in einem Spaltenraster aufgeführt. Für die Klärung dessen, was auf den *message tracks* kommuniziert werden soll, berichtet er z. B. von Online-Kommunikationen mit Menschen, die zu seinem Gemeindeumfeld gehören.

Für die Entwicklung des *culture track* ist ebenfalls Recherche nötig. McClure kann hier konkrete soziale oder kirchliche Projekte ebenso wie Popsongs, Videos etc. heranziehen. In der Predigt steht dann am Ende auch nicht mehr allein der Prediger bzw. die Predigerin mit seiner bzw. ihrer Rede auf der Kanzel, sondern er und sie präsentieren (im Sinne von *vergegenwärtigen*) einen Remix aus Glaubenszeugnissen, der aus verschiedenen *tracks* besteht. Das kann in der Form einer Rede geschehen, aber es kann ebenso gut ein multimediales Mosaik geworden sein:

> „Any of the boxes on the track sheet could be given over to a different media of presentation: popular songs, audio or video clips from television, films, YouTube, or self-conducted interviews, drama and so on. For instance, in sequence one of the sermon example above, the message track, ‚compassion attracts those in need', could be expanded slightly and performed as a rap or spoken word poetic monologue […] The preacher will not mix media too often, perhaps one per sermon, or per sequence at most, due to time constraints and sermon continuity, but varying the media used for each track has great potential to enliven sermon production." (McClure, Mashup, 2011, 183)

Für McClure ist es klar, dass die Predigerinnen und Prediger der nächsten Generation multimedial und in einem Medienmix kommunizieren werden. Dabei entwickelt er seine Homiletik wie gesagt aus dem Kontext von Produktions- und Rezeptionsweisen von Popmusik. Er weist aus, was und wie Theologie von diesen lernen kann. Doch er verfolgt keine unkritische Adaption. Vielmehr rückt er auch die praktisch-theologische Herausforderung ins Blickfeld, dass in Popmusik-Produktionen enthaltene Quasi-Theologien kontinuierlich kulturtheologischen Reflexionen unterzogen werden müssen, denn sie sind kaum frei von Werten, die sie kommunizieren; darunter auch solche wie Misogynie und Fremdenfeindlichkeit. McClures *Mashup Religion* führt die Diskussion über die rhetorisch-symbolische Dimension von Musik innerhalb der Homiletik weiter, insbesondere wenn es um Gottesdienste geht, in die die Popmusik eingewandert ist.

In *seelsorgerlich-therapeutischer Dimension* wirken Musik und gerade auch Lieder religiös aufschließend, die wiedererkannt und selbst bereits öfter gesungen wurden. Bei der Besprechung der verschiedenen Familienkonstellationen, die in einem Traugottesdienst präsent werden können, war dies bereits schon einmal Thema (vgl. 2). Menschen können an eigene andere religiöse Musikerfahrungen anknüpfen: Ein Musikstück kennen sie von anderen Kasualien, der Beerdigung der Großmutter oder der Eltern u.a.m. Ein Lied kennen sie aus der eigenen Konfirmationszeit oder – wenn es weder ein Gesangbuchlied noch kirchliches Liedgut ist – aus anderen Zusammenhängen, die es befördern können, sich selbst jetzt für neue religiöse Kommunikationen zu öffnen. „Es kommt zu Regressionen in kindliche und jugendliche Gefühlswelten, Musik gewährt entlastende Traumzeiten und Phantasieräume" (Bubmann, Musik, 2009, 23).

Bereits in Bezug auf die magische Dimension der Musik wurde zu Anfang angedeutet, dass Menschen mit ihr manipuliert werden können. So ist auch in Hinsicht auf eine *ethische Dimension* in der Musik eine Reflexion anzustellen. Im Praxisbericht von Steffen Groß wird ein Aspekt angesprochen, der diese ethische Dimension betrifft. Wie kann mit Musikwünschen umgegangen werden, die aufgrund der Traditionsgeschichte des Stücks oder aufgrund des Texts eines Liedes für einen Traugottesdienst unangemessen erscheinen? Tritt ein solcher Fall auf, sollte dieser ausdrücklich mit dem Brautpaar besprochen werden, denn innerhalb eines Gottesdienstes ist es nie unberücksichtigt zu lassen, welche Worte gesagt oder gesungen werden. Der Gottesdienst ist so gesehen als ein Gesamtkunstwerk anzusehen, in dem alle Worte ihre Wirkungen haben, auch wenn sich manchmal in der Präsentation eines Liedes einige Liedzeilen *versenden* sollten, wie es im Bereich von Medien heißt. Innerhalb eines Gottesdienstes sollte man im Umgang mit Texten und Tönen so viel Achtsamkeit wie möglich walten lassen. Insofern kann geraten werden, dass man gemeinsam nach einer musikalischen oder textlichen Alternative zu einem strittig gewordenen Stück sucht.

Eine Vertiefung dieser Perspektive auf die ethische bzw. moralische Wirkung von Musik findet sich bereits in der antiken Musikgeschichte. Platon thematisiert z. B. den unauflöslichen Zusammenhang von Kunst und Moral. Instrumente lösten jeweils spezifische ethische Wirkungen aus. Mit Aristoteles lässt sich zwischen einer ethischen, praktischen und enthusiastischen Musik unterscheiden. Musik in der ethischen und der praktischen Orientierung wirke sich positiv-produktiv auf die Willenskraft aus. In der altkirchlichen Tradition findet sich zudem die Idee einer Harmonie der Sphären, die bis in die Neuzeit tradiert wurde, wie etwa Nikolaus Kopernikus, Johannes Kepler und Gottfried Wilhelm Leibniz dies ausführten (vgl. Bubmann, Musik, 2009, 27).

So liegen für den Umgang mit Musik in der Gestaltung eines Traugottesdienstes viele verschiedene Deutungsmuster vor, die ihre religiösen Dimensionen zu reflektieren helfen. Es kann insofern für Pfarrerinnen und Pfarrer eine aufschlussreiche Aufgabe sein, in dieser Perspektive an die Analyse eines (eigenen) Traugottesdienstes heranzugehen: Auf welche Dimensionen von Musik im Gottesdienst wird in der Gestaltung der Trauung hauptsächlich eingegangen? Welche Dimensionen finden sich bisher nicht im Repertoire, welche Ergänzungen sollte man vornehmen?

6.3 Fazit

Wenn es plausibel erscheint, die genannten beiden Medien, Bibel und Musik, in der Konzeption und Gestaltung von Traugottesdiensten stark zu machen, dann bedeutet dies zugleich, dass man die eher reflexionsorientierte und individuelle Seite der evangelischen Tradition, die auf die Lesung von biblischen Texten und ihrer Auslegung setzt, ebenso ausarbeitet wie die eher emotionale und soziale Seite der evangelischen Tradition, die ihren Ausdruck in Orgelkompositionen und Kantaten sowie Gemeindeliedern und eventuell moderner Kirchenmusik bis hin zur Popkultur findet. Für beide Medien wurden Möglichkeiten zu einem intensivierteren Umgang mit ihnen vorgeschlagen: Es geht darum, Bibel und Musik soweit wie möglich als Medien in die Hände der Gemeinde zu legen; die partizipative Dimension im Gottesdienst soll auf diesem Wege erhöht werden; je mehr Menschen sich mit seiner Gestaltung identifizieren, desto intensiver wird seine Zeit als eine gemeinsame Zeit mit und für Gott erfahren werden können. In dieser Orientierung war zu Beginn die Rede von der notwendigen Medienkompetenz, die Pfarrerinnen und Pfarrer im Traugottesdienst brauchen. Sie werden kaum mehr vorrangig in ihrer Moderations- oder Deutekompetenz gefragt sein, sondern vielmehr darin, wie sie Moderations- und Deutekompetenzen aus der Gemeinde einzuholen in der Lage sind und wie sie die vorhandenen Kompetenzen so herausfordern, dass diese ihre religiösen, ja auch ihre theologischen Kompetenzen zu zeigen vermögen. Es könnte sein, dass diese Aufgabe auch theologisch Freude bereitet. Denn die theologische Dimension der pfarramtlichen Aufgaben ist manchen Pfarrerinnen und Pfarrern gerade im Bereich des Kasus Trauung zunehmend zu kurz gekommen. Fordert man medial und dabei stets auch kommunikativ einige Menschen in der Traugemeinde dazu heraus, selbst religiös oder auch theologisch zu kommunizieren, unterstützt man diesen Prozess mit der Kommunikation der musikalischen Beiträge in der Traugemeinde, so wird immer mehr davon realisiert werden können, was man mit dem reformatorischen Engagement für das *Priestertum aller Gläubigen* verbindet.

Antje Neumann
Geboren 1949 in Bad Saarow

Edgar Voigt Geboren
1949 in Berlin

Antje Neumann und Edgar Voigt
sind seit 20 Jahren verlobt.
Sie leben zusammen in einer
Wohn-Gruppe in Lobetal.

Sie haben viel gemeinsam.
Edgar Voigt hat nur einen Tag später Geburtstag,
als Antje Neumann.

Sie helfen sich gegenseitig im Haushalt.
Und beide mögen Kunst.
Sie besuchen oft eine Tages-Stätte für alte Menschen.
Dort malen und basteln sie.

7 Zur Vielfalt von Traugottesdiensten: ein Beitrag zu einer inklusiven Kasualtheorie

Aus den bislang in dieser Untersuchung unternommenen Studien ist deutlich geworden, wie sehr der Kasus der kirchlichen Trauung in gesellschaftliche und soziale sowie kulturelle Transformationsprozesse verwoben ist. Er bezieht sich auf eine Lebensform, die inzwischen nicht mehr von der Mehrheit der Bevölkerung gelebt wird, sondern eine unter vielen verschieden zu beschreibenden Lebensformen ist. An vielen Orten in der Republik ist der Gottesdienstablauf einer Trauung kaum mehr vertraut. Doch es gibt durchaus noch immer viele Trauungen und auch weitere Rituale, die Paarbeziehungen feiern wie etwa anhand der Liebesschlösser sichtbar wird. Elemente der kirchlichen Trauliturgie finden sich zudem in anderen, außerkirchlichen Kontexten auf und werden dort zur Begehung von Hochzeiten integriert. Gerade mediale Inszenierungen von Hochzeiten weisen hier viele verschiedene Varianten der Transformation der Trauliturgie auf. Die historische Tiefendimension, die mit Deutungen der Trauung als Heiliger Hochzeit verbunden sind, und die Bedeutung, die die Trauung für eine Besiegelung einer Liebesbeziehung in der Moderne entwickelt hat, wirkt sich auf die Gestaltung des Ritus aus. Es scheint, dass der Bedarf nach einer besonderen öffentlichen Würdigung ihrer Beziehung bei denjenigen, die sich trauen lassen, hoch ist.

Für die kirchliche Trauung selbst gilt, dass sie zuallermeist als Familienfest begangen wird. Dies war schon früher der Fall, doch heute bringt das Brautpaar häufig bereits eigene Familien bzw. Kinder mit, sodass die Trauung zum Auftakt für die Gründung einer Patchworkfamilie wird. Scheidungen und Trennungen sind keine Sonderfälle mehr, sondern kulturell als Wege anerkannt, Konflikte im Bereich von Paarbeziehungen aufzulösen. Die Zunahme der Lebenserwartung in der Bevölkerung bringt es mit sich, dass auch zweite Ehen nach dem Tod eines Gatten eingegangen werden. Was Familie ist, muss vieldimensionaler beschrieben werden als dies noch vor fünfzig Jahren der Fall war. Kulturelle und religiöse Pluralität, aber auch Konfessionslosigkeit und Agnostizismus sowie Atheismus verändern die religiösen Kontexte, in denen Trauungen gefeiert werden. Der Umgang mit sexuellen Orientierungen und mit Fertilität bzw. Möglichkeiten zur künstlichen Befruchtung hat sich in den vergangenen fünfzig Jahren tiefgreifend verändert. Nicht zuletzt haben sich die ökonomischen Strukturen, in denen Paarbeziehungen gelebt werden, grundlegend gewandelt. Diese Veränderungen wirken sich maßgeblich auf die Plausibilität des bislang kommunizierten institutionellen Charakters der kirchlichen Trauung aus bzw. führen dazu, dass die Rede von der Trauung als einem Gottesdienst anlässlich einer Eheschließung überdacht werden muss.

Mit der Diversifizierung der Lebensformen geht auch einher, dass man die Vieldimensionalität der Bedeutungen, die die Liebe für Menschen haben kann, entdeckt. Gegen eine Verengung des Verständnisses der Liebe auf Paarbeziehungen ermöglicht die theologische Reflexion gerade eine das Leben weitaus umfassendere Deutung, die auch für das einzelne Feld der Paarbeziehung wichtige Impulse setzt.

Innerhalb von medialen Inszenierungen wird u.a. deutlich, wie den religiösen Traditionen, die hinter der kirchlichen Trauung stehen, nach wie vor kulturelle und religiöse Geltung zugemessen wird. Es tritt deutlich hervor, dass die Elemente des Versprechens sowie des Segens besondere Aufmerksamkeit erfahren. Aber auch das Thema Musik lässt regelmäßig in der Vorbereitung einer Trauung die Herzen höherschlagen. In evangelischer Tradition wird zur Trauung auch ein Trauspruch ausgewählt, der von nicht wenigen Paaren wie ein Beziehungsmotto verstanden wird; dieses ist ein starker Ansatzpunkt, um nach der Theologie der Brautleute zu fragen. Wer heute eine Trauung anmeldet, zeigt sich als Subjekt des Geschehens; ein konventioneller Druck, sich trauen zu lassen, besteht nicht mehr. Selbstverständlich gehört zu den meisten Traubegehren keine praktisch-theologische Reflexion auf die rituelle Handlung, die mit ihr vorgenommen wird. Vielmehr geht es wohl vielen Menschen völlig legitimer Weise darum, dass ihre Paarbeziehung innerhalb eines Gottesdienstes und also vor Gott und der Gemeinde öffentlich anerkannt wird.

Diese Orientierungen, die die Brautleute mitbringen, erhalten sicherlich auch durch mediale Inszenierungen, die die Wertschätzung der Vielfalt von Lebensformen thematisieren, eine eigene Unterstützung. Fernseh- und Kinofilme, Musik und Theaterstücke, Literatur und Dokumentationen von Lebensgeschichten in verschiedenen Formaten entfalten die Ausdifferenzierung von Lebensformen, Liebe, Partner- bzw. Partnerinnensuche. In sozialen Netzwerken werden zusätzlich auf persönliche Art und Weise alle diese, aber auch Einzelthemen aus dem Bereich der Intimität diskutiert. Insofern kann man davon sprechen, dass die kommunikative Freiheit für viele Menschen gewachsen ist und sich so auch öffentlich eine andere Atmosphäre zu Fragen der Lebensformen in Deutschland in den vergangenen fünfzehn bis zwanzig Jahren aufgebaut hat. Gerade mit der Verbreitung elektronisch gestützter Kommunikationen hat sich der Umgang mit dem, was in der Kasualie Trauung an Lebensformen und Wertorientierungen verhandelt wird, sehr verändert. Sie eröffnen in enorm vielfältiger Weise, wie etwa auf Blogs, in Chats, auf Facebook oder Twitter, in persönlichen E-Mails an Personen, die Beratungsangebote machen, oder einfach in der eigenen Social-Media-Community, vielen Menschen die Möglichkeit, sich zum einen über Lebensfragen zu informieren bzw. selbst auch im Netz über sie in einen Austausch zu treten.

Die gesellschaftliche Etablierung der Anerkennung von Pluralität und Vielfalt sowie dem Recht auf Anerkennung individueller Besonderheiten wird öffentlich zugleich im Rahmen des politischen Programms der Inklusion diskutiert. Homogene Strukturen im Bereich der Wahrnehmung von Lebensformen und ihrer Anerkennung werden produktiv aufgelöst, damit diejenigen, die bislang mit Diskriminierungs- und Behinderungserfahrungen ganz verschiedener Art leben mussten, hiervon entlastet oder sogar befreit werden. Weltweit orientierte politische Programme wie die UN-Behindertenrechtskonvention, die im Jahre 2009 von der Bundesregierung unterzeichnet wurde, tragen dazu ebenfalls bei. Sicher hat die Konvention vor allem im Bildungsbereich und hier in den Schulen die Inklusionsdebatte forciert und dabei auch viele Diskussionspunkte mit ambivalenter Wirkung ausgelöst. Aber insgesamt ist das Thema doch öffentlich weitaus bedeutender geworden, als es bislang war. Die UN-Behindertenrechtskonvention hat immerhin mit ihrer rechtlichen Dimension dafür gesorgt, dass öffentliche Institutionen immer mehr unter Druck geraten, auch strukturell für mehr Teilhabe für diskriminierte Personen und die Überwindung von ungerechten Lebensverhältnissen einzutreten. Dass es kaum Rechtsverfahren zur Einlösung dieses Anrechts auf Inklusion gibt, ist jedoch ein Kennzeichen dafür, dass es an Kontrollverfahren für den Umbau zu einer inklusiven Gesellschaft noch mangelt. In diesem Rahmen aber hat auch im kirchlichen Leben die Frage nach inklusiven religiösen Praxen bzw. einem inklusiv gestalteten religiösen Leben deutlich an Einfluss und gesellschaftlicher Macht gewonnen (vgl. EKD, Es ist normal, 2014; sowie Kunz/Liedke, Inklusion, 2013).

Dass der Bedarf nach Reflexion hoch ist und auch historisch weitreichende und traumatisierende Verletzungen gerade im Bereich der Lebensformen vorhanden sind, verdeutlicht bereits ein Einblick in die Erfahrungen von gehörlosen Menschen in Bezug auf Intimität, Ehe und Trauung. Es ist innerhalb der Gehörlosengemeinden noch immer ein unerträglicher und bislang noch nicht kommunikativ von der Leitung der Evangelischen Kirche in Deutschland eingeholter historischer Fakt, dass man gehörlose Menschen auch innerhalb von kirchlich unterhaltenen Anstalten sterilisiert hat. Diese kirchliche Unterdrückung von Menschen, die ohnehin mit vielen Behinderungserfahrungen in der Gesellschaft und in der Kirche leben müssen, ist Teil einer bis heute andauernden gesamtgesellschaftlichen Unterdrückung und Tabuisierung von Sexualität, Erotik und Liebe unter behinderten Menschen. Innerhalb der Orientierungshilfe der EKD (EKD, Es ist normal, 2014) werden die Themen Behinderungserfahrungen, Sexualität und Intimität nun zumindest aufgenommen und problematisiert, wenngleich aus der Perspektive von Behindertenverbänden doch vieles noch offen bleibt, wie z. B. das Thema Assistenz bei Sexualpraktiken, das sensibel zu reflektieren ist.

Wie sehr aber gesamtgesellschaftlich und kulturell der Lebensbereich Sexualität, den Manfred Josuttis zusammen mit der Religion als die beiden elementaren Lebensmächte bezeichnet (Josuttis, Lebenslust, 1994), noch heute kommunikativ bearbeitungsbedürftig erscheint, zeigen nicht zuletzt immer wieder Literatur und Filme zu diesem Thema. Medienproduktionen sorgen für Kommunikationen zu Tabuthemen, machen sichtbar, was im Alltag häufig verborgen bleibt. Dies zeigt z. B. der deutsch-schweizerische Kinofilm *Dora oder Die sexuellen Neurosen unserer Eltern*, in dem die Regisseurin die sexuelle Selbstbestimmung sogenannter geistig behinderter Menschen ausleuchtet (nach einem Theaterstück von Lukas Bärfuss; vgl. epd film 5/2015, 49). Dies zeigt aber auch die Musik der Punk-Band *Perrti Kurikkan Nimipäivät*, Finnlands Beitrag zum *European Song Contest* im Jahr 2015. Die Geschichte der Band ist auch im beziehungsvoll benannten Kinofilm *The Punk Syndrom* medial kommuniziert worden; Fernsehsendungen wie der *Weltspiegel* empfehlen den Film und stellen selbst Kurzfilme zu der Geschichte der Bandmitglieder her. Damit wird mit erhöhtem Differenzierungsgrad und zugleich massenhaft kommuniziert, dass es in den deutschsprachigen Ländern an der Zeit ist, mit und für Menschen, die an Behinderungserfahrungen leiden, andere, und vor allem freiere, selbstbestimmtere und gerechtere Lebensbedingungen zu ermöglichen. Insofern ist klar erkennbar, dass es einen Bedarf auch gerade im Bereich von Kirche gibt, eine inklusive Kasualkultur und -theorie zu entwickeln. Warum ist es noch immer eine absolute Ausnahme, dass in einer Kirche eine Trauung geistig oder körperlich beeinträchtigter Personen gefeiert wird? Aber auch ein weiterer, anderer Perspektivwechsel ist fällig: Wo sind im Alltag der Kirche die Pfarrerinnen und Pfarrer zu finden, die mit Behinderungserfahrungen leben? Das Beamtenrecht und die mit ihm verbundene Gesundheitsprüfung sind für chronisch kranke Menschen ebenso wie etwa auch für sehbehinderte Personen und andere Menschen, die mit Behinderungserfahrungen leben, zu schwierige Klippen, wenn es um einen gut abgesicherten Arbeitsplatz in der Institution Kirche geht. Gerade Kirche und Theologie haben in ihrer Entstehungsgeschichte aber historisch gewachsene Gründe, Inklusion als ihr Thema zu begreifen und es für sie selbst und innerhalb der Gesellschaften, in denen sie wirken, voranzubringen (vgl. Nord, Inklusion, 2015).

Dies gilt allerdings neben dem Bereich von mit Behinderungen lebenden Personen auch für weitere Bevölkerungsgruppen, die spezifische Differenzmerkmale aufweisen und sich so von der relativ homogenen Gruppe der Mitglieder der evangelischen Landeskirchen und ihren jeweiligen Mehrheitskulturen unterscheiden. Es ist an diejenigen Frauen zu erinnern, die bis zum Jahre 1972 innerhalb der Evangelischen Kirche in Deutschland von der mit Männern gleichberechtigten Ausübung des Berufs Pfarrerin exkludiert waren. Bis heute ist die Frauenordination weltweit nicht überall anerkannt, auch nicht in Ländern, in denen die Gleichberechtigung der Frauen im politischen Leben unstritten ist (vgl. Lettland). Sie hat nicht nur Bedeutung für die Theologinnen in den christlichen Kirchen, sondern auch für alle Laien. Es waren zudem zum großen Teil ehrenamtlich tätige Frauen in den Kirchen, die die Geschlechterfrage über Synoden und Kirchenleitungen immer wieder neu institutionell verankert haben. Feministische Theologie und Praxis, aber auch Kommunikationsprogramme wie die Dekade des Ökumenischen Rates der Kirchen *Solidarität der Kirche mit den Frauen* von 1988–1998 waren Motoren, mit dem in den vergangenen fünfzig Jahren eine veränderte Situation, wenngleich noch nicht zufriedenstellend abgeschlossen, für Frauen und Männer in Kirchen bewerkstelligt wurde. Das Thema sexuelle Orientierung wurde in allen Landeskirchen auf seine Bedeutung für das (religiöse) Leben im Alltag und für die theologische Reflexion kirchlichen Handelns befragt. Es wurde zumindest eine erste Annäherung an einen geschlechtergerechten Umgang mit Homosexualität in Kirche gewagt. Hier ist längst noch kein flächendeckender Konsens in der Anerkennung homosexueller Partnerschaften und Trauungen erreicht. Doch die bislang geführten Diskussionen haben bereits einige Grundlagen für eine inklusive Kultur innerhalb von Kirchen gelegt. Schließlich ist die Flüchtlingsfrage, die im gegenwärtigen Europa aufgrund der Kriegs- und Hungerkatastrophen in vielen Regionen der Erde immer drängender wird, zu nennen. Die Solidarität mit Flüchtlingen gehört insbesondere in Deutschland, aber auch weltweit zum christlichen Selbstverständnis. Sie ist über alttestamentliche Texte der jüdisch-christlichen Tradition ins Stammbuch geschrieben. Bereits ganz elementar lässt sich dies in der Lektüre biblischer Texte nachvollziehen. Es ist hier nun nur möglich, einige Schlaglichter auf sehr bekannte biblische Erzählstücke zu werfen. Abram und Sara werden als Flüchtlinge geschildert, Josef und seine Brüder lassen sich in heutigen Verstehenshorizonten als Wirtschaftsflüchtlinge verstehen. Es ist nicht zuletzt die Exodus-Tradition, die das Volk Gottes in der Migration beschreibt. Greift man nun noch auf die Jesus-Erzählungen zu, so ist bereits die Geburt Jesu mit einer Fluchtgeschichte verbunden. Migration, dies dürfte unstrittig sein, ist für die biblischen Welten eine prägende Realität. Auch wenn die Geburtsgeschichte und auch die anderen genannten Geschichten nicht unmittelbar eine sozialpolitische Realität schildern, sondern literarische Kompositionen sind, die keinen Anspruch auf dokumentarische historische Wahrheit stellen, so ist das Thema dennoch in vielfältiger Weise in den biblischen Schriften und dazu noch in zentralen Traditionen aufzufinden.

Die sozialgeschichtliche Auslegung und auch einige weitere Hermeneutiken biblischer Texte haben zu Tage gefördert, wie sehr die ersten jüdisch-christlichen Gemeinden inklusiv orientiert waren. Wer zur christlichen Gemeinde gehörte, erhielt hier soziale Anerkennung, die ihm oder ihr zuvor versagt wurde. Die christlichen Gemeinden haben Menschen, die an den Rand der Gesellschaften gedrängt worden waren, dazu verholfen, eine neue Identität zu erhalten, sie wurden zu besonderen Menschen, jenen, die Jesus, dem Christus, folgten. Diese gesellschaftliche und soziale Aufwertung ermöglichte ihnen aus den Diskriminierungszwängen, die Frauen und Sklaven sowie Sklavinnen erleiden mussten, auszusteigen. Auch Segregationsmechanismen, die die jüdische Religion aufgrund ihrer Zugehörigkeitsregeln (Geburt durch eine jüdische Mutter) bewirkte, wurden entmachtet. Die Taufe ermächtigte zu einem Leben, in dem viele Menschen, die mit Diskriminierungserfahrungen aufgrund von Geschlecht, sozialem Status, psychischen oder physischen Behinderungen sowie Religion lebten, im gesellschaftlichen Leben nicht mehr Ausschluss und Unterdrückung ausgesetzt waren, sondern eine neue Form von sozialem Leben erfuhren. Zieht man Paulus Schriften in diesem Zusammenhang heran, so beeindrucken viele Passagen, die ausweisen, wie sehr es ihm darum ging, Befreiung von Unterdrückungssituationen zu kommunizieren. Wer zur Gemeinde gehört, ist ein Kind der Freiheit (Gal 5); hier geht es darum, individuell und sozial Befreiung von Unterdrückung zu erfahren. Es geht darum, dass man einander in einer solchen Liebe dient, sodass sich Freiheit auch sozial verwirklichen kann, mit anderen Worten: Die Strukturen sozialen Miteinanders können gerechter und partizipativer gestaltet werden.

Es verblüfft immer wieder, wie klar dieser Anspruch formuliert wurde. Dies lässt sich z. B. an einer Tauformel zeigen, die Paulus selbst bereits vorgelegen haben muss, als er den Brief an die Gemeinde in Galatien schrieb (vgl. Schüssler-Fiorenza, Gedächtnis, 1988). Dort heißt es (Gal 3,26–28):

> „Ihr alle seid also Söhne und Töchter Gottes, weil ihr an Jesus Christus glaubt und mit ihm verbunden seid. Denn ihr alle, die ihr auf Christus getauft seid, habt ein neues Gewand angezogen – Christus selbst. Hier gibt es keinen Unterschied mehr zwischen Juden und Griechen, zwischen Sklaven und freien Menschen, zwischen Mann und Frau. Denn durch eure Verbindung mit Jesus Christus seid ihr alle zusammen ein neuer Mensch geworden." (Neue Genfer Übersetzung)

Es ist insofern *keine neue Mode* oder etwa der Anpassung an eine liberalistische postmoderne Kultur geschuldet, Kasualtheorie in einem diversitätsorientierten Fokus zu setzen und inklusiv zu betreiben. Es liegt vielmehr eine Art theologisches Revisionsbedürfnis vor, welches offenlegt, dass die Zugehörigkeit zu einer (jüdisch-)christlichen Gemeinde auch historisch gesehen nie nur *rein* religiöse und das heißt hier auf die Beziehung zu Gott bezogene Gründe hatte, sondern dass sich die religiöse Bindung auch in einer Veränderung sozialer Beziehungen auswirkte. Soziale und religiöse Beziehungen bedingen einander aufs Engste, in aller Regel lassen sich beide nicht voneinander ablösen oder gänzlich getrennt betrachten. Dies ist zum einen in dem Fakt wiederzuerkennen, dass sich viele Paare nicht zu einer Trauung entschließen können, aber – wenn sie ihr erstes Kind bekommen – dann eine sogenannte Traufe (Trauung mit Taufe) anvisieren. Zum anderen zeigt sich diese enge Verwobenheit auch in der insbesondere in westdeutschen Landeskirchen auftretenden agnostischen Haltung einzelner Familienmitglieder und ihrem Umgang mit dem Wunsch anderer Familienmitglieder nach einer Kasualie. Es sind also nicht *nur* die großen Differenzmerkmale (Soziale Herkunft, Religion(en),

Geschlecht, Behinderungserfahrungen, Alter), die zur Pluralisierung der Traukultur führen. Es sind auch sozusagen kleine Differenzmerkmale entlang der sozialen Ordnung, die hinter der Trauung stehen, zu berücksichtigen wie etwa Familiengründung anstatt von Eheschließung als Auslöser für eine Trauung/Traufe oder die Frage nach der Möglichkeit einer kirchlichen Praxis, in der man sich z. B. als ein Paar, das bereits in höherem Alter ist und möglicherweise bereits eine Ehe hinter sich hat, auch unverheiratet in dieser Freundschaft segnen lassen könnte (vgl. Kapitel 1.3). Hierzu brauchte es eine Diversifizierung von Segnungsgottesdiensten, die nicht sogleich immer im Kontext der Trauung aufgrund der Eheschließung zu diskutieren ist, sondern als zusätzliches Angebot für eine bestimmte Gruppe von Menschen offeriert werden sollte (vgl. auch Wagner-Rau, Segensraum, 2013; sowie 5.1 c)).

7.1. *Von der Traufe über die zweite oder xte Trauung bis zur Segnung oder Trauung unverheirateter Paare*

Die Traufe, eine zweite oder dritte Trauung, eine Segnung – alle diese Fälle verbindet miteinander, dass hinter ihnen spezifische Familienmodelle stehen, die die Frage nach einer kasusorientierten kirchlichen Handlung aufwerfen. Alle drei Fälle verbindet ebenfalls, dass sie sozusagen von dem, was als Urbild der Trauung kommuniziert wird, abweichen. Mit diesen dispersen Ausgangspositionen treten nun Brautpaare und Familien an Pfarrpersonen und Gemeindevorstände heran und fragen nach der Möglichkeit eines Segnungsgottesdienstes. Diese Lage fordert dazu heraus, Traugottesdienste weit vielfältiger in den Blick zu nehmen als dies bislang der Fall war. Es geht im Grunde beim Kasus Trauung heute darum, ganz offensiv zu kommunizieren, dass Kirche die Vielfalt von Lebensformen feiern möchte.

Insofern verdiente jeder der Fälle eigene Kapitel in diesem Buch. Zur Einarbeitung in ein solches praktisch-theologisch noch zu reflektierendes Feld inklusiver Trautheologie soll hier zunächst jeweils nur zwei Fragen nachgegangen werden. Sie bieten eine erste Orientierung für die Perspektive der Pfarrerinnen- und Pfarrerrolle bzw. sind als Anregung zur Reflexion in der Vorbereitung eines Kasus gedacht. Der erste Fragenkreis betrifft die besonderen Herausforderungen, die die jeweilige Trau- bzw. Segenskonstellation stellt. Der zweite Fragenkreis bezieht sich auf die Wahrnehmung des theologischen Auftrags in diesem Kontext.

7.1.1 Traufe

Aus der Perspektive des Pfarrpersonals ist klar, dass eine *Traufe* zwei unterschiedliche Kasualien von ebenfalls unterschiedlich hohem theologischen Gewicht in einem Gottesdienst zusammenbringt. Die Taufe steht in der Würde eines Sakraments, man kann sogar sagen, dass sie das Ursakrament des christlichen Glaubens ist. Die Trauung ist ein Gottesdienst anlässlich einer Eheschließung, oder weniger formell ausgedrückt und darin weniger auf die gut einhundertfünfzig Jahre alte Tradition der von Bismarck eingeführten Voraustrauung ab 1871 bezogen: ein Gottesdienst anlässlich des Wunsches eines Paares, den gemeinsamen Weg vor Gott zu bringen. Aus der Perspektive auf die Gottesdienstabläufe von Trauungen und Taufen ist ebenfalls klar, dass die Trauung ganz überwiegend mit einem feierlichen Einzug des Brautpaares und des Pfarrpersonals beginnt. Es wird in aller Regel eine höfisch zu nennende Feierlichkeit inszeniert; die Dramaturgie der Trauliturgie spiegelt die Elemente des Versprechens und der Einsegnung als Höhepunkte des Ablaufs wider. Hier nun liegt genau die Herausforderung, wenn sozusagen die Trauliturgie als Vorlage für die Gestaltung der Traufe herangezogen wird. Wann im Ablauf und wo im Raum soll die Taufe gefeiert werden? Wird sie vor der Trauung oder nach der Trauung eingeflochten? In meiner Erfahrung kommt es in der Praxis nicht vor, dass ein Gottesdienstformular eines Taufgottesdienstes als Basis für die Traufe herangezogen wird, denn dies nähme der Trauzeremonie den von vielen Menschen erwarteten Augenblick, in dem die Gemeinde sich erhebt und zum ersten Mal die Braut sieht; alle Blicke auf sie gerichtet sind; die *Märchenhochzeit* hat hier einen ihrer ästhetischen Höhepunkte. Es ist eine Herausforderung, die der Kasus der Trauung liturgisch stellt, dass der Platz der Taufe im Gottesdienst so gut gewählt sein sollte, dass er nicht untergeht.

Insofern stellt sich auch die Frage, mit welchen liturgischen Inszenierungselementen man der Taufe zu einer selbstständigen Bedeutung innerhalb des Traugottesdienstes verhelfen kann. Ein starkes Inszenierungselement könnte darin liegen, dass man die Taufe an eine weitere Pfarrperson delegiert, die sozusagen allein für diesen Kasus zuständig ist. Ist das Kind nicht mehr klein, sondern bereits im Grundschulalter oder kurz davor, werden sicher auch andere kommunikative Abläufe für die Taufe gewählt werden als wenn es sich um eine Kleinkindtaufe handelt. Auch der Einzug könnte hier bereits die Eigenständigkeit der Taufe widerspiegeln, indem Kinder oder Heranwachsende und die Taufpfarrerin oder der Taufpfarrer mit den Paten und Patinnen in ein oder zwei Reihen, bevorzugt vor dem Brautpaar, einziehen. Es ist genau zu überlegen, ob eine Taufansprache an die Eltern, also das Brautpaar, wirklich entfallen sollte. Besser wäre es nach Alternativen zum Modell der Verschmelzung von eigentlich zwei Ansprachen innerhalb von einer Rede Ausschau zu halten. Will man die Taufe als das christlich und evangelisch bedeutsamere, weil sakramentale Ereignis weiterhin würdigen, bleibt die große Herausforderung, die beiden *Kasus-Pakete* der Wortverkündigung und Segenshandlung neben- oder miteinander in eine gute kommunikative Referenz zu bringen.

Aussichtsreich erscheint es hierbei über zwei verschiedene *Inszenierungspakete* nachzudenken, die auch in der Gemeinde klar voneinander unterschieden wahrgenommen werden können. Wird eine zweite Pfarrerin oder ein zweiter Pfarrer eingesetzt, ist diese Unterscheidung bereits durch die Leitungspersonen gut wahrnehmbar. Erscheint dies zu aufwendig, wären deutlich ausgewiesene Ortswechsel im Kirchenraum ebenfalls eine signifikante Maßnahme. So kann die gesamte *Traufgemeinde* gebeten werden, an den Taufstein heranzutreten. Ein großer äußerer Kreis und ein kleinerer mit Taufpaten und -patinnen kann dazu beitragen, dass die Taufe für die Wahrnehmung des einzelnen Menschen und der versammelten Gemeinde im Gottesdienst an Gewicht gewinnt. Zudem ist das Angebot einer allgemeinen Tauferinnerung ebenfalls eine Möglichkeit, die Bedeutung der Taufe zu vertiefen. So könnten alle, die es möchten, an das Taufbecken herantreten und sich mit dem Taufwasser benetzen lassen.

In dieser Gottesdienstphase am Taufstein ist es auch möglich, eine kurze Ansprache an die Eltern einzuarbeiten. Auch sie wurden zumindest zu Teilen getauft; auch sie haben die Annahme in der Taufe erfahren. Theologisch gesehen ist darüber hinaus eine Verbindung von der Taufe zur Trauung freizulegen. Die Taufe kann als Unterpfand des Trausegens gesehen werden (vgl. Grethlein, Kasualien, 2007). Weil Gott sich dem einzelnen Menschen zuwendet und ihn oder sie persönlich als Kind Gottes annimmt, zeigt sich in der Taufe die hohe Bedeutung, die die Einzigartigkeit jedes Menschen für Gott hat. Steht das Paar nun im Traugottesdienst vor dem Altar, so geschieht dies nicht, weil um den Segen Gottes für das Paar als Paar in einer Einheit gebetet würde, sondern weil man den Trausegen für das Miteinander dieser beiden unverwechselbaren Einzelwesen erbittet. In der Traufe wird in dieser Sichtweise sogar auch noch besser als in einer einfachen Trauung erkennbar, was die evangelische Tradition im Hinblick auf das Trauverständnis prägt: Es wird nicht die Einheit des Paares sozusagen durch den Segen beschworen, sondern Gottes Geleit für das Miteinander von zwei Menschen erbeten, die ihr Leben teilen wollen.

Genau in dieser Interpretationslinie wird auch klar, warum eine zumindest kurze Taufansprache unverzichtbar wird: Sie würdigt die Individualität des Kindes gegenüber den Eltern: Die Taufe verdeutlicht, dass das Kind nicht nur das Kind der Eltern, sondern (ebenfalls) das Kind Gottes ist, auf das die Eltern keinen unbedingten Zugriff haben.

Fragt man sich abschließend, was der theologische Auftrag in diesem Kasus ist, so lässt sich nun relativ direkt erkennen, dass es hier darum gehen muss, beide Kasus einzeln zu würdigen und wo möglich, ihren Zusammenhang miteinander darzustellen: Aus der Perspektive des sozialen Miteianders möchte ein Brautpaar mit seinem Kind oder seinen Kindern gemeinsam eingesegnet werden. Es geht um so etwas wie einen Familiensegen. Aus der Perspektive der christlichen, insbesondere der evangelischen Tradition geht es darum, innerhalb von diesem durchaus legitimen Wunsch nach einem Familiensegen die Differenz innerhalb der familiären Einheit nicht verschwinden zu lassen. Der Segen Gottes in der Taufe gilt dem einzelnen Menschen, die Taufe macht den einzelnen Menschen zum Kind Gottes. Diese Bindung besteht unverlierbar, wie auch immer die familiären Bindungen gelebt werden können. In einer Situation, in der immer mehr Ehen auch wieder geschieden werden, erhält diese Perspektive eine wichtige Bedeutung dafür, wie der Trausegen künftig auch plausibel kommuniziert werden kann. Dies leitet über zum nächsten Kasus.

7.1.2 Die zweite oder dritte Trauung

Zum einen sind es sicherlich sogenannte Enttraditionalisierungsprozesse, zum anderen aber auch die steigende Lebenserwartung, die es dazu kommen lässt, dass Pfarrerinnen und Pfarrer auch zweite oder dritte Trauungen vorzunehmen haben. Zudem sind auch lebensgeschichtlich gebundene seelische Konstellationen im Spiel, wenn es manchen Menschen schwerfällt oder unmöglich ist, entweder allein zu leben oder auch innerhalb einer Ehe bzw. Partnerschaft zu verbleiben und sie deshalb beispielsweise zum dritten oder vierten Mal heiraten. Nicht selten treffen mehrere Faktoren zusammen, wenn es um solche Fälle geht. Aber es können auch fernab von persönlichen seelischen Dispositionen Schicksalsschläge hinter einer zweiten oder dritten Trauung stehen, so kann etwa auf eine erste Trennungsgeschichte auch ein Todesfall in der zweiten Verbindung erfolgen oder umgekehrt. Wie immer die konkreten Begebenheiten des Falls sich nun darstellen, sind es vor allem häufig wohl drei Themen, die dann in der Vorbereitung und Durchführung des Traugottesdienstes thematisch präsent sind und kommunikative Herausforderungen darstellen. Das eine Thema bezieht sich auf die zum Zeitpunkt der Trauung inzwischen vergangenen intimen bzw. familiären Beziehungen zu den ehemaligen Partnern und Partnerinnen und zu möglicherweise vorhandenen Kindern aus erster oder zweiter Ehe. Das zweite Thema ist die Frage nach den Gründen, warum diese Verbindungen scheiterten und ob diese Ursachen heute noch weiterwirken. Das dritte Thema betrifft die Folgen der jetzt einzugehenden Bindung: Welche Verluste bedeutet diese für die Kinder aus erster Ehe? Werden sie ihre Eltern nun mit weiteren anderen Kindern teilen müssen? Das gesamte Familiengefüge verändert sich und damit stellen sich Risiken ein. Wer verliert seine bisherige Position? Welche neuen Positionen werden sich herausbilden? Welche Beziehungen kommen hinzu? Werden diese dazu führen, dass man in der neuen Konstellation zusammenwächst und sich aneinander freuen können wird oder wird das, was heute beginnt, dazu führen, dass man noch mehr verliert an Beziehungen, an vertrauten Bindungen und letztlich auch an Geld, an Erbe? Dies alles ist zumeist unklar und deshalb mit Befürchtungen und Ängsten verbunden.

Insgesamt ist damit deutlich, dass dieser Kasus und auch im engeren Sinne der gesamte Traugottesdienst, einen anderen Charakter hat als die Trauung, die zum ersten Mal stattfindet: Hier ist in aller Regel die Zukunft *gefühlt* für alle noch offen; es werden auch neue Beziehungen aufgenommen, von denen man nicht weiß, ob sie einen emotional erfüllen oder zur Belastung werden. Aber die häufig jungen Paare um die dreißig bis fünfunddreißig Jahren, die sich zum ersten Mal trauen lassen, haben sozusagen das Leben noch vor sich. Die bisherigen Beziehungen waren zumeist nicht so bedeutsam, dass sie die neue Beziehung mit weiterzupflegenden Beziehungen belasten oder zu überlagern imstande wären.

Als Herausforderung stellt sich insofern in der Kontaktaufnahme mit dem Brautpaar zunächst die Aufgabe, eine Gesprächssituation herzustellen, in der die als eher unangenehm empfundenen schwierigen Themenfelder zumindest so besprochen werden können, dass die Pfarrerin oder der Pfarrer sich von der Atmosphäre, die in der Hochzeitsgesellschaft vorherrschen wird, ein Bild machen kann. Hierbei können folgende Fragen helfen:

- Welche Bedeutung haben frühere Bindungen allgemein und die geschiedene(n) Ehe(n) oder Trennungen bzw. Abschiede von Verstorbenen heute?
- Werden im Traugottesdienst Kinder oder andere Verwandte, vielleicht auch die ehemalige Partnerin oder der ehemalige Partner, Bekannte aus dieser Verbindung, anwesend sein sowie diejenigen, die die Lebensgeschichte der Brautleute je kennen, bevor sie zusammenkamen?
- Welche Hypothesen liegen zur Deutung der eigenen Lebensgeschichte bei der Braut und getrennt davon bei dem Bräutigam vor?
- Gibt es eine gemeinsame Erzählung, wie das Brautpaar selbst die eigene Bindung sieht?
- Wer hat gegen ihre Bindung Einwände oder wer könnte Ängste haben, mit dieser neuen Verbindung Menschen und Bedeutung zu verlieren?
- Nicht zuletzt ist es von hoher Wichtigkeit bei all diesen Fragen darauf zu achten, ob es Anknüpfungspunkte an religiöse Deutungen und Erfahrungen gibt: Werden Hinweise auf so etwas wie eine *Theologie der Brautleute* gegeben (vgl. Kapitel 1)? Wie kann man an diese anknüpfen bzw. Impulse zu ihrer Weiterentwicklung setzen?

Sofern dazu Offenheit bei dem Brautpaar besteht, ist es sinnvoll, *vor der Trauung* noch einmal auf die Klärung einer vorangegangenen nicht abgeschlossenen Abschiedssituation seelsorgerlich einzugehen. Dies kann mit einem eigenen Ritual geschehen, das dazu führt, dass eine Person z. B. mit Hilfe eines Briefes an sich selbst oder auch an die betroffene Person, möglicherweise auch an die Pfarrerin oder den Pfarrer, auf den Punkt bringt, was noch immer offen ist und was noch immer daran hindert, sich auch emotional und nicht nur räumlich voneinander getrennt zu haben. Auch der Aspekt bzw. die systemisch orientierte seelsorgerliche Frage, was denn passieren müsse, damit man nun glücklich werden könne, kann hier einen aufschließenden Impuls setzen.

Für den Traugottesdienst selbst ist eine große Herausforderung sicher darin zu sehen, die vielfältigen und ambivalent wirksamen Wahrnehmungen aus dem Familien- und Freundeskreis explizit so aufzunehmen, dass sie anerkannt werden und nicht unter dem Deckmantel einer *weißen Hochzeit* verschwinden, die sozusagen die Unberührtheit des Brautpaares symbolisiert und feiert und schließlich gegen die allgemeine Kenntnis so tut, als ob es keine vorherigen Lebensgeschichten gäbe. Hierbei ist ein Balanceakt gefordert, der einerseits das früher Erlebte *da sein* lässt und andererseits ihm aber nicht so viel Raum gibt, dass die neue Beziehung nicht als diejenige empfunden werden kann, die an diesem Tag gefeiert werden will und soll. Orte hierfür können die Predigt, aber auch wieder Rituale und eventuell sogar ein gemeinsam gefeiertes Abendmahl sein. So gibt es als gelungen zu bezeichnende Traupredigten, in denen die Pfarrperson mit zwei, höchstens drei bis vier Sätzen die frühere Beziehung benennt. Es werden die Namen der Kinder einzeln genannt und die Pfarrperson formuliert, wie sehr das Brautpaar darauf hofft, dass man als Familie zusammenwächst und die Angst sich auflöst, jemand könnte *hinten herunterfallen*. Es wird der Name der verstorbenen Partnerin oder des Partners genannt, laut ausgesprochen. Dieses Aussprechen hat eine eigene Bedeutung und gibt diesem Teil der Lebensgeschichte auch eigenen Raum, der häufig Anlass für eine kurze Zeit der Trauer im Traugottesdienst sein kann. Für Kinder, Jugendliche und junge Erwachsene aus erster Ehe oder Verbindung sind diese Nennungen innerhalb einer Traupredigt aber möglicherweise zu wenig von Gewicht. Insofern sollte dann in Betracht gezogen werden, ob ein Ritual gefeiert werden kann. Dies kann sicherlich ein neu entwickeltes Ritual sein, das an familiäre Traditionen anknüpft und somit kontextsensibel und für die betroffenen Personen vertraut ist. So etwa das Singen eines Liedes, das die frühere Bindung in der Familie aufruft, nun in größerer, erweiterter Runde und ein paar Sätze dazu, warum das Lied nun hier seinen Platz erhält. Dies kann in Form von Fürbitten geschehen, die visualisiert werden: So spricht die Braut z. B. für die Kinder des Bräutigams aus erster Ehe ein Versprechen aus und vice versa der Bräutigam für die Kinder der Braut.

Es kann aber auch auf die Tradition des Abendmahls zurückgegriffen werden, das z. B. als Agape-Mahl gefeiert wird. Mit dem Abendmahl ergibt sich dann die Möglichkeit, ein Gebet mit einem Schuldbekenntnis zu verbinden, dass das Scheitern in den vorangegangenen Beziehungen und alle Ängste vor dem Neuen sowie die Ambivalenzen in den Beziehungen zu den Menschen, die für das Brautpaar bedeutsam sind, in eine hoch konzentrierte und religiös gehaltvolle Form legt. Die Form selbst nämlich führt dann auch aus der Tiefe der Not, die im Scheitern und in den gelebten Ambivalenzen erlebt wird, wieder heraus. Das Abendmahl setzt als Ritual, innerhalb des christlichen Glaubens als Sakrament, die Kraft frei, einen neuen Anfang zu markieren und verhilft damit dazu, der zweiten oder dritten Trauung ein religiöses Fundament zu geben, das den Glauben stärkt und die Trauung nicht zum folkloristischen Event oder mehr oder weniger hilflosen Ruf nach dem Segen für diese neue Beziehung verkommen lässt.

In vielen älteren Trauagenden ist noch eine Tradition im Hintergrund sichtbar, nach der im Traugottesdienst ein Abendmahl gefeiert werden kann. Heute wird diese Möglichkeit häufig für abwegig gehalten, weil man nicht davon ausgehen könne, dass das Brautpaar evangelisch ist, sondern stets nur ein Teil, und dass sich gerade hinsichtlich der Ökumene mit Mitgliedern der römisch-katholischen Kirche Irritationen und Konflikte ergeben würden (vgl. so auch Grethlein, Kasualien, 2007, 251). Doch auch wenn diese Bedenken ernst zu nehmen sind, sollte geprüft werden, ob ein gemeinsames Abendmahl möglich ist. Denn es bietet Gelegenheiten, eine religiöse Vertiefung gerade auf dem Gebiet zu erreichen, wo ein Brautpaar, das zum zweiten oder sogar zum dritten Mal getraut wird, bedürftig ist: in der Annahme und dem Umgang mit Ambivalenzen in (Liebes- und Familien-)Beziehungen, wie sie in Gefühlen wie Schuld, Scham, Angst und Unsicherheit erkennbar werden. Sie brechen auf, wenn man am Beginn einer neuen Beziehungsgeschichte steht und sich die Frage stellt, ob der nun eingeschlagene Weg gelingen wird. In dieser Lage wird man sich fast unweigerlich darüber klar, wie wenig man selbst verbürgen kann, dass diese Verbindung halten und zum Glück aller beitragen wird, dass man damit rechnen darf, dass es auch gute Wendungen im Leben gibt. Zumindest in einer seiner verschiedenen Dimension greift das Abendmahl diese Wahrnehmung auf: die Begrenztheit der eigenen Möglichkeiten, die Gefahr, dass man scheitert, dass sich wieder tiefe Not einstellt und dass man auch Leid erfahren wird, aus dem man sich nicht vorstellen kann wieder hinauszufinden. Darüber hinaus gehört zum Abendmahl aber auch der Zuspruch der Gnade, der Zuspruch des Bundes, dass neues Leben möglich ist: Im Abendmahl erinnert das Christentum an das Leiden Jesu Christi, das bis hin zu seinem Tod reichte, und an die Überwindung von Tod und Scheitern in der Auferstehung. Die Auferstehung, neues Leben, tritt der Wahrnehmung des Todes und des Scheiterns kontrafaktisch entgegen. Erst indem beides erinnert werden kann, Leiden, Tod *und* Auferstehung ins neue Leben, stellt sich ein, was die Verheißung der frohen Botschaft ist: als Kinder der Freiheit einer offenen Zukunft entgegen leben zu können. Diese Orientierung herauszuarbeiten, könnte man als zumindest eine Seite des theologischen Auftrags, dem dieser Kasus sich stellen sollte, formulieren. (Für einen gängigen Gottesdienstablauf mit Abendmahl, der auch Brautpaaren kommuniziert werden kann, vergleiche unter *www.evangelisch.de*).

7.1.3 Segnungen unverheirateter Paare

Der Fall eines Paares, das unverheiratet ist und in Deutschland kirchlich getraut wurde, ist mir nur durch Zufall im Gespräch im Freundeskreis bekannt geworden. Das Paar und auch der Pfarrer wollten leider keine Auskunft über diesen Fall geben und lieber anonym bleiben, denn selbstverständlich kann es um einen solchen Gottesdienst öffentlichen Wirbel geben. Er ist eine Ausnahme und widerspricht der seit 1871 geltenden Rechtslage einer standesamtlichen Voraustrauung, wenngleich diese Rechtslage im Jahr 2009, zum jetzigen Zeitpunkt seit gut acht Jahren, nivelliert wurde und eine Trauung ohne standesamtliche Eheschließung also keineswegs geltendem bürgerlichen Recht widerspricht. Zudem haben öffentliche Stellungnahmen der römisch-katholischen Kirche in Bezug auf die Möglichkeit einer solchen Trauung auch mehr Offenheit signalisiert als solche aus der evangelischen Kirche. Liturgisch gesehen entstehen überdies kaum Probleme. Da die standesamtliche Trauung in aller Regel im Traugottesdienst kaum eine Rolle spielt, ändert sich für die Liturgie nichts, was erkennbar würde. Auch bestand bereits vor der Aufhebung des Voraustrauungsgebots nicht in jedem Fall Anlass dazu zu der Auffassung, dass eine Pfarrerin oder ein Pfarrer, der oder die eine Trauung vollzieht, ohne dass eine standesamtliche Eheschließung vorliegt, das Kirchenrecht breche. Es ist insbesondere – wie es innerhalb der evangelischen Kirche heißt – aus seelsorgerlichen Gründen immer möglich, eine Segnung vorzunehmen. Die Trauung ist im Kern eine gottesdienstliche Segenshandlung. Diese Regelung zeigt, wie sehr die Wirkmacht des Segens gerade in Krisen- und Notfällen geschätzt wird, welche Heilkraft ihm zugetraut wird.

Die Motive für eine solche Handlungsweise können sehr unterschiedlich sein. Ein konkreter Fall soll hier exemplarisch beschrieben werden: Ein Paar im Alter von Ende fünfzig Jahren wünscht sich eine Segnung ohne standesamtliche Eheschließung. Sie tun dies nicht, weil sie für ein Zusammenleben mit zukünftig noch zu erwartenden gemeinsamen Kindern eine Grundlage schaffen wollen. Sie wünschen sich eine Segnung, weil sie sich lieben und zusammenleben wollen, weil sie in dieser Form Verantwortung füreinander übernehmen und ihrer Verbindung eine würdige, auch öffentliche Bedeutung geben wollen. Sie würden nicht noch einmal heiraten; es gibt aus ihrer Sicht keinen Anlass für diese Form der juristischen Festigung ihrer Beziehung. Beide sind erwerbstätig und werden eine Rente erhalten; sie sind wirtschaftlich selbstständig und wollen dies auch bleiben. In aller Regel können sie sich vorstellen, einander auch finanziell zu unterstützen, wenn dies erforderlich sein sollte. Das deutsche Rechtssystem hat die Möglichkeit, dass die Lebenspartnerin und der Lebenspartner, die einen Haushalt teilen, auch gegenseitig ökonomisch in Anspruch genommen werden, bereits juristisch verankert. Doch bleibt in diesem Fall des unverheirateten Zusammenlebens das Erbrecht unangetastet. Genau dies kann – wie bereits zuvor oben angedeutet – insbesondere für ältere Paare ein gewichtiger Grund sein, nicht noch einmal eine Ehe einzugehen, sind hier doch die Kinder die direkten Erben bzw. müssten bei erneuter Eheschließung und Beibehaltung der gesetzlichen Erbfolge ihr Erbe mit dem neuen Partner bzw. der neuen Partnerin teilen.

Solche und andere Fälle, wie sie mit dem Aufkommen von Patchworkfamilien in großer Heterogenität auftreten, machen deutlich, dass es einer weiteren Recherche und empirischen Forschung bedarf, um der Frage nachzugehen, warum wann Eheschließungen unterbleiben und erste zaghafte Anfragen aufkommen, dennoch eine Segnung bzw. eine Trauung in Anspruch nehmen zu wollen. Es ist auf jeden Fall nicht davon auszugehen, dass in solchen Fällen die Motive für den Segnungswunsch darin liegen, dass man rechtlich für einzelne Personen nachteilige Verhältnisse etablieren wollte, sondern es sind hierbei vielmehr Überlegungen im Spiel, die gerade eine finanzielle und rechtliche Absicherung von Beteiligten, insbesondere von Kindern, im Blick hat.

Als kommunikative Herausforderung wird sich in vielen Fällen – ebenso wie bei Wiederverheiratungen – ergeben, dass verschiedene Familienteile miteinander in Kontakt kommen und nun zwischen ihnen durch das Paar eine Verbindung hergestellt wird. Wenn es so sein sollte, dass das Brautpaar bereits ein höheres Alter hat, ist es außerdem, wie oben schon beschrieben, eine Herausforderung, eine angemessene lebensgeschichtliche Reflexion des nun zusammenkommenden Weges mit der Ansprache anzuregen.

Die theologische Herausforderung und Chance, die in der Deutung dieses Kasus liegt, wird sicherlich jeweils von Fall zu Fall sehr persönlich und kontextuell zu beschreiben sein. Es gibt allerdings einen generellen Aspekt, der ebenfalls charakteristisch sein könnte. Das ältere Trau- oder Segnungspaar kommt mit einem hohen Maß an individueller Freiheit zusammen. Es besteht keine gemeinsame Verantwortung für Kinder und es gibt auch keine gemeinsame und darin mit Abhängigkeiten verbundene wirtschaftliche Grundlage. Für den Soziologen Georg Simmel war dies vor mehr als einhundert Jahren ein Grund dafür zu erwarten, dass die Individualität der Einzelnen bzw. des Einzelnen in einer Zweierbeziehung besonders wertgeschätzt werden kann (vgl. Simmel, Goethe, 2003). Es sind die Freunde und Freundinnen, die hier zusammenkommen und ihr gemeinsames Stück Lebensweg in den Fokus rücken. Deshalb kann es hier insbesondere auch um ein christlich signiertes Lob auf eine Freundschaft unter älteren Menschen gehen, die eben keine Wirtschaftsgemeinschaft, sondern ein Zusammenleben in wirtschaftlicher und rechtlicher Unabhängigkeit umfasst. Es ist bislang für die kirchliche Praxis völlig unüblich, solche Freundschaften oder Beziehungen zu segnen. Doch es stellt sich die Frage, ob für die Zukunft einer alternden Gesellschaft hier nicht eine veränderte Praxis angeraten werden kann. Auch wenn keine gemeinsame Wohnung geteilt wird, wenn beide eigenes Geld verwalten, ist hiermit nicht vorauszusetzen, dass man nicht füreinander sorgte, wenn eine Person in Not geriete oder eben nicht mehr selbst für sich aufkommen könnte. Im Falle der Segnung von Verheirateten wird ja ebenfalls nicht davon ausgegangen, dass sie ihre Fürsorge füreinander aus rechtlichem Zwang übernähmen.

Plädoyers für das Alleinstellungsmerkmal der Eheschließung als Grundlage für die Trauung bzw. Segnung verlieren ihre Plausibilität, je mehr man also berücksichtigt, dass die Eheschließung im 21. Jahrhundert keinesfalls mehr per se die wirtschaftliche Absicherung einer Familie bzw. der Ehefrau oder des Ehemannes garantiert.

Darüber hinaus ist im Kontext einer Reflexion auf die Trauung auch die Frage zu stellen, welchen Auftrag christliche Kirchen mit der Kasualie Trauung bzw. Segnung in familienpolitischer Hinsicht und in Fragen der Lebensformen verfolgen. Je älter die Bevölkerungen Mitteleuropas werden, desto größer wird der Bedarf danach, dass ältere bzw. alte Menschen aus der Isolation des Alleinlebens heraustreten wollen und sich dennoch nicht unbedingt in der Obhut eines Anstaltswesens untergebracht wissen wollen.

> „Der Gerontologe Andreas Kruse hat vierhundert Menschen im Alter zwischen 85 und 100 nach ihren Wünschen befragt. Vor Gesundheit, Autonomie und wirtschaftlicher Sicherheit standen intensive Sozialkontakte, 76 Prozent finden Freude und Erfüllung im Austausch mit anderen Menschen. Besonders groß ist der Wunsch, gebraucht zu werden und Erfahrungen zu teilen." (Elisabeth Niejahr, Helfen statt Heulen, Die Zeit Ausgabe 50/2012 vom 10.12.2015)

Womit, wenn nicht in der Förderung und in der Würdigung von Freundschaften, werden diese Wünsche eingelöst? Die Segnung könnte hierzu durchaus einen Beitrag leisten. Die praktisch-theologische Debatte um die Wahrnehmung des Alters bzw. vom Altern, die ihre ersten Erträge bereits erbracht hat (vgl. z. B. Charbonnier, Religion, 2014; Wegner, Alternde Gesellschaft, 2013), bietet für die weitere theologische Reflexion und Deutung der religiösen Dimension eines solchen Kasus bereits Grundlagen.

Gegen die Segnung unverheirateter Paare wird sicherlich im Namen europäischer und christlicher Rechtsgrundlagen und Wertvorstellungen zur Lebensform Ehe eingewendet werden, dass eine solche Einführung von Segnungsgottesdiensten auch Türen und Tore für die Segnung von Partnerschaften öffnet, in denen Monogamie und Rechtssicherheit im Kontext von Unterhaltsansprüchen nicht abgesichert sind, weil eben keine Ehe nach deutschem

Eherecht eingegangen wurde. Diese Fälle, deren Problematik zum Teil auch durch religiöse Gemeinschaften und ihre Traditionen hervorgerufen wird, sind jeweils eigens zu reflektieren.

Es zeigt sich an der Fragestellung der Segnungsgottesdienste für unverheiratete Paare, dass es aller Voraussicht nach für Kirche sinnvoll werden kann, sich von einem homogenen Modell der Segnung von Lebensformen innerhalb des Kontextes Trauung zu verabschieden und sich der Pluralisierung der Lebensformen auch hinsichtlich dieser Kasualie zu stellen.

7.2 *Die sogenannte interreligiöse, hier christlich-muslimische Trauung*

Sogenannte interreligiöse Eheschließungen und Trauungen gehören zu den gesellschaftlichen Veränderungen, die in Deutschland und Zentraleuropa erst in der jüngsten Zeit in größerer Anzahl Kirchengemeinden und Pfarrpersonal herausfordern: Die Pluralisierung der religiösen Lage führt nun nach Jahrzehnten, in denen muslimische Menschen bereits hier leben, zu den ersten interreligiösen Eheschließungen, die öffentlich bekannt und mit einer Trauung gefeiert werden (vgl. *https://www.evangelisch.de/inhalte/107906*). Die Religionszugehörigkeit führte bislang in aller Regel dazu, dass Bevölkerungsgruppen sozusagen im Horizont ihres Kulturkreises und ihrer Religionszugehörigkeit heirateten. Nur sehr selten wich man unter dem Einfluss der Traditionen der Herkunftsländer und -religionen davon ab, über die Grenzen der Kulturen und Religionen zu heiraten und sich dann auch noch trauen zu lassen. Kulturelle Bewegungen, in denen Diversifizierung und Heterogenität als Normalität mehr und mehr Anerkennung finden, führen – allerdings immer noch in kleinen Zahlen – dazu, dass vermehrt (interkonfessionelle und) interreligiöse Trauungen angefragt werden. Wenngleich man keinesfalls davon sprechen kann, dass Kirchen, Synagogen oder Moscheen für diese *Mixed Marriages* werben würden, gibt es doch in Form von Gottesdienstmaterialien Signale, dass man diesen Bedarf sieht und ihm auf qualitätsvolle Weise begegnen will. Aber zugleich gibt es bis heute schon unter den Konfessionen und innerhalb der christlichen Religionsfamilien sowie zwischen den Religionen klare Grenzen des Zusammenwirkens. Dies zeigt sich schon im kleinen Grenzverkehr evangelisch-katholischer Trauungen. Sie waren und sind vielerorts als eine herausfordernde, weil von der Norm abweichende Aufgabe zu benennen. Dies zeigt bereits die offizielle Formulierung für diesen Kasus. Er lautet *Eine evangelische Trauung unter Mitwirkung eines katholischen Geistlichen* oder umgekehrt *Eine römisch-katholische Trauung unter Mitwirkung einer evangelischen Geistlichen* (vgl. Bischofskonferenz/Rat der EKD, Gemeinsame Feier, 1995) und weist aus, dass es sich nicht um eine ökumenische Trauung handelt, in der beide Konfessionen gleichberechtigt zusammenwirkten, sondern dass eine Konfession die Mitwirkung einer anderen Konfession gestattet, die Trauung selbst aber im Register einer Konfession eingetragen wird und so auch eindeutig als zu einer Konfession zugehörig ausgewiesen wird. Ebenso verhält es sich mit christlich-muslimischen Trauungen. Sie werden – soweit heute z. B. in Deutschland zu sehen ist – als christliche Trauungen unter Mitwirkung eines muslimischen Geistlichen/einer muslimischen Geistlichen gefeiert und als solche in das Trauregister einer christlichen Kirchengemeinde eingetragen. So wenig es also bislang ökumenische Trauungen gibt, so wenig gibt es auch interreligiöse Trauungen, wenn man hierunter verstehen sollte, dass die Trauungen gemeinsam verantwortet würden und in beiden Religionsgemeinschaften administrativ registriert würden.

Gemessen an den religionspolitischen Maßnahmen, die die Eheschließung und Trauung jahrhundertelang begleitet haben, ist diese gegenseitige Anerkennung und Mitwirkungsmöglichkeit an einer Trauung allerdings schon ein beachtlicher Schritt zur Befriedung der Verhältnisse. Ehen, in denen ein Partner protestantischer und eine Partnerin katholischer Konfession waren, waren jahrhundertelang nicht erwünscht bzw. verboten. Sie führten bis ins 20. Jahrhundert zu Exkommunikationen. Aber nicht nur die Kirchen und Religionen setzten die Eheschließung zur Etablierung ihrer Religionspolitik ein, auch die Politik und Regierungen nutzten diese für die Durchsetzung ihrer Machtinteressen. In der Auseinandersetzung mit dem südafrikanischen Apartheitssystem wird dies ebenfalls im 20. Jahrhundert und unter Mitwirkung der europäischen christlichen Traditionen besonders deutlich. Karin Müller macht in ihrer Dissertation *Das Recht kulturell gemischter Ehen in Südafrika* darauf aufmerksam, dass man zur Überwindung von Apartheit ein ausdifferenziertes Rechtssystem braucht, denn: „Eine der tragenden Apartheitssäulen war der *Prohibition of Mixed Marriages Act*" (Müller, Südafrika, 2003, 153). Dieses Verbot wurde auch im Geiste der christlichen Tradition getragen, genauer der niederländisch-reformierten, insofern ist es ganz richtig, diese Perspektive auch im europäischen und deutschsprachigen Kulturkreis in Erinnerung zu bringen. Bei Eheschließungen und Trauungen gerade keine religiös oder ethnisch heterogenen Verbindungen zuzulassen, beabsichtigte also, spezifische Verhältnisse zu stabilisieren.

Andersherum hat nun die zunehmende Eröffnung der Möglichkeit von *Mixed Marriages* bzw. ihre eventuelle Förderung spezifische Konsequenzen. Dies zeigt nicht zuletzt bereits die Reflexion auf binationale Eheschließungen (vgl. Kapitel 1.6). In Gesellschaften, die Immigrationsbewegungen erfahren, verbinden sich mit der Diskussion um diese Eheschließungen und Trauungen Fragen nach der Bedeutung interkultureller und interreligiöser Verbindungen: Tragen sie zur Integration bzw. zu Inklusionsprozessen von eingewanderten Menschen in ihrer neuen Heimat gelingend bei? Haben sie sozusagen

Brückenfunktion für andere Paare, die hinsichtlich ihrer Religiosität homogener sind? Sind diese Ehen besonderen Belastungen ausgesetzt oder sind es eher besondere Chancen, die in einem Zusammenleben verschiedenreligiöser Paare gesehen werden sollten?

Abgesehen von dieser sozialkulturellen Bewertung von interkonfessionellen oder interreligiösen Paarbeziehungen, stellt sich im Kontext einer Reflexion der Trauung selbstverständlich auch die Frage, wie evangelische und katholische Kirchen mit diesen umgehen. Schließlich soll hier zumindest kurz angesprochen werden, welche Herausforderungen und Chancen Pfarrerinnen und Pfarrer in diesem Kasus sehen.

Exemplarisch für die Diskussion Ende der 90er Jahre des letzten Jahrhunderts steht das Paradigma von der Bewährungsdynamik, wie innerhalb einer Untersuchung zu muslimisch-christlichen Ehen in der BRD herausgearbeitet wurde:

> „Als zentraler Befund der vorliegenden empirischen Studie hat sich die Bewährungsdynamik ergeben. Sie beschreibt die positive Beziehung zum fremdreligiösen Partner bei gleichzeitiger Stärkung der eigenen religiösen Identität oder auch umgekehrt. Die Bewährungsdynamik resultiert in erster Linie aus der Beziehungsarbeit der Frauen, aus ihrer Orientierung am konventionell weiblichen Rollenmuster und erfährt gerade darin die Wendung in die unkonventionelle interreligiöse Wirklichkeitskonstruktion und Alltagspraxis. Damit verweist die Bewährungsdynamik auf eine interreligiöse Beziehungsfähigkeit, die auf realen Beziehungen basiert. Die Schlüsselbedeutung wirklicher Beziehungen zu fremdkulturellen oder -religiösen Menschen, die eine Mittlerfunktion zum Verständnis anderer Kultur und Religion innehaben, ist im Grunde bekannt (...). In den muslimisch-christlichen Ehen sowie in nahezu allen so genannten Mischehen ist die gegenseitige Mittlerfunktion selbstevident. Insgesamt wird man das Paradigma der Bewährungsdynamik keinesfalls als unproblematisch ansehen können. Zum einen baut Bewährung hier offensichtlich auf einem Geschlechterverhältnis auf, in dem eher einseitig Frauen innerfamiliäre Integrationsarbeit leisten. Zum anderen geht es doch aus heutiger Perspektive etwas schnell, wenn davon gesprochen wird, dass Mittlerfunktionen selbstevident seien." (Paulus, Interreligiöse Praxis, 1999, 295)

Diese weiter entfaltet zu erhalten, wäre sicherlich sinnvoll. Außerdem bleibt zu fragen, ob heute, fast zwanzig Jahre nach dieser Untersuchung, immer noch gelten kann, dass die Wahrheitsfrage in interreligiösen Ehen nicht thematisch werde:

> „In den muslimisch-christlichen Partnerschaften wird die Frage nach der Wahrheit nicht thematisiert, sie scheint für die beiden Partner keine Relevanz zu haben. Insofern ist es nicht selbstverständlich und auch nicht notwendig, Wahrheit exklusiv oder inklusiv zu denken. Die Bewährungsdynamik macht die Überwindung dieser Kategorien, auch in Bezug auf die Wahrheitsfrage, anschaulich." (Paulus, Interreligiöse Praxis, 1999, 297)

Es wäre zu prüfen, ob nicht vielmehr auch eine Überforderung mit theologischen Fragen im Hintergrund stehen kann, wenn Dinge nicht diskutiert werden, und ob die Angst, die eigene Religion verlieren zu können, nicht ebenfalls eher dazu führen kann, dass man innerhalb einer intimen Beziehung diese Fragen ungelöst ruhen lässt. Doch dies sind allenfalls kritische Anfragen an die genannte ältere Untersuchung. Eine aktuelle empirische Untersuchung, die solche Zusammenhänge zu erkunden versucht, wäre sicherlich sehr sinnvoll. Zumindest zeigt die etwa acht Jahre später publizierte Arbeit von Elke Freitag schon etwas mehr kritische Differenzierung:

> „Dass eine interreligiöse Ehe zu einem Ort des Dialoges zwischen den Religionen, zum Ort der Bewährung des eigenen Glaubens, werden kann, hängt nicht zuletzt stark vom Umfeld, vom Netzwerk, in dem sich das Ehepaar befindet, ab." (Freitag, Ehen, 2007, 205)

Im Kontext der katholischen Diskussion wird so auch für eine Ehepastoral für interreligiöse Ehen plädiert. Die römisch-katholische Tradition widmet der Ehe und der Trauung auch innerhalb der religiösen Kommunikation insgesamt eine höhere Aufmerksamkeit, die auf den sakramentalen Charakter, der der Ehe zugeschrieben wird, zurückzuführen ist, und diskutiert insofern auch immer Themenfelder, die die seelsorgerliche und die auf die Glaubenspraxis bezogene Begleitung von Ehen betreffen. Freitag benennt Themen, die auf die Zeit vor der Ehe, die Zeit der Eheschließung und die dann anschließende sogenannte ehebegleitende Pastoral bezogen sind. Sie macht sodann auf die grundsätzlichen Differenzen zwischen katholischem und muslimischen Eherecht aufmerksam. Nach muslimischem Eherecht schließe der Mann die Ehe, könne sie auflösen, könne weitere Frauen heiraten und auch Frauen aus der Ehe entlassen. Gerade in diesem Bereich wird nun deutlich, dass man aufgrund von religiösen Gesetzen, die mit den Grundrechten der Bundesrepublik Deutschland in Widerspruch stehen, auch bei der Trauung Anlass hat, eine standesamtliche Heirat voraussetzen zu wollen. Denn es gilt auch im religiösen Kontext die Freiheit zur Eheschließung und die Gleichberechtigung in Fragen der Fortführung wie der Auflösung der Ehe abzusichern.

Die Zahl der christlich-muslimischen Ehen in Deutschland kann statistisch kaum nachvollzogen werden, da bei der standesamtlichen Trauung die Religionszugehörigkeit der Ehepartner nicht abgefragt wird. Dass es im Bereich der Gestaltung interreligiösen und prinzipiell interkulturellen Ehelebens aber durchaus Diskussions- und Klärungsbedarf gibt, wird offenkundig, wenn man innerhalb von muslimischen und christlichen Ehe- und Familienberatungsstellen recherchiert.

Hinter der Praxis von kulturell sedimentierten Ehenormen stehen in muslimischen und auch in spezifischen christlichen Kontexten zudem Rechtsbestimmungen, die reformbedürftig erscheinen. Es entspricht nicht dem Kriterium der Gleichberechtigung von Mann und Frau, die auch dem Koran wichtig ist, wenn z. B. muslimische Männer zwar nichtmuslimische Frauen heiraten dürfen, nicht aber muslimische Frauen nichtmuslimische Männer (vgl. auch von Stosch, Ehe, 2016, 89). Insgesamt geht es weniger um eine Kritik an muslimischen Ehevorstellungen als vielmehr darum, christliche und muslimische Ehetheologien so weiterzuentwickeln, dass sie produktiv mit gemischt religiösen Eheschließungen innerhalb der abrahamischen Religionsfamilie umgehen könnten. Klaus von Stosch entwickelt in dieser Absicht eine Argumentation aus katholischer Perspektive. Von Stosch ist es wichtig herauszustellen, dass eine Ehe einer Muslimin mit einem Christen bzw. vice versa zumindest die Grundlage vorweisen kann, dass beide ihre Liebe in einem Glauben an die Gegenwart der Liebe Gottes bergen können. Er weist darauf hin, dass damit noch nicht gesagt sei, ob ein muslimisch-christliches Paar sich in den jeweils abweichenden Glaubensvorstellungen wechselseitig respektieren könne und ob es ihm darüber hinaus gelinge, eine gemeinsame spirituelle Basis für ihre Ehe zu finden:

> „Aber es gibt keinen prinzipiellen Grund, warum Muslimen und Christen das nicht gelingen sollte, so dass die Kirche allen Grund hat, sich über den Mut von Menschen zu freuen, die über Religionsgrenzen hinweg lieben und zu einer religionsverbindenden Ehe bereit sind." (von Stosch, Ehe, 2016, 101)

Ein weiterer Diskussionspunkt, der innerhalb der römisch-katholischen und zuweilen auch innerhalb der evangelischen Diskussion zur theologischen Deutung der Ehe zu finden ist, liegt im Bereich der Reproduktion als Funktion der Ehe und Absicherung der Zukunft einer Religionsgemeinschaft. Von Stosch geht demgemäß auf die Religiosität möglicher Kinder aus einer interreligiösen Ehe als einer strittigen Frage ein. Insbesondere die Sorge vor multiplen religiösen Identitäten beschäftige hier viele Eltern vor der Eheschließung. Sie entscheiden sich ihm zufolge häufig dazu, das Kind in einer der beiden Religionen großzuziehen. Doch auch wenn die Eltern keinen Wert auf eine solche Entscheidung legten, sei es der Regelfall, dass man die Kinder in einer bestimmten religiösen Tradition erziehen wolle. Dementgegen plädiert von Stosch dafür, hybride oder multiple religiöse Identitäten nicht als Gefahr anzusehen, sondern sie könnten vielmehr als eine Bereicherung auch für die eigene Religion gewürdigt werden (vgl. von Stosch, Ehe, 2016, 102f.). Was im Kontext der systematisch-theologischen Debatte um interreligiöse Ehen noch sehr ungewohnt klingt und mit Ängsten behaftet ist, wird im Bereich der Pädagogik im Allgemeinen sowie der Religionspädagogik allerdings bereits länger unter dem Stichwort hybrider Identitäten diskutiert (vgl. Spohn, Zweiheimisch, 2007; und in einem nicht allein interreligiösen Kontext Berger et al., Religionshybride, 2013). Zum einen gehen einige Stimmen davon aus, dass in Religionshybridität die Chance zur Entwicklung einer sogenannten Brücken-Existenz zwischen zwei Kulturen und Religionen liegt, zum anderen wird immer wieder betont, dass Menschen, die binational, bikulturell oder bireligiös aufwachsen, hierfür allerdings auf eine Vernetzung und Einbettung in ein interreligiöses Netzwerk angewiesen sind (vgl. Freitag, Ehen, 2007, 205).

Aus der Erfahrung von Pfarrerin Ilona Klemens, die viele Jahre Beauftragte für den interreligiösen Dialog in Frankfurt am Main war, soll nun abschließend noch einmal für die Praxis gebündelt werden, worauf es derzeit in der Gestaltung interreligiöser Hochzeiten ankommen könnte:

(1) Auf die Anfrage, welche besonderen Herausforderungen sie im Kontext einer Trauung für ein christlich-muslimisches Paar sehe, antwortete Klemens (in einer Mail an I.N.):

> „Die besondere Herausforderung liegt darin, einen Weg zu finden, der im Gottesdienst allen gerecht wird und gleichzeitig den evangelischen Charakter bewahrt. Liturgie und Predigt müssen sorgfältig gemeinsam vorbereitet werden. Niemand darf sich übergangen oder überwältigt fühlen, insbesondere nicht die muslimische Person, die sich ihrem Partner/Partnerin zuliebe auf einen christlichen Gottesdienst einlässt. Wichtig ist es auch, von muslimisch-theologischer Seite Unterstützung zu finden, das heißt jemanden, der einen solchen Gottesdienst begleitet und aus der islamischen Tradition begründen kann. Größtmöglicher Respekt ist von allen Beteiligten erforderlich, nicht zu vergessen auch und gerade von den Familien, Freunden, vom sozialen Umfeld, das diese Ehe ja in der Zukunft mittragen soll."

(2) Die Frage, wie sie ihren theologischen Auftrag in diesem Kontext beschreiben würde, begann sie mit einem Zitat:

> „,Anders an Gott glauben, heißt nicht, an einen anderen Gott zu glauben.' (Reinhold Bernhardt). Dieser Satz ist für mich zentral. Der theologische Auftrag bedeutet auf diesem Hintergrund, das christliche mit dem muslimischen Gottesbild so ins Gespräch zu bringen, dass die bleibende Differenz nicht nur zur bloßen Abgrenzung führt, sondern die eigenen menschlichen Grenzen der Gotteserkenntnis in den Blick und ernst nimmt. Theologisch gilt es entsprechend festzuhalten, dass Gott immer größer ist als alles, was wir uns begreifbar von Gott vorstellen können. Gleichzeitig können wir als Christen nicht anders von Gott reden, als es uns durch und in Jesus Christus zentral vermittelt ist. Diese Spannung gilt es auszuhalten."

Bereits im Jahr 2007 haben die reformierten Kirchen Bern, Jura und Solothurn aus der Perspektive der Fachstelle für Migration eine Handreichung für die Trauung von christlich-muslimischen Paaren publiziert (vgl. *www.refbejuso. ch*). In diesem Papier sind hilfreiche Fragen zur Vorbereitung einer christlich-muslimischen Trauung ebenso aufgenommen worden wie etwa Bibel- und Koranstellen, die man zitieren kann, und Gebetsformulierungen, die übernommen werden können; es sind Vorschläge für eine gemeinsame Liturgie enthalten und es wird z. B. hinsichtlich des Koran sehr darauf geachtet, Textstellen zu berücksichtigen, die in vielen islamischen Staaten rechtsrelevant sind und die bei einer religionsverschiedenen Trauung Diskussionsbedarf aufwerfen. Insgesamt verweist das Papier auf viele Gemeinsamkeiten zwischen beiden Religionsfamilien, präsentiert Traditionsbestände und gibt damit eine Basis für eine gemeinsame Segensfeier anlässlich einer Eheschließung.

Im Jahr 2011 wurde vom Zentrum Ökumene der Evangelischen Kirche in Hessen und Nassau ebenfalls eine Handreichung veröffentlicht, die religiöse Feiern mit muslimischen Menschen unter dem Titel *Lobet und Preiset Ihr Völker!* thematisiert; hier werden theologische Grundlagen und islamischer Glaube jeweils aus christlicher Perspektive sowie ebenfalls Praxismodelle und Gottesdienstabläufe mit Textbeispielen und Gebetsformulierungen vorgestellt. Besonders klärend ist die Einführung, die das Verhältnis der Religionen zueinander produktiv auch für eine Diskussion innerhalb von Kirchengemeinden präsentiert (vgl. Linkliste Zentrum Ökumene, Lobet 2011). So erhält man nicht nur als Pfarrerin bzw. Pfarrer einen Überblick über einen möglichen Ablauf eines evangelischen Gottesdienstes unter Mitwirkung eines Imams, sondern man kann sich außerdem in einem kurzen Abschnitt über die aus der Erfahrung solcher Gottesdienste erkennbaren problematischen und diskussionswürdigen Themen informieren. Dabei sind insbesondere zwei Varianten für die Gestaltung von Traufragen interessant (vgl. Linkliste Zentrum Ökumene, Lobet, 2011, 34), weil sie berücksichtigen, dass ein Imam in einem solchen Gottesdienst über die Mitgestaltung von Lesungen und Gebeten auch am Segnungsakt mit einer aus der muslimischen Tradition herkommenden Traufrage beteiligt werden kann.

Selbstverständlich sollte das Thema von Trauungen mit religionsverschiedenen Brautleuten nicht allein auf christlich-muslimische Feiern verengt werden. Im jüdisch-christlichen Bereich und auch über den abrahamitischen Horizont der Religionen hinaus, z. B. im Bereich christlich-buddhistischer Feiern, liegen ebenfalls Möglichkeiten, Brautleuten auf ihrem Weg zu einer gemeinsamen Lebensform eine religiöse Begleitung anzubieten.

7.3 Trauungen bzw. Segnungen von homosexuellen Paaren

Trauungen und Segnungen von homosexuellen Paaren zu reflektieren, dies gehört unverzichtbar zur aktuellen Auseinandersetzung mit der Kasualie Trauung. Es ist kein Kennzeichen einer besonders liberalen Praktischen Theologie oder gar einer Angleichung an den manches Mal herbeigerufenen sogenannten Zeitgeist geschuldet, der zu einer Selbstvergessenheit evangelischer Tradition und ihrer biblischen Grundlagen führte. Es ist vielmehr ein Kennzeichen und eine Frucht der Auseinandersetzung mit der evangelischen Trauung und der Bedeutung der biblischen Traditionen für sie, dass dieser Abschnitt hier verfasst worden ist und aufzeigt, warum es gewissermaßen geboten ist, dass evangelische Kirchengemeinden und auch gerade Pfarrerinnen und Pfarrer sich auf Segnungsgottesdienste für homosexuelle Partnerschaften einstellen.

Zunächst einmal ist die Bedeutung des Zusammenhangs von Zivilrecht, Eheschließung und Trauung für diese Argumentation in Anschlag zu bringen. Gemäß der Auseinandersetzung, die die Evangelische Kirche in Deutschland anlässlich des Wegfalls des staatlicherseits aufgehobenen Voraustrauungsgebots im Jahre 2009 geführt hat, kam man zu der Position, dass, auch wenn der Staat diese Möglichkeit eröffnet, eine Trauung ohne vorangegangene standesamtliche Eheschließung nicht dem evangelischen Verständnis entspreche. Die Trauung sei ein Gottesdienst anlässlich der Eheschließung. Sie betreffe das Versprechen einer Lebenspraxis, die rechtlich durch das staatliche Zivilrecht ausgeformt sei (vgl. *https://www.ekd.de/presse/pm213_2009_ev_eheverstaendnis.html*). Genau dieses Versprechen für eine gemeinsame Lebenspraxis, die rechtlich durch das staatliche Zivilrecht ausgeformt wird, geben sich homosexuell orientierte Paare, wenn sie eine registrierte Partnerschaft oder in anderer Diktion eine homosexuell orientierte Ehe eingehen. Hiermit ist eines der am härtesten nachprüfbaren Kriterien in der Ermöglichung einer Trauung für gleichgeschlechtlich lebende Paare im Horizont der theologischen Diskussionen erfüllt. Entgegen steht der Gewährung eines Traugottesdienstes also keinesfalls die Rechtsgrundlage in unserem Lande, sondern eher eine kulturell imprägnierte Distanz zu homosexuellen Lebensformen.

Allerdings sind selbstverständlich auch Rechtsgrundlagen diskutabel; im Falle der Verabschiedung des Lebenspartnerschaftsgesetzes konnte man dies konkret sehen. Denn im Jahre 2002 klagten die Bundesländer Bayern, Sachsen und Thüringen vor dem Bundesverfassungsgericht gegen das *Gesetz über die Eingetragene Lebenspartnerschaft*. Der Haupteinwand gegen das Gesetz war, dass dieses Gesetz eine Gefährdung der Ehe beinhalte. Das Bundesverfassungsgericht (BVG) hat diesen Einwand mit dem Argument abgewiesen, dass dieses Gesetz ja einen Personenkreis betreffe, für den die Ehe als Lebensform keine Möglichkeit darstelle. Hiermit ist nun auch ein weiteres häufig vorgebrachtes älteres Argument hinfällig geworden, das sich auf ein sogenanntes Abstandsgebot aller rechtlichen Gestaltungen von Lebensformen neben Ehe und Familie bezieht, weil nur diese unter dem besonderen Schutz des Staates stehe (Art. 6 GG). Das BVG hat hingegen die völlige Gleichstellung angemahnt, die sich über einen jahrelangen Prozess der Angleichung verschiedener rechtlicher Privilegien vollzieht, die bislang nur Ehepartner genossen hatten. In den Bereichen des Güter-, Sozial- und Arbeitsrechts sowie Erb- und Sorgerechts besteht heute vollständige Gleichstellung, im Bereich Einkommensteuerrecht und Adoptionsrecht bestehen eingeschränkte Gleichstellungen. Das *Gesetz über die Eingetragene Lebenspartnerschaft*, häufig kurz Lebenspartnerschaftsgesetz (LPartG) genannt, ist ein Bundesgesetz der Bundesrepublik Deutschland, das im Jahre 2001 eingeführt wurde. Hiermit ist es Menschen in gleichgeschlechtlichen Partnerschaften möglich, ihre Beziehungen zu legitimieren und zugleich, wie oben benannt, wichtige Rechte für die Gestaltung eines gemeinsamen Lebens in Anspruch zu nehmen. Dabei ist es auch interessant wahrzunehmen, dass die Homosexualität der Lebenspartner zwar in der Regel für eine Lebenspartnerschaft nach dem Lebenspartnerschaftsgesetz kennzeichnend ist, sie allerdings in rechtlicher Perspektive unerheblich ist. Der Staat hat hiermit also auf die Beurteilung der sexuellen Orientierung, hetero-, homo- bzw. transsexuell oder auch weiterer, verzichtet. Es wird mit dem Gesetz vielmehr geregelt, dass gleichgeschlechtliche Partnerschaften in ihrem Zusammenleben auf eine Rechtsform aufbauen können, die Rechten und Pflichten enthält. Wie der kirchliche Umgang mit den rechtlichen Folgen der Eintragung gleichgeschlechtlicher Lebenspartnerschaften nach dem Lebenspartnerschaftsgesetz (2002) gewesen ist, hat Wiebke Krohn in ihrer Dissertationsschrift aufgearbeitet (vgl. Krohn, Kirchliche Amtshandlungen, 2011). Krohn konstatiert darüber hinaus im Jahre 2011 einen Stillstand der offiziell-kirchlichen Reflexion des Problems (vgl. Krohn, Kirchliche Amtshandlungen, 2011, 36), der m. E. noch heute so sichtbar ist. Es gilt verhärtete Positionsbestimmungen zwischen evangelikalen und genderspezifischen praktisch-theologischen Positionen zu überwinden.

Aber auch im Bereich der juristischen Perspektiven ist längst nicht alles so weit vorangetrieben worden, dass man von einer grundrechtlichen Verankerung des Schutzes und der Anerkennung homosexueller Lebensformen sprechen könnte. Das Lebenspartnerschaftsgesetz selbst spiegelt einen umstrittenen und relativ jungen Rechtsstatus wider. Im Vergleich zur Ehe, die in Art. 6 (Absatz 1) des Grundgesetzes verankert ist und so einen verfassungsrechtlichen Rechtsgegenstand darstellt, kommt dem Lebenspartnerschaftsgesetz der Status des einfachen Rechts zu. Dies heißt, dass der Gesetzgeber dieses durch einfachen Mehrheitsbeschluss auch wieder aufheben kann. Eine Aufnahme des Lebenspartnerschaftsgesetzes in den Art. 6 würde hier noch einmal deutlicher absichern, dass den Partnerschaften homosexueller Menschen ebenfalls ein Schutz durch den Staat gewährt wird, sodass Diskriminierungen auch klar juristisch geahndet werden können. Weil (noch immer solche) Diskriminierungen und auch Phänomene, die als Homophobie zu bezeichnen sind, kulturell nachweisbar sind, sollte hier aus kirchlicher und theologischer Perspektive eine klarere Positionierung erfolgen. Damit sich eine solche in der Breite evangelischer Landeskirchen und ihrer Kirchengemeinden entwickeln kann, ist für die kirchliche und theologische Diskussion von hoher Bedeutung, dass eine fundierte biblische Perspektive hinsichtlich der Fragestellung und Entscheidung zur Segnung homosexueller registrierter Partnerschaften plausibel kommuniziert wird.

Hierfür sind exegetische Befunde und bibelwissenschaftliche Erträge zur Kenntnis zu nehmen. Zunächst ist festzuhalten, dass es insgesamt nur sehr wenige biblische Aussagen mit Bezug auf Homosexualität bzw. homosexuelle

Praktiken gibt; keine dieser wenigen Aussagen entstammt den Evangelien. Hier finden sich keinerlei Aussagen zu Phänomenen oder Diskussionen bezüglich gleichgeschlechtlicher Beziehungen. Explizit handelt es sich um fünf Bibelstellen, die mit dem Thema überhaupt verbunden werden können: Lev 18,22 und 20,13 sowie Röm 1,26f.; 1 Kor 6,9–11 und 1 Tim 1,10.

Exegesiert man Lev 18,22 und 20,13 im Kontext des alttestamentlichen Heiligkeitsgesetzes, innerhalb dessen die genannten Verse auftreten, so finden sich hier Vergehen, die vor allem sexuelle Beziehungen thematisieren, die mit der Todesstrafe geahndet werden sollen, weil sie, wie es heißt, das Land entweihen. Die meisten Verbote sind aus der Sicht von Männern formuliert und beziehen sich auf sexuelle Beziehungen zu Frauen, die sozusagen einem anderen Familienmitglied gehören. Es geht hier nicht etwa allein um homosexuelle Praktiken, sondern ebenso um das Zusammenliegen von Männern mit Frauen anderer Familienmitglieder und auch mit Tieren. Dies bedeutet, dass ein Zugriff auf diese Texte innerhalb der heutigen Debatte um homosexuelle Partnerschaften einer Zweckentfremdung gleichkommt. Denn in diesen Texten geht es nachweislich nicht um den Umgang mit homosexuellen Liebesbeziehungen, wie sie heute gelebt und rechtlich in Partnerschaftsverträgen geregelt werden. Im biblischen Kontext sind es völlig andere Themen, die diskutiert werden: Es geht um die Ablehnung polytheistischer Gottesvorstellungen, homosexueller Kulthandlungen und Promiskuität im Kontext bestimmter kultischer Praktiken (vgl. Trauner, Homosexualität, 2016, 32). Von dieser spezifischen Kontextualität zu abstrahieren, sie dann zu verallgemeinern, indem man auf sie aufbauend eine Grundsatzentscheidung gegen Homosexualität aus christlicher Perspektive konstruiert, widerspricht einem sorgfältigen Umgang mit biblischen Texten und Themen. Vielmehr tritt eine interessegeleitete Auslegung von sehr wenigen biblischen Einzelstellen hervor, die das, was seit der Neuzeit unter Homosexualität gefasst wird, bereits in früher biblischer Zeit verboten sehen will. Man kann daher – sozusagen im Umkehrschluss häufig geführter Argumentationen – sagen, dass auf dieser schmalen Interpretationsbasis einem auch gegenwärtig noch verbreiteten homophoben Zeitgeist nachgegeben wird, wenn man vertritt, bereits das Alte Testament lehne gleichgeschlechtliche Partnerschaften ab, wie man etwa im Buch Levitikus sehen könne.

Eine biblisch und alttestamentlich fundierte Position zur Frage nach der christlichen Perspektive auf homosexuelle registrierte Partnerschaften hat sich in den intensiven Austausch über grundlegende Argumentationsmuster zu begeben, der auf eine solide exegetische und gesamttheologische Erarbeitung des Themas aufbaut.

Innerhalb der neutestamentlichen Schriften sind es erstens zwei Verse im Römerbrief (Röm 1,26–27), die einen Bezugspunkt in der Diskussion um Homosexualität und Kirche bzw. christlicher Lebenspraxis bilden. Es geht hier im weiteren Kontext um die Verstrickung aller Menschen in Verhältnisse von

Sünde. In Bezug auf nicht-jüdische Menschen vertritt Paulus die Position, dass die Menschen, die nicht Gott, sondern Geschöpfe verehrten, von Gott unmittelbar bestraft würden. Diese Strafe fände sich darin, dass sie ihren Leidenschaften ausgeliefert seien, in Begierde zueinander entbrannt seien und hätten Mann mit Mann Schande getrieben, wie es in deutschen Übersetzungen dann zuweilen heißt. Sie hätten sich von einem von Paulus sogenannten natürlichen Verkehr abgekehrt bzw. diesen verkehrt. Antike Sexualitätsvorstellungen sehen den natürlichen sexuellen Verkehr vor allem in der intimen Begegnung von einem aktiven, die Situation beherrschenden Mann mit einem passiven Gegenüber, zumeist jüngeren Männern oder Frauen. Inwieweit in Vers 26b, in dem davon die Rede ist, dass Frauen den natürlichen mit dem widernatürlichen Verkehr vertauscht hätten, von weiblicher Homosexualität die Rede ist, ist nicht eindeutig und in der Forschung umstritten. Es könnte, so heißt es etwa bei Gerber (Gerber, Ehe und Familienethik, 2013), auch von Sexualpraktiken die Rede sein, die eine Befruchtung vermeiden.

Eine weitere neutestamentliche Textstelle thematisiert Rechtsstreitigkeiten in der Gemeinde, sie ist im ersten Brief an die Gemeinde in Korinth zu finden (1 Kor 6,9). Diese Rechtsstreitigkeiten sollen, so Paulus, nicht vor weltliche Gerichte gebracht werden. Paulus zählt innerhalb eines Lasterkatalogs auf, welche Taten dazu führen, dass Menschen vom Reich Gottes ausgeschlossen werden. Diese Urteilsbildung baut zwar auf kulturell vergleichbaren Einschätzungen auf, überrascht aber im Selbstbewusstsein, mit dem Paulus sich zutraut, benennen zu können, wer ins Reich Gottes eintreten wird und wer nicht. Wie diese Urteilsfähigkeit auch immer eingeschätzt werden mag, die griechischen Worte, mit denen häufig homosexuelle Praktiken assoziiert werden, lauten hierbei umschriftlich *malakoi* und *aœrsenokoi/tai*. Ihre Bedeutungen sind durchaus strittig; das erste wird von vielen Interpreten mit *Weiche* übersetzt, was ein typisches Schimpfwort für homosexuelle Männer, die selbst missbraucht wurden, gewesen zu sein scheint; das zweite ist eine Zusammensetzung aus *arsen* = männlich und *koites* = schlafen. Viele Übersetzungen führen das Wort *Knabenschänder* im Deutschen hierfür ein. Es könnte allerdings auch mit *Männerbeschläfer* übersetzt werden.

Wendet man sich der fünften Textstelle im 1. Brief des Paulus an Timotheus zu (1 Tim 1,10), trifft man kontextuell auf eine Gegenrede, die die Lehre anderer Lehrer außer Kraft zu setzen versucht, indem sie klarstellt, welche Bedeutung und Zielrichtung *das Gesetz*, also die Thora hat. Wiederum wird der auch aus 1 Kor 6,9 bekannte und etwas unklare Ausdruck *arsenokoi/tai* eingesetzt. Denn es handelt sich auch hier um die Aufzählung eines Lasterkatalogs: Das Gesetz richte sich gegen gottlose und sündige Menschen, denen nichts heilig sei und die keine Ehrfurcht kennten, die gegenüber ihrem Vater und ihrer Mutter gewalttätig würden und nicht vor einem Mord zurückschreckten, ein ehebrecherisches Leben führten, homosexuelle Beziehungen (mit Minderjährigen) eingingen, Menschenhandel trieben, Lügen verbreiteten, falsche Eide ablegten oder sonst etwas täten, was mit der gesunden Lehre unvereinbar sei (vgl. Neue Genfer Übersetzung, die hier das neuzeitliche *homosexuell* wörtlich einführt, obgleich dies möglicherweise Vorurteile gegen gleichgeschlechtliche Lebensführungen weiter festigt). Homosexuelle Beziehungen, die in antiken Kulturen anerkannt waren, sofern sie von Männern unterhalten wurden, werden nun innerhalb der frühen christlichen Gemeinden in einem Atemzug mit kriminellen Handlungen genannt. Ein wichtiger Grund hierfür könnte sein, dass das öffentliche Ansehen und die religiöse Identität im Rahmen einer bestimmten Kultur einerseits über Abgrenzungsdiskurse entwickelt wird, so Günter Röhser in seiner Studie zu *Neues Testament und Homosexualität*, und andererseits konkret im frühchristlichen Bereich maßgeblich von einem konformen sexuellen Verhalten abhängt. Ein solcher Zwang zur Konformität begründe umgekehrt dann auch das Interesse der Gemeinschaft am Verhalten des Einzelnen (Röhser, Homosexualität, 2016, 62). Macht man sich klar, dass frühchristliche Gemeinden keinesfalls in anerkannten Verhältnissen standen, wird deutlich, dass hier Rigidität in Moralfragen eine Variante war, wie man soziale Anerkennung erzielen konnte. Es ist nicht auszuschließen, dass frühchristliche Gemeinden offen homosexuell lebende Menschen ausgeschlossen und eine entsprechende weltliche Strafpraxis begrüßt hätten, so fasst Röhser auch im Rückgriff auf Auslegungstraditionen zusammen, die Texte von dem jüdischen Religionsphilosophen Philo von Alexandrien einbringen und in denen gleichgeschlechtliche Kontakte ebenfalls als todeswürdige Frevel bezeichnet werden (vgl. Röhser, Homosexualität, 2016, 58).

Fasst man Erträge neutestamentlich-exegetischer Auseinandersetzungen zusammen, so stellt sich erstens heraus, dass – modern formuliert – das Thema Homosexualität auf jeden Fall ein kaum erwähntes Randthema neutestamentlicher Texte ist. Zweitens stößt man auch im neutestamentlichen Textbestand auf erhebliche Differenzen zwischen den Wahrnehmungsmustern von Sexualität und Homosexualität in biblischen Texten und heutigen Verstehenshorizonten. Die Kontexte, in denen die biblischen Texte, die gegen homosexuelle Praktiken sprechen, zu finden sind, dienen, wie bereits gesagt, stets dazu, die Abgrenzung zu anderen zu beschreiben, denen solche Vergehen unterstellt werden. Man möchte kommunizieren, dass die frühchristliche Gemeinde moralisch hohe Ansprüche und Standards hat. Demgegenüber ist einzuwenden, dass Sexualität gesamtgesellschaftlich gesehen heute keine öffentliche Angelegenheit von Ehre oder Schande mehr ist. Sie ist im Bereich des Privaten und Intimen angesiedelt; sie wurde über diese Restrukturierung ihrer gesellschaftlichen Bedeutungen entkriminalisiert und privatisiert. Einer dieser Tendenz entgegenlaufenden christlichen Sexualpolitik, die die sexuelle Orientierung selbst heute wieder zu bewerten beabsichtigt und festlegen will, welche Sexualität als christlich konform und welche als nicht-konform oder sogar ablehnungswürdig zu bezeichnen ist, ist zu widersprechen. Sie führt eine Rekriminalisierung von Homosexualität innerhalb von Glaubenskommunikationen fort. Scham- und Schuldgefühle sind strafrechtlich nicht relevant, werden aber mitsamt unterschwellig weiterkommunizierten Moralvorstellungen gefühlt und führen gleichgeschlechtlich lebende Personen immer wieder in seelische Notsituationen. Zudem ist reflektiert worden, dass die Kriminalisierung von Homosexualität zu einer Dynamik führt, die Sexualität mit Schuld, Scham und Artikulationen von Gewalt selbst allererst in Verbindung bringt. Auch deshalb ist davon abzuraten, heute in Fragen zu Homosexualität mit Texten zu argumentieren, die diese mit antiken Textformen wie Lasterkatalogen in Verbindung bringen.

Eine christliche Sexualethik sollte vielmehr, wie bereits oben im Zusammenhang mit der Reflexion zu Liebe genannt, von anderen, differenzierteren Grundlagen ausgehen. Hier geht es um Verhältnisbestimmungen von Freiheit *und* Liebe, von Selbstständigkeit sowie dem Respekt vor der Würde des Gegenübers *und* der Treue sowie der Verantwortung für eine gemeinsame Lebensführung (vgl. Dabrock et al., Unverschämt, 2015).

Heute ist in christlicher wie in säkularer Perspektive Sexualität als eine intime Begegnung zu sehen, die eine prinzipiell gleichberechtigte Beziehung voraussetzt, auch wenn immer wieder nicht reziproke Beziehungsanteile in sie hineinragen und eine Beziehung herausfordern. Dabei geht es entscheidend darum, inwiefern die Würde des Sexualpartners bzw. der Sexualpartnerin gewahrt wird.

Heterosexualität muss dabei nicht als alleingeltende Norm vertreten werden, weil menschliche Sexualität nicht allein oder primär der Fortpflanzung dient. Sexualität ist eine wirkmächtige Dimension innerhalb menschlicher Begegnungen und menschlichen Zusammenlebens insgesamt. Sie ist eine Facette des zwischenmenschlichen Lebens, die Menschen ihre Verletzlichkeit, Bedürftigkeit und andererseits aber auch ihre Mächtigkeit, andere Menschen zu berühren, zu beglücken und auch zu verletzen, besonders deutlich zeigt.

So lange Kirchen auf der Normativität des Modells Heterosexualität bestehen, weder Minderheitenrechte einräumen noch die Anerkennung von weiteren anderen Lebensformen fördern, tragen sie zu enormen Störungen im Verhältnis von Sexualität, Glaube und Beheimatung innerhalb von Kirchengemeinden bei. Denn in Betracht zu ziehen ist außerdem, dass Homosexualität und Sexualität insgesamt keinesfalls als Phänomene einzustufen sind, über die Menschen persönliche Entscheidungen frei von jeden Sozialisationen und sogar leibkörperlichen Dispositionen treffen könnten.

Abschließend stellt sich also bezüglich einer biblisch orientierten Argumentation die Frage danach, wie plausibel werden kann, dass biblische Texte und die Bibel als Ganzes in der reformatorischen Tradition als *norma normans* bezeichnet werden und zugleich eine solche Haltung nicht dazu führt, dass man unterschlägt, dass diese ebenfalls historischen Kontexten und Prägungen unterliegt. Im Bereich der Frage nach dem Umgang mit der Todesstrafe oder auch in Wirtschaftsfragen, in der Frage des Rederechts der Frauen in der Gemeinde sowie der Frauenordination hat man bereits in der theologischen Auseinandersetzung mit den hier zur Disposition stehenden biblischen Texten zeigen können, dass es nicht evangeliumsgemäß ist, für ethische Urteilsbildungen unmittelbar an einzelne Formulierungen aus biblischen Schriften anzuknüpfen. Eine reflektierte und innerhalb demokratischer und ausdifferenzierter Gesellschaften plausible, dabei dennoch vom Glauben und der christlichen Tradition geprägte Position findet sich viel eher dort, wo darum gerungen wird, was *Christum treibet* (Martin Luther). Weil die Kontroverse um die Anerkennung homosexueller Partnerschaften unter christlichen Gemeinden und Gläubigen weiter akut und eine Überwindung harter Gegnerschaften wünschenswert ist, sei hierfür an die Barmer Theologische Erklärung erinnert, die über die Konfrontation mit einzelnen Bibelworten hinausgeht, um auf den allen gemeinsamen Grund hinzuweisen, der bei jeder Kommunikation des Evangeliums maßgeblich den Rahmen bestimmt:

> „Jesus Christus, wie er uns in der Heiligen Schrift bezeugt wird, ist das eine Wort Gottes, das wir zu hören, dem wir im Leben und Sterben zu vertrauen und zu gehorchen haben." (vgl. online unter: *http://www.ekd.de/glauben/grundlagen*)

Für diejenigen, die sich einer Segnung von homosexuellen Partnerschaften gegenüber aufgeschlossen sehen, soll es nun um die Erfordernisse gehen, die diese Kasualie an die Pfarrerinnen und Pfarrer stellt. Dies wird in zwei Erfahrungsberichten geschildert. Zunächst wird der Pfarrer und ehemalige Leiter der Seelsorgearbeit in der ehemaligen Nordelbischen Kirche, Josef Kirsch, befragt; er selbst lebt in einer homosexuellen Partnerschaft, die gesegnet wurde. Welche Herausforderungen sieht er selbst für eine Segnung gleichgeschlechtlicher Partnerschaften?

> „Zuerst einmal gilt es festzustellen, dass eine heterosexuelle Trauung nach evangelischer Überzeugung weder eine rechtliche, noch eine sakramentale Eheschließung ist. Sie ist ein Segnungsgottesdienst, in dem Gottes Wort verkündigt, für das Paar gebetet und ihm der Segen Gottes zugesprochen wird. Dieses gilt in gleicher Weise für die Segnung einer homosexuellen Lebenspartnerschaft. Auch eine Lebenspartnerschaft ist vom Gesetzgeber als lebenslang gewollt. Es wird in diesem Segnungsgottesdienst sogar noch etwas Anderes sichtbar. Die Agende III (Trauung) schreibt: *Auch eure Ehe will Gott schützen und segnen*. Ich halte diese agendarische Wendung für problematisch, weil Gott Menschen segnet und nicht soziale Systeme. Dieses wird bei der Segnung zweier Menschen in homosexueller Lebenspartnerschaft (Lp) deutlicher. Dennoch gibt es einige Unterschiede. Eine homosexuelle Lp ist in der Regel nicht auf Familiengründung hin angelegt. Es sind also Schriftlesungen zu vermeiden, die eine traditionelle Theologie der Schöpfungsordnung zur Sprache bringen. Andererseits gilt dieses auch angesichts der modernen Situation von Patchwork-Familien. Nicht jede Ehe ist auf Familie angelegt. Hier stellt sich natürlich die Frage, wie eine gute, die Beziehung festigende Triangulierung geschehen kann. Traditionell sind das ja Kinder, ein

Bauernhof, ein Betrieb oder anderes. Bei der Trauformel finde ich am stimmigsten die Form B (gilt für mich auch bei heterosexuellen Paaren):

A: *Ich nehme dich als meinen Lebenspartner(in) aus Gottes Hand. Ich will dich lieben und achten, dir vertrauen und treu sein, Ich will dir helfen und für dich sorgen, will dir vergeben, wie Gott uns vergibt. Ich will zusammen mit dir Gott und den Menschen dienen. Solange wir leben. Dazu helfe mir Gott.*

B: *(entsprechend).*

Es scheint mir auch kein aktuelles Problem mehr zu sein, Kirchgemeinderäte und Dienstvorgesetzte von der Notwendigkeit eines solchen, öffentlichen Segnungsgottesdienstes zu überzeugen. Im Zusammenhang einer Lebenspartnerschaft kann ich mir aber ein seelsorgerliches Problem vorstellen. Vielleicht spielen bei manchen Paaren auch durch eine heterosexuelle Erziehung internalisierte Vorurteile eine Rolle, die mit Scham oder Schuldgefühlen besetzt sind. Eigentlich ist unser Vorhaben auf einer tieferen Schicht doch nicht in Ordnung, so dass die Trauung eine Art *Dennoch* oder ein *Aufstand gegen eine innere Stimme* ist. Das ist eine zusätzliche Stimme, in der eigentlich immer (auch bei heterosexuellen Paaren) eine vorhandene Ambivalenz mitschwingt: Soll ich mich wirklich auf dieses Unternehmen einlassen oder nicht? Bei schwulen oder lesbischen Paaren wäre es dann der letzte Schritt eines konflikthaften *coming out*."

Seine Antwort auf die Frage *Wie würden Sie Ihren theologischen Auftrag in diesem Kontext beschreiben*:

„Zuerst muss eine eigene Klärung stattfinden. Ich muss theologisch (d.h. exegetisch, dogmatisch, ethisch) davon überzeugt sein, dass nicht nur nichts der Segnung einer homosexuellen Lp entgegensteht, sondern diese Segnung eine notwendige Konsequenz des Glaubens an den Gott ist, der in gleicher Weise heterosexuelle und homosexuelle Menschen bedingungslos liebt. Dieser Überzeugung gilt es, liturgische Gestalt zu geben. Es geht nicht um Toleranz, sondern um wirkliche Akzeptanz. Es geht hierbei auch nicht um Menschen, die *nur* homosexuell veranlagt sind, sondern um Menschen, die ihre Homosexualität liebevoll, nicht schädigend und kommunikativ leben und praktizieren. Leider unterscheiden hier ja manche kirchlichen Kreise immer noch in deutlicher Wertung. Mein theologischer Auftrag ist dann sicherlich ein aufklärerischer: Menschenverachtende Vorurteile sind keine Argumente mit christlich-theologischer Dignität. Nicht der Diskriminierte hat die Beweislast für ein ethisch verantwortetes Leben zu tragen, sondern der Diskriminierende, was er nicht können wird."

Josef Kirsch macht darauf aufmerksam, dass die Pfarrperson selbst auch ihre Haltung genau befragen sollte: Bin ich sozusagen nur tolerant oder habe ich das tiefe Gefühl, dass ich diese Partnerschaft wirklich anerkennen kann und will. Die Antwort auf diese Frage wird die liturgische und homiletische Kommunikation nicht unberührt lassen. Weil es sicherlich auch einen Unterschied in der Kommunikation gibt, wenn ein heterosexueller Pfarrer ein homosexuelles Paar segnet, soll hier nun noch einmal aus dieser Perspektive eine Fallbeschreibung eingeholt werden. Pfarrer Helwig Wegner-Nord schreibt:

„Andreas und Paul sind das erste gleichgeschlechtliche Paar, das mich um einen Segnungs-/Traugottesdienst bittet. Sommer 2012: Im unmittelbaren Anschluss an die standesamtliche Eintragung ihrer Lebensgemeinschaft soll die Segnung in der gegenüberliegenden Kirche stattfinden. Eine solche Segnung ist nicht nur für mich persönlich, sondern auch in unserer Landeskirche ein Sonderfall: Seit 2002, als die kirchliche Segnung homosexueller Paare in der Evangelischen Kirche in Hessen und Nassau zugelassen wurde, haben sich 130 gleichgeschlechtliche Paare das Ja-Wort vor dem Altar gegeben, im gleichen Zeitraum gab es etwa 40.000 evangelische Trauungen heterosexueller Paare.

Als Pfarrer, der selbst mit einer Frau verheiratet ist und im Übrigen noch stark von der Vorstellung kriminalisierter Homosexualität geprägt wurde (der §175 wurde ja erst 1994 abgeschafft), bedeutet die Trauung zweier Männer eine intensive Auseinandersetzung mit dem Kasus. Aber auch das Paar selbst hat einen längeren Weg hinter sich, bevor es sich entscheidet, seine Gemeinschaft eintragen und segnen zu lassen. Beide tragen das Gefühl der Minderheitenexistenz in sich, kennen die hochgezogenen Augenbrauen ihrer Umgebung, wissen auch nicht, auf welche Reaktionen sie bei dem kirchlichen Kontakt stoßen.

Es gilt, das Paar in ihrem in Liebe eingeschlagenen Weg zu bestärken. Vielleicht ist das gerade auch einem nicht homosexuellen Pfarrer möglich und aufgetragen. Das heißt also, dass ich die beiden nicht zu einem der inzwischen zahlreich geouteten schwulen Kollegen schicke, sozusagen als Fall für eine Sonderseelsorge bzw. Sonderkasualie.

Ich denke, dass es auch für die Gemeinde, die Familien des Paares, ihre Freunde und Arbeitskolleginnen bedeutsam ist, dass der Gottesdienst nicht zu einer Art *missa privata* gerät, sondern ein starkes öffentliches Zeichen der Anerkennung homosexueller Partnerschaften ist, die in Gottes Segen eingeschlossen sind. Nicht zuletzt deswegen wird der Gottesdienst in allem parallel zu einem anderen Traugottesdienst gestaltet, einschließlich der Traufragen und der Segnungsworte, die von dem Paar wie auch der Gemeinde mit höchster Aufmerksamkeit erwartet werden:

„So frage ich Dich, Paul: Willst du Andreas als Geschenk aus Gottes Hand annehmen, ihn lieben und achten, in guten und auch in bösen Zeiten treu zu ihm stehen, solange ihr lebt und bis der Tod euch scheidet, so antworte: Ja, mit Gottes Hilfe.

Ich frage auch Dich, Andreas: Willst du Paul als Geschenk aus Gottes Hand annehmen, ihn lieben und achten…

Und nun reicht einander die Hände. Die eine Hand gibt, die andre empfängt. So soll es sein zwischen euch: Ein wechselseitiges Geben und Nehmen. Die Liebe ist ein Geschenk, das immer wieder neu gegeben und empfangen werden kann. Kniet nun nieder, um Gottes Segen zu empfangen.

Gott segne euren gemeinsamen Weg. Gott schütze eure Liebe. Gott schenke euch ein erfülltes Leben. Es segne euch der allmächtige und barmherzige Gott, heute, morgen, und allezeit. Amen."

Seine Antwort auf die Frage *Wie würden Sie Ihren theologischen Auftrag in diesem Kontext beschreiben*:

„Erst im konkreten Formulieren der gottesdienstlichen Texte, Gebete, Traufragen und Segensworte wird mir deutlich, worin *ein* angenehmer Unterschied zur Trauung heterosexueller Paare liegt: Die Beziehung der zwei Männer, die sich unter Gottes Segen stellen, hat eher, als es sich in Beziehungen zwischen Frau und Mann oft genug darstellt, etwas Gleichwertiges. Da stehen zwei Gleiche vor mir, *Homos* eben. Die problematischen Effekte eines traditionellen Gefälles zwischen einem *starken* und einem *schwachen* Geschlecht sind damit nicht völlig aus der Welt. Aber das homosexuelle Verhältnis macht sichtbar, dass die Chance in dieser Paarbeziehung in der Balance liegt.

Dafür finden sich in der Trauung an verschiedenen Stellen Worte*: Die eine Hand gibt, die andere empfängt. So soll es sein zwischen Euch: ein wechselseitiges Geben und Nehmen…* Oder auch ein Text von Reiner Kunze*: Rudern zwei ein Boot, der eine kundig der Sterne, der andere kundig der Stürme, wird der eine führn durch die Sterne, wird der andere führn durch die Stürme, und am Ende ganz am Ende wird das Meer in der Erinnerung blau sein.…*

Genau darin liegt m. E. aber der besondere theologische Auftrag und die spezielle Chance dieser Kasualie: Weil hier zwei *Gleiche* stehen, gilt es mehr noch als sonst herauszuarbeiten, worin Verschiedenheit und Gleichheit zweier Menschen liegen und wie die Gleichheit nicht die Andersartigkeit des jeweils Anderen unsichtbar machen darf.

Im Übrigen gilt es, in der Verkündigung stärker noch als sonst deutlich zu machen, was in der synodalen Entscheidung der Evangelischen Kirche in Hessen und Nassau über die Segnung gleichgeschlechtlicher Paare im Jahr 2002 so formuliert wurde: *Segen knüpft nicht an eine Voraussetzung, eine Vorbedingung bei den Menschen an, sondern ist bedingungslose und gnädige Zuwendung Gottes.*"

Abschließend sei für den Umgang mit gleichgeschlechtlichen Segnungen bzw. Trauungen festgehalten, dass hier sicherlich noch weitere Herausforderungen und theologische Aufträge genderspezifisch formuliert werden könnten, würde man so z. B. lesbische und heterosexuelle Pfarrerinnen befragen (vgl. zumindest bereits kurz: Weber, Segnung, 2006). Hinzu tritt, dass auch zunehmend in homosexuell orientierten Partnerschaften der Wunsch nach Elternschaft aufkommt oder dass die Partnerinnen oder Partner bereits Kinder mit in die sogenannten Regenbogenfamilien einbringen (vgl. dazu Rupp, Elternschaft, 2011; und Rauchfleisch, Lebensweisen, (1996) 2011).

In diesem Abschnitt und innerhalb dieses gesamten Buches wurde an einigen Stellen thematisiert, welche theologische Bedeutung der Segen hat. Die beiden Pfarrer verweisen darauf, dass der Segen nicht für die Ehe als gesetzlich geregelte Form des Zusammenlebens, sondern für Menschen, als Einzelne wie als Paare, erbeten wird. Diese Perspektive soll hier nun noch einmal verstärkt werden:

„Der erbetene Segen Gottes weist diejenigen, für die er erbeten wird, wie auch die bei der Segenshandlung Anwesenden samt der ganzen Gemeinde in einen Segensraum ein, in dem er sich als Schalom erfahrbar erfüllen soll." (Jörns, Segenshandlungen, 2003, 169)

Und noch ein letztes: Praktisch-theologische Erwägungen von Eberhard Hauschildt (Hauschildt, Vom Nutzen, 2003), Klaus Peter Jörns (Jörns, Segenshandlungen, 2003), Ulrike Wagner-Rau (Wagner-Rau, Segensraum, 2013) und anderen weisen aus, dass es aus der Perspektive der Segenstheologie keinen prinzipiellen Unterschied zwischen einem Segens- und einem Traugottesdienst gibt. Hauschildt rät schon im Jahr 2003 an, was heute noch in vielen

Fällen hilft, wenn es Schwierigkeiten mit der Anerkennung von homosexuellen Lebensformen gibt: kommunikativ einen Unterschied zu machen, ohne zu diskriminieren. Aber dies darf nur eine Übergangslösung sein. Sie kann gestattet werden, weil die Geschichte der beiden verschiedenen Lebensformen bzw. die Erfahrungen, die mit den verschiedenen Varianten der Hetero- und der Homo-Ehe gemacht wurden und werden, unterschiedlich sind. Ausgehend von einem theologischen Verständnis des Segens gibt es keinen Grund, zwei verschiedene Trauformulare oder Traupraxen zu entwerfen.

7.4 Trauungen von Paaren, die mit Behinderungserfahrungen leben

Intime Freundschaften und Beziehungen von Menschen, die mit Behinderungserfahrungen leben, sind ein von Diskriminierungen belastetes und weiterhin schwieriges Thema. Innerhalb der praktisch-theologischen Diskussion wird es bislang verbunden mit Wohnformen und zuweilen hierbei auch aus der Perspektive von behinderten Menschen reflektiert (vgl. EKD, Es ist normal, 2014). Noch schwieriger, oder vielleicht besser gesagt, heikler ist das Thema Sexualität und zu ihm gehörend das der Fortpflanzung. Bis vor gut vierzig Jahren wurden die meisten Menschen, die in Deutschland mit Behinderungen leben, in Wohnheimen und anderen Einrichtungen dem Geschlecht nach getrennt voneinander untergebracht. Geht man noch weiter zurück, muss man zur Kenntnis nehmen, dass die Kirchen während des Dritten Reichs in ihren Einrichtungen nicht nur nicht gegen Zwangssterilisierungen an behinderten Menschen vorgegangen sind und dass sie die Sterilisierung als volkshygienische Maßnahme selbst vertraten (Stepf, Sterilisierung, 2001, 16), sondern dass sie auch in der Nachkriegszeit ein sogenanntes Zwangszölibat behinderter Menschen durch ihr Anstaltswesen unterstützt und gefördert haben (Jacob, Unfreiwillig, 2014, 350). Helmut Jacob, selbst mit Behinderungserfahrungen lebend, recherchiert seit Jahren zum Thema Sexualität und Intimität. Er schreibt:

> „Bis in die 70er Jahre hinein wurde in den Volmarsteiner Behindertenheimen streng darauf geachtet, dass sexuelle Begegnungen möglichst ausgeschlossen waren. Die Zimmer waren mit drei oder mehr Betten ausgestattet, sodass schon hier die Intimsphäre nicht gegeben war. Sie waren auch nicht abschließbar. Erst Mitte der 70er Jahre wurden Schlösser eingebaut, wobei die Hausväter einen Universalschlüssel besaßen, mit dem sie sich jederzeit Zugang zu den einzelnen Zimmern verschaffen konnten. Es sprengt den Platz dieser Ausführungen, wenn ich den Missbrauch der Schlüsselgewalt detailliert schildere. Jedenfalls mussten sich die behinderten jungen Männer und Frauen andere Wege erschließen, auf denen sie ihre sexuellen Bedürfnisse ausleben konnten. Dies geschah meist in

der Dämmerung oder Dunkelheit auf dem Anstaltsfriedhof oder auf dem Waldweg zwischen der Behinderteneinrichtung und dem Nachbarort" (ebenda).

In der gegenwärtigen Diskussion um Inklusion sind es vor allem die genannten zwei Punkte, die verstärkte Aufmerksamkeit im Umgang mit Paaren fordern, die mit Behinderungen leben: das Thema Wohnen und das Thema Liebe in intimen Beziehungen. Mit der UN-Konvention über die Rechte von Menschen mit Behinderungen werde erstmals in einer internationalen Menschenrechtskonvention über die Rechte freier Selbstbestimmung hinaus auch die Zielsetzung eines verstärkten Zugehörigkeitsgefühls formuliert (enhanced sense of belonging), so Walter Lüssi in seinem Beitrag über Wohn- und Lebensformen von Menschen, die mit Behinderungen leben (vgl. Lüssi, Wohn- und Lebensformen, 2013, 383f.). Im Bereich des Wohnens geschehe Ausgrenzung insbesondere durch fehlende Wertschätzung und durch verobjektivierende Umgangsweisen, wie sie mit dem Stichwort fremde Nähe durch Pflegepersonal kurz genannt werden können. Weiterhin werde Ausgrenzung fassbar darin, dass elementare Bedürfnisse nach Kommunikation und Beziehung, nach Aktivität und Selbstbestimmung missachtet würden und dass für die Teilnahme an der sozialen und materiellen Welt sowie an allgemeinen Lebensvollzügen die Assistenz fehle (vgl. Lüssi, Wohn- und Lebensformen, 2013, 384). Ausgehend von diesen Beschreibungen von Lebenssituationen, wird erkennbar, was es für einen Menschen, der auf Assistenz angewiesen ist, bedeutet, ein Mindestmaß an Autonomie und persönlicher Intimität z. B. in einem eigenen Zimmer oder einer eigenen Wohnung zu haben, *und* zugleich aber auch feste Strukturen, die es immer wieder ermöglichen, soziale Beziehungen in verschiedener Intensität und Intimität zu leben (Siegrist, Wohnen, 2013, 22f.). Sowohl in der Öffentlichkeit im Bereich von Medien, konkret Kino-Filmen wie der bereits oben genannte *Dora oder Die sexuellen Neurosen unserer Eltern* (Schweiz/Deutschland 2015, Regie Stina Werenfels), als auch in Publikationen und Diskussionen von behinderten Menschen und ihren Verbänden findet sich zunehmend das heikle Thema der Sexualität in Verbindung mit einem klaren Votum für sexuelle Selbstbestimmung von Menschen, die mit Behinderungserfahrungen leben. Das Thema Sexualassistenz und die Frage nach den Kostenträgern für diese ist insbesondere für Menschen, die nicht erwerbstätig sein können und oft nur geringe Taschengelder haben, mit Enttäuschungen und unerfüllten Wünschen verbunden.

Es ist für viele Menschen nicht leicht, eine Partnerschaft zu führen, einen Partner bzw. eine Partnerin zu finden und ihre Liebe sowie ein Familienleben zu führen. Für Menschen, die mit Behinderungen leben, steigen allerdings die Schwierigkeiten aus vielen verschiedenen Gründen noch einmal zusätzlich an (zumeist keine regelmäßigen Aktivitäten wie Erwerbsarbeit, Sport oder Partys, wo Menschen einander treffen können; zumeist mangelnde Möglichkeit, selbst mobil zu werden bzw. selbstständig Treffen und Folgebegegnungen zu arrangieren etc.). Wo es gelingt, müssen Menschen mit Behinderungen zudem mit Anfragen rechnen, die ihre Beziehungsfähigkeit infrage stellen. Dies betrifft zum einen ihre Partnerschaft und zum anderen das Recht von Menschen mit Behinderung auf Elternschaft, das in der UN-Behindertenrechtskonvention ebenso wie im Grundgesetz (Art. 3, III GG) festgehalten ist (vgl. zu den alltäglichen Problemen und auch den Förderungsschwierigkeiten z. B. für ein Kind, das ebenfalls wie die Eltern mit geistigen Behinderungen in einer Familie selbstständig lebt, die Reportage von Gesa Fritz, Frankfurter Rundschau, 10. April 2015, F8).

Geht man noch einmal zurück zur Situation der Anbahnung von einer intimen Beziehung unter Menschen, die mit Behinderungen leben, so leuchtet leicht ein, dass die Inanspruchnahme einer Partneragentur nicht nur für andere Bevölkerungsgruppen, sondern auch für Menschen mit Behinderungen eine enorme Hilfe sein kann. Die von der Evangelischen Stiftung Alsterdorf in Hamburg gegründeten sogenannten Schatzkisten sind Kontaktbörsen, die spezifisch auf die Bedarfe von Menschen mit Behinderungen eingehen und die über Deutschland hinaus auch in weiteren europäischen Ländern tätig sind (vgl. *www.schatzkiste-partnervermittlung.eu/cms/neu/*).

Direkt auf den Kasus des Traugottesdienstes bezogen, schreibt Pfarrerin Christiane Esser-Kapp, die im Dekanat Offenbach am Main die Fachberatung Inklusion vertritt sowie das Pfarramt für Behindertenseelsorge innehat, auf die Anfrage, welche Herausforderungen sie aufgrund von ihren Erfahrungen mit Trauungen von geistig-behinderten Paaren sieht:

> „Monika und Manfred (die Namen wurden geändert) sind schon lange ein Paar und verlobt. Sie leben zusammen, teilen sich die Verantwortung für eine gemeinsame Wohnung, begleiten sich gegenseitig zu Veranstaltungen und unternehmen gemeinsame Reisen. Eigentlich tun sie all das, was normale Paare so tun... und doch sind die beiden anders. Monika und Manfred sind Menschen mit einer geistigen Beeinträchtigung. Sie leben ein gemeinsames Leben, ohne Trauschein, dafür mit Betreuung. Sie haben beide gesetzliche Betreuer und leben in einer betreuten Wohneinrichtung in Frankfurt. Und das ist das Besondere – oder Andere und auch Schwierige. Bei der Frage, ob sie denn nach all den Jahren des gemeinsamen Lebens heiraten wollen, ihre Verbundenheit in besonderer Weise öffentlich bekannt machen wollen, kommt Skepsis auf. Ihre Liebe stellt niemand infrage. Wohl aber die Entscheidung, zu heiraten.
>
> Ein geistig beeinträchtigtes Paar zu trauen? Ist das zu verantworten? Und dann noch in der Kirche? Können die das überblicken, was es heißt, *verheiratet zu sein*, eine Ehe zu führen ...*bis dass der Tod uns scheidet*? So etwas würde man ein *normales* Paar doch gar nicht fragen. Höchstens: Wer bezahlt das Fest, wo wird gefeiert und was trägt die Braut? Aber geht es um Menschen mit geistiger Beeinträchtigung, die lieben, zusammenleben wollen und dies öffentlich und vor Gott und seiner Gemeinde kundtun und verbindlich machen wollen, kommt die Frage nach der *Tragweite der Entscheidung* ins Spiel. Dann wird die Dimension des Entscheidens bei Menschen mit geistiger Beeinträchtigung infrage gestellt. Sie wird eingeschränkt aus der Sicht der Nichtbehinderten, der Eltern oder der Betreuenden. Monikas Bruder ist ihr gesetzlicher Betreuer – und er würde eine Ehe

nicht gutheißen. Doch ohne sein Einverständnis würde Monika sich niemals trauen.

Die UN-Behindertenrechtskonvention besagt jedoch: Teilhabe bedeutet in allen Bereichen des gesellschaftlichen Zusammen-/Lebens ein gleichberechtigtes Mitmachen, Mitentscheiden, Mitbestimmen und Mitgestalten. Daher gilt: Menschen mit geistiger Beeinträchtigung sind in keiner Weise durch gesetzliche Vorschriften von der Eheschließung ausgenommen. Ihnen wird das gleiche Recht auf persönliche Entfaltung zugestanden, wie jedem Menschen. Dazu gehört der Wunsch nach Partnerschaft und Sexualität und dem Aufbau einer eigenen Familie mit Kindern. Mögen Rechtslage und UN-Behindertenrechtskonvention auch klar sein, das Dilemma von Monika ist dadurch noch lange nicht gelöst. Denn die Trauung durchsetzen, hieße doch: sich gegen die Familie, den Bruder stellen.

Dies wahrzunehmen, ohne Vorverurteilung und ohne sich auf das Beharren rechtlicher Grundlagen zu versteifen, ist m. E. die Herausforderung, der sich Theologie und Seelsorge zu stellen haben...

Geistige Behinderung wird immer aus der Sicht von Nichtbehinderten beschrieben. Sie sind es, die die Kriterien dazu definieren. Aber was ist *geistige Behinderung*? Eine Verhaltensabweichung, Leistungsdefizite, ein *Nicht-Vorhandensein von...*? Durch diese vermeintlich objektive Sicht geschieht Ausgrenzung ohne jede Sicht auf das *Dasein* des Menschen an sich. Menschen mit geistiger Beeinträchtigung haben eine eigene menschliche Seinsweise, die sich nicht mit IQ oder Tests oder Messwerten begreifen und beschreiben lässt. Es geht nicht um eine medizinische Störung, sondern um eine besondere Weise da zu SEIN. Dieses SEIN als Mensch steht in Beziehung zu Gott, ist Ebenbild und Geschöpf dessen, der uns geschaffen und sich uns ausgedacht hat. Zu diesem *Dasein* des Menschen gehört die Liebe, die ihm durch Gott zuteilwird in Jesus Christus, der den Menschen bedingungslos begegnet und darin die bedingungslose Liebe und Zuwendung Gottes zu den Menschen offenbart. In dieser, jedem Menschen zuteilwerdenden Liebe Gottes liegt die Fähigkeit der Beziehung, der Liebe eines Menschen zum Menschen. Diese Zuwendung, diese Liebe zum Mit-Menschen entspricht seinem Wesen und ist Antwort des Menschen auf die Zuwendung Gottes, die der Mensch selbst empfängt. Dies spiegelt sich im christlichen Eheverständnis wider, das die Ehe als personale Gemeinschaft zwischen zwei Menschen sieht, die sich auf Liebe und im Vertrauen, dass die Eheleute einander entgegenbringen, gründet. Es ist ein Gottesgeschenk, wenn Menschen ihre Liebe zueinander entdecken und sich dauerhaft miteinander verbinden (vgl. EKHN, Lebensordnung, 2013). Aus dieser Sicht ist dem Wunsch geistig beeinträchtigter Menschen nach einer Trauung Rechnung zu tragen. Und es kommt auf die Unterstützung und Begleitung durch die PfarrerIn, Betreuende und Kirchen/Gemeinde an, geistig beeinträchtigten Menschen ein selbstbestimmtes Leben – auch im Hinblick auf die Ehe – zu ermöglichen. Wie könnte diese Begleitung aussehen? M. E. wäre eine *unterstützte Lebenspartnerschaft* nach dem Grundsatz der Selbstbestimmung der Menschen mit Beeinträchtigung denkbar. Und dazu gehört die Stärkung des Standpunktes derjenigen, die sich füreinander entscheiden. Dazu gehört die Möglichkeit, als Paar zu wohnen und zu leben. Wichtig dabei ist, dass die betreuenden Eltern od. Geschwister in diesen Prozess mit eingebunden sind, dass ihre Widerstände und Ängste in Bezug auf eine Lebenspartnerschaft zwischen geistig beeinträchtigten Menschen wahrgenommen und ernst genommen werden. Denn deren Anliegen und Skepsis begründet sich in ihrer

Verantwortung, Schaden und Nachteile zu verhindern. Doch oftmals – so erlebe ich es – werden aus dieser Verantwortung heraus, an Frauen und Männer mit einer geistigen Beeinträchtigung viel höhere Anforderungen an die Beziehungsfähigkeit gestellt als bei anderen. Die Fähigkeit, eine Beziehung zu führen, ist individuell unterschiedlich – wie auch bei nichtbeeinträchtigten Menschen. Dies gilt es klar zu sehen. Und deshalb heraus mit den Hindernissen aus den Köpfen und den Mut finden, Teilhabe in allen Bereichen des Lebens zu erwirken. Denn in der Begegnung von Menschen, in ihrer Liebe zueinander, in der Zuwendung, die sie einander schenken und ihrem Wunsch nach Bindung und öffentlichem Zeugnis, geschieht die Antwort auf die Zuwendung Gottes, die sie empfangen.

Nach der Lebensordnung der Evangelischen Kirche Hessen und Nassau hat die Ehe als Lebensform eine wichtige Bedeutung für die Kirche (vgl. *http://www.kirchenrecht-ekhn.de/document/18785*). Sie sieht in der Lebens-Verbindung zweier Menschen ein göttliches Geschenk, das unterschiedslos allen Menschen gilt... Evangeliumsgemäß ist es, dem Wunsch zweier Menschen mit geistiger Beeinträchtigung nach einem Traugottesdienst, in dem sie ihr Zusammenleben öffentlich und vor Gott und seiner Gemeinde kundtun und verbindlich machen wollen so nachzukommen, dass auch im gottesdienstlichen Geschehen Teilhabe wirklich wird. So wird sich der Gottesdienst in seiner Gestaltung und Ausführung besonderer Ausdrucksformen bedienen müssen, um auch hier Barrierefreiheit und Teilhabe in Wort und Handlung zu ermöglichen. **Übrigens:** Monika und Manfred haben beschlossen, wenn es mit dem Heiraten nicht sein soll, machen sie eben ein Treuefest" (Hervorhebung durch die Autorin).

In dieser Fallbeschreibung wird ein bislang wenig diskutierter Aspekt deutlich, der auch für die seelsorgerliche Dimension in der Begleitung des Kasus von Belang ist. Es geht hier nicht – wie etwa im Fall gleichgeschlechtlicher Paare – darum, ob ein Kirchenvorstand oder eine Kirche insgesamt dem Wunsch nachkommt, dass ein Paar, das geistig-behindert ist und gesegnet oder getraut werden will, sondern es besteht ein innerfamiliärer Konflikt darüber, ob eine Trauung überhaupt unterstützt werden kann, sowie darüber, wer welche Entscheidungen treffen und dann auch verantworten kann und muss. Es ist nicht allein das Paar im *Spiel*, das getraut werden will, sondern auch der Vormund, in diesem Fall der Bruder der Frau. Es ist klar, dass sich hier eine besondere kommunikative Herausforderung stellt, weil das Paar zwar freiwillig die Ehe schließen und sich trauen lassen will, aber hierzu Einwände kommen, die zwar kaum rechtskräftige Gültigkeit haben, die aber für die Gestaltung der Beziehung zwischen den Geschwistern einflussreich sind, und die letztlich den konstruktiven Umgang mit einem Abhängigkeitsverhältnis erfordern.

Neben dieser strukturell angelegten Problematik und ihren kommunikativen Herausforderungen stehen nun noch weitere Herausforderungen, die unabhängig vom obigen Fall die konkrete Gestaltung des Gottesdienstes betreffen. Esser-Kapp hat es bereits angesprochen: Die Gestaltung des Gottesdienstes erfordert ein Engagement der liturgischen Person für die Erhöhung von Teilhabestrukturen. Dazu gehört zum Beispiel, dass Verkündigung in leichte Sprache gefasst wird, dass Gebet, Musik, Gesang genau auf ihre Wirkung auf und für Menschen, die mit Behinderungen leben, hin befragt und geprüft werden. Schließlich ist hervorzuheben, dass hier nun exemplarisch der Kasus eines Paares, das mit geistigen Beeinträchtigungen lebt, geschildert wurde. Der Horizont, in dem Trauungen und Segnungen von Menschen, die mit Behinderungserfahrungen leben, stehen, ist aber hiermit längst nicht abgeschritten. So sind die Vorbereitungen für einen Traugottesdienst von Menschen, die mit körperlichen, sinnlichen oder psychischen Beeinträchtigungen leben, mit je spezifischen Herausforderungen versehen, die andere sind als jene des hier geschilderten Falls.

7.5 Die Bedeutung der Lebensformen von Pfarrerinnen und Pfarrern für eine Trauung

Aus der Perspektive der Pfarrerinnen und Pfarrer, die das Begehen von Kasualien vorbereiten und anleiten, wird man sagen können: Die Trauung, wie auch eine Beerdigung, Taufe, Konfirmation, ist nie ganz die Trauung eines anderen Paares. Wie eine Kasualie gestaltet wird, das hängt immer auch von Entscheidungen ab, die die Pfarrpersonen bewusst oder unbewusst aufgrund ihrer Erfahrungen mit ihren Lebensformen treffen. Dabei ist es durchaus interessant, sich einmal vor Augen zu führen, wie vielfältig bereits in evangelischen Pfarrhäusern und Dienstwohnungen gelebt und gearbeitet wird. Einige aus dem kirchlichen Leben bekannte Beispiele sollen dies konkretisieren:

Da ist der Pfarrer, der mit seiner Ehefrau zusammen im Pfarrhaus wohnt; sie haben zwei Kinder, seine Frau ist Grundschullehrerin. Daneben gibt es die Pfarrerin, die mit ihrem Ehemann im Pfarrhaus wohnt; sie haben drei Kinder, der Ehemann hat so gut wie nichts mit dem Gemeindeleben zu tun, er arbeitet als Finanzmakler in globalisierten Verhältnissen. Zu nennen ist daneben die Pfarrerin, die ledig ist und die auch nicht daran interessiert ist, Privatleben und Berufsleben miteinander in Kontakt zu bringen. Sie arbeitet viel und gern als Single in der Gemeinde. Es gibt den Pfarrer, der geschieden ist; seine Kinder besuchen ihn alle zwei Wochen und sind dann auch im Gemeindeleben und im Pfarrhaus zu sehen. Noch knabbern einige Leute innerhalb der Gemeinde daran, dass die Pfarrfrau, die man gernhatte, weggezogen ist. An einigen Orten arbeiten und leben lesbische Pfarrerinnen, zuweilen lebt das Paar im Pfarrhaus, zuweilen in Dienstwohnungen mit weniger Öffentlichkeit. Oder die Pfarrerin bewohnt das Pfarrhaus allein und führt eine Partnerschaft mit einer Lebensgefährtin, die außerhalb der Gemeinde wohnt. An vielen Orten gibt es ferner das heterosexuelle Pfarrehepaar, das sich eine Stelle und auch die Erziehungsarbeit teilt. Daneben gibt es allerdings auch das heterosexuelle Pfarrehepaar, das 1,5 Stellen innehat und ohne Kinder lebt, der Pfarrer aber noch einen 0,5 Stellenanteil in einer übergemeindlichen Stelle wahrnimmt. Zunehmend verbreitet ist auch das Modell, dass die Pfarrerin und der Pfarrer, die verheiratet sind und ein Kind haben (oder auch mehrere Kinder), zwei volle Dienstaufträge wahrnehmen. Zu finden ist ebenfalls das homosexuelle Pfarrerpaar; beide Pfarrer wohnen zusammen im Pfarrhaus, einer von ihnen ist im Gemeindedienst, der andere auf einer Funktionsstelle. Da ist das homosexuelle Pfarrerinnenpaar, eine von ihnen bringt eine Tochter aus ihrer vorangegangenen Ehe mit in die neue Lebensgemeinschaft ein. Daneben steht das Modell der homosexuellen Pfarrerin, die mit ihrer Partnerin, z. B. einer Lehrerin, zusammenlebt; beide fühlen sich im Gemeindeleben wohl und nehmen gern teil. Da ist die heterosexuell orientierte Pfarrerin, die zunächst mit einem ganzen Dienstauftrag, dann mit einem halben Dienstauftrag in der Gemeinde arbeitet; die Ehe wurde geschieden, sie lebt weiterhin mit den Kindern im Pfarrhaus, ab und zu sieht man Besuch von einem Mann, mit dem sich wohl eine neue Freundschaft anbahnt. Anzutreffen ist auch der Pfarrer, der mit seiner Lebensgefährtin zusammen im Pfarrhaus wohnt. Sie sind noch nicht so weit, als dass sie heiraten wollten. Sie arbeitet nicht in der Kirche und hat auch kein Interesse an einem Ehrenamt. Bekannt und sogar von der Gemeinde begrüßt, ist auch die Wohngemeinschaft auf Zeit, in der eine Pfarrerin lebt. Sie hat sich vor Jahren scheiden lassen und lebt nun allein. Jetzt hat sie zwei Flüchtlingsfrauen mit ihren Kindern bei sich aufgenommen. Es ist eine besondere Herausforderung für sie, aber viele sind auch stolz auf ihr Engagement, weil sie sogar in ihrem privaten Lebensbereich zeigt, was christliche Lebensführung bedeuten kann. Die Liste ist keineswegs vollständig und kann erweitert werden.

Innerhalb der praktischen Theologie, so kann man durchaus sagen, ist in den letzten Jahren die Diskussion um Lebensformen auch in Bezug auf das Pfarrhaus intensiv geführt worden (vgl. z. B. Mantei/Sommer/Wagner-Rau, Geschlechterverhältnisse, 2013; und auch Nord, Wohnst Du schon?, 2011; sowie Nord, Mach dein's, 2013; vgl. insgesamt zur Lebensformdebatte in ihren Anfängen Keil/Haspel, Gleichgeschlechtlich, 2000). Ausgelöst wurde diese Diskussion sicherlich weitgehend durch die Frage, ob homosexuell orientierte Pfarrerinnen und Pfarrer in Pfarrhäusern leben dürfen und sollen. Die Diskussion entwickelt(e) sich dabei ständig weiter, wie etwa auch Josef Kirsch für die vergangenen letzten 50 Jahre resümiert:

> „Es ist überraschend, wie parallel gesellschaftliche, also juristische, auch psychologische und theologisch-kirchliche Entwicklungen laufen. Galt auch im evangelischen Bereich vor 50 Jahren in den systematischen Überlegungen Homosexualität materialiter als Sünde (vgl. Bailey, Art. Homosexualität, 1959), so ist in den neueren Veröffentlichungen zu lesen, dass gleichgeschlechtlich orientierte Menschen eine Lebensführung und -gestaltung zuzugestehen ist, die ihrer individuellen Identität entspricht (vgl. Kreß, Art. Homosexualität, 2000).
> Dieses spiegelt sich auch in den drei zu dieser Frage in den letzten vierzig Jahren veröffentlichten Denkschriften und Orientierungshilfen der EKD (...).

Vor vierzig Jahren hatte die EKD die Position der Kriminalisierung eindeutig verlassen, aber die Ebene der Pathologisierung beibehalten (Denkschrift zur Frage der Sexualethik, Gütersloh 1971). Homosexualität wurde vor vierzig Jahren als Störung in der eigenen Geschlechtsrolle und im Verhältnis zum anderen Geschlecht angesehen. Ende der achtziger Jahre heißt es noch, gelebte und erfüllte Sexualität habe nur in der Ehe ihren Ort (Aids, Orientierung und Wege in der Gefahr, Hannover 1988). Ende der neunziger Jahre klingt der Ton anders. Die EKD bekennt sich zu ihrer Mitschuld an der Diskriminierung Homosexueller, sie sieht, dass Homosexualität in der Bibel nur ein Randthema ist; sie heißt Homosexualität zwar nicht gut, aber sie sieht die positive Bedeutung einer in Liebe gestalteten homosexuellen Partnerschaft. Die EKD kann das so sagen, weil sie sieht, dass die Bibel das neuzeitliche Phänomen einer homosexuellen Partnerschaft nirgendwo kennt oder thematisiert (Mit Spannungen leben, Hannover 1996). Dennoch, die Ehe wird trotz aller Belastungen und Verfehlungen als die Form gesehen, die den umfassendsten Rahmen für Liebe, Fürsorge und Schutz gewähren kann. Das LPartG gab es damals noch nicht, aber deutlich kritisch äußert sich die EKD zur Diskussion um das geplante Gesetz. Deutlich ist in Gesellschaft und ev. Kirche der Weg von der Kriminalisierung über die Pathologisierung hin zu zunehmender Akzeptanz.

Inzwischen ist die Entwicklung in den Landeskirchen weitergegangen. Viele Landeskirchen haben das Versorgungsrecht für schwule und lesbische Pastorenpaare in vollem Umfang übernommen. Homosexualität ist kein Ordinationshindernis mehr ... Ebenso, nicht überall, aber weitgehend, unproblematisch wird die Segnung homosexueller Paare in einem öffentlichen Gottesdienst praktiziert. Zustimmen müssen der geistliche Dienstvorgesetzte (Propst, Superintendentin, Dekan) und der Kirchenvorstand." (Text auf Anfrage von I.N. privat zugestellt)

Die verschiedenen Lebensformen fordern Gemeinde und Pfarrerinnen und Pfarrer heraus, zu kommunizieren, wie sie sich selbst verstehen, was für sie Liebe, Sexualität, Glück, Verantwortung, Freundschaft, Partnerschaft und Ehe bedeuten. Obwohl die Ehe innerhalb evangelischen Verständnisses gerade kein Sakrament ist, wird sie doch immer noch und u.a. aufgrund der evangelischen Pfarrhaustradition (vgl. zuletzt Aschenbrenner, Pfarrhaus, 2015; und Eichel, Pfarrhaus, 2012) für hoch bedeutsam gehalten. Im Pfarrhaus soll die christliche Ehe auf vorbildliche Weise gelebt werden, dies ist für viele Menschen noch immer ein Denk- und Wahrnehmungsmuster, das häufig dann auch mit dem Reformatoren-Ehepaar Katharina von Bora und Martin Luther untermauert wird.

Am Thema *Leben im Pfarrhaus* zeigt sich übrigens auch, dass und wie ungewöhnlich *Mixed-Marriages* immer noch unter professionellen Geistlichen sind. Hier gibt es nur in Ansätzen eine öffentliche Diskussion darüber, ob Pfarrhäuser für Menschen geöffnet werden, die nichtchristlichen Glaubens sind, keiner Konfession angehören bzw. für die Religion kein zentrales Moment ihrer Identität beschreibt. Für diejenigen, die noch nicht verbeamtet sind, scheint es eher riskant zu sein, mit einer nichtchristlich orientierten Person verheiratet oder liiert zu sein. In manchen Personalabteilungen werden Personalgespräche mit Pfarrpaaren geführt, die religionsverschieden sind oder wo ein Teil des Paares keiner Religion angehört. Soweit man sehen kann, empfehlen Kirchenleitungen ihrem Pfarrpersonal, religionsverschiedene Ehen nicht einzugehen. Sie sind und bleiben offensichtlich auch in der Realität eine große Ausnahme. Gerade beim Pfarrpersonal ist Homogenität in der Religionszugehörigkeit noch immer die meist geschätzte Orientierung.

Neben den Faktor Geschlecht tritt also der Faktor Religion bzw. Weltanschauung, der für die Entscheidung über mögliche Lebensformen im Pfarrhaus Bedeutung hat. Kirchenleitungen bewegen sich hier auf der Grenze von einerseits der Anerkennung bürgerlicher Rechte und damit des Antidiskriminierungsgebots in einer bürgerlichen Kultur und andererseits der Zielsetzung, dass die Lebensformen ihres hauptamtlichen Personals zugleich zur Profilierung einer christlichen Kultur beitragen soll. Zusammenfassend lässt sich sagen, dass sich an den Merkmalen sexuelle Orientierung sowie Religionszugehörigkeit gegenwärtig Krisensignaturen des Lebens im Pfarrhaus kenntlich machen lassen.

Dabei ist längst klar, dass das Pfarrhaus als Garant protestantischer Kultur des 19. Jahrhunderts faktisch nicht mehr existent ist. Es sind allerdings ideelle und symbolische Gehalte, die hier dennoch weiterwirken:

> „War das Pfarrhaus in seiner Blütezeit mit dem Anspruch aufgetreten, die protestantische Frömmigkeitskultur nach seinem Bilde zu formen, so passte es sich nun umgekehrt an die allgemein verbreiteten Lebensvorstellungen an. Wie sich das in sich geschlossene Modell des bürgerlich-protestantischen Pfarrhauses mit der Pluralisierung der Lebensstile auflöste, so mutierte insbesondere das urbane Pfarrhaus infolge der immer deutlicheren Trennung von Berufsarbeit und Privatleben zum Wohnhaus einer privaten Familiengemeinschaft." (vgl. Steck, Pfarrhaus, 2003)

Mit Wolfgang Steck und zuvor bereits Karl-Wilhelm Dahm kann man ohnehin seit Ende der siebziger Jahre des vergangenen Jahrhunderts davon sprechen, dass zentrale Pfarrhausfunktionen an die Person des Geistlichen zurückgefallen sind. Während bis vor ca. 30 Jahren das Pfarramt von der Pfarrfamilie repräsentiert wurde, so komme es nun zunehmend zur Repräsentanz des Amtes allein durch den Pfarrer oder die Pfarrerin. Damit wird auch klar, warum in der praktisch-theologischen Diskussion der letzten drei Jahrzehnte der Pfarrberuf und das Amtsverständnis stärker reflektiert wurden als das Pfarrhaus. Es ist sowohl für das alltäglich gelebte Leben von Pfarrerinnen und Pfarrern als auch für die praktisch-theologische Reflexion mit der Spannung umzugehen, die aus den Pluralisierungen im Geschlechterverhältnis und auch in der Religionszugehörigkeit hervorgehen. Dabei ist es für Kirche und Frömmigkeit keineswegs nur von Schaden, dass das herkömmliche Modell nicht mehr funktioniert, denn es war auch ein tragender Pfeiler gegen die Entwicklung einer für Diversität offenen, inklusiven Kirche. Die öffentliche Debatte um die Anerkennung von Vielfalt fördert auch, dass neue Konzepte für das Leben in einem Pfarrhaus und für die Bilder vom Pfarrberuf entstehen.

Knapp zehn Jahre nach der Ratifizierung der UN-Behindertenrechtskonvention durch die deutsche Bundesregierung und seitdem auch innerhalb von Kirchen und Theologien Diskussionen um Inklusion geführt werden, ist es nun an der Zeit, zusätzlich zu der noch kaum geführten Debatte um ein in Sachen Religion pluralitätsfähiges Pfarrhaus auch das Differenzmerkmal *mit Behinderungserfahrungen leben* in den Horizont der Diskussion um Lebensformen im Pfarramt aufzunehmen. Pfarrerinnen und Pfarrer, die mit Behinderungserfahrungen leben, zeigen zunehmend, wie und dass sie im Pfarrhaus leben können und wollen, ihren Beruf voll ausfüllen können und wollen. Sie signalisieren somit, dass es nicht nur ein Recht auf Partizipation am Gemeindeleben gibt, sondern auch eines, das die Partizipation am Pfarrberuf betrifft. Denn die theologische Kompetenz für das Pfarramt umfasst andere Faktoren als diejenigen, ob man z. B. hören, sehen oder laufen u.a.m. kann. Es ist letztlich eine Frage der Assistenz, ob Kirche auch im Pfarramt Inklusionsprozesse fördert.

Letztendlich wird es bei diesen Diskussionen sehr darauf ankommen, dass man für die Einzelfälle gute und sich ertragreich entwickelnde Konstellationen für Beruf und Privatleben findet, diese aber eben auch innerhalb von kybernetischen und ekklesiologischen Fragestellungen reflektiert. In ihrem Vorwort zum Handbuch Inklusion in der Kirchengemeinde erinnern Ralph Kunz und Ulf Liedke daran, dass Gert Otto in der Grundlegung der Praktischen Theologie darauf aufmerksam gemacht habe, dass Praktische Theologie nicht nur in Sektoren und Handlungsfeldern denke, sondern perspektivisch ansetze. In diesem Sinne sei nun die bestehende Praxis kritisch wahrzunehmen und zu fragen, wie aus der Sicht von Seelsorge, Religionspädagogik, Gemeinwesenarbeit, Pastoraltheologie etc., und ich ergänze, aus der Sicht der Kasualtheorie inklusive Gemeindepraxis gedeutet werden könne. Praktische Theologie stelle aber auch in umgekehrter Richtung Fragen an die Theorie. Wo werde diese engeführt, etwa darin, dass Menschen, die mit Behinderungserfahrungen leben, aus der praktisch-theologischen Theoriebildung ausgeblendet würden. Im Horizont eines weiten Inklusionsverständnisses ist ferner zu fragen: Wo und wie werden die Aspekte des Lebens im Gemeindeleben aufgenommen, die von Menschen, die mit Behinderungen leben, erfahren werden? Wo und wie werden die Aspekte des Lebens aufgenommen, die Menschen erfahren, die an materieller Armut leiden? Ebenso ist zu fragen, wie und wo Erfahrungen von Menschen aufgenommen werden, die an Diskriminierungserfahrungen aufgrund ihrer sexuellen Orientierung leiden. Und nicht zuletzt: Wo und wie werden Erfahrungen aufgegriffen, die Menschen aufgrund von Heimatverlust erleiden? Alle diese Erfahrungen kamen und kommen im kirchlichen Leben vor; häufig sind sie allerdings sozusagen nur in diakonischer Perspektive gegenwärtig. Hier nun sind erste Anregungen zusammengetragen worden, um eine inklusive Kasualtheorie und -praxis anzubahnen. In ihr wird Inklusion zur Leitperspektive der Gemeindepraxis (vgl.

auch Kunz/Liedke, Inklusion, 2013, 6). Es ist hier nun nicht der Ort, um theologische Argumentationsmuster auszuführen, die zeigen, wie sehr diese Leitperspektive an die Kommunikation des Evangeliums seit ihren Anfängen anschließt, auch wenn es durchaus eine moderne Perspektive ist, die auf Kirchen und Gemeinden erst durch die Menschenrechtsdiskussion sozusagen von außen zukommt (vgl. hierzu z. B. Nord, Inklusion, 2016). Sie entspricht in vielem den Zeugnissen biblischer Dokumente, und dies wird interessanterweise auch in der Öffentlichkeit so gesehen. So schreibt etwa der französische Schriftsteller Emmanuel Carrère, wie fasziniert er von dem ist, was er in der Apostelgeschichte des Lukas über die ersten Christinnen und Christen erfährt. Sie hätten die geltenden Wertvorstellungen umgekehrt. Es sei eine durchaus nützliche Religion, die die ersten christlichen Gemeinden lebten, auch wenn sie nie im Nützlichen allein aufging. Religion fasziniere Menschen, wenn sie ihnen auch in ihrer sozialen und kulturellen Existenz *durch's Leben helfe*. Denn die ersten Christen und Christinnen hätten es mehr gewürdigt und geschätzt, arm zu sein als reich, sie hätten das Kleine mehr als das Große geschätzt:

> „Zunächst versteht man den Zweck dieser extravaganten Umkehrung der Werte nicht. Doch dann beginnt man zu begreifen. Man erkennt den Nutzen, das heißt die Freude, die Kraft und die Lebensintensität, die diese Menschen aus ihrem scheinbar abwegigen Verhalten ziehen. Und dann kennt man nur noch eine Sehnsucht: die, es ihnen gleich zu tun." (Carrère, Reich Gottes, 2016, 171)

In diesen Zeilen deutet sich an, was die Vision von der Inklusion gesellschaftlich, sozial und auch religiös auslösen kann: Eine tiefe Freude darüber zu empfinden, dass das Zusammenleben in der Welt Gottes gerechter und friedlicher wird, weil es für mehr Menschen als bislang möglich wird, an der Fülle des Lebens teilzuhaben und sich angenommen zu fühlen.

 Kathrin Nell
29. August 2016

Mit **Claire Marie**.

👍 Gefällt mir   💬 Kommentieren   ➤ Teilen

👍😮 63

　　█████ █████ Wunderschön ihr drei 💐💕😄
　　Gefällt mir · Antworten · ♥ 1 · 29. August 2016 um 14:07

　　　　Kathrin Nell Merci 😊
　　　　Gefällt mir · Antworten · 29. August 2016 um 14:52

　　　　Schreibe eine Antwort …

　　█████ █████ Wahnsinn!!
　　Gefällt mir · Antworten · 29. August 2016 um 17:29

　　█████ █████ Märchenhaft! Und das Cabrio noch dazu!
　　Gefällt mir · Antworten · 29. August 2016 um 20:13

　　Kommentieren …

8 Die Trauung:
ein Fest des Glaubens und der Folklore

Die Trauung ist *ein Fest des Glaubens und der Folklore*: Wenn man sich über kultur- und religionsgeschichtliche Zugänge dem Thema Hochzeit nähert, wird leicht deutlich, dass der Kasus Trauung viele Verbindungen zu folkloristischen Bräuchen und fast als archaisch zu bezeichnenden Riten unterhält. Er ist keine Erfindung der christlichen Tradition gewesen. Vielmehr hat er eine reichhaltige kulturelle Tradition zumindest teilweise beerbt und dieses Erbe innerhalb des eigenen Referenzrahmens transformiert. Dass diesen Transformationsprozessen eine gewisse Unabschließbarkeit eigen ist, zeigt sich gegenwärtig im Horizont der Veränderungen, mit denen mediale Kommunikationsmöglichkeiten auf die Gestaltung von Trauungen einwirken: Vor, während und nach der Trauung kommunizieren Brautpaare und die gesamte Hochzeitsgesellschaft auf intensive Weise miteinander. Dies verändert das Ritual der Trauung, dies verändert auch die Interaktionsformen und beteiligt auf viele weitere Menschen neue Weise am Traugeschehen. Zu diesen Prozessen gehört überdies, dass sich die Wahrnehmungen von (Kommunikations-)Räumen inklusive der Kirchenräume verändern. Sie werden noch häufig in nicht unproblematischem Sinne als andere Räume signiert. Damit soll die Besonderheit der kirchlichen und religiösen Zeremonie unterstrichen werden. Doch anstatt den Traugottesdienst über diese Strategie der Inszenierung eines anderen Raums zu einem besonderen, exklusiven Insel-Erlebnis zu machen, von dem es im schlimmsten Fall auch keine Fotos oder Filme gibt, geht es aus kulturhermeneutischer Sicht viel eher darum, ihn selbst und seine Bedeutung mit den weiteren Elementen im Veranstaltungsensemble intensiv zu vernetzen und diese Vernetzung auch öffentlich zu kommunizieren. Denn die Trauung ist nicht nur ein Fest, das folkloristische Traditionen pflegt, sondern auch ein Fest des Glaubens, der dort inmitten von Bräuchen und Riten eine spezifische Bedeutung hat.

Zur Untermauerung dieser These könnte man nun erwarten, dass sowohl am Verständnis des Glaubens als auch an dem der Folklore gearbeitet werden müsste. Hier kann dies nur noch einmal innerhalb einer abschließenden Klärung geschehen, denn diese These sollte sich auch durch die vorangegangenen Kapitel des Buches erhellen lassen (zu signifikanten Erträgen vgl. Einleitung zu 7). Zur Orientierung darüber, was hier unter Glaube verstanden wird, sollen allerdings doch einige Elemente der Theologie Paul Tillichs (1886–1965) in Erinnerung gerufen werden.

Tillich wurde über die Grenzen der Theologie hinaus bekannt, weil er das, was unter Glauben in christlicher Perspektive verstanden werden kann, in seiner Zeit wirkungsvoll zu kommunizieren vermochte. Er wechselte dabei das

Sprachspiel weg von einer innertheologischen hin zu einer kulturwissenschaftlich und philosophisch anschlussfähigen Terminologie. Sicher ist man gut beraten, heute nicht mehr unmittelbar auf seine ontologische Redeweise zurückzugreifen. Was er mitteilen will, hat aber gerade im Kontext der Diskussion um die Trauung weiterhin Aussagekraft. Mit Tillich gesagt, geht es in der Trauung darum, sich auf den Glauben zurückzubesinnen, dass der Einzelne und die Einzelne als bejahte Menschen vor Gott stehen. Im Traugottesdienst spricht man öffentlich aus, dass man sich nun mit einer anderen Person verbindet und ihr zusagt, dass man das Leben miteinander führen will, ohne wissen zu können, ob es gut gehen wird. Dieser (Sprech-)Akt verlangt Mut, und zwar von beiden Beteiligten als einzelne. Der Glaube kann in dieser Situation zum Grund des Mutes werden, sodass man sich je persönlich auf ein Leben einlassen kann, das offen und riskant ist, in dem es Zweifel darüber gibt, ob es (gemeinsam) gut gehen kann, das – auch wenn es bereits gemeinsame Erfahrungen gibt – sich erst noch und immer wieder neu bewähren muss:

> „Glaube ist Ergriffensein von dem, was uns unbedingt angeht, dem Grund unseres Seins und Sinns. Der Mut zum Sein ist ein Ausdruck des Glaubens, und was Glaube ist, muß verstanden werden vom Mut zum Sein aus ... Der Glaube sagt *ja*, weil er *trotzdem* sagen kann; und in dem *trotzdem* des Glaubens ist das trotzdem des Mutes zum Sein geboren... Glaube ist der Zustand des Ergriffenseins von der Macht des Seins-Selbst, die alles transzendiert und an der alles partizipiert. Wer von dieser Macht ergriffen ist, kann sich bejahen, weil er weiß, daß er bejaht ist... Das ist entscheidend für ein Zeitalter wie das unsrige, in dem die Angst vor Zweifel und Sinnlosigkeit herrscht." (Tillich, Mut, 1969, 128, Hervorhebungen vom Autor)

Tillichs Verständnis des Glaubens ist dabei keinesfalls so zu verstehen, dass man sich nun in einen Gottesglauben hineinfallen lassen könnte, der nur immer wieder behauptet werden müsste. So wie es in vielen Kasualien zu hören ist: *Gott geht mit, Gott liebt euch, bevor ihr euch selbst zu lieben begonnen habt. Gott nimmt euch in seine Welt auf, niemand geht verloren.* So sehr diese Glaubensaussagen auch zum Halt werden können, so sind sie doch auf eine Weise sehr schlicht und zu nah an einem Glauben, der selbst bei Kindern kaum mehr zu finden ist. Wer mit dem Anspruch eines reflektierenden Selbstbewusstseins und nicht vor allem mit einer regressiven Gemütshaltung in einen Gottesdienst kommt, dem kann eine so orientierte religiöse Rede kaum genügen. Denn der Glaube als ein Ergriffensein von Gott ist kein Zustand, auf den man bei Bedarf zugreifen könnte. Der Glaube ist

> „nichts Abgegrenztes oder Bestimmtes, kein Geschehnis, das isoliert und beschrieben werden könnte. Er ist immer ein Zustand in und zusammen mit anderen Seelenzuständen. Er ist die Situation auf der Grenze menschlicher Möglichkeiten – er ist die Grenze. Deshalb ist er sowohl der Mut der Verzweiflung wie der Mut in allem Mut und über allem Mut." (Tillich, Mut, 1969, 138f.)

Das Faszinierende an Tillichs Verständnis des Glaubens ist, dass er auf der Grenze bleibt, den Glauben nie zur Absicherung seiner Existenz missbraucht. Bezieht man dies auf die Situation in der Trauung, wird deutlich, dass es in der Trautheologie nicht darum gehen kann, die Unsicherheit der Paare durch eine Rede vom Glauben abzusichern, die sie aus allen Risiken und Unabwägbarkeiten des Lebens herauszuziehen in der Lage wäre. Eine solche Vorstellung erscheint den allermeisten Menschen sicher auch nicht glaubwürdig. Gerade die Rede vom Segen Gottes bringt aber im Traugottesdienst oft genau solche einfachen Wahrnehmungen mit sich. Es gilt dagegen von *ungedeckten Schecks* abzusehen: Auch der Glaube partizipiert an den Unabwägbarkeiten des Lebens; so wie die Liebe Gottes sich auch nur in den Unabwägbarkeiten des Lebens zeigt und also letztlich nur in ambivalenter Weise wahrnehmbar wird. Mit diesem Glaubensverständnis werden das große Wagnis, das Menschen eingehen, wenn sie miteinander vor den Altar treten, und damit der große Mut des Brautpaares nur noch deutlicher.

Mit der Aufnahme der Tillich'schen Rede vom *Mut zum Sein* verbindet sich ein Plädoyer – nicht nur im Kontext der Trauung, sondern generell – für ein Predigen, das Pfarrerinnen und Pfarrer als eine Gelegenheit begreifen, gemeinsam mit der Gemeinde an jeweils spezifischen Lebensgefühlen zu arbeiten (Nord, Predigen, 2011). Das Gefühl, das mit dem Wörtchen *trotzdem* verbunden ist, auszulegen, scheint sich hier als Aufgabe nahe zu legen. Hinter diesem Ausdruck stehen viele verschiedene ambivalente Lebenserfahrungen, deren Bedeutung sich in Form von Lebensgefühlen in der Persönlichkeit eines Menschen niedergeschlagen haben. Was es bedeutet, bejaht zu sein, ist hier lebensweltlich zu entfalten. Eine Herausforderung dabei bleibt, sich in diesen Entfaltungen nie zu weit in das *Land des Theismus* hineinzuwagen, denn das Reich Gottes ist angebrochen und der Glaube ist, noch einmal mit Tillich formuliert, die Situation *auf der Grenze menschlicher Möglichkeiten*.

Wenn der Glaube nun aber kein abgegrenztes seelisches Terrain ist, sondern immer ein Zustand in und zusammen mit anderen Seelenzuständen, so wird sogleich klar, dass das, was unter Folklore verstanden werden kann, unauflöslich mit dem Glauben verbunden sein muss. Glaube lebt und artikuliert sich nur in kulturellen Erscheinungsweisen. Geht man von einem weiten Begriff der Folklore aus, umfasst diese eben solche Erscheinungsweisen wie sie z. B. in Volksliedern, Bräuchen, Sagen und Märchen, ja auch in Schwänken, Witzen und Zaubersprüchen bis hin zu Erzählungen auffindbar sind, die mythologische Elemente enthalten, die Reales und Übersinnliches miteinander verbinden. Zuweilen werden diese Erzählungen auch in Symbolen vergegenständlicht, die sich in Kunsthandwerk, Schmuck und Kleidung wiederfinden. Häufig werden lokale und regionale Bezüge in folkloristischen Darbietungen sichtbar. Wie sehr gerade in Trauzeremonien Folklore eingegangen ist und eingeht, wurde bereits einerseits anhand des modernen folkloristischen Rituals der Liebesschlösser sichtbar (vgl. 3) und andererseits anhand der Bedeutung von Mythen und Märchen für Hochzeitsrituale aufgezeigt (vgl. 4). Ein eigenes Kapitel verdienten regionale Hochzeitsbräuche, wie sie Bernd-Michael Haese zumindest in einigen Varianten schon einmal gesammelt hat. So schreibt er etwa über die heute häufig nur noch von der orthodoxen Trauung bekannte Brautkrone, dass sie gegen eine Leihgebühr bei Kirchen zu mieten war. Die Verleihung der Brautkrone symbolisierte die Unberührtheit der Braut:

> „Die Rendsburger Marienkirche besaß gleich mehrere dieser Kronen, die je nach Zustand und Ausführung unterschiedlich teuer verliehen wurden. Abwandlungen der Brautkrone waren Kränze aus Blumen oder das sog. Schappel (aus dem franz. Chapel, Kranz, Reif), das beachtlich groß und prachtvoll gestaltet werden konnte mit Metallen, Steinen, Perlen, Goldschnüren und Borten. Auch die staatliche Obrigkeit versuchte, mit genauen Verordnungen über das Tragen von jungfräulichem Schmuck bei der Hochzeit Einfluß auf das sittliche Verhalten zu nehmen. Die Brautkleidung richtete sich stets nach den modischen Linien der jeweiligen Zeit oder aber – vor allem in weniger gut betuchten Kreisen – nach der jeweiligen Landestracht. Praktische Gesichtspunkte spielten dabei durchaus eine Rolle. Das weiße Hochzeitskleid ist erst eine recht späte Mode, ausgehend von dem Trend in den Fürstenhäusern im 16. Jahrhundert und endgültig geprägt von der allgemeinen Bevorzugung heller Stoffe am Ende des 18. Jahrhunderts."
> (Haese, Hochzeit, 1999, 5)

Bereits diese Beschreibungen zeigen, dass das Brauchtum zur Hochzeit durchaus von den Kirchen mitgetragen wurde, mehr noch: Es war keinesfalls allein ein *welltlich geschefft*, wie es Luther intendierte, sondern wurde auch als ein kirchliches Geschäft gesehen. Doch neben den geschäftlichen Aspekten des Kasus wird ebenfalls deutlich, dass auch die symbolische Arbeit an der Hochzeit nicht in eine Welt des Glaubens und in eine Welt der Folklore aufgeteilt werden kann. Sie unterhalten vielmehr für die symbolische Arbeit an der Hochzeit untereinander ein intensiv verwobenes Netz, das heute übrigens auch durch Computer mediatisierte Kommunikationen gestützt wird. Es handelt sich wohl kaum um *eine* Welt des Glaubens und *eine* Welt der Folklore, sondern von ihnen gibt es so viele, wie es Kulturen und innerhalb von ihnen Religionen mit ihren je lokal eigenen Prägungen gibt. Glaube und Folklore können durchaus als zwei Pole gesehen werden, die in einem unauflöslichen Spannungsverhältnis zueinanderstehen, etwa so wie die Polarisation Individuation und Partizipation, die innerhalb der Philosophie und Theologie (Jaspers, Tillich u.a.) in ihrer gegenseitigen Angewiesenheit entfaltet wird. Denn im Glauben liegt die Chance zu einem individuellen Reifeprozess einer Person, die sich ohne die Teilhabe an sozialen und kulturellen Formen seiner Gestaltung nicht vollziehen kann.

8.1 Die Trauung als interaktive religiöse Praxis: Zeigt sich hier der Beginn einer neuen Phase in der Kasualtheorie?

An einigen Stellen ist bereits von einer sogenannten *Theologie der Brautleute* die Rede gewesen. Elemente einer solchen zu erheben, haben sich mindestens zwei empirische Untersuchungen der letzten Jahre zur Aufgabe gemacht (vgl. auch Fopp, Brennpunkt, 2009; und Merzyn, Inszenierung 2011). Es geht darum, Selbstdeutungen, Narrationen, Einstellungen und Motive von Brautleuten zu erfragen und diese auch als Beitrag zur theologischen Reflexion einer Kasualtheorie zur Trauung ernst zu nehmen. In Anlehnung an das didaktische Prinzip der Kinder- und Jugendtheologie (Bucher, Freudenberger-Lötz, Zimmermann, Schweitzer/Schlag u.a.) wird damit zunächst einmal eine Veränderung der Wahrnehmung von Brautpaaren innerhalb der kirchlichen Praxis und der Praktischen Theologie intendiert. Die Hypothese lautet, dass sie weder als Klientinnen und Klienten kirchlicher Dienstleistungen noch – in der Ära von Säkularisierungsprozessen – als theologische Analphabeten zu sehen sind, selbst wenn sie während ihrer Lebensgeschichte weder kirchlich noch familiär, ja noch nicht einmal schulisch religiös sozialisiert wurden. Vielmehr wird hier empfohlen, die Brautleute und alle weiteren Beteiligten zu diesem Kasus selbst sprechen zu lassen und ihnen darin Gelegenheiten zu geben, eigene Deutungen zu entwickeln und darzustellen. Zuweilen sehen die Teilnehmerinnen und Teilnehmer an einem Traugottesdienst in ihrem Leben selbst ein Defizit, wenn es um die Kenntnis und Praxiserfahrung an kirchlichen Ritualen und insgesamt am kirchlichen Leben geht. Dies gilt zum Beispiel insbesondere für Personen, die entweder in ostdeutschen Kontexten ohne kirchliche Sozialisation oder in westdeutschen Kontexten aufgewachsen sind und sich selbst als agnostisch bezeichnen (vgl. Nord, Atheismus, 2014). Doch auch wenn sich diejenigen Personen, die zu einem Traugottesdienst ihre Beteiligung zugesagt haben, selbst als wenig oder sogar gar nicht religiös verstehen, so bieten sie mit ihren Aktivitäten auf jeden Fall auch Selbstartikulationen davon an, was für sie Bedeutung hat, wofür es sich für sie lohnt, sich zu engagieren bzw. worin sie ihre Beteiligung am Kasus sehen. Drei Beispiele hierfür:

Es zeigt sich, soweit man dies aus der Beobachtung sagen kann, dass bei vielen Trauungen in den letzten Jahren die Brautleute selbst und auch die Brauteltern z. B. im *Bereich der musikalischen Gestaltung* offensiver tätig werden. Sie haben bereits Musikerinnen und Musiker an der Hand, wenn sie ins Traugespräch gehen. Diese Vorarbeit muss nun nicht von vornherein als ein Übergriff in den Verantwortungsbereich von Pfarrpersonen bzw. Kirchenmusiker und Kirchenmusikerinnen gewertet werden, sondern eröffnet vielmehr vielfältige Gelegenheiten, über religiöse Dimensionen in der Wahrnehmung der

Trauung ins Gespräch zu kommen bzw. selbst über diese Auswahl in theologischer Perspektive nachzudenken (vgl. hierzu 6).

Ein zweites regelmäßig und auch zunehmend engagiert begangenes Tätigkeitsfeld ist die *Dekoration des Kirchenraums*, die häufig aus dem Freundeskreis übernommen wird. Hierzu gehören Altargestecke und die Blumen für die Stühle des Brautpaares sowie zuweilen die Dekoration der Kirchenbänke. Auch diese Beteiligung kann zum Anlass werden, gemeinsam mit den Engagierten über ihre Perspektive auf die Trauung nachzudenken und religiöse Dimensionen zu reflektieren und nach angemessenen Ausdrucksmöglichkeiten für diese z. B. in der Gestaltung eines Trauwünsche-Baumes oder auch des Altars tätig zu werden (als Anregung zur Vertiefung vgl. Auksutat, Gastgeberin, 2005). Musik und Dekoration sind beides Elemente, die vor allem sinnlich, akustisch und visuell, wirken und deshalb zumeist weniger ausdrücklich auf die sprachliche Reflexion bzw. intellektuelle Auseinandersetzung mit Religion, Glaube und Theologie abzielen, insofern aber emotionale und soziale Zugänge zum Gottesdienst zu liefern vermögen. In diesen Bereichen liegen also liturgisch und homiletisch sowie kirchenraumpädagogisch Möglichkeiten, Schritte in Richtung auf eine inklusive Kasualtheorie zu unternehmen.

Ein drittes gegenwärtig häufig traktiertes Thema, das Partizipationsmöglichkeiten beim Kasus der Trauung betrifft, ist, dass viele Brautpaare bzw. vor allem Bräute bereits vor dem Traugespräch wissen, wie sie in die Kirche einziehen wollen. Hier ist vor allem *der Einzug der Braut mit dem Brautvater* und die Übergabe an den Bräutigam seit mindestens fünfzehn Jahren populär. Dieser Ritus kann im Kontext der Selbstdarstellung des Brautpaares als eines, das sich gefunden hat, verstanden werden: eine Re-Inszenierung des Suchens und Findens. Der Ablauf der Inszenierung verfolgt eindeutig dieses Ziel, dass die beiden, die sich einander an diesem Tag versprechen wollen, sich auch finden. Dabei werden andere *Player* (z. B. Väter) mit Rollen versorgt, die sicherstellen, dass keine Störung im Ablauf aufkommen kann. Welche starke Bedeutung ein traditionell verfasstes heterosexuelles Geschlechterverhältnis und seine Symbolisierung hier hat, wird in vielen Fällen vom Brautpaar nicht problematisiert und sie wünschen sich häufig auch keine Problematisierung durch das Pfarrpersonal, wie viele Pfarrerinnen und Pfarrer berichten. Diese Situation verlangt viel Gelassenheit von der liturgischen Person, die möglicherweise aus Gründen von Gleichberechtigung ganz gegen eine solche Inszenierung eingestellt ist. Einen interessanten alternativen Blickwinkel auf diesen Ritus entfaltete bereits 2004 Konrad Fischer, indem er behauptete, genau in der Wahl dieses Ritus wisse sich die Frau als *Herrin* des Verfahrens.

> „In bruchloser personaler Identität als Frau wählt sie den Mann, der sie führt, und sie wählt den Mann, dem sie sich übergeben lässt. Im Konflikt zwischen den beiden Männern, von denen sie sich als Frau beansprucht weiß, wählt sie ein konfliktminimierendes Übergaberitual, in welchem sie selber jederzeit die Mitte

Die Trauung: ein Fest des Glaubens und der Folklore

bzw. das Subjekt der Handlung bleibt. In dieser Deutung ist für die junge Braut die Aufnahme des Ritus ‚Brautübergabe' geraden Sinnes das Gegenteil einer von geistlicher Seite gerne unterstellten Rückschreibung in patriarchale Verhaltensmuster. Sie kommuniziert Gemeinschaft aus der Perspektive der Selbstbestimmung und reagiert mit harscher Konfliktbereitschaft, sobald ihr diese Perspektive durch fürsorglichen Verweis auf überwundene patriarchalische Bräuche verstellt wird. Es gehört wohl zur Mimikry in dieser Angelegenheit, dass gerade der Pfarrer, welcher der Braut ihr Vorhaben ausreden möchte, im Bewusstsein der Braut als Repräsentant der Ordnung erscheint, von welcher er sich in der Abwertung des vorgetragenen Bedürfnisses unter Hinweis auf patriarchalische Muster zu distanzieren vorgibt." (Fischer, Brautübergabe, 2004, 350f.)

Zieht man die erhöhte Bedeutung der Familie für junge Menschen und ihre Lebensführungen (vgl. 2) für die Interpretation des Brautübergabe-Ritus hinzu, so leuchtet schnell ein, dass hier insbesondere Bräute aktiv geworden sind, um einen Ritus zu erfinden, der ihnen eine öffentliche Inszenierung und damit Kommunikation zum Thema *Abschied von den Eltern*, oder zumindest *Veränderung der Beziehung zu den Eltern*, insbesondere zum Vater, ermöglicht.

In diesen Zusammenhang des Umgangs mit den Herkunftsfamilien von Brautleuten gehören auch Dankrituale und Dankesgesten in Worten, Blumen und Fotos an die Eltern und gute Freunde und Freundinnen. Sie werden ebenfalls häufig praktiziert und aus familientherapeutischer Perspektive nicht nur weiterentwickelt, sondern durchaus als wünschenswert begriffen. Sie greifen die etwas schwierige Situation vieler Eltern während der Trauung auf, würdigen sie und kommunizieren eine respektvolle Haltung, die bei vielen Gemeindemitgliedern eines Hochzeitsfestes auf positive Resonanz stößt (vgl. Binder, Abschied, 2015). Wie oben bereits bezüglich anderer Partizipationsmöglichkeiten erläutert, ist auch dieser vorzugsweise von der Braut sozusagen selbst eingebrachte Ritus eine Gelegenheit, gemeinsam mit der Pfarrerin oder dem Pfarrer über religiöse Dimensionen der Trauung zu sprechen bzw. das Brautpaar zum Theologisieren zu ermuntern.

Nicht zu vernachlässigen sind auch die verschiedensten kleinen und größeren Aktivitäten für die gesamte Hochzeitsgemeinde, in denen diese ihre Beziehungen zum Brautpaar inszenieren. Dies wird seit Jahren sichtbar, wenn im Gottesdienst z. B. Segenswünsche in Form von Segensbäumen aufgestellt und mit persönlichen Briefen bestückt werden, wenn Gottesdienstblätter für alle in besonderer Form hergestellt werden oder wenn – noch traditioneller ausgerichtet – sich die Trauzeugin und der Trauzeuge am Fürbittengebet beteiligen. Sie alle gehören ebenfalls mit in den Horizont der religiösen Kommunikationen, die anlässlich einer Trauung angestoßen werden und ein vielfältiges Netzwerk verschiedener Beziehungen veranschaulichen.

Zusätzlich ist nun die Aufmerksamkeit auf die vielen medialen, nämlich computergestützten Kommunikationen zu richten, die sich anlässlich einer Trauung ergeben. Aufgrund der Digitalisierung und der aus ihr hervorgehenden Vervielfältigung der Darstellungs- und Inszenierungsmöglichkeiten von medialen Kommunikationen wird es für viele an einem Kasus Beteiligte immer leichter, selbst produktiv zu werden. Die Hochzeitsgemeinde schreibt nicht nur während der Trauung vorgegebene Rituale, Bräuche und Sitten ab, sondern sie wird *medial religionsproduktiv*. Viele verschiedene Personen bearbeiten einzeln oder in Gruppen dieses religiöse Fest und wirken damit auf ihre Weise daran mit; Kristian Fechtner sprach bereits in Bezug auf die Fotografie im Gottesdienst früher von Ko-Inszenierungen. Nun haben soziale Netzwerke und die Diversifizierung der technischen Möglichkeiten diesem Aspekt noch weitaus mehr Gewicht gegeben, denn nicht allein im Gottesdienst, sondern auch davor, danach und während des Gottesdienstes wird das Paar ins Bild gesetzt, nicht selten auch mit Videos u.a.m. Dieser Aspekt ist bereits mehrfach in diesem Buch entfaltet worden. Zur Tradition ist es inzwischen bereits geworden, dass der Gottesdienst filmisch und fotografisch dokumentiert wird; manchmal wird am Anfang des Gottesdienstes darum gebeten, dass das Fotografieren mit dem persönlichen Handy unterbleibt und man die Aufnahmen an eine professionelle Person delegiert, die ihre Fotos dann allen zur Verfügung stellt. Aber klar ist längst, ohne eine solche Dokumentation des Tages geht es nicht.

Nun könnte man einwenden, dass nicht alle Praxen sogleich als religiöse Praxis verstanden werden müssen. Würde hier die von vielen Personen geradezu passionierte Nutzung von Handy-Fotografie tatsächlich zu subsumieren sein? Eine genauere Auseinandersetzung mit diesem Thema müsste dies empirisch ausweisen. Aber eine Hypothese sei vorab bereits genannt: Das Fotografieren gehört mit zu einer intensiv verfolgten Biografiearbeit, die auf Vernetzungen und damit auf Bindungen von Menschen untereinander aufbaut. Sie zu vergegenwärtigen, dient der Selbstvergewisserung, wer mit wem verbunden ist, und der Erinnerung an die Netzwerke, die eine Familie und ein Freundeskreis bildet, in denen sich Menschen beheimatet fühlen. Kurz, sie verweisen auf das, was sie unbedingt angeht: dass diese Netzwerke für sie existentiell sind und sie durchaus davon wissen, wie sehr ihr Bestand gefährdet ist.

Betrachtet man die Trauung von der anderen Seite der Medaille, könnte man formulieren, dass Paare sich trauen lassen, weil im Festgottesdienst transparent werden soll, wie dankbar sie für ihre Liebesbeziehung sind und wie sehr sie in dieser sowie in der Begleitung von Eltern und Freunden und Freundinnen auch die Gegenwart der Liebe Gottes in ihrem Leben sehen. So erscheint es durchaus folgerichtig, dass man den Gottesdienst mit vielen persönlichen Zeugnissen, unter Mitwirkung von Freundinnen und Geschwistern, in der Visualisierung der Lebensgeschichte des Paares anfüllt. Je nach Alter und Orientierung der Brautleute unterschiedlich ausgeprägt, wird hier im Gottesdienst ein Netz von Beziehungen aufgespannt und darin auch erneut oder zum ersten Mal intensiver miteinander in Kommunikation gebracht, dargestellt und in dieser Weise auch öffentlich als *gut* bestätigt. Es

Die Trauung: ein Fest des Glaubens und der Folklore 225

handelt sich hierbei ganz elementar um einen schöpferischen Akt, um einen Akt der Ko-Schöpfung (vgl. 4). Denn in dieser Kommunikationsarbeit liegt ein eigener und mit Gottes Hilfe unterstützter Einspruch in viele erfahrene Ambivalenzen: *Und siehe, sie sahen alles an, und es war (trotzdem) sehr gut.*

Der Gottesdienstraum ist in seiner architektonisch-ästhetischen sowie in seiner liturgischen Gestalt ein Ort, an dem die Sehnsucht nach einem erfüllten Leben *Annahme und Entsprechung, Zuspruch erfährt.* Der Segen spricht von dieser Erfüllung: Er gilt zunächst dem Paar und dann der ganzen Hochzeitsgesellschaft. Gott und sie selbst sprechen einander zu, dass sie gut sind, dass sie angenommen, anders gesagt, dass sie angekommen sind. Sie sind nicht mehr sehnsüchtig Suchende, sondern *Gefundene.* Sicher wird auch das Hochzeitspaar noch von innerer Zerrissenheit, Ängsten und Ungewissheiten gequält, doch man hat sich durchgerungen, kann auch das eigene Glück fühlen, sehen und zeigen; man will den Segen nun haben und als Gesegnete feiern: *Heureka!*

Zusammengefasst lässt sich sagen, dass schon immer viele Sitten, Gebräuche und Riten anlässlich von Trauungen praktiziert wurden. In einem gesellschaftlichen Transformationsprozess, in dem die medialen Möglichkeiten der einzelnen Personen und ihrer Verbindungen untereinander enorm angewachsen sind, steigern sich die Partizipationsmöglichkeiten noch weiter. Die Trauung ist ein Fest, dessen Faszination auch darin liegt, dass es Möglichkeiten zu einer interaktiven religiösen Praxis bietet. Hier zeigt sich auch das schöpferische Potential, das im Traugottesdienst realisiert werden kann. Ein Brautpaar und seine Gäste werden zur Gemeinde Gottes und finden sich als Gesegnete vor, die ihrerseits ihren Segen weitergeben können. Aus der Semantik der Beschreibung christlichen Glaubens heraus formuliert, wird der Traugottesdienst aus vielen verschiedenen Perspektiven so inszeniert, dass mit ihm vielperspektivische *Erfahrungen von Gnade* gemacht werden können.

Versucht man diese Beschreibung in die Kasualtheorie der letzten Jahrzehnte einzuordnen, so sollten zunächst folgende Phasen in Erinnerung gebracht werden: Ende der fünfziger Jahre, so kann man bei Trutz Rendtorff lesen, verändert sich die praktisch-theologische Wahrnehmung gesellschaftlicher Verhältnisse. Es steht nicht mehr allein das kirchliche Handeln im Vordergrund der Reflexion, sondern man nimmt nun den Lebenslauf des einzelnen genauer in den Blick. Man spricht davon, dass die wichtigsten Stationen auf dem Lebensweg dadurch öffentlich sichtbar gestaltet werden, dass sie in eine entsprechende kirchlich-institutionelle Lebensform aufgenommen würden (Rendtorff, soziale Struktur, 1958, 72; vgl. hierzu und den folgenden Passagen Fechtner, Sehhilfen, 2012, 204ff.). Kirchlich reflektierte und in gewisser Hinsicht sanktionierte Lebensformen liefern Deutungsmuster für die Rekonstruktion von Biografien. Eine Wendung kann mit Henning Luther ca. dreißig Jahre später formuliert werden:

> „Interpretierte früher die von der Kirche repräsentierte christliche Religion den Lebenslauf, so interpretiert nun die je individuelle Lebensgeschichte des einzel-

nen seinen Zugang zu Religion und Glauben." (Luther, Religion, 1992, 40, vgl. auch Fechtner, Sehhilfen, 2012, 205)

Bis in die jüngere Diskussion hält nun die Fokussierung der individuellen Biografie innerhalb der Kasualtheorie an. Sie hat sich laut Fechtner durchgesetzt und er kann dies anhand der Wirkung der soziologischen Theorien von Ulrich Beck, Gerhard Schulze sowie Hartmut Rosa und Alain Ehrenberg luzide ausweisen. Er weist außerdem darauf hin, dass Kasualien gemeinschaftlich erlebt werden, dass es eine Ahnung davon gebe, dass keiner lediglich *auf sich selbst steht*, wie er mit Ernst Troeltsch formuliert (Fechtner, Sehhilfen, 2012, 213). Auch hier zeigt sich also bereits eine Öffnung der Diskussion, die biografische Perspektive zu weiten und stärker ins Blickfeld zu ziehen, wie diese Biografien in sozialen Beziehungen eingebettet sind und gelebt werden. Liest man unter dieser Perspektive Wilhelm Gräbs Beitrag von der *Rechtfertigung der Lebensgeschichten* ((1987) 2011), der mit großer Wirkung innerhalb der kasualtheoretischen Diskussion aufgenommen worden ist, so stellt sich eine weitere Schlussfolgerung ein, die die Debatte voran bringen könnte: Es ist gegenwärtig nicht mehr die Pfarrerin oder Pfarrer, die den Auftrag hat, die *Rechtfertigung von Lebensgeschichten* zu kommunizieren, sondern es geht darum, dass ein Paar genau dies – unter Assistenz des Pfarrpersonals – für sich selbst und in Beziehung mit der Gemeinde im Gottesdienst unternimmt. Mit der Rolle der Pfarrerin oder des Pfarrers ist dabei übrigens eine eher anspruchsvolle, weil mäeutische Aufgabe verbunden. Es geht darum, ein Paar dabei zu begleiten, die eigenen Lebensgeschichten und *das Zusammenfinden als Paar* zu inszenieren. Damit dies nicht zu einer standardisierenden Hochglanz-Veranstaltung gerät, ist es wichtig, auf interessante, überraschende Weltsichten der Brautleute aufmerksam zu werden, sie sozusagen dazu zu ermutigen, in Ambivalenzen und an Bruchstellen der eigenen Lebensgeschichte zu sich selbst zu stehen. Erlebnisse des Scheiterns und das Gefühl der Scham, die mit diesen häufig verbunden sind, anzusehen und veränderte Blickrichtungen auf sie zu bekommen, kann ebenfalls zu einem solchen mäeutischen Prozess dazu gehören. Er ist zudem auf entlastende, befreiende und darin für Neues beflügelnde Perspektiven aus. Darüber hinaus wird man sagen können, dass die religiöse Deutung der Hochzeit für das Paar gar nicht so fraglich ist, als dass hierfür die theologische Kompetenz des Pfarrpersonals gebraucht würde.

8.2 Die Trauung von Grund auf heterogen verstehen: Arbeit an der symbolischen Darstellung

Die Anerkennung der Pluralisierung von Lebensformen ist im Europa der vergangenen zwanzig Jahre rapide vorangeschritten. Dass sich dies so vollzogen hat, ist sicherlich auch ein Effekt medialer Kommunikationen. Ohne dass es eine medial gestützte und darin massenhaft beförderte Kommunikation über und zu pluralen Lebensformen gegeben hätte, wäre dies sicher nicht so möglich gewesen. Der Zuwachs an medialen Möglichkeiten für Kommunikationen hat es mit sich gebracht, dass nicht nur Filme von der wunderschönsten oder auch der absolut komischsten Hochzeit in großer Anzahl zu sehen sind, sondern auch, sich mit *daily soaps* über die verschiedensten Lebensformen und Beziehungsmodelle unterhalten lassen zu können (dieser Prozess begann in Deutschland bereits in den neunziger Jahren mit der Serie *Lindenstraße* (Hans Wilhelm Geißendörfer, seit 1985), gefolgt von *GZSZ* (Guido Reinhardt, Reiner Wemcken, seit 1992) und einer Menge US-amerikanischer Serien, die zunehmend auch in Deutschland gesehen werden. Schwule und lesbische Partnerschaften und Ehen werden auch denjenigen bekannt gemacht, die vielleicht keine persönlichen Kontakte zu Menschen haben, die diese Form der Lebenspartnerschaft führen.

Dennoch: Wer homo- oder inter- bzw. transsexuell, nicht weißer Hautfarbe ist, mit Behinderungserfahrungen lebt, auch wer alt ist oder wer religiös plural orientiert ist bzw. wer einen Partner oder eine Partnerin hat, der oder die nicht einer christlichen Kirche angehört, und sich trauen lassen will, hat immer noch mit Diskriminierungen in gesellschaftlichen und kirchlichen Kontexten zu rechnen. Neben dem auch medial gestützten Schub in vielen Beiträgen zur Anerkennung von Minderheiten liegen selbstverständlich weiterhin auch ebenfalls medial gestützte öffentlich artikulierte Gegenbewegungen. Innerhalb einer demokratischen Verfassung wird man dies auch nicht grundsätzlich ausräumen, wenngleich man es durch ein gezieltes Medien- und Presserecht durchaus eindämmen kann. Aber grundsätzlich ist doch wahrnehmbar, dass sich innerhalb des bundesdeutschen Kontexts bis hin zu den obersten Regierungs- und Staatsoberhäuptern bedeutende Repräsentanten und Repräsentantinnen der Nation für die Realisierung der Rechte auf Gleichberechtigung und Partizipation einsetzen. Zudem werden auch über transnationale Berichte, Dokumentationen oder schlicht über Hollywoodfilme die Anliegen der Antidiskriminierungsbewegungen weitergegeben. Kommunikativ wird von offizieller Stelle aus kein Zweifel daran gelassen, dass Minderheiten geschützt werden müssen. So wird spürbar, dass es gilt, z. B. unterstützt durch die Arbeit der Vereinten Nationen, ein gesamtgesellschaftliches Klima zu fördern, in dem Vielfalt und Heterogenität nicht nur ertragen, sondern geschätzt, gewollt und gefördert werden.

Sexuelle Orientierung, Alter, Behinderung, sozialer Status und Herkunft sind dabei die fünf Kriterien, die innerhalb eines weiten Inklusionsverständnisses anzeigen, wer derzeit Minderheitenschutz braucht (vgl. Nord, Inklusion, 2016). Es gibt eine gesteigerte Aufmerksamkeit für die Anerkennung der Pluralisierung von Lebensformen. Digitalisierungs- und Mediatisierungsprozesse führen hierbei auch zu einer Diversifizierung der Wahrnehmung gesellschaftlicher Realitäten. Sie reicht medial soweit, dass es auch bereits zu satirischen Aufbereitungen kommt, man nicht nur *political correct*, sondern auch absichtlich inkorrekt mit dem Thema umgehen kann; wie etwa in den Fernsehserien *Vorstadtweiber* (Derflinger u.a., 2015) und noch beißender *Little Britain* (Matt Lucas, David Williams, seit 2003).

Homogenität in den Lebensformen, dies war ein Kennzeichen der Moderne, wie sie praktisch-theologisch z. B. noch im Anfang des neuen Jahrtausends fassbar werden konnte, als etwa das Programm *Religion als Deutung des Lebens* (Gräb, Deutung, 2006) viel Resonanz erhielt. Allerdings haben sich entscheidende Faktoren seither verändert. Zwei im Kontext der Trauung maßgebliche Faktoren sind offenkundig: (1) Weder die *Religion* noch die *Deutung* können noch im Singular formuliert werden. Auch innerhalb der Reflexion auf die Begehung von kirchlichen Festen, Feiertagen und zukünftig mit Sicherheit zunehmend im Bereich von Kasualien muss deutlich werden, dass Religion stets im Plural vorkommt, ja, dass auch innerhalb einer Religionsfamilie große Differenzen in der Gestaltung religiösen Lebens vorliegen, die es manchmal naheliegen lassen, man könnte einer Gruppe aus einer anderen Religionsfamilie kulturell näherstehen als einer anderen Gruppe aus derselben Religionsfamilie. Religiosität ist aber nicht nur im Kontext einer religionspluralen Gesellschaft zu sehen, sondern auch für sich in der eigenen Religiosität von Pluralität geprägt. Gerade für Jugendliche gilt, dass sie in ihrer eigenen Religiosität Möglichkeitsräume für Traditionen und Riten anderer Religionen schaffen (vgl. Schlag/Schweitzer, Brauchen, 2011).

In der praktisch-theologischen Deutung der Kasualien wird dies derzeit noch zögerlich wahrgenommen; kirchliche Arbeitshilfen zeigen hier bereits schon ein anderes Bild (vgl. 7.2). In der Theoretisierung des Ablaufs der Trauung dominiert nicht das Paradigma vom Beziehungsnetz, von der Vernetzung verschiedener kultureller Perspektiven und Lebensräume, sondern prägend ist, soweit ich sehe, das Paradigma von der rituellen Struktur der Trauung. Sie hat nicht das Netz der Beziehungen des Paares und ihre Vergemeinschaftung im Blick (vgl. Hepp u.a., Vergemeinschaftung, 2014), sondern deutet die Trauung vor allem im Modus der rituellen Arbeit an der Überschreitung der Schwelle von der Individualität zur Existenz als Paar. Eine symbolische Konsequenz, die diese Fixierung auf den Ritus Hochzeit als Paarwerdung mit sich führt, ist allerdings, dass die Hochzeit immer wieder (noch) in den Semantiken der Einheit aus der Zweiheit der heterosexuellen Verbindung gedacht und artikuliert wird. Es gibt zwar in der Praxis bereits schon eine Pluralisierung

Die Trauung: ein Fest des Glaubens und der Folklore 229

der Lebensformen samt ihrer Anerkennung, doch sie wird symbolisch kaum abgebildet.

Seit der empirischen Wende innerhalb der Praktischen Theologie Ende der sechziger Jahre des vergangenen Jahrhunderts sind die Kultur- und Sozialwissenschaften in den Horizont der Praktischen Theologie getreten. Hierzu gehört es auch, dass ethnologische Ritualtheorien für die Kasualtheorie fruchtbar gemacht wurden. Dieser Bezug liegt nicht nur formal, sondern auch inhaltlich nahe. Die zu Beginn von mir entfaltete Kultur des Versprechens, die Ängste und Zweifel, die auf dem Weg hin zu einer Trauung zu überwinden sind, und allererst zu einem Versprechen führen, werden in Ritualtheorien z. B. von Arnold van Gennep aufgegriffen. Sehr vereinfacht kann man im Traugeschehen nach Gennep drei Phasen unterscheiden, das sind Trennung, Übergang und Wiedereingliederung. In der klassischen Vorstellung von der Ehe heißt das: Das Paar trennt sich von dem Leben mit den Eltern und den Herkunftsfamilien, es gestaltet nun einen rituellen Übergang, um diese Trennung begehbar bzw. erfahrbar zu machen und damit verarbeiten zu können. Der Übergang ist unsicher, von Such- und Findebewegungen gekennzeichnet. Das Risiko, sich und den geliebten Partner oder die geliebte Partnerin nicht für sich gewinnen zu können, ist sehr beängstigend. Kann diese Phase erfolgreich gemeistert werden und steht an ihrem Ende eine Entscheidung für das Paar, dann ist es fraglich, ob man eine öffentliche Bestätigung und darin auch Festigung der Bindung möchte. Aus der Perspektive der Ritualtheorie kommt dies der Wiedereingliederung in die Gesellschaft gleich. Denn hier war die Heirat das normgebende Modell des Zusammenlebens. Mit ihr ist vermutlich noch immer eine auf subtile Weise von Einheitssehnsüchten geprägte Vorstellung ewigen Glücks verbunden. Diese Vorstellung steht allerdings in Spannung zu zum Teil traumatisierenden Erfahrungen von Trennungen. Zum einen liegen diese Erfahrungen von Trennungen im Horizont der Brautleute selbst, mit anderen Worten: Sie haben meistens bereits zerbrochene Beziehungen und immer wieder auch schon zerbrochene Ehen hinter sich. Viele haben bereits als Kinder oder Jugendliche erleben müssen, dass sich die Eltern trennten, bevor sie sich selbst von diesen trennen, das heißt also in ein eigenständiges Leben *ausziehen* konnten. Überdies sind die meisten Brautpaare längst aus ihrem Elternhaus oder ihrer Elternwohnung ausgezogen. In vielen Fällen geht es eher darum, die Elterngeneration mit der Hochzeitsfeier erneut in den persönlichen Lebensbereich hinein zu holen, Trennungen zumindest partiell zu überwinden und die Übergangsphase zur Hochzeit dazu zu nutzen, dass sich Herkunftsfamilien neu sehen und, wo möglich, neu vernetzen können. Allerdings ist genau in diesem Zusammenhang auch zu vermerken, dass viele Trauungen aus diesen Gründen nicht gefeiert werden.

Aus der Erfahrung, wie prekär dieser Prozess des Zusammenfindens und vor allem des Zusammenbleibens ist, erhält das Ritual des Versprechens eine so hohe persönliche Bedeutung. Alle Zweifel, Unsicherheiten und Ängste lässt man im Versprechen münden. Versprochen wird mehr, als man selbst halten kann (vgl. 3). Deshalb ist die Korrespondenz von Versprechen und Segenszuspruch unverzichtbar und hoch bedeutsam.

> „Das Ritual nimmt den tiefen Wunsch des Ehepaares auf, dass die lebensgeschichtlichen Erfahrungen ihres Sich-Findens und Sich-Entscheidens eingefügt sein mögen in die höhere Geschichte ihres Begleitetseins durch Gott. Aus Zufall soll Fügung werden und in unübersichtlichen Konstellationen von Lebensgeschichten, jenseits noch der Möglichkeiten aktiver Lebensgestaltung, soll im Widerfahrnis der Begegnung zweier Menschen erkannt werden können, dass darin ein tieferer Sinn und das Versprechen des Glücks eines göttlichen Geschenks liegen." (Gräb, Deutung 2006, 135)

Der Bezug zum Heiligen, sei es die Liebe oder sei es der allem menschlichen Vermögen vorausgehende Akt des göttlichen *Ja* zum Menschen, ist damit zentral. Insofern gehört das religiöse, mystisch zu nennende Bedürfnis, dass ein Paar in der Trauzeremonie in eine ewig gültige Heilsordnung integriert werden will und man den Sakramentscharakter der Ehe deshalb für persönlich wichtig hält, mitten hinein in die theologische Deutung der Trauung. Der römisch-katholische Ritus macht diese Dimension traditionellerweise stark. Demgegenüber warnt die evangelische Tradition davor, mit dieser Vorstellung eine Sakralisierung des Paares voranzutreiben. Die Ehe bleibt eine weltliche Lebensform, für deren Gelingen um den Segen gebeten wird; die Lebensform selbst ist aber nicht als heilswirksam zu bezeichnen; in evangelischem Verständnis ist die Trauung keine Artikulation des Glaubens, die einen Menschen qua Lebensform und Ritus näher zu Gott zu bringen vermochte. Dieser Orientierung im Trauverständnis entspricht die Wahrnehmung des Geschlechterverhältnisses als prinzipiell zweideutig; das Zusammenleben des Paares ist von Unzulänglichkeiten geprägt, die beide als Individuen und als soziale Wesen mit geschlechtsspezifischen Prägungen mit in die Ehe bringen. Das Geschlechterverhältnis ist und bleibt erlösungsbedürftig. Es ist auf Bildung, sogar auf Herzensbildung angewiesen; sie ist für eine Partnerschaft von grundsätzlicher Bedeutung.

Doch muss schließlich betont werden, dass das Ziel religiöser Bildung nicht in der vollkommenen Ehe liegt, die als Analogie für das Verhältnis von Christus und Gemeinde zu verstehen wäre, sondern in der Bildung der einzelnen Person, ihrer Persönlichkeitsentwicklung, auch in der Ehe. Es wird ein Wort Martin Luthers kolportiert (ohne schriftlichen Beleg), dass es nun in der Ehe darum gehe, dass eins das andere in den Himmel ziehe. Beide beziehen sich in ihrer Entwicklung ihrer Religiosität auf Christus. Dies bietet – wie man aus psychologischer Perspektive sagen kann – die Möglichkeit, die Beziehung zu triangulieren. In der Dreiheit liegt die Chance, einer Symbiose zu entgehen. Die Dreiheit stabilisiert, obwohl sie zunächst doch die volle Innigkeit zu verhindern scheint. In dieser Perspektive wird noch einmal klar, dass Luthers Ansatz, das Sakrament der Ehe abzuschaffen, auch gegenwärtig noch von hoher Bedeutung ist. In ihm liegt der Anfang zu einer Kritik am symbolischen System der Zweigeschlechtlichkeit (Hageman-White, Sozialisation, 1984; vgl. auch Becker/Nord, Sozialisation 1995). Das Paar lebt – theologisch reflektiert gesprochen – in Beziehung zum dreieinigen Gott aus einer es selbst multilateral vernetzenden Bindung zueinander und wird nicht in dem Idealbild *einer Verbindung* als Mann und Frau – in Analogie zu Christus und der Gemeinde – zu einer Einheit.

Auf diese Weise zieht man in der Deutung der Trauung ein trinitarisches Gottesverständnis in den Vordergrund und schiebt die essentiell und christologisch geprägte *Zweinaturenlehre* in den Hintergrund. Es gibt verschiedene Modelle, Geschlechterverhältnisse theologisch zu deuten. Jedes reagiert auf spezifische Erfordernisse. Dies sichtbar zu machen, ist von der Hoffnung getragen, dass in Kürze möglichst viele Theologinnen und Theologen sowie ihre Kirchen Wege zu einer praktisch-theologisch reflektierten Wertschätzung der Vielfalt in und von Trau- und Segnungsgottesdiensten einschlagen.

Zu Beginn hieß es, dass die Trauung seit mehreren Jahrzehnten als das größte Problemkind der Kasualtheorie gelte (vgl. Prößdorf, Trauung, 2002, 55). Problem- oder auch Sorgenkinder können von ihrem Stigma befreit werden, wenn der Blick sich weitet, wenn neue Aspekte zur Wahrnehmung eines Falls hinzukommen. In dieser Absicht wurden kulturtheologische Studien zur Trauung vorgelegt. Sie sollen Impulse für den Umgang mit Trauungen in der Praxis und in der Reflexion liefern, die wegführen von Krisensemantiken. Auch in der gesellschaftlichen Öffentlichkeit weicht das Bild, dass Ehe und Familie in der Krise steckten. Daneben zeigt sich ebenfalls, wie viele nicht verheiratete Paare auch in europäischer Perspektive sich für ein Zusammenleben mit Kindern entscheiden und damit Verantwortung in rechtlich relevanter Form übernehmen. Nicht nur der öffentliche Umgang mit dem Thema Lebensformen normalisiert sich, sondern auch der gesellschaftliche Umgang mit den Partnerschafts- und Familienverhältnissen. Eine Pluralisierung in der Gestaltung von Traugottesdiensten kann hierzu ebenfalls beitragen.

Literatur

Die Bibelzitate stammen, soweit nicht anders angegeben, aus der Standardausgabe der Luther-Bibel in der revidierten Fassung von 1984.

Aschenbrenner, Cord, Das Evangelische Pfarrhaus, 300 Jahre Glaube, Geist und Macht. Eine Familiengeschichte, München 2015
Auksutat, Ksenija u.a., Gastgeberin Kirche. Kirche schmücken, Altar gestalten – Räume erleben, Gütersloh ²2005
Bailey, Derrick Sherwin, Art. Homosexualität, ³RGG, Bd.III, Tübingen 1959, Sp.441–444.
Barth, Roderich / **Zarnow,** Christopher, Theologie der Gefühle, Berlin/Boston 2015.
Bauman, Zygmunt, Liquid Love, Cambridge/UK 2003
Baumann, Gert, The multicultural riddle. Rethinking national, ethnic and religious identities, New York/London 1999
de Beauvoir, Simone, Das andere Geschlecht. Sitte und Sexus der Frau, Hamburg 1968, frz. Originaltitel: Le Deuxième Sexe, Paris 1949
Beck, Hartmut, Der Gottesdienst in der Erlebnisgesellschaft. Zur Bedeutung der kultursoziologischen Untersuchung Gerhard Schulzes für Theorie und Praxis des Gottesdienstes, Bonn 1996
Beck, Ulrich / **Beck-Gernsheim,** Elisabeth, Das ganz normale Chaos der Liebe, Frankfurt a.M. 1990
Becker, Sybille / **Nord,** Ilona (Hg.), Religiöse Sozialisation von Mädchen und Frauen, Stuttgart 1995
Bedford-Strohm, Heinrich / **Jung,** Volker (Hg.), Vernetzte Vielfalt. Kirche angesichts von Individualisierung und Säkularisierung. Die fünfte EKD-Erhebung über Kirchenmitgliedschaft, Gütersloh 2015
Berger, Wilhelm, Art. Institution, II. Sozialwissenschaftlich, in: ⁴RGG, Bd. IV, Tübingen 2001, 175f.
Berger, Peter A. / **Hock,** Klaus / **Klie,** Thomas (Hg.), Religionshybride. Religion in posttraditionalen Kontexten, Wiesbaden 2013
Betz, Otto, Der abwesend-anwesende Gott in den Volksmärchen, in: Jürgen Janning u.a. (Hg.) im Auftrag der Europäischen Märchengesellschaft, Gott im Märchen, Kassel 1982, 9–24
Betz, Otto, Mythen und Märchen, in: Gottfried Bitter u.a. (Hg.), Handbuch religionspädagogischer Grundbegriffe. München 2002
Bieritz, Karl-Heinrich, Liturgik, Berlin / New York 2004
Binder, Markus, Abschied von den Eltern. Ein Ritus für die Trauzeremonie, in: Deutsches Pfarrerblatt 4/2015, 234–237
Bleisch Bouzar, Petra, Identität verstärken und/oder relativieren? Zum Umgang mit Religion in christlich-muslimischen Partnerschaften, in: Diakonia 37 (2006), 278–282.
Blumenberg, Hans, Arbeit am Mythos, Frankfurt am Main 1979
Böhme, Gernot, Atmosphäre. Essays zur neuen Ästhetik, Frankfurt am Main 1995.
Boteach, Shmuley, Koscherer Sex, Freiburg im Breisgau 2003
Brinkmann, Thomas (Hg.), Scripts, Fiktionen, Konstruktionen. Theologische, kirchliche und popkulturelle Anmerkungen zu Reality-TV und gefühlsechtem Leben, Jena 2012.
Bubmann, Peter, Musik – Religion – Kirche. Studien zur Musik aus theologischer Perspektive, Leipzig 2009
Bubmann, Peter / **Weyel,** Birgit (Hg.), Praktische Theologie und Musik, Veröffentlichungen der Wissenschaftlichen Gesellschaft für Theologie, Bd. 34, Gütersloh 2012

Burgk-Lempart, Andrea, Wenn Wege sich trennen. Ehescheidung als theologische und kirchliche Herausforderung, Stuttgart 2010

Carrère, Emmanuelle, Reich Gottes, übersetzt von Claudia Hamm, Berlin 2016

Chagall, Marc / **Mayer,** Klaus, Wie schön ist deine Liebe. Bilder zum Hohenlied im Nationalmuseum der Biblischen Botschaft. Marc Chagall in Nizza, Würzburg (1984) ⁷2008

Charbonnier, Lars, Religion im Alter. Eine empirische Studie zur Erforschung religiöser Kommunikation, Berlin/New York 2014

Charbonnier, Lars / **Weyel,** Birgit (Hg.), Religion und Gefühl. Praktisch-theologische Perspektiven einer Theorie der Emotionen, Festschrift für Wilhelm Gräb zum 65. Geburtstag, Arbeiten zur Pastoraltheologie, Liturgik und Hymnologie, Bd. 75, Göttingen 2003

Cornelius-Bundschuh, Jochen, Art. Segen, VI. Praktisch-theologisch, in: TRE Bd. XXXI, Berlin / New York 2000, 93–96

Crüsemann, Frank, Der Dekalog – Eine historische Interpretation, in: Joas, Hans (Hg.), Die Zehn Gebote, hrsg. von Frank Biesenbach für das Deutsche Hygiene-Museum, Dresden 2004

Dabrock, Peter / **Helfferich,** Cornelia / **Augstein,** Renate / **Schardien,** Stefanie / **Sielert,** Uwe, Unverschämt – schön: Sexualethik: evangelisch und lebensnah, Gütersloh 2015

Davie, Grace, Believing without Belonging, Cambridge/Massachusetts 1994

Deuser, Hermann, Die zehn Gebote, Stuttgart 2002

Deutsche Bischofskonferenz / Rat der Evangelischen Kirche in Deutschland, Gemeinsame Feier der kirchlichen Trauung, Leipzig/Freiburg 1995

Eckhardt, Simon, Hochzeit und Bestattung – Passageriruale in MMORG, in: Nord, Ilona / Luthe, Swantje (Hg.), Social Media, christliche Religiosität und Kirche, Jena 2014, 321–362

Eibach, Ulrich, Ethische Normativität des Faktischen? Kritische Stellungnahme zur Orientierungshilfe der EKD: „Zwischen Autonomie und Angewiesenheit: Familie als verlässliche Gemeinschaft stärken", veröffentlicht am 23.7.2013 in epd-Dokumentation Nr. 30/2013, *http://www.familienpapier.evangelisch.de/debattenbeitraege/ ethische-normativitaet-des-faktischen-kritische-stellungnahme-zur*

Eichel, Christine, Das deutsche Pfarrhaus. Hort des Geistes und der Macht, Köln 2012

Eichler, Ulrike, Das Lied der Lieder. Einführung, in: Bibel in gerechter Sprache, Gütersloh 2006, 1302ff.

Engemann, Wilfried, Die Herausforderung der Erlebnisgesellschaft und die Merkmale des modernen Menschen heute, in: Ders., Personen, Zeichen und das Evangelium. Argumentationsmuster der Praktischen Theologie, Leipzig 2003, 352–358 **Evangelische Kirche in Hessen und Nassau,** Lebensordnung der Evangelischen Kirche Hessen und Nassau von 2013, Abschnitt V –Trauung; Ausführungen der Evangelischen Kirche Deutschland: Zur ethischen Orientierung für das Zusammenleben in Ehe und Familie, Darmstadt 1997

Kirchenamt der Evangelischen Kirche in Deutschland (Hg.), EKD Texte 101. Soll es künftig kirchlich geschlossene Ehen geben, die nicht zugleich Ehen im bürgerlich-rechtlichen Sinne sind? Zum evangelischen Verständnis von Ehe und Eheschließung, Hannover 2009 (*http://www.ekd.de/download/ekd_texte_101.pdf*)

Der Rat der Evangelischen Kirche in Deutschland (Hg), Zwischen Autonomie und Angewiesenheit: Familie als verlässliche Gemeinschaft stärken, Gütersloh 2013 (*http://www.ekd.de/download/20130617_familie_als_verlaessliche_gemeinschaft.pdf*)

Evangelische Kirche in Deutschland (Hg.), Engagement und Indifferenz. Kirchenmitgliedschaft als soziale Praxis. V. EKD-Erhebung über Kirchenmitgliedschaft, Hannover 2014 (*http://www.ekd.de/download/ekd_v_kmu2014.pdf*)

Kirchenamt der Evangelischen Kirche in Deutschland (EKD) (Hg.), Es ist normal, verschieden zu sein. Inklusion leben in Kirche und Gesellschaft. Eine Orientierungshilfe, Gütersloh 2014

Fechtner, Kristian, Kirche von Fall zu Fall, Gütersloh (2003) ²2011
Fechtner, Kristian, Sehhilfen. Zur Bedeutung soziologischer Einsichten für die neuere praktisch-theologische Kasualtheorie, in: Gerhard Wegner (Hg.), Gott oder die Gesellschaft? Das Spannungsfeld von Theologie und Soziologie, Würzburg 2012, 199–214
Fischer, Konrad, Brautübergabe. Ein Deutungsversuch, in: Pastoraltheologie 93 (9/2004), 334–351
Fopp, Simone, Trauung – Spannungsfelder und Segensräume. Empirisch-theologischer Entwurf eines Rituals im Übergang, Stuttgart 2007
Fopp, Simone, Trauung als Brennpunkt und Prozess, INTAMS 2009, review 15, 51–60
Foucault, Michel, Histoire de la sexualité, Paris 1976
Freitag, Elke, Ehen zwischen Katholiken und Muslimen. Eine religionsrechtliche Vergleichsstudie, Münster 2007
Garhammer, Erich / **Weber,** Franz, Scheidung – Wiederheirat – von der Kirche verstößen-eine Praxis der Versöhnung, Würzburg 2012
van Gennep, Arnold, Übergangsriten, Frankfurt a.M. 2005 (franz. Original: Paris 1981).
Gerber, Christine, „Wie wird Ehe- und Familienethik ‚schriftgemäß'? – eine Zustimmung zur Orientierungshilfe" (28.9.2013), in: Evangelische Kirche in Deutschland (EKD), Zwischen Autonomie und Angewiesenheit – Die Orientierungshilfe der EKD in der Kontroverse, Gütersloh 2013, 25–30
Gerhard, Ute, Familie aus der Perspektive der Geschlechtergerechtigkeit – Anfrage an das christlich-abendländische Eheverständnis, in: Zeitschrift für Evangelische Ethik, 51. Jg. (2007), 267–279
Gerlitz, Peter, Art. Mystik. I. Religionsgeschichtlich, in: TRE Bd. 23, Berlin / New York 1994, 534–547
Giddens, Anthony, The Transformation of Intimacy. Sexuality, Love and Eroticism in modern Societies, Stanford/CA 1992
Giddens, Anthony, Wandel der Intimität, Frankfurt am Main 2002
Goebel, Heike, Zwischen Hoffnung und Verzweiflung. Beratung und Seelsorge bei unerfülltem Kinderwunsch, Neukirchen-Vlyn 2008
Gössmann, Elisabeth, „Der Glaube der Heiligen ist wie ein Mutterschoß". Zur theologischen Bedeutung der Mutterschaftssymbolik bei Hildegard von Bingen, in: Dies., Hildegard von Bingen. Versuche einer Annäherung (Archiv für philosophie- und theologiegeschichtliche Frauenforschung), München 1995
Gräb, Wilhelm, Sinn fürs Unendliche. Religion in der Mediengesellschaft, Gütersloh 2002.
Gräb, Wilhelm, Religion als Deutung des Lebens, Gütersloh 2006
Gräb, Wilhelm, Rechtfertigung von Lebensgeschichten, in: Pastoraltheologie, Monatsschrift für Wissenschaft und Praxis in Kirche und Gesellschaft, Bd. 100 (9/2011), 438–456
Grethlein, Christian, Grundinformation Kasualien, Göttingen 2007
Gutmann, Hans-Martin, Martin Luthers *christliche Freiheit* in zentralen Lebenskonflikten heute. Intimität gestalten. Verantwortlich leben. Freiheit realisieren, Berlin 2013
Haese, Bernd Michael, Hochzeit, 1999, abrufbar unter: http://www.uni-kiel.de/fak/theol/pt/haese/moodle/file.php/1/hochzeit.pdf
Hagemann-White, Carol, Sozialisation: Weiblich – männlich?, Alltag und Biografie von Mädchen, Bd. 1, Opladen 1984
Hauschildt, Eberhard, Vom Nutzen gradueller Theologie für die Debatte um die Segnung Gleichgeschlechtlicher, Pastoraltheologie, 92 (2003), 179-186
Heidbrink, Simone / **Knoll,** Tobias, Religion in Digital Games Reloaded, Special Issue Online – Heidelberg Journal of Religions on the Internet 7/2015; http://heiup.uni-heidelberg.de/journals/index.php/religions/issue/view/1937/showtoc
Hepp, Andreas, Medienkultur. Die Kultur mediatisierter Welten, Wiesbaden 2011
Hepp, Andreas u.a., Mediatisierte Welten der Vergemeinschaftung. Kommunikative Vernetzung und das Gemeinschaftsleben Junger Menschen, Wiesbaden 2014

Literaturverzeichnis 235

Hirsch, Angelica-Benedicta, Warum die Frau den Hut aufhatte. Kleine Kulturgeschichte des Hochzeitsrituals, Göttingen 2008
Huber, Wolfgang u.a. (Hg.), Kirche in der Vielfalt der Lebensbezüge KMU IV, Gütersloh 2006, Fragebogenanhang; hier 472
Huber-Rudolf, Barbara, In Liebe vereint – im Glauben getrennt? Ein Projekt zur Begleitung religionsverschiedener Paare, in: Wege zum Menschen, 60. Jg. (2008), 371–380
Huizing, Klaas, Der erlesene Mensch, Stuttgart 2000
Huizing, Klaas, Fürchte dich nicht. Die Kunst der Entängstigung, Frankfurt a.M. 2009
Huizing, Klaas, Viel Lob, viel Ehr. Karte und Gebiet einer doxologischen Ethik, in: Volp, Ulrich / Horn, Friedrich W. / Zimmermann, Ruben (Hg.): Metapher – Narratio – Mimesis – Doxologie. Begründungsformen frühchristlicher und antiker Ethik, Tübingen 2016, 295–338
Huizing, Klaas, Scham und Ehre. Eine theologische Ethik, Gütersloh 2016
Illouz, Eva, Warum Liebe weh tut, Frankfurt a.M. 2012
Jacob, Helmut, Unfreiwillig im Zölibat, in: Deutsches Pfarrerblatt 6/2014, 350f. **Jaeggi,** Rahel, Kritik von Lebensformen. Frankfurt a.M. 2013
Jörns, Klaus-Peter, Kirchliche Segenshandlungen für gleichgeschlechtliche Lebenspartner und -partnerinnen?, in: Pastoraltheologie 92/2003, 161–178
Jost, Renate, Von Frauen, Männern und der Himmelskönigin, Gütersloh 1995
Josuttis, Manfred, Gottesliebe und Lebenslust. Beziehungsstörungen zwischen Religion und Sexualität, Gütersloh 1994
Josuttis, Manfred, Der Weg in das Leben, Gütersloh ³2000
Karle, Isolde, Liebe in der Moderne. Körperlichkeit, Sexualität und Ehe, Gütersloh 2014
Keil, Siegfried / **Haspel,** Michael (Hg.), Gleichgeschlechtliche Lebensgemeinschaften in sozialethischer Perspektive, Neukirchen 2000
Keller, Urs, Wenn die Liebe auf Reisen geht, Zürich 2007
Kermani, Navid, Gott ist schön. Das ästhetische Erleben des Koran, München ²2003
Klessmann, Michael, Scheidung. Mit Gottes Segen?, in: Zeitzeichen 2/2013, 30–32
Klie, Thomas / **Nord,** Ilona (Hg.), Tod und Trauer im Netz, Stuttgart 2016
Kremers, Helmut, Drum prüfe, wer sich ewig bindet, in: Zeitzeichen 2/2013, 24–26
Kreß, Hartmut, Art. Homosexualität, ⁴RGG, Bd. III, Tübingen 2000, Sp.1884–1887
Krohn, Wiebke, Das Problem kirchlicher Amtshandlungen an gleichgeschlechtlichen Paaren. Sozialwissenschaftliche, theologische, ethische, poimenische und liturgiewissenschaftliche Perspektiven, Göttingen 2011
Krotz, Friedrich, Mediatisierung. Fallstudien zum Wandel von Kommunikation, Wiesbaden 2007
Kunz, Ralph, Der ‚Fall' als ungelöster Fall der Praktischen Theologie, in: Pastoral-theologie, 97. Jg. (2008), 118–129
Kunz, Ralph / **Liedke,** Ulf Liedke (Hg.), Handbuch Inklusion in der Kirchengemeinde, Göttingen 2013
Lange, Andreas / **Lettke,** Frank, Schrumpfung, Erweiterung, Diversität. Konzepte zur Analyse von Familie und Generationen, in: Diess. (Hg.), Generationen und Familien, Frankfurt a.M. 2006, 14–46
Leutzsch, Martin, Die Bibel als Medium, in: Ilona Nord / Zipernovsky, Hanna (Hg.), Religionspädagogik in einer mediatisierten Welt, Stuttgart 2017
Lichtenstein, Ernst, Art. Bildung, in: HWPh, Bd. 1, Darmstadt 1971, 922
Liessmann, Konrad, Kitsch, Hamburg 2002
Lindner, Heike, Musik als Ausdrucksform individueller Religiosität. Phänomenologische, psychologische und pädagogische Entfaltungen, in: Bubmann, Peter / Weyel, Birgit (Hg.), Praktische Theologie und Musik. Veröffentlichungen der Wissenschaftlichen Gesellschaft für Theologie, Bd. 34, Gütersloh 2012, 78–90
Logemann, Niels, Konfessionsverschiedene Familien, Würzburg 2001

Louth, Andrew, Art. Mystik, II. Kirchengeschichtlich, TRE, Bd. 23, Berlin / New York 1994, 548
Luhmann, Niklas, Liebe als Passion, Frankfurt a.M. 1994
Lüssi, Walter, Unterstützte Wohn- und Lebensform, in: Ralph Kunz, Ulf Liedke (Hg.), Handbuch Inklusion in der Kirchengemeinde, Göttingen 2013, 377–403
Luther, Henning, Religion und Alltag. Bausteine zu einer Praktischen Theologie des Subjekts, Stuttgart 1992
Luther, Martin, Ein Sermon von der Bereitung zum Sterben, 1519, in: Ders., Ausgewählte Werke, herausgegeben von H.H. Borchert / Georg Merz, Bd. 1, München 1938, 337–362
Luther, Martin, Ein Traubüchlein für die einfältigen Pfarrherrn (1529), in: Die Bekenntnisschriften der evangelisch-lutherischen Kirche (BSLK), hrsg. im Gedenkjahr der Augsburgischen Konfession 1930, Göttingen ³1967, 528–541
Luther, Martin, Predigt zur Einweihung der Schloßkirche von Torgau 1544, in: Weimarer Ausgabe (WA) 49, 588–615
Maier, Christl M., Art. Heilige Hochzeit, veröffentlicht unter: *http://www.bibelwissenschaft. de/wibilex/das-bibellexikon/lexikon/sachwort/anzeigen/details/heilige-hochzeit/ch/151aff51 ef7790b9fb4cd311f0ccbce1/*
Mantei, Simone / **Sommer,** Regina / **Wagner-Rau,** Ulrike (Hg.), Geschlechterver-hältnisse und Pfarrberuf im Wandel. Irritationen, Analysen und Forschungs-perspektiven, Praktische Theologie heute, Stuttgart 2013
McClure, John, Mashup Religion. Pop Music and Theological Invention, Waco/Texas 2011
Merzyn, Konrad, Die Rezeption der kirchlichen Trauung. Eine empirisch-theologische Untersuchung, Leipzig 2010
Merzyn, Konrad, Ritual und Inszenierung. Zur Performativität der kirchlichen Trauung, in: Pastoraltheologie 100. Jg. (9/2011), 396–412
Meuser, Michael, Entgrenzungsdynamiken: Geschlechterverhältnisse im Umbruch, in: Bundeszentrale für politische Bildung, Aus Politik und Zeitgeschichte, Beilage zur Wochenzeitung Das Parlament, 62. Jg. 40/2012, 1. Oktober 2012, 17–24
Meyer-Blanck, Michael, Inszenierung des Evangeliums, Göttingen 1997
Möller, Christian, Praktische Theologie, Tübingen/Basel 2004
Müller, Karin, Das Recht kulturell gemischter Ehen in Südafrika, Münster 2003
Nave-Herz, Rosemarie, Die Hochzeit. Ihre heutige Sinnzuschreibung seitens der Eheschließenden: eine empirisch-soziologische Studie, Würzburg 1997
Niebergall, Friedrich, Praktische Theologie, 2. Bd., §62 Kasualien, Tübingen 1919
Nord, Ilona, Individualität, Geschlechterverhältnis und Liebe. Partnerschaft und ihre Lebensformen in der pluralen Gesellschaft, Gütersloh 2001
Nord, Ilona, Realitäten des Glaubens, Berlin / New York 2008
Nord, Ilona, Die virtuelle Dimension der Seelsorge, in: Wege zum Menschen 61. Jg., 4/2009, 353–366
Nord, Ilona, Wohnst du schon oder lebst du noch? Lebensformen im Pfarrhaus, Deutsches Pfarrerblatt 9/2011
Nord, Ilona, Predigen heißt am Lebensgefühl arbeiten. Zu Paul Tillichs Predigt *Dennoch bejaht – You are accepted*, in: Danz, Christian / Schüßler, Werner (Hg.), Paul Tillichs Theologie der Kultur. Aspekte – Probleme – Perspektiven, Berlin/Boston 2011, 403–419
Nord, Ilona, Bilder vom Single-Leben im Gottesdienst. Exemplarische Einblicke in ein Gebet, eine Predigt und eine kirchliche Stellungnahme, in: Praxis Gemeindepädagogik, 65. Jg. (2/2012), 45–48
Nord, Ilona, Mach dein's draus, in: Das evangelische Pfarrhaus, Evangelische Stimmen 12/2013, hg. vom Evangelischen Presseverband Norddeutschland, Kiel 2013, 34–42; online veröffentlicht unter https://www.nordkirche.de/fileadmin/user_upload/ nordkirche/Downloadbereich_Landeskirchenamt/Dezernat_Theologie_und_Publizistik

Literaturverzeichnis 237

__T__Download_Dokumente/2014-05-27_Titel_Pfarrhaus.pdf, veröffentlicht am 28.05.2014

Nord, Ilona, Liebesschlösser. Ein Blitzlicht zu einem Phänomen, in: Lebendige Seelsorge 5/2014, 372–378

Nord, Ilona / **Eckhardt,** Simon, Spielen, nicht belehren. Über Computerspiele, Religion und Selbstwirksamkeit, in: Forum Erwachsenenbildung 3/2014, 33–37

Nord, Ilona, Auf der Grenze von Atheismus und Glaube. Systematisierende und empirische Schritte zum Verständnis von Agnostizismus in Predigt und Homiletik, eine westdeutsche Perspektive, in: Roth, Ursula / Seip, Jörg / Spielberg, Bernhard (Hg.), Predigen im Kontext von Agnostizismus und Atheismus. Jahrestagung der Arbeitsgemeinschaft für Homiletik Wittenberg 2012, München 2014, 63–79

Nord, Ilona, Inklusion im Studium Evangelische Theologie. Grundlagen und Perspektiven mit einem Schwerpunkt im Bereich von Sinnesbehinderungen, Leipzig 2015

Nord, Ilona / **Luthe,** Swantje, Räume, die Selbstvergewisserung ermöglichen. Virtuelle Bestattungs- und Gedenkräume und ihre Bedeutung für die Diskussion um den Wandel der Friedhofskultur, in: Klie, Thomas u.a. (Hg.), Praktische Theologie der Bestattung, Berlin/New York 2015, 307–330

Nord, Ilona, Inklusion als Thema Praktischer Theologie / Religionspädagogik, in: Inklusion als Thema der Praktischen Theologie/Religionspädagogik, in: Theologische Literaturzeitung, 141. Jg. Heft 11/2016, 1167–1184

Nord, Ilona / **Zipernovszky,** Hanna (Hg.), Religionspädagogik in einer mediatisierten Welt, Stuttgart 2017

Nord, Ilona, Auch, weil der Umgang mit Sprache traditionell ein Kennzeichen des Pfarrberufs ist. Sprach-, Kommunikations- und Medienbildungskompetenz im Pfarrberuf, in: Pastoraltheologie 1/2017, 20–27

Nygren, Anders, Eros und Agape. Gestaltwandlungen der christlichen Liebe, Berlin ²1955

Paulus, Christiane, Interreligiöse Praxis postmodern. Eine Untersuchung muslimisch-christlicher Ehen in der BRD, Frankfurt a.M. 1999, 295

Platon, Das Gastmahl (oder von der Liebe), übertragen und eingeleitet von Kurt Hildebrandt, Stuttgart 1990

Pöhlmann, Horst Georg, Unser Glaube. Die Bekenntnisschriften der evangelisch-lutherischen Kirche, Gütersloh ³1991

Pohl-Patalong, Uta, Bibliolog. Impulse für Gottesdienst, Gemeinde und Schule, Bd.1: Grundformen; Stuttgart ²2010

Prößdorf, Detlef, Art. Trauung, in: TRE, Bd. XXXIV, Berlin/New York 2002, 50–56

Ratschow, Carl Heinz, Art. Ehe, I. Religionsgeschichtlich, TRE Bd IX, Berlin / New York 1982, 309

Rauchfleisch, Udo, Schwule, Lesben, Bisexuelle. Lebensweisen, Vorurteile, Einsichten, Göttingen 2011 (Neubearbeitung der Ausgabe von 1996)

Rendtorff, Trutz, Die soziale Struktur der Gemeinde. Die kirchlichen Lebensformen im gesellschaftlichen Wandel der Gegenwart. Eine kirchensoziologische Untersuchung, Hamburg 1958

Ricœur, Paul, Das Selbst als ein Anderer, Paderborn 2005

Ringeling, Hermann, Art. Liebe. VIII. Dogmatisch und IX. Ethisch, in: TRE, Bd. XXI, Berlin / New York 1991, 170–187

Röhser, Günter, Neues Testament und Homosexualität, in: Jochen Schmidt (Hg.), Religion und Sexualität, Würzburg 2016, 47–68

Rosa, Hartmut, Resonanz. Eine Soziologie der Weltbeziehung, Frankfurt a.M. 2016

Rose, Martin, 5. Mose, Zürcher Bibelkommentar zum Alten Testament, Bd. 5/2, Zürich 1994

Rupp, Marina (Hg.), Partnerschaft und Elternschaft bei gleichgeschlechtlichen Paaren. Verbreitung, Institutionalisierung und Alltagsgestaltung, Zeitschrift für Familienforschung, Sonderheft 7, Opladen/Farmington Hilss, MI 2011

Schlag, Thomas, Aufmerksam predigen. Eine homiletische Grundperspektive, Zürich 2013
Schlag, Thomas / **Schweitzer,** Friedrich, Brauchen Jugendliche Theologie?, Gütersloh 2011
Schneider-Harpprecht, Christoph, Seelsorge – christliche Hilfe zur Lebensgestaltung, Berlin 2012
Schmeling, Alexander, Evangelische Pfarramtsagende, Berlin ³1889
Schmökel, Hartmut, Heilige Hochzeit und Hoheslied, Wiesbaden 1956
Schroedter, Julia H. / **Kalter,** Frank, Binationale Ehen in Deutschland. Trends und Mechanismen der sozialen Assimilation, in: Kölner Zeitschrift für Soziologie und Sozialpsychologie, Sonderheft Migration und Integration, 2008, 351–379
Schulze, Gerhard, Die Erlebnisgesellschaft: Kultursoziologie der Gegenwart, Frankfurt a.M./New York 2000
Schüssler Fiorenza, Elisabeth, Zu ihrem Gedächtnis... Eine feministisch-theologische Rekonstruktion der christlichen Ursprünge, Gütersloh 1988 (1993)
Schwienhorst-Schönberger, Ludger, Als Mann und Frau erschaffen, in: Zum Aufbruch ermutigt, hrsg. von Peter Fonk u.a., Freiburg/Basel/Wien 2000, 16–23
Siegrist, Annette, Wohnen, wie ich es will, in: Diakonie magazin 2/2013, 22–24; abrufbar unter: *http://www.diakonie.de/diakonie-magazin-02-2013-13479.html*
Simmel, Georg, Der Militarismus und die Stellung der Frauen (1894), in: Ders., Schriften zur Philosophie und Soziologie der Geschlechter, hrsg. von Heinz-Jürgen Dahme und Klaus Christian Köhnke, Frankfurt a.M. 1985, 106–118
Simmel, Georg, Goethe. Deutschlands innere Wandlung. Das Problem der historischen Zeit. Rembrandt, Gesamtausgabe in 24 Bänden: Bd. 15, Berlin 2003
Sölle, Dorothee, Mystik und Widerstand, Hamburg ⁴1998
Sölle, Dorothee, Mystik des Todes, Stuttgart 2003
Spiegel, Yorick, Erinnern – Wiederholen – Durcharbeiten. Zur Sozialpsychologie des Gottesdienstes, Stuttgart 1972
Spohn, Cornelia (Hg.), „Zweiheimisch". Bikulturell in Deutschland, Bonn 2007
Steck, Wolfgang, Art. Pfarrhaus, in: ⁴RGG, Bd. 6, Tübingen 2003, Sp. 1228–1229
Steck, Wolfgang, Die individuelle Trauung. Zur Transformation der kirchlichen Trauung im Zuge der gesellschaftlichen Individualisierung, in: Gräb, Wilhelm / Charbonnier, Lars (Hg.), Individualisierung – Spiritualität – Religion. Transformations-prozesse auf dem religiösen Feld in interdisziplinärer Perspektive (Studien zu Religion und Kultur, Bd. 1), Münster 2008, 249–259
Stegbauer, Christian (Hg.), Netzwerkanalyse und Netzwerktheorie, Wiesbaden 2008
Steffensky, Fulbert, Der Seele Raum geben – Kirchen als Orte der Besinnung und Ermutigung, Texte zum Sachthema der Synode vom 22. Bis 25. Mai 2003 in Leipzig, hg. vom Kirchenamt der Evangelischen Kirche in Deutschland, Hannover 2003, abrufbar unter: *https://www.ekd.de/synode2003/steffensky_kirchen.html*
Stepf, Hans Jürgen, „Die Sterilisierung als volkshygienische Maßnahme war in dem Gedankengut aller drin." Eugenik im Dritten Reich – und heute, in: Deutsche Arbeitsgemeinschaft für Evangelische Gehörlosenseelsorge (Hg.), Gehörlos – Nur eine Ohrensache? Aspekte der Gehörlosigkeit, Hamburg 2001, 15–20
Stock, Konrad, Grundlegung der protestantischen Tugendlehre, München 1995
Stollberg, Dietrich, Ist die Kirche mit der Ehe verheiratet?, in: Deutsches Pfarrerblatt 6/2012, *http://www.pfarrerverband.de/pfarrerblatt/index.php?a=show&id=3186*
von Stosch, Klaus, Christlicher Glaube als Rezept für eine glückliche Ehe?, in: Ann-Christin Baumann/Klaus von Stosch (Hg.), Die Ehe in Islam und Christentum, Paderborn 2016, 85–104
Sundermeier, Theo, Art. Ritus I, in: TRE, Bd. 29, Berlin/New York 1998, 259–265
Tanner, Klaus, Liebe im Wandel der Zeiten. Kulturwissenschaftliche Perspektiven, Leipzig 2005
Tietz, Christiane, Ebenbildlichkeit. Vom androgynen Menschen zum zweigeschlechtlichen Gott. Die Rezeption von Gen 1,27 in der Geschichte der christlichen Dogmatik, in:

Morgenstern, Matthias / Boudignon, Christian / Tietz, Christiane, männlich und weiblich schuf Er sie Studien zur Genderkonstruktion und zum Eherecht in den Mittelmeerreligionen, Göttingen 2011, 119-139

Tillich, Paul, Liebe, Macht, Gerechtigkeit, in: Sein und Sinn. Zwei Schriften zur Ontologie. Gesammelte Werke Bd. XI, Stuttgart 1969, 143–225

Tillich, Paul, Der Mut zum Sein, in: Derselbe, Gesammelte Werke Bd. XI, Stuttgart 1969, 13–142

Tillich, Paul, Systematische Theologie, Bd. 3, B: Die Gegenwart des göttlichen Geistes und die Zweideutigkeiten der Kultur, Berlin / New York 1987 (1963)

Tolkien, John Ronald Reuel, Gute Drachen sind rar. Drei Aufsätze, hg. Christopher Tolkien, Stuttgart 1984

Trauner, Cordula, Homosexualität im Alten Testament, in: Jochen Schmidt (Hg.), Religion und Sexualität. Studien des Bonner Zentrums für Religion und Gesellschaft, Würzburg 2016, 9–32

Turner, Victor, Das Ritual. Struktur und Anti-Struktur, New York 1969 (Studienausgabe Frankfurt am Main 2000)

Volp, Rainer, Liturgik, Bd. 2, Gütersloh 1994

Wagner-Rau, Ulrike, Segensraum. Kasualpraxis in der modernen Gesellschaft, Stuttgart 2000 (^{2}2013)

Waldenfels, Bernhard, Bruchlinien der Erfahrung, Frankfurt a.M. 2002

Wallraff, Doris **/ Thorn,** Petra **/ Wischmann,** Tewes (Hg.), Kinderwunsch. Der Ratgeber Beratungsnetzwerkes Kinderwunsch Deutschland (BKiD), Stuttgart 2008

Weber, Monika, Segnung eines Lebensbündnisses, in: Junge Kirche 02/2006, 14f.

Wegner, Gerhard u.a. (Hg.), Alternde Gesellschaft. Soziale Herausforderungen des längeren Lebens, Jahrbuch Sozialer Protestantismus, Bd. 6, Gütersloh 2013

Wohlrab-Sahr, Monika / **Rosenstock,** Julika, Religion – soziale Ordnung – Geschlechterordnung. Zur Bedeutung der Unterscheidung von Reinheit und Unreinheit im religiösen Kontext, in: Religion und Gesellschaft, hrsg. von Karl Gabriel, Hans-Richard Reuter, Paderborn 2004, 379–396

Zentrum Ökumene der Evangelischen Kirche in Hessen und Nassau (Hg.), Lobet und preiset ihr Völker! Religiöse Feiern mit Menschen muslimischen Glaubens, Frankfurt am Main 2011

Zimmermann, Ruben, Geschlechtermetaphorik und Gottesverhältnis. Traditions-geschichte und Theologie eines Bildfelds im Urchristentum und antiker Umwelt, WUNT 2/122, Tübingen 2001

Zimmermann, Ruben, „(...) und sie werden ein Fleisch sein". Gen 2,24 in der frühjüdischen und urchristlichen Rezeption, in: Religionsgeschichte des Neuen Testaments, hg. v. Dobbeler, A. / Heiligenthal, R. / Erlemann, K., Tübingen/Basel 2000, 553–568

Zilleßen, Dietrich, Sicherung und Bedrohung des Körpers im Ritual. Spuren sakramentalen Handelns, in: Heimbrock, Hans-Günter / Streib, Heinz (Hg.), Magie. Katastrophenreligion und Kritik des Glaubens. Kampen 1994, 17–60

Linkliste

Eheschließungen 2013: ca. 374.000, einsehbar unter: *https://www-genesis.destatis.de/genesis/online/link/tabelleErgebnis/12611-0001*
Ehescheidungen 2014: *https://www.destatis.de/DE/PresseService/Presse/Pressemitteilungen/2015/07/PD15_266_12631.html*
EKD Symposion, Christine Gerber zu biblische Ehevorstellungen: *http://www.ekd.de/download/20130928_gerber_symposium.pdf*)
Interreligiöse Trauungen: *http://www.zentrumoekumene.de/fileadmin/content/Materialien/Dokumentationen/Broschueren/lobet_und_preiset.pdf* sowie *http://www.bayern-evangelisch.de/downloads/ELKB-Trauung-neu-2014.pdf* und *http://www.ead.de/nachrichten/nachrichten/einzelansicht/article/deutschland-wenn-christen-und-muslime-heiraten.html*
Kinderwunsch: *http://www.eltern-zeit.de/wp-content/uploads/177263-spaeterer-kinderwunsch-jugendliche.jpg* sowie *http://www.gbe-bund.de/glossar/Kinderlosigkeit_ungewollte.html*
Liebesschlösser: *http://www.koeln.de/tourismus/sehenswertes/liebesschloesser_an_der_hohenzollernbruecke_314483.html* sowie http://www.suedostschweiz.ch/zeitung/katholische-kirche-bringt-die-liebesschloesser-die-stadt
Bild des Bolzenschneiders der Anwaltskanzlei: *http://wuckfar.tumblr.com/image/84613490908*
Purity-Balls: *http://www.spiegel.de/schulspiegel/ausland/enthaltsamkeit-purity-balls-in-den-usa-fotos-von-david-magnusson-a-974374.html*
Zimmerreise: *http://www.spiegel.de/reise/aktuell/phaenomen-der-zimmerreisen-entdeckung-von-balkonien-a-681564.html*

Bildnachweise

Einführung: Das Foto wurde freundlicherweise zur Verfügung gestellt von Rieke und Erik Flögel, im Einverständnis des Fotografen ©Phil Ramcke, *www.philramcke.de*
Kapitel 1: Das Foto wurde freundlicherweise zur Verfügung gestellt von Annika und Achim Uhrbach, im Einverständnis der Fotografin ©Pettina Breitenbach
Kapitel 2: Das Foto wurde freundlicherweise zur Verfügung gestellt von ©Florian Niemöller.
Kapitel 3: Das Foto zeigt Liebesschlösser am Geländer der Schwanenwikbrücke in Hamburg, fotografiert von ©Swantje Luthe.
Kapitel 4: Das Foto wurde freundlicherweise zur Verfügung gestellt von Jens Palkowitsch-Kühl und Lisa Kühl, im Einverständnis der Fotografin ©Marita Grünwaldt, *www.lichtfotografie-gruenwaldt.de*
Kapitel 5: Das Foto wurde freundlicherweise zur Verfügung gestellt von ©Carsten Möhle, *www.bwana.de*
Kapitel 6: Das Foto wurde freundlicherweise zur Verfügung gestellt von ©Ilona Nord.
Kapitel 7: Das Foto wurde freundlicherweise zur Verfügung gestellt von ©Jim Rakete, *www.jimrakete.com*
Der Text in leichter Sprache wurde von Gunnar Kreutner verfasst, v. Bodelschwinghsche Stiftungen Bethel.
Kapitel 8: Der Screenshot zeigt die Facebook-Kommentare zu dem Bild von Marie-Claire Kasper, Kathrin Nell und Naemi Panarisi (von links) und wurde dankenswerterweise von ihnen zur Verfügung gestellt, im Einverständnis der Fotografin Tabea Rohmann, *www.tabearohmann.de*